"十四五"时期国家重点出版物出版专项规划项目
中国能源革命与先进技术丛书
电气精品教材丛书

电力系统分析

主　编　李　勇
副主编　谭　益　刘嘉彦　李培强
参　编　邵　霞　李欣然　许加柱　帅智康

本书以电力系统暂态分析为主线，主要介绍电力系统短路暂态特性、功角稳定与电压稳定的基础理论与分析方法等方面的内容。全书一共 8 章，具体包括电力系统运行稳定性的基本概念、理想同步发电机模型、电力系统的功率特性及其影响因素、同步发电机突然短路的物理分析与定量计算、小扰动和暂态功角稳定的基本原理与分析方法、电力系统电压稳定的基本原理与分析方法、提高电力系统稳定性的措施等。

本书可以作为高等院校本科电气工程及其自动化专业的教材使用，也可供从事电力系统运行与规划等方面工作的技术人员参考。

图书在版编目（CIP）数据

电力系统分析 / 李勇主编. -- 北京：机械工业出版社, 2024.11. -- (中国能源革命与先进技术丛书)(电气精品教材丛书). -- ISBN 978-7-111-76756-5

I. TM711.2

中国国家版本馆 CIP 数据核字第 2024PM9077 号

机械工业出版社（北京市百万庄大街22号　邮政编码100037）
策划编辑：李小平　　　　　　责任编辑：李小平　杨　琼
责任校对：张　征　张　薇　　封面设计：鞠　杨
责任印制：邓　博
北京盛通印刷股份有限公司印刷
2025年1月第1版第1次印刷
184mm×260mm・13.75印张・340千字
标准书号：ISBN 978-7-111-76756-5
定价：65.00元

电话服务　　　　　　　　　网络服务
客服电话：010-88361066　　机　工　官　网：www.cmpbook.com
　　　　　010-88379833　　机　工　官　博：weibo.com/cmp1952
　　　　　010-68326294　　金　书　网：www.golden-book.com
封底无防伪标均为盗版　　　机工教育服务网：www.cmpedu.com

电气精品教材丛书
编审委员会

主 任 委 员　　罗　安　湖南大学
副主任委员　　帅智康　湖南大学
　　　　　　　　黄守道　湖南大学
　　　　　　　　阮新波　南京航空航天大学
　　　　　　　　韦　巍　浙江大学
　　　　　　　　花　为　东南大学
　　　　　　　　李　勇　湖南大学
　　　　　　　　齐冬莲　浙江大学
　　　　　　　　吴在军　东南大学
　　　　　　　　蹇林旎　南方科技大学
　　　　　　　　杜志叶　武汉大学
　　　　　　　　王高林　哈尔滨工业大学
　　　　　　　　胡家兵　华中科技大学
　　　　　　　　杜　雄　重庆大学
　　　　　　　　李　斌　天津大学
委　　　员　　许加柱　湖南大学　　　　　年　珩　浙江大学
　　　　　　　　周　蜜　武汉大学　　　　　张品佳　清华大学
　　　　　　　　张卓然　南京航空航天大学　许志红　福州大学
　　　　　　　　宋文胜　西南交通大学　　　姚　骏　重庆大学
　　　　　　　　林　磊　华中科技大学　　　张成明　哈尔滨工业大学
　　　　　　　　朱　淼　上海交通大学　　　雷万钧　西安交通大学
　　　　　　　　杨晓峰　北京交通大学　　　马铭遥　合肥工业大学
　　　　　　　　吴　峰　河海大学　　　　　尹忠刚　西安理工大学
　　　　　　　　朱国荣　武汉理工大学　　　刘　辉　广西大学
　　　　　　　　符　扬　上海电力大学　　　李小平　机械工业出版社

序 Preface

电气工程作为科技革命与工业技术中的核心基础学科，在自动化、信息化、物联网、人工智能的产业进程中都起着非常重要的作用。在当今新一代信息技术、高端装备制造、新能源、新材料、节能环保等战略性新兴产业的引领下，电气工程学科的发展需要更多学术研究型和工程技术型的高素质人才，这种变化也对该领域的人才培养模式和教材体系提出了更高的要求。

由湖南大学电气与信息工程学院和机械工业出版社合作开发的"电气精品教材丛书"，正是在此背景下诞生的。这套教材联合了国内多所著名高校的优秀教师团队和教学名师参与编写，其中包括首批国家级一流本科课程建设团队。该丛书主要包括基础课程教材和专业核心课程教材，都是难学也难教的科目。编写过程中我们重视基本理论和方法，强调创新思维能力培养，注重对学生完整知识体系的构建，一方面用新的知识和技术来提升学科和教材的内涵；另一方面，采用成熟的新技术使得教材的配套资源数字化和多样化。

本套丛书特色如下：

（1）**突出创新**。这套丛书的作者既是授课多年的教师，同时也是活跃在科研一线的知名专家，对教材、教学和科研都有自己深刻的体悟。教材注重将科技前沿和基本知识点深度融合，以培养学生综合运用知识解决复杂问题的创新思维能力。

（2）**重视配套**。包括丰富的立体化和数字化教学资源（与纸质教材配套的电子教案、多媒体教学课件、微课等数字化出版物），与核心课程教材相配套的习题集及答案、模拟试题，具有通用性、有特色的实验指导等。利用视频或动画讲解理论和技术应用，形象化展示课程知识点及其物理过程，提升课程趣味性和易学性。

（3）**突出重点**。侧重效果好、影响大的基础课程教材、专业核心课程教材、实验实践类教材。注重夯实专业基础，这些课程是提高教学质量的关键。

（4）**注重系列化和完整性**。针对某一专业主干课程有定位清晰的系列教材，提高教材的教学适用性，便于分层教学；也实现了教材的完整性。

（5）**注重工程角色代入**。针对课程基础知识点，采用探究生活中真实案例的选题方式，提高学生学习兴趣。

（6）**注重突出学科特色**。教材多为结合学科、专业的更新换代教材，且体现本地区和不同学校的学科优势与特色。

这套教材的顺利出版，先后得到多所高校的大力支持和很多优秀教学团队的积极参与，在此表示衷心的感谢！也期待这些教材能将先进的教学理念普及到更多的学校，让更多的学生从中受益，进而为提升我国电气领域的整体水平做出贡献。

教材编写工作涉及面广、难度大，一本优秀的教材离不开广大读者的宝贵意见和建议，欢迎广大师生不吝赐教，让我们共同努力，将这套丛书打造得更加完美。

电气精品教材丛书编审委员会

前言
Preface

电力系统分析是一个涵盖面广、内容丰富的重要领域。本书选取其中的暂态分析作为主线，主要面向高等院校的电气工程及其自动化本科专业。本书以机电暂态分析知识为主，同时涵盖电磁暂态分析知识。具体而言，本书第 1 章介绍了电力系统运行稳定性的基本概念，第 2 章介绍了理想同步发电机模型，第 3 章介绍了电力系统的功率特性及其影响因素，第 4 章介绍了同步发电机突然短路的物理分析与定量计算，第 5 章介绍了小扰动功角稳定的基本原理与分析方法，第 6 章介绍了暂态功角稳定的基本原理与分析方法，第 7 章介绍了电力系统电压稳定的基本原理与分析方法，第 8 章介绍了提高电力系统稳定性的措施。

本书充分考虑电气工程及其自动化本科专业的特点，简明扼要地阐述电力系统暂态分析的数学理论，在兼顾一定理论深度的基础上，力求做到通俗易懂。与此同时，本书兼顾理论性与实践性，在重点阐述基本原理与方法的基础上，从计算机编程的角度对部分知识进行了介绍。随着新能源、电力电子、储能、人工智能等领域的快速发展，电力系统稳定分析与控制领域出现了新问题、发展了新技术，为此本书对相关内容也进行了初步介绍。近年来，我国发布了电力系统安全稳定领域的强制性国家标准，本书与时俱进，重视讲授内容与强制性国家标准内容的衔接。虽然电力系统分析的理论与方法发展迅速，但是本书讲授内容仍然是电力系统分析知识的重要组成部分。

本书的编写工作得到了湖南大学与机械工业出版社的大力支持，部分在读研究生和已毕业的研究生也对本书的编写提供了有力帮助，在此一并表示感谢。由于作者水平有限，本书难免存在不妥之处，敬请读者批评指正。

目录 Contents

序

前言

第1章 电力系统运行稳定性的基本概念 1
- 1.1 电力系统稳定性概述 1
  - 1.1.1 电力系统稳定性的定义 1
  - 1.1.2 电力系统稳定性分类 2
- 1.2 功角的概念 3
- 1.3 小扰动功角稳定的基本概念 5
  - 1.3.1 定性分析（不考虑发电机阻尼） 6
  - 1.3.2 发电机阻尼对小扰动功角稳定的影响 7
- 1.4 暂态功角稳定的基本概念 8
- 1.5 负荷稳定的概念 10
- 1.6 电压稳定的初步概念 12
  - 1.6.1 电压稳定性概述 12
  - 1.6.2 不同扰动下的电压稳定性 15
- 1.7 新型电力系统的稳定性 15
  - 1.7.1 "双高"新型电力系统的特点 16
  - 1.7.2 "双高"电力系统稳定性分类 17
  - 1.7.3 电力系统稳定性与新能源控制策略的关系 18
- 本章小结 19
- 习题 20

第2章 理想同步发电机模型 21
- 2.1 理想同步发电机及其原始方程 21
  - 2.1.1 理想同步发电机的基本假设及其物理特性 21
  - 2.1.2 假定正向下的理想同步发电机原始方程 22
- 2.2 理想同步发电机的基本方程及其物理意义 28
  - 2.2.1 同步发电机的Park变换 28
  - 2.2.2 理想同步发电机的基本方程（$dq0$坐标系下的电磁方程） 31
- 2.3 常用标幺制下的理想同步发电机基本方程及其简化 34
  - 2.3.1 常用标幺制简介 34
  - 2.3.2 标幺制基本方程 35
- 2.4 理想同步发电机的参数与等效电路 38

　　　　2.4.1　稳态参数与等效电路 ……………………………………………… 38
　　　　2.4.2　暂态参数与等效电路 ……………………………………………… 40
　　　　2.4.3　次暂态参数与等效电路 …………………………………………… 42
　　2.5　同步发电机转子运动的数学模型 ……………………………………………… 45
　　　　2.5.1　有名单位制下的同步发电机转子运动方程 ……………………… 46
　　　　2.5.2　标幺制下的同步发电机转子运动方程 …………………………… 46
　　　　2.5.3　惯性时间常数的物理内涵 ………………………………………… 48
　　本章小结 …………………………………………………………………………… 50
　　习题 ………………………………………………………………………………… 50

第3章　**电力系统的功率特性及其影响因素** …………………………………………… 52
　　3.1　不计励磁调节时单机-无限大系统的功率特性 ……………………………… 52
　　　　3.1.1　送端发电机为不计励磁调节的隐极机 …………………………… 52
　　　　3.1.2　送端发电机为不计励磁调节的凸极机 …………………………… 53
　　3.2　自动励磁调节对系统功率特性的影响 ………………………………………… 55
　　　　3.2.1　无励磁调节时发电机端电压变化分析 …………………………… 55
　　　　3.2.2　自动励磁调节器对功率特性的影响 ……………………………… 56
　　　　3.2.3　各种电势表示的功率特性对比 …………………………………… 56
　　3.3　复杂多机电力系统的功率特性 ………………………………………………… 64
　　　　3.3.1　复杂多机电力系统的同步发电机功率方程 ……………………… 64
　　　　3.3.2　复杂多机电力系统同步发电机电磁功率的特点 ………………… 66
　　3.4　网络接线及参数对功率特性的影响 …………………………………………… 66
　　　　3.4.1　串联电阻的影响 …………………………………………………… 66
　　　　3.4.2　并联电阻的影响 …………………………………………………… 68
　　　　3.4.3　并联电抗的影响 …………………………………………………… 69
　　　　3.4.4　同步发电机与无限大系统复合联接时的功率特性 ……………… 70
　　本章小结 …………………………………………………………………………… 75
　　习题 ………………………………………………………………………………… 76

第4章　**同步发电机突然短路的物理分析与定量计算** ……………………………… 78
　　4.1　同步发电机突然三相短路暂态过程的特点与基本分析原理 ………………… 78
　　　　4.1.1　同步发电机突然三相短路暂态过程的电磁特性 ………………… 78
　　　　4.1.2　基于闭合回路磁链守恒原则的突然三相短路分析方法 ………… 80
　　4.2　无阻尼绕组同步发电机三相短路电流计算 …………………………………… 83
　　　　4.2.1　空载情况下突然发生短路 ………………………………………… 83
　　　　4.2.2　负载状态下的突然短路 …………………………………………… 88
　　4.3　有阻尼绕组同步发电机的突然三相短路 ……………………………………… 91
　　　　4.3.1　有阻尼绕组同步发电机的短路电流 ……………………………… 91
　　　　4.3.2　自由电流的衰减 …………………………………………………… 95
　　4.4　强行励磁对短路电流的影响 …………………………………………………… 99
　　本章小结 …………………………………………………………………………… 101

习题 101

第5章 小扰动功角稳定的基本原理与分析方法 103
5.1 小扰动法的相关概念与基本原理 103
5.1.1 李雅普诺夫稳定分析的基本概念 103
5.1.2 小扰动法的基本原理 105
5.2 不计励磁调节作用时单机-无限大系统的小扰动功角稳定分析 106
5.2.1 不考虑阻尼时的小扰动功角稳定分析 106
5.2.2 考虑阻尼的小扰动功角稳定分析 109
5.3 计及励磁调节作用的单机-无限大系统小扰动功角稳定分析 112
5.3.1 考虑励磁调节的单机-无限大系统线性化小扰动方程 112
5.3.2 考虑励磁调节的小扰动功角稳定分析 115
5.3.3 励磁调节器的改进 118
5.3.4 励磁调节器对小扰动功角稳定影响的总结分析 119
5.4 复杂多机电力系统的小扰动功角稳定特点与分析方法 120
5.4.1 复杂多机电力系统的小扰动功角稳定性判断 120
5.4.2 静态稳定储备系数的概念与计算 122
本章小结 123
习题 123

第6章 暂态功角稳定的基本原理与分析方法 126
6.1 电力系统暂态功角稳定分析的基本假设 126
6.1.1 电力系统机电暂态过程的特点 126
6.1.2 暂态功角稳定分析的基本假设 127
6.1.3 近似计算中的简化处理 128
6.2 基于等面积定则的简单电力系统暂态功角稳定定量分析 129
6.2.1 不同运行状态下的送端发电机功率特性 130
6.2.2 单机-无限大系统的等面积定则 131
6.2.3 等面积定则的应用 133
6.3 基于摇摆曲线的功角稳定性分析 135
6.3.1 分段计算法 135
6.3.2 改进欧拉法 136
6.3.3 摇摆曲线的应用举例 141
6.4 不同发电机模型下的复杂电力系统暂态功角稳定的定量分析 141
6.4.1 复杂多机系统暂态功角稳定的特点与判断原则 141
6.4.2 复杂多机系统暂态功角稳定的定量分析 144
6.5 电力系统异步运行的概念 147
6.5.1 异步运行时的功率特性 147
6.5.2 由失步过渡到稳态异步运行的过程 148
6.5.3 发电机实现再同步 149
本章小结 150

习题 ┈┈┈┈┈┈┈┈┈┈┈┈┈┈┈┈┈┈┈┈┈┈┈┈┈┈ 150

第7章　电力系统电压稳定的基本原理与分析方法 ┈┈┈┈┈┈┈ 152

7.1　静态电压稳定分析 ┈┈┈┈┈┈┈┈┈┈┈┈┈┈┈┈┈┈┈ 152
　　7.1.1　单电源电力系统的静态电压稳定分析 ┈┈┈┈┈┈┈┈ 152
　　7.1.2　多机电力系统 ┈┈┈┈┈┈┈┈┈┈┈┈┈┈┈┈┈ 155
　　7.1.3　静态电压稳定储备 ┈┈┈┈┈┈┈┈┈┈┈┈┈┈┈ 161
7.2　暂态电压稳定分析 ┈┈┈┈┈┈┈┈┈┈┈┈┈┈┈┈┈┈┈ 162
7.3　长期电压稳定分析 ┈┈┈┈┈┈┈┈┈┈┈┈┈┈┈┈┈┈┈ 164
　　7.3.1　长期电压稳定分析的特点 ┈┈┈┈┈┈┈┈┈┈┈┈ 164
　　7.3.2　长期电压稳定分析考虑的因素 ┈┈┈┈┈┈┈┈┈┈ 165
7.4　电压崩溃 ┈┈┈┈┈┈┈┈┈┈┈┈┈┈┈┈┈┈┈┈┈┈┈ 165
　　7.4.1　电压崩溃的动态过程 ┈┈┈┈┈┈┈┈┈┈┈┈┈┈ 165
　　7.4.2　电压崩溃事故的预防措施 ┈┈┈┈┈┈┈┈┈┈┈┈ 167
本章小结 ┈┈┈┈┈┈┈┈┈┈┈┈┈┈┈┈┈┈┈┈┈┈┈┈┈┈ 168
习题 ┈┈┈┈┈┈┈┈┈┈┈┈┈┈┈┈┈┈┈┈┈┈┈┈┈┈┈┈ 168

第8章　提高电力系统稳定性的措施 ┈┈┈┈┈┈┈┈┈┈┈┈┈ 169

8.1　提高功角稳定性与电压稳定性的基本原理 ┈┈┈┈┈┈┈┈┈ 169
　　8.1.1　提高功角稳定性的基本原理 ┈┈┈┈┈┈┈┈┈┈┈ 169
　　8.1.2　提高电压稳定性的基本原理 ┈┈┈┈┈┈┈┈┈┈┈ 170
8.2　基于FACTS的电力系统稳定性提升 ┈┈┈┈┈┈┈┈┈┈┈ 170
8.3　基于储能的电力系统稳定性提升 ┈┈┈┈┈┈┈┈┈┈┈┈┈ 171
　　8.3.1　储能的基本概念与分类 ┈┈┈┈┈┈┈┈┈┈┈┈┈ 171
　　8.3.2　储能对提升电力系统稳定性的作用 ┈┈┈┈┈┈┈┈ 173
8.4　基于广域测量系统的电力系统稳定性提升 ┈┈┈┈┈┈┈┈┈ 174
　　8.4.1　广域测量系统的结构和特点 ┈┈┈┈┈┈┈┈┈┈┈ 174
　　8.4.2　广域测量系统的优点 ┈┈┈┈┈┈┈┈┈┈┈┈┈┈ 175
8.5　面向电力系统稳定性提升的电源侧措施 ┈┈┈┈┈┈┈┈┈┈ 175
　　8.5.1　同步发电机的电气制动 ┈┈┈┈┈┈┈┈┈┈┈┈┈ 175
　　8.5.2　同步发电机的参数改善 ┈┈┈┈┈┈┈┈┈┈┈┈┈ 176
　　8.5.3　原动机的功率调整 ┈┈┈┈┈┈┈┈┈┈┈┈┈┈┈ 176
　　8.5.4　励磁系统的选择与性能改善和电力系统稳定器 ┈┈┈ 178
8.6　面向电力系统稳定性提升的输电线路侧传统措施 ┈┈┈┈┈┈ 181
　　8.6.1　串联电容补偿 ┈┈┈┈┈┈┈┈┈┈┈┈┈┈┈┈┈ 181
　　8.6.2　并联感性电抗补偿 ┈┈┈┈┈┈┈┈┈┈┈┈┈┈┈ 186
　　8.6.3　改善输电线路特性 ┈┈┈┈┈┈┈┈┈┈┈┈┈┈┈ 186
　　8.6.4　短路故障的快速切除 ┈┈┈┈┈┈┈┈┈┈┈┈┈┈ 187
8.7　人工智能技术在电力系统稳定性提升中的应用 ┈┈┈┈┈┈┈ 189
　　8.7.1　ANN的概述 ┈┈┈┈┈┈┈┈┈┈┈┈┈┈┈┈┈ 190
　　8.7.2　ANN的训练 ┈┈┈┈┈┈┈┈┈┈┈┈┈┈┈┈┈ 191

8.7.3　模糊逻辑系统 ··· 193
　　　8.7.4　基于人工智能的电力系统 APSS ·· 195
本章小结 ··· 200
习题 ··· 201

附录 ··· 202

　附录 A　拉氏运算形式的同步发电机电磁方程及其参数 ···························· 202
　　A.1　有阻尼绕组同步发电机 ··· 202
　　　A.1.1　运算方程及其参数 ··· 202
　　　A.1.2　运算电抗的简化 ··· 203
　　A.2　无阻尼绕组同步发电机 ··· 204
　附录 B　面向暂态功角稳定计算的励磁系统与原动机模型 ·························· 204
　　B.1　励磁系统的数学模型 ·· 204
　　　B.1.1　励磁系统的分类 ··· 204
　　　B.1.2　直流机励磁系统的数学模型 ·· 205
　　B.2　原动机及其调节系统的数学模型 ··· 207
　　　B.2.1　水轮机及其调节系统的数学模型 ······································ 207
　　　B.2.2　汽轮机及其调节系统的数学模型 ······································ 209

参考文献 ··· 210

第 1 章 电力系统运行稳定性的基本概念

1.1 电力系统稳定性概述

众所周知,电力系统作为典型的超大规模动态系统,它的功能是尽可能连续为负荷提供其所需高品质的电能。保证电力系统运行具有稳定性是实现上述功能的重要基础。

1.1.1 电力系统稳定性的定义

1. 基本概念

电力系统受到扰动后保持稳定运行的能力被称为电力系统稳定性。电力系统稳定性又可以被理解为其在遭受到扰动后重新恢复稳定的平衡状态的能力。

电力系统稳定性领域的扰动形式既可以是小扰动,也可以是大扰动,具体形式包括不同幅度负荷的突然变化、元件突然退出运行、三相短路故障等。电力系统在长期运行过程中一定会受到扰动,一些情况下电力系统受扰后无法继续保持稳定运行。例如,对于电源通过远距离交流输电线路输送电力到受端系统这种情况,在传输的功率大到一定程度后,正常运行状态下稍微小的扰动都可能导致电流、电压、功率的剧烈变化和振荡,这表明电力系统失去了稳定运行状态。当元件因故障被自动保护装置切除后,电力系统也可能因为这种大扰动的影响出现上述电流、电压、功率的剧烈变化和振荡。除此之外,电力系统的正常操作(例如有计划地退出发电机等),在一些情况下也可能导致电力系统失稳。需要注意的是,电力系统稳定问题是一个复杂的问题,其表现形式并非单一的。当电力系统稳定性遭到破坏后,大量用户的供电会出现中断,甚至整个电力系统会瓦解,引起极其严重的后果。因此,对于电力系统的安全可靠运行以及用户的正常用电而言,保证电力系统的运行具有稳定性,是一件具有重要意义的事情。

与电力系统稳定性有关的一个概念是电力系统安全性,它是指电力系统在运行中承受扰动(例如突然失去元件或发生短路故障等)的能力。当电力系统安全性得到满足时,电力系统能够承受住扰动引起的暂态过程,并且能够过渡到一个可接受的运行工况,在新的运行工况下各种约束条件得到满足。与电力系统安全性有关的分析包括静态安全分析和动态安全分析。其中,电力系统静态安全分析不考虑电力系统从扰动前的静态到另一个静态的中间过程。与此不同,电力系统动态安全分析则研究的是电力系统从发生扰动前的静态过渡到扰动另一个静态的暂态过程中保持稳定的能力,比如研究任一元件断开后的电力系统稳定性。

2. 稳定标准

由于电力系统在长期运行过程中无法避免受到扰动,而电力系统在受扰后失去稳定的后果又往往非常严重,甚至会出现灾难性的结果,因此保证电力系统安全稳定运行需要满足一定的标准。我国在电力系统稳定领域也发布了强制性国家标准 GB 38755-2019《电力系统安全稳定导则》，用于代替行业标准 DL755-2001《电力系统安全稳定导则》。该强制性国家标准已于 2020 年 7 月 1 日正式实施。该标准给出的电力系统安全稳定标准包括电力系统的静态稳定储备标准以及承受大扰动能力的安全稳定标准。其中，静态稳定储备标准涉及按功角判据计算的静态稳定储备系数和按无功电压判据计算的静态稳定储备系数；电力系统承受大扰动能力的安全稳定标准分为以下三级：

1) 第一级标准：保持稳定运行和电网的正常供电。
2) 第二级标准：保持稳定运行，但允许损失部分负荷。
3) 第三级标准：当系统不能保持稳定运行时，必须尽量防止系统崩溃并减少负荷损失。

根据国家标准《电力系统安全稳定导则》，上述每一级标准针对不同的情况。

1.1.2 电力系统稳定性分类

知名学术组织美国电气与电子工程师学会（IEEE）和国际大电网委员会（CIGRE）共同组建的稳定性术语与定义联合工作小组于 2004 年发布了《电力系统稳定性定义与分类》报告，此报告提出了经典的电力系统稳定性概念及其分类。在我国，国家标准《电力系统安全稳定导则》已给出了电力系统稳定性概念及其分类，具体如图 1.1 所示。根据强制性国家标准《电力系统安全稳定导则》，电力系统稳定性被分为三大类：功角稳定性、电压稳定性和频率稳定性。

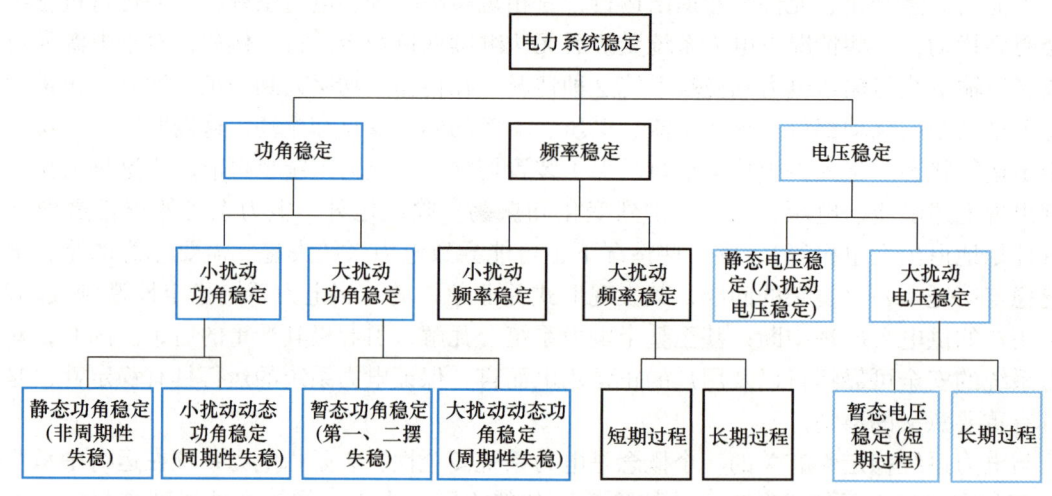

图 1.1 国标 GB 38755-2019 电力系统稳定性分类

1. 功角稳定性

功角稳定性是指电力系统受到扰动后同步发电机保持同步运行的能力。同步发电机一般是电力系统中电能的主要来源。一个正常稳定运行的电力系统的必要条件是所有同步发电机具有相同的电气角速度，即保持同步运行。对于同步发电机而言，忽略阻尼时稳态运行时输入的机械功率（原动机功率）与其电磁功率相平衡，机械功率（原动机功率）和电磁功率分别对应于机械转矩（原动机转矩）和电磁转矩，其中机械转矩和同步发电机的转子旋转方向相同，而电磁转矩与同步发电机的转子旋转方向相反。当电力系统发生故障后，同步发电机的机械功率与电磁功率失去平衡，转子转速出现变化，导致不同的同步发电机转子之间出现相对运动，进而产生了是否重新恢复同步运行的问题，即功角稳定问题。

功角失稳是同步转矩或阻尼转矩不足引起的，其中同步转矩不足导致电力系统出现非周期性失稳，而电力系统出现阻尼转矩不足则导致振荡失稳。根据扰动的大小，功角稳定进一步分为小扰动功角稳定和大扰动功角稳定。

很明显，小扰动功角稳定涉及的是小扰动，此小扰动的大小是指数学上的无限小。小扰动功角稳定还可以分为静态功角稳定（它对应的失稳类型是非周期性失稳）和小扰动动态功角稳定（它对应的失稳类型是周期性失稳，与阻尼转矩相关）。其中，小扰动动态功角稳定主要用于分析电力系统正常运行方式和事故后运行方式下的阻尼特性。

大扰动功角稳定分析必须考虑反映电力系统动态特性的非线性方程。根据强制性国家标准《电力系统安全稳定导则》，大扰动功角稳定计算需要进行时域仿真。但是需要指出的是，对于本书经常提及的单机-无限大系统（一种理想化的电力系统）而言，当其满足本书第 6 章介绍的等面积定则的前提条件时，无需进行时域仿真，当然这属于一种理想的简单情形。大扰动功角稳定可以分为暂态功角稳定（与同步转矩相关）和大扰动动态功角稳定（与阻尼转矩相关）。其中，暂态功角稳定对应于第一、二摆失稳，大扰动动态功角稳定对应于周期性失稳，用于分析系统受到大扰动后的动态功角稳定。

2. 电压稳定性

电压稳定性是指电力系统受到小扰动或大扰动后电力系统电压能够保持或恢复到允许的范围内，不发生电压崩溃的能力。电压稳定性也可以根据扰动的大小进一步进行分类，即可以分为静态电压稳定（小扰动电压稳定）和大扰动电压稳定，而大扰动电压稳定又可分为短期过程电压稳定（暂态电压稳定）和长期过程电压稳定。静态电压稳定计算被用于考察正常运行方式和事故后运行方式下的电力系统电压静稳定储备。

3. 频率稳定性

频率稳定性是指电力系统受到小扰动或大扰动后，系统频率能够保持或恢复到允许的范围内，不发生频率振荡或崩溃的能力。频率稳定也可以根据扰动大小进行分类，即可分为小扰动频率稳定和大扰动频率稳定。其中，小扰动频率稳定指电力系统受到小扰动后，在自动调节和控制装置的作用下，系统频率不发生发散振荡或持续振荡，保持频率稳定的能力。大扰动频率稳定与传统频率稳定的定义一致，按照过渡时间的长短，可以划分为短期过程和长期过程。

需要注意的是，暂态功角稳定、动态功角稳定、电压稳定、频率稳定的计算以及短路电流计算等都属于电力系统安全稳定计算分析的内容。除此之外，电力系统安全稳定计算分析还包括其他内容，比如静态安全分析。

本书将在 1.3 节和 1.4 节以及第 5 章和第 6 章对小扰动功角稳定和大扰动功角稳定进行更为详细的介绍。

1.2 功角的概念

功角稳定性属于电力系统稳定性的重要内容，本节将以单机-无限大系统为例，介绍其中的功角概念。

简单电力系统（单机-无限大系统）的接线图如图 1.2 所示，该系统是一种单机-无限大系统[1]。在该系统中，母线 B1 与 B2 之间为双回输电线路。为了方便分析，本节不考虑元件的电阻和对地支路导纳，不计送端发电机的励磁调节，同时假定送端发电机的空载电势为常数。图 1.2 中，最右边的母线 B3 为无限大容量母线（电压幅值和频率恒定），它与受端系统相连，该受端系统可以被视为一台以同步转速恒速旋转的等值发电机，其内阻抗为零、电势为 $\dot{U}$。当送端发电机为隐极机时，该系统的等效电路如图 1.3 所示，其中 E_q、X_d 分别为送端发电机 G 的空载电势、d 轴同步电抗（详细的同步发电机模型将在第 2 章进行介绍）。该简单电力系统的总电抗 $X_{d\Sigma}$ 为

$$X_{d\Sigma} = X_d + X_{T1} + \frac{1}{2}X_L + X_{T2} \tag{1.1}$$

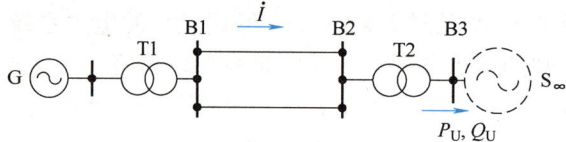

图 1.2　简单电力系统（单机-无限大系统）的接线图

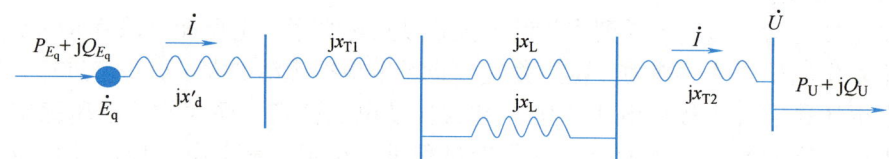

图 1.3　含隐极机的简单电力系统的等效电路

根据该简单电力系统的相量图（见图 1.4）可以得到

$$IX_{d\Sigma}\cos\varphi = E_q\sin\delta \tag{1.2}$$

在式（1.2）的等号左右两边同时乘以 $U/X_{d\Sigma}$，同时考虑到送端发电机 G 的输出功率 $P_e = P = UI\cos\delta$，故可以得到

$$P_e = \frac{E_q U}{X_{d\Sigma}}\sin\delta \tag{1.3}$$

从式（1.3）可以看出，当发电机的电势 E_q 和受端电压 U 的数值均保持不变时，送端发电机 G 的输出功率 P_e 是角度 δ 的正弦函数（见图 1.4），其中角度 δ 为电势 $\dot{E}_q$ 与电压 $\dot{U}$ 之间的相位角。因为送端发电机 G 的输出功率大小与相位角 δ 密切相关，δ 称为功角或功率角。输出功率与功角的关系 $P_e = f(\delta)$ 被称为功角特性或功率特性。

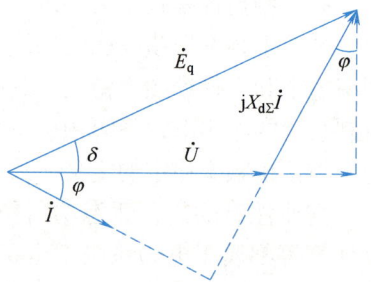

图 1.4　简单电力系统的相量图

对于该简单电力系统而言，功角 δ 是表征电力系统同步运行稳定性的重要参量，因为它不仅表示电势 $\dot{E}_q$ 和电压 $\dot{U}$ 之间的相位差（电磁关系），还表明了送端发电机与受端等值发

---

[1] 单机-无限大系统是仅含一台实际同步发电机的简单电力系统，该系统的突出特征是存在电压幅值和频率恒定的无限大容量母线。单机-无限大系统存在多种具体的形式。

电机转子之间的相对空间位置（故又称为位置角）。功角 δ 随时间的变化情况描述了送端发电机与受端等值发电机的相对运动，而发电机转子间的相对运动性质，恰好是判断送端发电机与受端等值发电机之间是否同步运行的依据。

为了更好地说明上述概念，下面以图 1.5 为例进行分析，以下分析不计摩擦等因素。在正常运行时，由于忽略了电阻，送端发电机 G 输出的电磁功率为 $P_e = P_0$。此时，送端发电机 G 转子上作用着两个转矩：一个是原动机的转矩 M_T（对应于功率 P_T），它推动转子旋转；另一个是电磁转矩 M_e，它对应于发电机输出的电磁功率 P_e，它制止转子旋转。在正常运行情况下，原动机的转矩 M_T 与电磁转矩 M_e 相等，且 $P_T = P_e = P$。因而送端发电机以恒定速度旋转，且送端发电机与受端等值发电机具有相同的电角速度（设为同步速度 ω_N），即两者同步运行，此时功角 $\delta = \delta_0$（见图 1.5），且保持不变。如图 1.5b 所示，如果把送端发电机和受端等值发电机的转子移到一起，则功角 δ 就是两个发电机转子轴线间用电角度表示的相对空间位置角。因为送端发电机和受端等值发电机的电角速度相同，所以它们在空间上的相对位置保持不变。如果增大送端发电机 G 的原动机功率使得其大于电磁功率，则送端发电机 G 转子上的转矩失去平衡。由于原动机功率大于发电机电磁功率，因此导致送端发电机 G 转子加速，使得转速高于受端等值发电机的转速，进而导致送端发电机 G 的功角增加，送端发电机 G 与受端等值发电机的转子间相对空间位置出现变化。由式（1.3）可知，当 δ 增大时，送端发电机 G 输出的电磁功率也增大，直到送端发电机 G 的原动机功率与电磁功率能够重新达到相等且保持不变为止。此时，作用在送端发电机转子上的原动机转矩与电磁转矩再次达到平衡，送端发电机与受端等值发电机的电角速度相同，功角也重新保持不变，因此该简单电力系统保持了同步运行稳定。

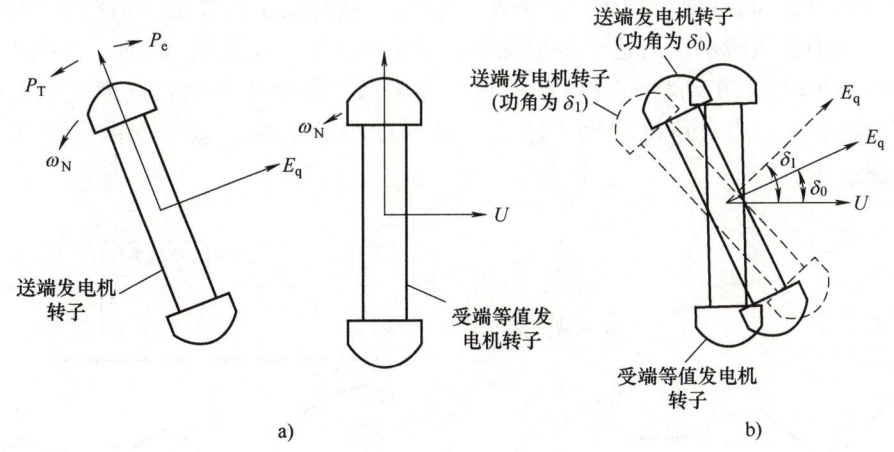

图 1.5 功角相对空间位置概念

1.3 小扰动功角稳定的基本概念

实际上电力系统无时无刻不在随机的小扰动下运行。这种扰动的大小属于数学上的无限小，因此任意描述小扰动下电力系统运行状态的非线性方程式，都可在原始运行点附近线性化。换言之，电力系统小扰动功角稳定性涉及的数学问题将是对线性化的机电暂态过程微分方程式组的求解问题。这些都是在讨论小扰动功角稳定性之前需要建立的基本概念。下面以小扰动功角稳定性为例，简要介绍它的初步概念。

1.3.1 定性分析（不考虑发电机阻尼）

下面以静态功角稳定为例，简要介绍小扰动功角稳定性的初步概念。本节将静态功角稳定简称为静态稳定。

以下分析略去各元件的电阻和导纳，并假设送电发电机 G 为隐极式同步发电机，其空载电势 E_q 恒定，原动机的机械功率 P_m 也不可调，并不考虑摩擦、风阻等阻尼的作用。

下面对送端发电机转子运动特性进行简化处理：对于送端发电机而言，若原动机功率等于电磁功率，则送端发电机转子净转矩等于 0；若原动机功率大于电磁功率，则送端发电机转子存在加速性的净转矩；若原动机功率小于电磁功率，则送端发电机转子存在减速性的净转矩。按原动机功率等于电磁功率的条件（$P_m = P_0$），在功角特性曲线上将有运行点 a、b（见图 1.6），与这两个运行点相对应的功率角分别为 δ_a、δ_b。以下首先分析在这两点运行时受到小扰动后的情况：

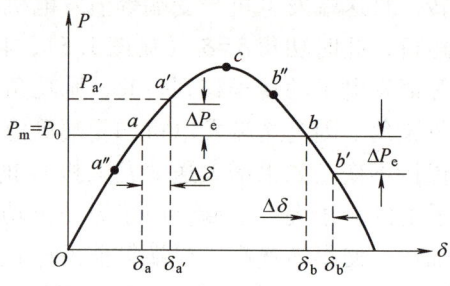

图 1.6 静态功角稳定的定性分析

1. a 点的运行情况

在 a 点，当出现一个微小的、瞬时出现但又立即消失的扰动 ΔP_e 使功率角增加微量 $\Delta\delta$ 时，送端发电机电磁功率将相应地从与 a 点相对应的值 P_0，增加到与 a' 点相对应的另一个值。但原动机功率 P_m 不可调，仍为 $P_m = P_0$，因此电磁功率将大于原动机功率。从而，当这个扰动消失后，机组将减速，功率角将减小。经过一系列微小的振荡，运行点又回到 a 点，具体如图 1.7a 中实线所示。当这个微小扰动使功率角减小一个微量 $\Delta\delta$ 时，情况正相反，送端发电机电磁功率将减小到与 a'' 相对应的值，电磁功率将小于原动机功率。因此这个扰动消失后机组将加速，功率角将增大。经过一系列微小的振荡，运行点也将回到 a 点，如图 1.7a 中虚线所示。

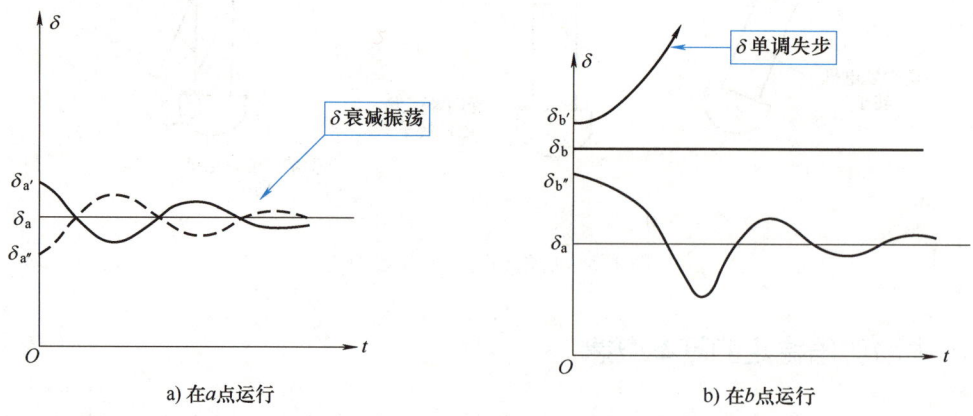

图 1.7 功角的变化过程示意图

2. b 点的运行情况

在 b 点，如果出现一个瞬时出现但又立即消失的微小扰动 ΔP_e 使功率角增加微量 $\Delta\delta$，送端发电机电磁功率将从与 b 点相对应的 P_0，减少到与 b' 点相对应的数值。在原动机功率不可调的假设下，电磁功率将小于原动机功率。因此这个扰动消失后送端发电机转子将加速，功率角将增大。而功率角增大时，与之相对应的电磁功率将进一步减小，导致功率角不断增大，运行点不再能回到 b 点，如图 1.7b 中实线所示。功率角的不断增大，标志着送端发电机与受端系统等值发电机之间将失去同步。如果这个微小扰动使功率角减小一个微量 $\Delta\delta$，此时电磁功率将增加到与 b'' 点相对应的值，电磁功率大于原动机功率。故当这个扰动消失后，机组将减速，功率角将继续减小，一直减小到小于 δ_a，然后又经过一系列振荡，在 a 点实现新的平衡，故运行点也不再回到 b 点。

综上所述，功角特性曲线上虽有两个对应于 $P_m=P_0$ 的运行点 a、b，但该系统只有运行于 a 点时，它在受到小扰动后仍可回到原始运行点 a 继续运行，或者说，系统本身有能力维持在 a 点运行。该系统若运行于 b 点，则受到小扰动后，系统将脱离原始运行点 b，一去不复返，或者说，系统本身没有能力维持在 b 点运行。

下面进一步深入分析运行点 a、b 的异同，以找出可以用于判断系统稳定与否有关的某些规律。运行点 a、b 对应的电磁功率都等于 P_0，即 $P_a=P_b=P_0$，但是 a 点对应的功率角 δ_a 小于 $90°$，微量 $\Delta\delta$ 与其对应的电磁功率变化量 ΔP_e 符号相同，即 $\Delta P_e/\Delta\delta>0$；$b$ 点对应的功率角 δ_b 则大于 $90°$，ΔP_e 和 $\Delta\delta$ 的符号相反，$\Delta P_e/\Delta\delta<0$，这是它们的不同点。由于该系统在 a 点运行时是稳定的，在 b 点运行时是不稳定的，故合乎逻辑的结论应是：$\Delta P_e/\Delta\delta>0$ 时，该电力系统是稳定的；$\Delta P_e/\Delta\delta<0$ 时，该电力系统是不稳定的，故根据 $dP_e/d\delta$ 的符号可以判断该电力系统是否可以保持静态稳定，$dP_e/d\delta>0$ 是该系统静态稳定的判据，根据它可以判断该系统中送端发电机与受端系统等值发电机并列运行的稳定性。

根据上述判据（$dP_e/d\delta>0$），图 1.7b 中功角特性曲线上所有与 $\delta<90°$ 对应的运行点是静态稳定的；所有与 $\delta>90°$ 对应的运行点是静态不稳定的。而与 $\delta=90°$ 对应的 c 点则是临界点，此时 $dP_e/d\delta=0$。严格地说，在 c 点也是静态不稳定的，这是因为此时功率角任意正的微增量 $\Delta\delta$，都将导致该电力系统中送端发电机与受端系统等值发电机之间的失步。

1.3.2 发电机阻尼对小扰动功角稳定的影响

同步发电机阻尼在电力系统小扰动功角稳定性中有十分重要的作用。以图 1.3 中的简单电力系统为分析对象，不考虑阻尼作用时，式（1.4）给出了送端发电机的线性化转子运动方程。

$$\frac{T_J}{\omega_N}\frac{d^2\Delta\delta}{dt^2}+K\Delta\delta=0 \qquad (1.4)$$

式中，T_J 为同步发电机的惯性时间常数；ω_N 为同步转速；K 为整步功率系数；$\Delta\delta$ 为功角偏离稳定运行点的角度。

上述分析未考虑励磁调节器的作用。事实上，同步发电机负阻尼的一个主要来源就是快速调节的高增益自动电压调节器。自动电压调节器的主要功能是调整发电机的励磁水平维持机端电压不变。已有研究发现，增加强行励磁能力和降低励磁系统的响应时间有助于暂态稳定性，但是这可能会提供大量的负阻尼，导致同步发电机的阻尼转矩减小。因此，励磁系统虽然有助于增强电力系统的暂态稳定性，但是自动电压调节器的反馈控制可能提供负阻尼，引发自发振荡。

为了进一步阐述自动电压调节器的阻尼效应，通过转子转矩分量反映含有自动电压调节器的励磁系统作用。以下分析仅考虑自动电压调节器的阻尼效应。在小扰动下，电磁转矩变化量 ΔT_e 可以通过两部分描述：比例于功角变化量的同步转矩分量（$K_s\Delta\delta$）和比例于角速度变化量的阻尼转矩分量（$K_D\Delta\omega$）。

$$\Delta T_e = K_s\Delta\delta + K_D\Delta\omega \tag{1.5}$$

式中，$\Delta\omega = \mathrm{d}\delta/\mathrm{d}t$；$K_s$ 为与同步转矩有关的系数；K_D 为与阻尼转矩有关的系数。

对于给定的稳定平衡点，当功角增加时，若 $K_s>0$，则同步转矩分量（$K_s\Delta\delta$）试图让转子减速且朝原来的稳定平衡点运动。若 $K_D>0$，那么当转子转速大于同步转速时，阻尼转矩试图让转子减速且朝原来的稳定平衡点运动。因此，当同时有正的同步转矩和正的阻尼转矩作用在转子上时，发电机能够保持静态功角稳定状态。图1.8和图1.9描述了两个转矩分量与相应的电力系统状态之间的关系。小扰动功角稳定性的详细定量分析方法详见于本书第5章。

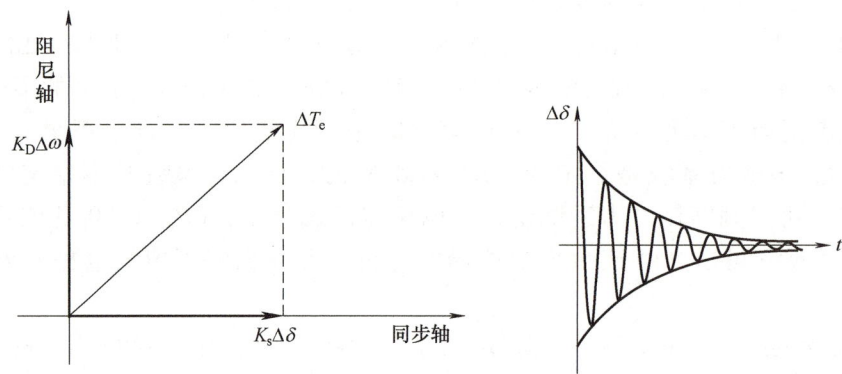

图1.8　正同步转矩分量和正阻尼转矩分量（稳定状态）

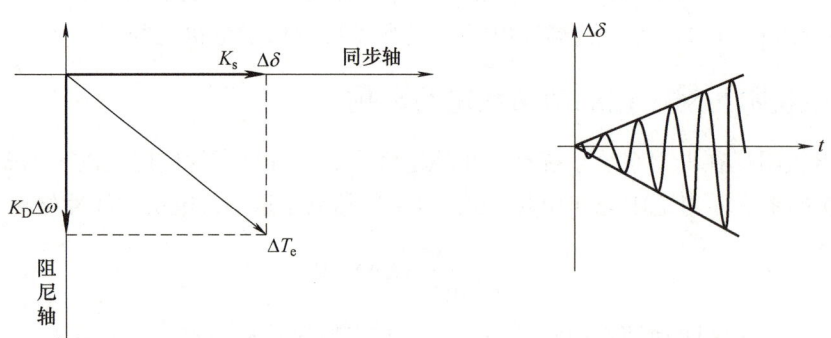

图1.9　正同步转矩分量和负阻尼转矩分量（不稳定状态）

1.4　暂态功角稳定的基本概念

电力系统具有静态稳定性是稳定运行的必要条件。但是不能肯定地说，当电力系统受到大扰动时，也能保持系统稳定运行（比如保持大扰动功角稳定）。本节将以暂态功角稳定为例,简要介绍电力系统大扰动功角稳定性的初步概念。

接下来讨论简单电力系统突然切除一回输电线路的情况。如图 1.10 所示,在正常运行时,系统的总电抗为

$$X_{d\Sigma I} = X_d + X_{T1} + \frac{1}{2}X_L + X_{T2} \quad (1.6)$$

此时的功率特性为

$$P_I = \frac{E_q U}{X_{d\Sigma I}}\sin\delta \quad (1.7)$$

切除一回输电线路后,系统的总电抗为

$$X_{d\Sigma II} = X_d + X_{T1} + X_L + X_{T2} \quad (1.8)$$

相应的功率特性为

$$P_{II} = \frac{E_q U}{X_{d\Sigma II}}\sin\delta \quad (1.9)$$

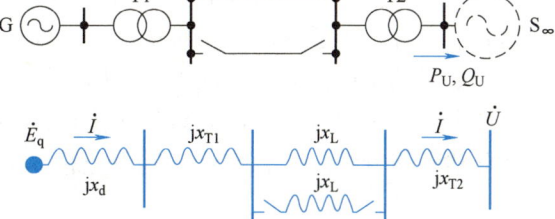

图 1.10 切除一回输电线

如果不考虑发电机的电磁暂态过程和励磁调节作用,假定 E_q 保持不变,则线路电抗增大,$X_{d\Sigma II} > X_{d\Sigma I}$,因而 $P_{II} = f_{II}(\delta)$ 的幅值比 $P_I = f_I(\delta)$ 的幅值要小,如图 1.11 所示。

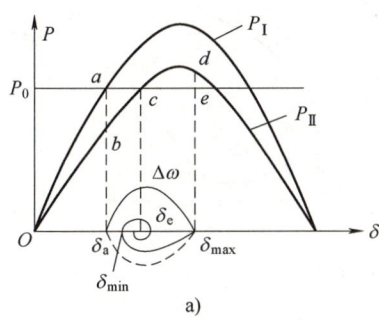
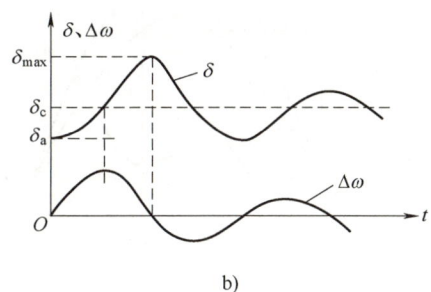

图 1.11 保持暂态功角稳定

1. 保持暂态功角稳定的工况

首先讨论此系统受到大扰动后的一种结局:保持暂态功角稳定。在切除线路瞬间,送端发电机输出的电磁功率由 P_{II} 曲线上的 b 点确定。这是由于转子具有惯性,其转速不能瞬时突变,因此线路切除瞬间功角 δ 保持不变。送端发电机的工作点由 a 点突然变到 b 点时,电磁功率突然减小,导致原动机功率大于电磁功率,作用在转子上的净转矩是加速性的,推动送端发电机加速,功角开始增大,其工作点将沿着 P_{II} 曲线由 b 点向 c 点变动,送端发电机输出的电磁功率也随之逐渐增大。

在 c 点处,虽然转子上的电磁转矩与原动机转矩又相互平衡,但转子运动并不会到此结束,这是因为此刻送端发电机的转速已高于受端等值发电机的转速,功角将继续增大而越过 c 点。

越过 c 点之后,电磁功率将超过原动机功率,送端发电机的转子净转矩为减速性的,因此送端发电机开始减速,到达 d 点时,送端发电机与受端等值发电机之间的相对速度 $\Delta\omega = 0$,送端发电机与受端等值发电机恢复了同步,此刻电磁功率仍大于原动机功率,因而送端发电机继续减速,导致接下来送端发电机的转速开始小于受端等值发电机的转速,相对速度

$\Delta\omega<0$，功角开始减小，送端发电机工作点将沿相反方向变动到 c 点，然后越过 c 点而在 b 点附近 $\Delta\omega$ 再次等于零。以后功角又开始增大，最终由于各种损耗的原因，功角经过减幅振荡（见图 1.11b），在 c 点处送端发电机电磁功率等于原动机功率，且 $\Delta\omega=0$，建立了新的稳定运行状态。

2. 不保持暂态功角稳定的工况

上述大扰动发生后也可能有另外一种结局。如图 1.12 所示，从送端发电机运行点第一次到达 c 点之后，转子减速，相对速度 $\Delta\omega$ 减小，但是此时 $\Delta\omega$ 是大于零的，所以功角仍继续增大。如果功角已达到临界角 δ_{cr}（对应于 c' 点）时 $\Delta\omega$ 还未变为零，则由于 $\Delta\omega>0$，功角将继续增大而越过 c' 点，进而导致转子上的净转矩又变成加速性的，相对速度 $\Delta\omega$ 又开始增加，因此功角将继续增大，使得送端发电机与受端系统失去同步，破坏了该电力系统的稳定运行。

根据以上分析可以得到暂态功角稳定的初步概念：电力系统具有暂态功角稳定性，一般是指电力系统在正常运行时，受到大的扰动后能从原来的运行状态（平衡点），不失去同步地过渡到新的运行状态或回到原来的运行稳态。

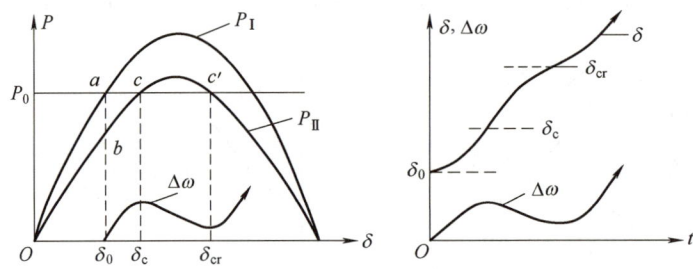

图 1.12　失去暂态功角稳定

从以上讨论可以看到，对于单机-无限大系统，若功角 δ 经过振荡后能稳定在某一个数值，则表明送端发电机与受端等值发电机之间重新恢复了同步运行，该系统具有暂态功角稳定性。如果大扰动后功角不断增大，则表明送端发电机与受端等值发电机之间已不再同步，该系统失去了暂态功角稳定。因此，可以用受大扰动后功角随时间变化的特性判断单机-无限大系统的暂态功角稳定。

1.5　负荷稳定的概念

工农业生产用电负荷是电力系统负荷的主要组成部分，其中电动机负荷是其主要成分。电动机负荷包括同步电动机负荷和异步电动机负荷，其中以异步电动机负荷为主。由于同步电动机负荷属于同步电机，因此此类负荷也存在受扰动后能否继续保持同步运行的稳定性问题。而异步电动机负荷作为一种旋转电机，它也存在与转子上的转矩平衡有关的运行稳定性问题。

如果异步发电机负荷不能保持稳定运行，那么它也会对电力系统的功角稳定产生影响。例如，当异步电动机的运行电压过低或所带的机械负载过重时，异步电动机转子会迅速减速以致出现停转。停转时，异步电动机吸收的有功功率变得很小，引起电力系统同步发电机的输出功率发生变化,进而导致同步发电机转子间的相对运动,严重时导致同步发电机之间失去同步,引发电力系统功角失稳。因此,负荷稳定性也属于电力系统稳定性的一个重要内容。

在电力系统中,节点负荷指的是该节点的综合负荷,它包含数量众多的用电设备以及相关的变配电设备。接下来通过 1 台等值异步电动机表示综合负荷,以此说明负荷静态稳定的初步概念。正常运行时异步电动机转子上存在相互平衡的机械转矩和电磁转矩两种转矩,其中机械转矩是制动性的,而电磁转矩则是推动异步电动机转子旋转的。图 1.13 所示为该等值异步电动机的简化等效电路,给定其临界转差 s_{cr},则其电磁转矩为

$$M_e = \frac{2M_{emax}}{\dfrac{s}{s_{cr}}+\dfrac{s_{cr}}{s}} \tag{1.10}$$

式中,M_{emax} 为最大转矩,它的表达式如下:

$$M_{emax} \approx \frac{U_{LD}^2}{2(x_1+x_2)} \tag{1.11}$$

式中,x_1+x_2 表示该等值异步电动机的定子与转子漏抗之和,也就是图 1.14 中的 x_σ。由 x_σ 可以计算临界转差,$s_{cr}=R/x_\sigma$。

图 1.14 给出了该等值异步电动机的转矩-转差特性,也画出了其机械转矩-转差特性 $M_M(s)$。从图 1.14 中可以看到,该等值异步电动机存在 a、b 两个平衡点,这两个平衡点处机械转矩和电磁转矩相等。下面分析这两个平衡点的稳定性。

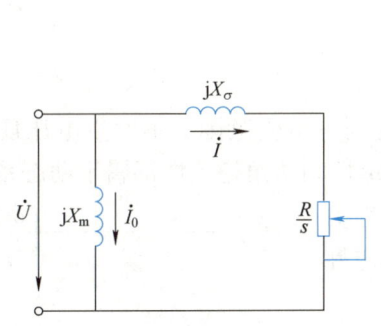

图 1.13 异步电动机的简化等效电路

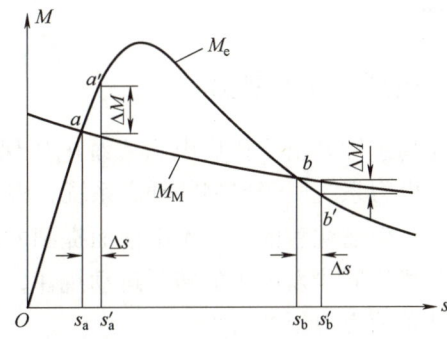

图 1.14 负荷稳定性的概念

当等值异步电动机工作于平衡点 a 时,如果其受到扰动后转差变为 $s_{a'}$(即转差出现了微小的增量 $\Delta s = s_{a'} - s_a$),则其电磁转矩将大于机械转矩,导致转子上产生了加速性的净转矩 $\Delta M = M_e - M_M$,使等值异步电动机转子的转速增大,从而转差减小,最终经过一段时间恢复到 a 点运行。如果扰动产生的 Δs 为负值,那么等值异步电动机的运行点也将回到 a 点,所以等值异步电动机能够在 a 点稳定运行。

当等值异步电动机工作于平衡点 b 运行时,如果扰动使得等值异步电动机转差 Δs 增加,则从图 1.14 可以看到,这将使得电磁转矩小于机械转矩,等值异步电动机转子上出现减速性的净转矩。在此净转矩的作用下,等值异步电动机转速下降,从而导致转差继

续增大。转差如此增大下去直到等值异步电动机停转为止。所以在平衡点 b 的运行是不稳定的。

负荷稳定性就是指负荷在正常运行状态下受扰后能保持在某一恒定转差下继续运行的能力。从以上分析可以看到，上述等值异步电动机在平衡点 a 运行时，转差增量 Δs 与净转矩具有相同的符号；而在平衡点 b 运行时转差增量 Δs 与净转矩的符号相反。如前所述，该等值异步电动机被用来表示综合负荷，因此可以用 $\Delta M/\Delta s>0$ 作为负荷静态稳定的判据。如果采用功率形式表示，且满足机械功率与转差无关、保持恒定的条件，则负荷静态稳定判据可以表示为如下形式：

$$\frac{\Delta P_e}{\mathrm{d}s}>0 \qquad (1.12)$$

负荷失去稳定后无法正常工作并从电力系统中被切除。如果大量负荷不能保持稳定，那么这会给电力系统的运行稳定性带来严重的不利影响。

1.6 电压稳定的初步概念

20世纪70年代以来，许多实际电力系统发生了电压崩溃事故，造成了严重的不利影响。例如，1978年12月发生的法国电力系统电压崩溃事故造成直接经济损失达2亿~3亿美元；1987年7月东京电力系统的电压崩溃事故波及2800多万用户。因此，电压稳定性问题在学术界得到了广泛的研究，知名学术组织IEEE和CIGRE也成立了专门工作小组。本书将对电压稳定的初步概念进行介绍，后续将在第7章对电压稳定性问题及其分析方法进行详细的介绍。

1.6.1 电压稳定性概述

电压稳定性是指受扰后电力系统电压保持或恢复到可接受范围、不发生电压崩溃的能力。由于电力系统属于典型的动态系统，因此电压稳定性和功角稳定性都属于动态系统的稳定性问题。但需注意的是，本书前面提到的功角稳定性关注的是受扰后同步发电机的转子运动规律，而电压稳定性主要关注负荷点电压的行为。

受扰之后电力系统失去电压稳定的表现形式有多种类型，比如变压器分接头不当调整引起的电压失稳、负荷动态特性引起的电压失稳。下面以负荷动态特性引起的静态电压失稳为例，介绍电力系统电压稳定性的初步概念。

以如图1.15所示的单端供电系统为例，此系统中同步发电机经过一条线路向负荷供电。此系统中负荷与非无限大容量母线相连，即负荷母线电压与负荷水平有关，其受端系统不能被视为一个等值同步发电机，故该系统只有一台同步发电机，不存在功角稳定性问题。但是它存在负荷节点的电压稳定问题。

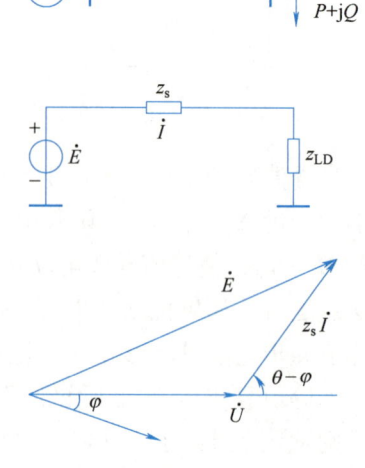

图1.15 单端供电系统及其相量图

下面具体分析该系统的电压稳定问题。令该单端供电系统中的发电机和输电线路的总阻抗为 $z_s = |z_s| \angle \theta$，负荷的等值阻抗记为 $z_{LD} = |z_{LD}| \angle \varphi$。以下电压稳定分析假定该系统的频率、等值阻抗 z_s、同步发电机电势不变，且负荷的功率因数为滞后性的。首先分析电力网络和负荷的固有特性，为静态电压稳定奠定基础。

1. 电力网络和负荷的固有特性

利用图 1.15 中相量图以及余弦定理可得

$$E^2 = U^2 + |z_s|^2 I^2 + 2|z_s|UI\cos(\theta-\varphi)$$

将 $I = U/|z_{LD}|$ 代入，便得

$$U^2 = \frac{E^2}{1 + \left|\dfrac{z_s}{z_{LD}}\right|^2 + 2\left|\dfrac{z_s}{z_{LD}}\right|\cos(\theta-\varphi)} \quad (1.13)$$

因此，可以进一步得到从电网送到负荷点的功率为

$$P = \frac{U^2}{|z_{LD}|}\cos\varphi = \frac{E^2\cos\varphi/|z_s|}{\left|\dfrac{z_{LD}}{z_s}\right| + \left|\dfrac{z_s}{z_{LD}}\right| + 2\cos(\theta-\varphi)} \quad (1.14)$$

根据前述假设，该系统唯一变量是负荷的等值阻抗 z_{LD}。根据式（1.13）和式（1.14）给定功率因数下的 $U-|z_s/z_{LD}|$ 曲线和 $P-|z_s/z_{LD}|$ 曲线，具体如图 1.16 所示。从这张图可以看出电力网络的固有特性：

1) $P-|z_s/z_{LD}|$ 曲线表明，当 $|z_s/z_{LD}| < 1$，负荷只要减小其等值阻抗的模值 $|z_s|$，就可以从电网获取更多的有功供应。当 $|z_s/z_{LD}| = 1$ 时，负荷节点能够获取的有功功率达到最大值。然而当 $|z_s/z_{LD}| > 1$ 时，减小 $|z_s|$ 不能带来电网送达功率的增加，反而减少了电网送达功率。这属于由电路规律决定的电网固有功率传输特性。

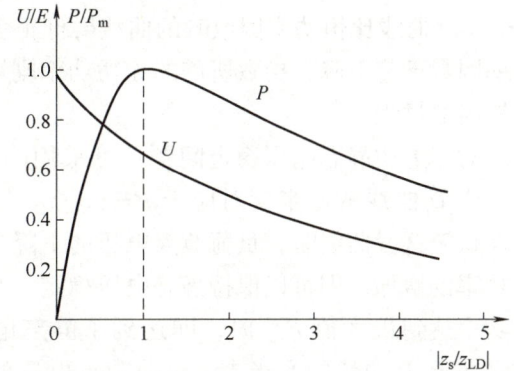

图 1.16 受端电压和功率随负荷阻抗变化曲线

2) $U-|z_s/z_{LD}|$ 曲线表明，负荷节点电压随着 $|z_s|$ 的减小而减小，这属于电网的固有特性。需要指出的是，这里分析的负荷功率因数为滞后性的情况，即负荷吸收感性无功的情况。如果当负荷功率因数超前，那么在一些情况下可能出现 $U-|z_s/z_{LD}|$ 曲线先上升、然后单调下降。

从电网侧来看，用电设备表现出来的是一种阻抗特性，以此向电网获取功率，然后再将其转化为其他形式的功率。比如异步电动机把从电网获取的有功功率（电磁功率）转化为机械功率，以供机械负载使用。对于异步电动机而言，其等值阻抗的变化具有如下特点：

1) 当机械功率大于电磁功率时，将减小其等值阻抗以期从电网获得更多的电磁功率。

2) 当机械功率小于电磁功率时，将增大其等值阻抗以期减少从电网获得的电磁功率。

事实上，电力系统的许多动态负荷具有与异步电动机相同的阻抗特性：当负荷吸收的电磁功率大于其输出的其他形式的功率时，负荷增大其等值阻抗，反之减小其等值阻抗。

2. 负荷动态特性引起的静态电压失稳

根据上述电力网络和负荷的固有特性，当该电力系统的运行点处于 $P\text{-}|z_s/z_{LD}|$ 曲线的不同区域时，其表现出来的静态稳定如下：

1) 在 $P\text{-}|z_s/z_{LD}|$ 曲线的上升段时，如果负荷出现暂时的有功供需失衡，那么这可以依靠电力网络和负荷的固有特性恢复有功平衡，因此系统是电压稳定的。比如，当负荷出现暂时的有功供给过剩（负荷电磁功率小于其输出的其他形式的功率），那么根据负荷的固有特性，它将减小其等值阻抗，而根据电网在 $P\text{-}|z_s/z_{LD}|$ 曲线上升段的特性，负荷等值阻抗的减小将带来电网送达功率的增加，从而重新实现负荷的有功平衡。需要注意的是，根据负荷的固有特性，这种情况下负荷电压有所下降。

2) 在 $P\text{-}|z_s/z_{LD}|$ 曲线的下降段时，如果负荷因为其电磁功率需求增加而减小其等值阻抗时，电网送达负荷的有功功率并没有增加，反而减少了，这会进一步加剧有功功率不平衡。与此同时，根据负荷的固有动态特性，负荷等值阻抗的减小导致负荷节点电压随之快速下降，最后导致电压崩溃事故的发生。因此，上述静态电压失稳实际上就是负荷为了维持其有功平衡而调节阻抗的特性与电力网络功率传输特性相互作用的结果。

$P\text{-}|z_s/z_{LD}|$ 曲线和 $U\text{-}|z_s/z_{LD}|$ 曲线的形状不因负荷的功率因数（滞后）不同而发生改变。当负荷功率因数减小后，相同 $|z_s/z_{LD}|$ 取值下的有功 P 和电压 U 都要减小。上述分析的前提是 $P\text{-}|z_s/z_{LD}|$ 曲线对应的负荷功率因数不变。如果负荷中的成分以异步电动机为主要，那么当其机械功率增大、异步电动机转差增大时，功率因数下降很快，故实际的 $P\text{-}|z_s/z_{LD}|$ 曲线比恒功率因数时的曲线要低很多。如果负荷节点电压下降过多，那么由于负荷功率因数迅速下降，导致所需的无功功率剧增，这加大了线路上的电压损耗，从而加剧了电压崩溃的过程。

对于上述静态电压稳定问题，可采用图1.17所示的 $P\text{-}U$ 曲线来分析电压稳定性。其中，$P\text{-}U$ 曲线的右半支对应于 $P\text{-}|z_s/z_{LD}|$ 曲线的上升段，当运行于这段曲线时，负荷节点电压的下降可以换取电网送达功率的增加，即可以保持静态电压稳定。当电网送达的有功功率达到最大值 P_{max} 时，即达到了静态电压稳定的临界点。在 $P\text{-}U$ 曲线的左半支，负荷节点电压的降低将导致电网送达的有功减少，同时考虑到负荷本身固有的动态特性，因此不可以保持静态电压稳定。根据以上分析可以得到判断负荷节点静态电压稳定的一个判据：

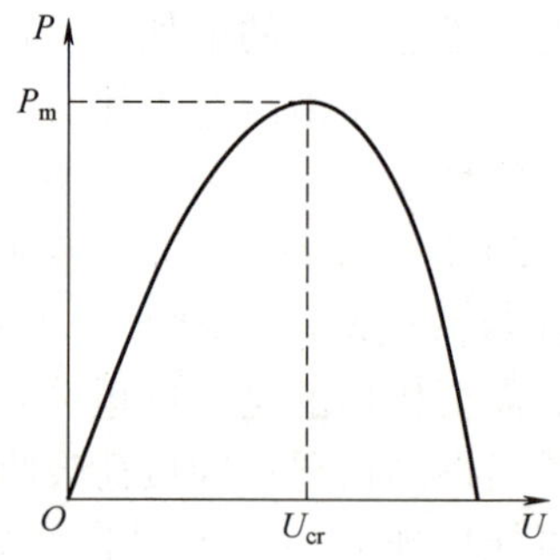

$$\frac{dP}{dU}<0$$

图1.17 受端功率和电压的关系

在电力系统的实际运行中，通过负荷节点 $P\text{-}U$ 曲线和上述判据，可以对电压稳定性有较清楚的认识。严格意义上讲，基于 $P\text{-}U$ 曲线的电压稳定性分析没有考虑负荷动态特性，只是把电力网络传送有功功率的极限点当作静态电压稳定的临界点。实际上，负荷模型对电压稳定问题的进一步分析是至关重要的。

3. 负荷失稳与电压失稳的关系

图1.13已经给出了异步电动机的简化等效电路（不计励磁支路）。对比图1.13和

图 1.15 可以看出，图 1.13 中的异步电动机等效电路就是在图 1.15 所示单端供电系统等效电路中取 $z_s = \mathrm{j}x_\sigma$ 和 $z_{\mathrm{LD}} = R/S$ 的特例。因此，异步电动机的电磁转矩（功率）特性与单端供电系统的功率传输特性具有完全相似的形状。而前文讨论的是负荷动态特性引起的静态电压失稳，因此从这个意义上讲，前文讨论的静态电压失稳是负荷失稳的一种外在表现。

上述是静态电压稳定的初步概念。本书第 7 章将对静态电压稳定问题进行更加深入的介绍，包括静态电压稳定的实用判据等。

值得注意的是，电压不稳定常与功角不稳定交织在一起，一般是两者中的一种占据主导地位，但是两者并不容易区分。然而，从充分了解系统不稳定原因、制定稳控策略等方面来看，人为地区分功角稳定性和电压稳定性是相当重要的。

1.6.2　不同扰动下的电压稳定性

如前所述，根据扰动的类型，电压稳定性可以分为小扰动电压稳定性和大扰动电压稳定性。下面将对两种小扰动电压稳定性和大扰动电压稳定性进行详细分析。

1. 小扰动电压稳定性

指在遭受小扰动（例如负荷的微小变化）后电压保持或恢复到可接受范围、不发生电压崩溃的能力，它又被称为静态电压稳定性。这种形式的稳定性主要由负荷动态特性、各种连续控制和指定时刻的离散控制等因素所决定。电力系统各种动态元件的作用对小扰动电压稳定性具有重要的影响。

1.6.1 节提到的 $\mathrm{d}P/\mathrm{d}U<0$ 属于判断系统小扰动电压稳定的一种判据，本书第 7 章还将详细介绍静态电压稳定的实用判据。

2. 大扰动电压稳定性

指在遭受大扰动（例如线路故障、发电机脱网等）后电压保持或恢复到可接受范围、不发生电压崩溃的能力。与静态电压稳定性相比，大扰动电压稳定性同时由负荷特性、连续和离散控制以及保护措施等因素的相互作用所决定。对于给定的大扰动及其后续的控制措施，如果所有母线电压保持在可以接受的水平而不发生电压崩溃，就可以说该系统是大扰动电压稳定的。大扰动电压稳定性包括暂态电压稳定（短期过程）和长期电压稳定（长期过程）。由于长期电压失稳过程相当缓慢，因此需要在充分长的时间内考虑各种动态元件的作用与交互影响（比如发电机励磁电流限制之间的相互影响），故需要进行较长时间的机电暂态仿真。

1.7　新型电力系统的稳定性

伴随能源变革和电力电子技术的快速发展，大规模可再生新能源通过电力电子设备并入电力系统。同时，柔性交流与柔性直流输电技术的发展及负荷侧的再电气化，有力推动了电力电子设备在电力传输和终端用户侧的大量使用。风、光等新能源发电的快速发展和源-网-荷的核心设备电力电子化，使电力系统朝着"高比例可再生能源"和"高比例电力电子设备"（简称"双高"）的趋势发展。图 1.18 给出了"双高"的一种形式。

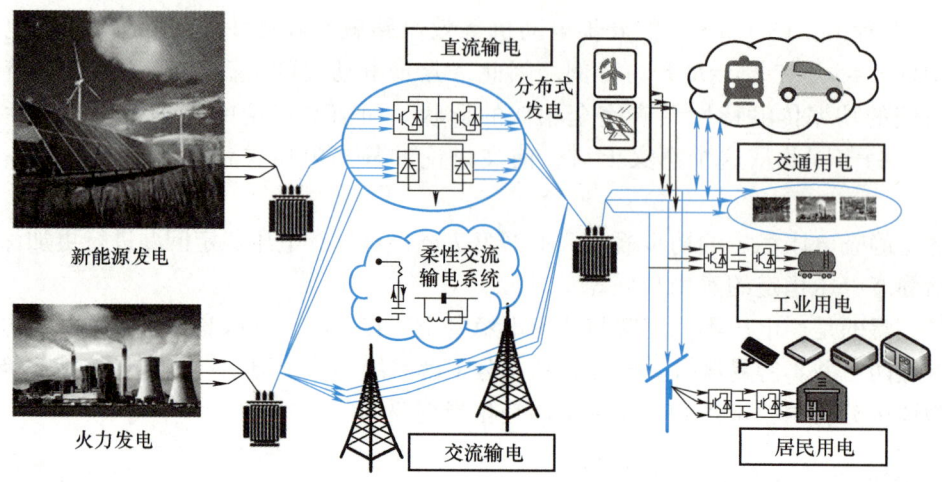

图 1.18 "双高"电力系统

1.7.1 "双高"新型电力系统的特点

同步发电机与电网的同步过程由其转矩动态特性和转子运动方程等因素决定，而新能源发电与电网的同步则取决于其所采用的控制策略。新能源发电占比升高带来的连锁故障和新能源的非计划脱网也会降低电力系统的同步运行稳定性。在电网发生故障等情况下，新能源发电因过载能力远弱于同步发电机，需通过切换保护控制以避免变流器损坏，故其暂态特性更是有别于传统的同步发电机。另一方面，由于电力电子装置具有低惯性、多时间尺度响应特性和弱抗扰性等特征，因此相比于同步发电机主导的电力系统，"双高"电力系统的稳定性具有自身的独特性。

表 1.1 给出了近年来国内外部分电网事故及其发生原因。从表中可以看出，部分事故是由于暂态过程中新能源发电与电网失去同步所导致的，如 2016 年美国南加州的大规模光伏脱网事故；高比例新能源电力系统也时有发生系统级的暂态同步失稳事故，如 2021 年欧洲电网 "1.8" 解列事故，相关报告指出其事故原因与功角失稳相关。也有部分事故是因为风机缺乏低压穿越能力、光伏逆变器不具备故障穿越能力等造成的。

表 1.1 近年来国内外部分电网事故及其发生原因

区域	电网事故	发生原因
国外	2021 年欧洲电网 "1.8" 解列事故	1）电网运行方式安全裕度不足 2）电网潮流预测不准确 3）事故前未能及时采取有效控制措施
	2020 年美国加州 "8.14" "8.15" 停电事件	1）应对新能源波动的灵活调节能力不足 2）区域间电力协调互济能力不足 3）部分市场行为加剧供需紧张 4）罕见高温引起负荷增长
	2019 年英国 "8.9" 大停电	1）弱电网次同步振荡 2）系统惯量支撑能力不足 3）系统保护配置不合理

（续）

区域	电网事故	发生原因
国外	2017年南澳大利亚"2.8"大停电 2016年南澳大利亚"9.28"大停电	1) 系统缺乏惯量支撑 2) 无功支撑能力不足 3) 风机缺乏低压穿越能力
国外	2016年美国南加州"8.16"大规模光伏脱网	1) 缺乏足够惯量支撑 2) 光伏逆变器不具备故障穿越能力
国外	2003年美国加州"8.14"大停电	1) 极端天气耐受能力不足 2) 电源储备容量不足
国内	哈密风电场次同步振荡	1) 系统存在Hopf分岔 2) 动力系统存在周期解
国内	上海南汇、广东南澳风电柔直并网振荡	1) 柔直送出系统鲁棒性低 2) 阻尼控制器配置不佳
国内	河北沽源风电场振荡	串补引发风机次同步振荡

1.7.2 "双高"电力系统稳定性分类

随着高比例新能源和大量电力电子设备在电力系统中的应用，使得电力系统呈现出一些新型稳定性问题。双高电力系统的新型稳定性问题主要包括：

1) "类机电"的低频振荡。
2) 宽频带的电磁谐振/振荡（振荡频率扩展至 $10^{-1} \sim 10^3$ Hz）。
3) 新型的大扰动同步稳定及故障后电压电磁暂态稳定。

IEEE/CIGRE 于 2020 年发布了新的技术报告。该技术报告在其原有稳定性分类的基础上新增了变流器驱动的稳定问题和谐振稳定问题，涵盖了电力电子设备和新能源引发的稳定问题，具体如图 1.19 中右侧虚线框所示。变流器驱动的稳定问题主要是由变流器接口设备控制过程的多尺度特性引起的，其按振荡频率分为慢互作用的稳定性问题与快互作用的稳定性问题。图 1.19 中的谐振稳定性又分为电气谐振与扭振谐振，其涵盖了风电场等效阻抗与串联电容之间的电气谐振。

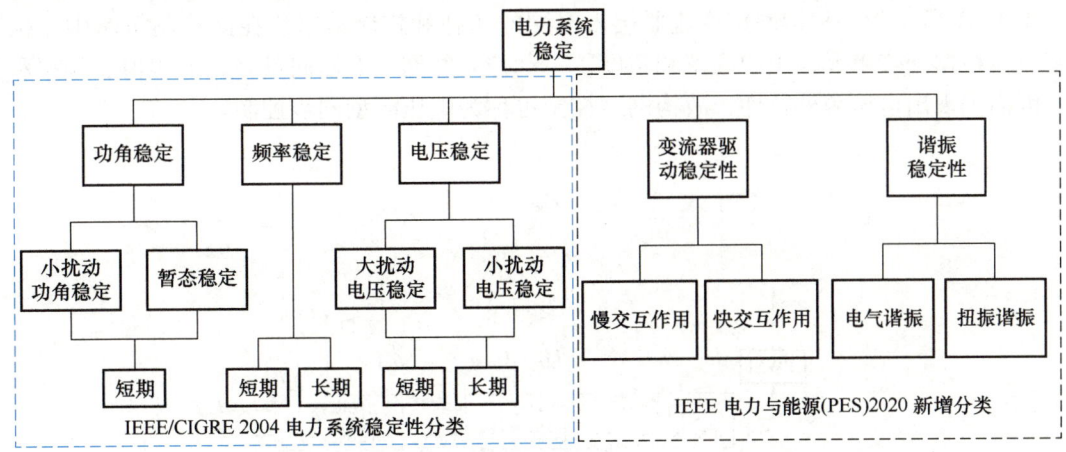

图 1.19　电力系统稳定性新增分类

需要注意的是，IEEE/CIGRE 虽然在 2020 年提出的新稳定性分类涵盖了变流器驱动的稳定问题，但是仍然存在内涵不够清晰、部分稳定问题分类标准模糊等不足。已有研究对 IEEE/CIGRE 的新稳定性分类方法开展了改进工作，本书对此问题不进行深入介绍。

1.7.3 电力系统稳定性与新能源控制策略的关系

一般情况下，新能源发电运行在最大效率跟踪模式，向外输出有功功率，不主动参与电力系统的电压调节。新能源发电的并网特性很大程度上由其变流器主导，而变流器特性又与其控制策略有关。根据变流器控制机理的差异，可划分为跟网型变流器、构网型变流器。

1. 跟网型变流器

一种形式的跟网型变流器接入电网的拓扑和控制策略如图 1.20 所示。其中，跟网型同步单元通过测量并跟踪并网点三相电压 U_{PCC}，输出锁相环（Phase-Locked Loop，PLL）参考坐标系的 d 轴角度 θ_{PLL}，以此生成变流器的脉宽调制信号来控制输出的电流。因此跟网型变流器的电流矢量依赖于电网电压矢量，故该类变流器对外表示为受控电流源，跟网型同步控制也称为电流源型同步控制。

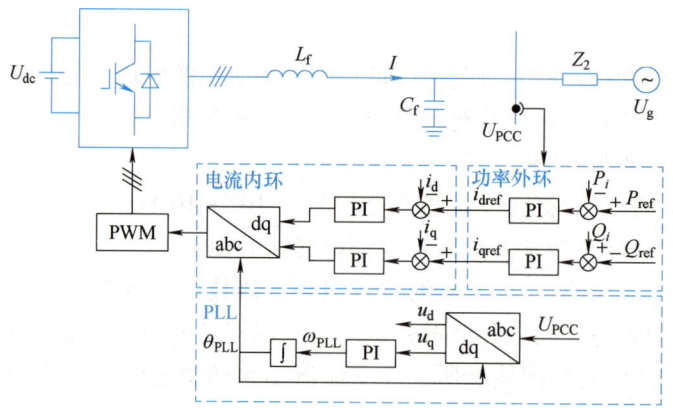

图 1.20 跟网型变换器接入电网的拓扑和控制策略

2. 构网型变流器

图 1.21 所示为一种构网型变流器接入电网的拓扑和控制策略。在此控制策略中，构网型变流器根据同步单元输出的频率和角度，主动控制并网点电压向量 U_{PCC} 的幅值、频率和相角，因而表现出电压源外特性，故构网型控制也称为电压源型同步控制。

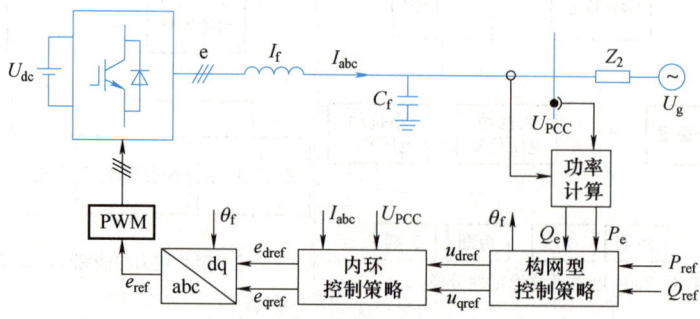

图 1.21 构网型变流器接入电网的拓扑和控制策略

3. 不同控制策略下的等效电路

不同控制策略的等效电路如图 1.22 所示。稳态运行情况下同步发电机输出幅值恒定、频率恒定的电压，其本质上属于电压源。构网型变流器模拟传统同步机的特性，使其自身呈现与传统同步机类似的特性。与采用跟网型变流器的电源相比，由于采用构网型变流器的电源可以作为独立的电源对负荷供电，因此它的组网能力强，且具有良好的弱电网适应性，有利于电力系统保持稳定性。

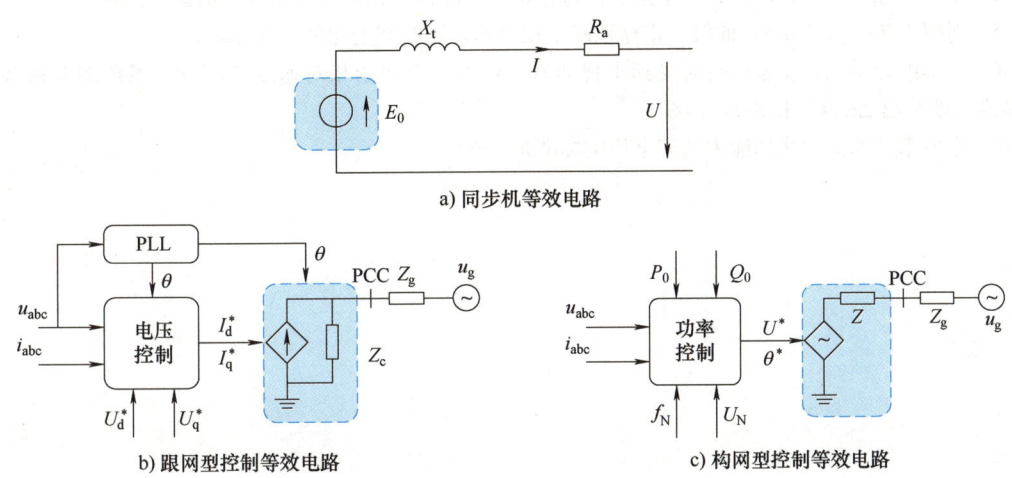

图 1.22　不同控制策略的等效电路

现有研究表明，"双高"新型电力系统的新型稳定性问题也受逆变器和电网之间的阻抗匹配关系影响，当系统阻抗（逆变器等效阻抗和网侧阻抗之和）的实部为负值且超过一定值后，电力系统会出现失稳状态。需要注意的是，目前新能源接入后的电力系统稳定性评估与控制方法还尚处于发展阶段。

本 章 小 结

电力系统稳定性是指电力系统受到扰动后保持稳定运行的能力。电力系统稳定性可以进一步分为功角稳定性、电压稳定性和频率稳定性 3 大类。

功角稳定性是指电力系统受到扰动后同步发电机保持同步运行的能力，又称为同步运行稳定性。功角 δ 在电力系统同步运行稳定性（功角稳定性）的分析中具有十分重要的意义。从电磁角度来看，它是两个同步发电机电势间的相位差，而从空间上看又是电角度所表示的两个同步发电机转子间的相对位移角。δ 随时间变化的规律是分析电力系统功角稳定性的依据，功角稳定可以分为小扰动功角稳定和大扰动功角稳定。本章还介绍了负荷稳定的初步概念。对于异步电动机这类负荷，它也存在与转轴上转矩是否平衡有关的运行稳定性问题。

保持电压稳定也是电力系统安全稳定运行的重要方面。本章以负荷动态特性引起的静态电压稳定性为例，介绍了电压稳定性的基本概念。

新能源大规模接入和电力电子设备的大量应用对电力系统稳定运行提出了新的挑战。为此，本章还简单讨论了"双高"电力系统稳定性的特点与分类方法。

习 题

1-1 电力系统稳定性的定义是什么？电力系统稳定性问题可以如何进行分类？

1-2 什么是电力系统小扰动功角稳定？什么是电力系统大扰动功角稳定？

1-3 试分析在遭受小扰动后，功率角能保持稳定和不能保持稳定两种工况下的运行机理。

1-4 试分析在遭受大扰动后，功率角能保持稳定和不能保持稳定两种工况下的运行机理。

1-5 对图 1.7 所示的 $\delta(t)$ 曲线，定性地画出相对速度随时间变化的曲线 $\Delta\omega(t)$。

1-6 简单电力系统在正常运行时受到小扰动后，获得一个初始相对速度 $\Delta\omega_0 < 0$，系统能保持静态稳定，试定性地画出 $\Delta\omega(t)$ 和 $\delta(t)$ 曲线。

1-7 电力系统承受大扰动能力的安全稳定标准是什么？

第 2 章　理想同步发电机模型

发电机属于电力系统中的电源，负责向负荷供应电能。其中，同步发电机在电力供给中发挥着至关重要的作用，对电力系统稳态特性与暂态行为都具有重要的影响。由于同步发电机的暂态特性是本书后续电力系统突然短路暂态过程分析计算、电力系统稳定分析计算等内容的基础，因此本章将介绍同步发电机的数学模型。需要注意的是，本书仅在本章用标幺符号注明标幺值。

2.1　理想同步发电机及其原始方程

实际同步发电机是复杂的电气设备，精确详细的建模分析十分复杂。为了简化分析，本书采用理想同步发电机的基本假设。因此，本节将首先介绍理想同步发电机的基本概念，然后在此基础上从电磁角度介绍理想同步发电机的原始方程。

2.1.1　理想同步发电机的基本假设及其物理特性

对于理想同步发电机而言，它具有线性、对称、正弦、光滑等特征，即满足如下假设条件：

1) 不计磁滞、涡流、磁路饱和等因素，且发电机铁心的导磁系数为常数。这意味着理想同步发电机的磁路为线性磁路，适用叠加原理。

2) 发电机转子在结构上分别相对于纵轴（d 轴）和横轴（q 轴）对称。满足该条件的同步发电机既可能是凸极机，也可能是隐极机。

3) 定子三相绕组结构相同，在空间上互差 120°的电角度，它们在气隙中产生的磁动势为正弦分布的磁动势。

4) 空载状态时，如果转子恒速旋转，则励磁绕组在定子绕组中产生的感应电动势为时间的正弦函数。

定子和转子表面光滑，即不考虑槽和通风沟对同步发电机相关电感系数的影响。图 2.1 给出了极对数为 1 的凸极式理想同步发电机。在此凸极式理想同步发电机中，转子侧存在三个绕组：励磁绕组、阻尼绕组 D（d 轴阻尼绕组）、阻尼绕组 Q（q 轴阻尼绕组）。其中励磁绕组存在外加电压；阻尼绕组 D、阻尼绕组 Q 都是等值绕组，没有外加电压（即外加电压为 0）。当理想同步发电机处于稳态运行时，阻尼绕组的电流为 0。图 2.1 中的

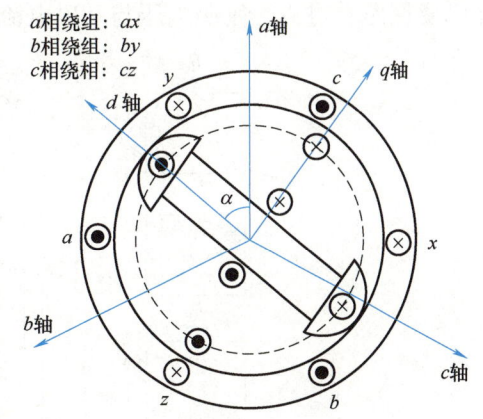

图 2.1　极对数为 1 的凸极式理想同步发电机

α 为转子角,它是转子 d 轴与定子 a 相轴线的夹角。无特别说明,本书后续内容均采用如图 2.1 所示的理想同步发电机。值得注意的是,隐极式理想同步发电机可以视为凸极式理想同步发电机的特例,即 d 轴向和 q 轴向气隙磁通路径磁导相等的凸极式理想同步发电机。此外,由于上述理想同步发电机的极对数为 1,故电气角度与对应的机械角度相等。因此,电气角速度与对应的机械角速度相等,它们都等于角频率。

2.1.2 假定正向下的理想同步发电机原始方程

2.1.2.1 理想同步发电机物理量正方向的假设

众所周知,诸如电压、电流、磁链、电势、转速等物理量都存在方向性。在构建理想同步发电机的电磁方程时,需要事先假定物理量的正方向。

如图 2.1 和图 2.2 所示,在本书中,如无特别说明,理想同步发电机物理量的正方向选取如下:

1. 定子侧

1)每相绕组磁链正方向:该相绕组自身轴线的正方向。
2)每相绕组电流的正方向:若绕组电流产生的是正方向的磁链,则该电流为正方向的电流。
3)每相回路电流的正方向:从中性点流向同步发电机机端的电流为正方向的回路电流。
4)每相回路感应电动势的正方向:与每相回路电流的正方向相同,即正方向的回路电流流出的一端为回路感应电势的正极。

2. 转子侧

1)转子转速的正方向:逆时针。
2)转子绕组磁链正方向:绕组自身轴线的正方向。
3)转子绕组电流的正方向:若绕组电流产生正方向的磁链,则该电流为正方向的电流。
4)转子轴线方向:转子 d 轴超前 q 轴 90° 的电角度。
5)回路感应电动势的正方向:与回路电流的正方向相同。
6)外加励磁电压:正方向的励磁电压提供正方向的励磁回路电流,即从外加励磁电压往励磁回路看进去,励磁电压与励磁电流构成关联参考方向。

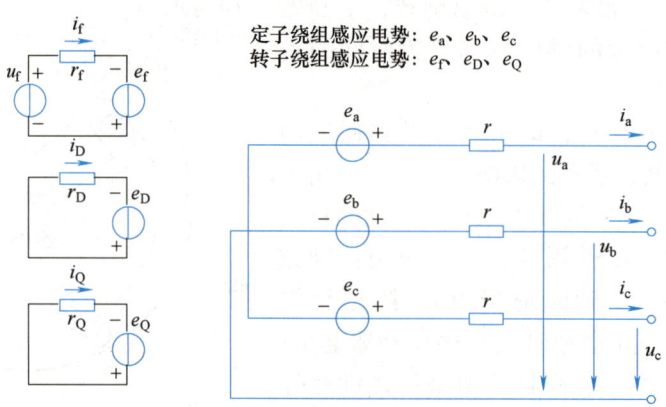

图 2.2 同步发电机绕组回路物理量的正方向选取

2.1.2.2 理想同步发电机电压方程与磁链方程

1. 电压方程

根据前一节关于物理量正方向的选取情况，通过电磁感应定律以及 KVL 定律可以列写如下矩阵形式的理想同步发电机电压方程：

$$\begin{bmatrix} u_a \\ u_b \\ u_c \\ -u_f \\ 0 \\ 0 \end{bmatrix} = -\begin{bmatrix} \dot{\psi}_a \\ \dot{\psi}_b \\ \dot{\psi}_c \\ \dot{\psi}_f \\ \dot{\psi}_D \\ \dot{\psi}_Q \end{bmatrix} - \begin{bmatrix} r & 0 & 0 & 0 & 0 & 0 \\ 0 & r & 0 & 0 & 0 & 0 \\ 0 & 0 & r & 0 & 0 & 0 \\ 0 & 0 & 0 & r_f & 0 & 0 \\ 0 & 0 & 0 & 0 & r_D & 0 \\ 0 & 0 & 0 & 0 & 0 & r_Q \end{bmatrix} \begin{bmatrix} i_a \\ i_b \\ i_c \\ i_f \\ i_D \\ i_Q \end{bmatrix} \quad (2.1)$$

式中，u_a、u_b、u_c、u_f 分别表示定子 a 相绕组、定子 b 相绕组、定子 c 相绕组、转子励磁绕组的端电压；r 表示定子的一相电阻；r_f、r_D、r_Q 分别表示励磁绕组、d 轴阻尼绕组和 q 轴阻尼绕组的电阻；ψ_a、ψ_b、ψ_c 分别表示定子 a 相绕组、定子 b 相绕组、定子 c 相绕组的总磁链；$\dot{\psi}_a = d\psi_a/dt$，$\dot{\psi}_b = d\psi_b/dt$，$\dot{\psi}_c = d\psi_c/dt$；$\psi_f$、$\psi_D$、$\psi_Q$ 分别表示励磁绕组、d 轴阻尼绕组和 q 轴阻尼绕组的总磁链，$\dot{\psi}_f = d\psi_f/dt$，$\dot{\psi}_D = d\psi_D/dt$，$\dot{\psi}_Q = d\psi_Q/dt$；$i_a$、$i_b$、$i_c$ 分别表示定子 a 相绕组、定子 b 相绕组、定子 c 相绕组的电流；i_f、i_D、i_Q 分别表示励磁绕组、d 轴阻尼绕组和 q 轴阻尼绕组的电流。

式（2.1）可以进一步通过分块矩阵的形式进行简记，它的具体形式如下：

$$\begin{bmatrix} \boldsymbol{u}_{abc} \\ \boldsymbol{u}_{fDQ} \end{bmatrix} = -\begin{bmatrix} \dot{\boldsymbol{\Psi}}_{GS} \\ \dot{\boldsymbol{\Psi}}_{GR} \end{bmatrix} - \begin{bmatrix} \boldsymbol{r}_{GS} & \boldsymbol{0} \\ \boldsymbol{0} & \boldsymbol{r}_{GR} \end{bmatrix} \begin{bmatrix} \boldsymbol{i}_{abc} \\ \boldsymbol{i}_{fDQ} \end{bmatrix} \quad (2.2)$$

式中，$\boldsymbol{u}_{abc} = [u_a \ u_b \ u_c]^T$，$\boldsymbol{u}_{fDQ} = [u_f \ 0 \ 0]^T$，$\boldsymbol{i}_{abc} = [i_a \ i_b \ i_c]^T$，$\boldsymbol{i}_{fDQ} = [i_f \ i_D \ i_Q]^T$，$\boldsymbol{r}_{GS} = \text{diag}\{r \ r \ r\}$，为定子电阻矩阵，$\boldsymbol{r}_{GR} = \text{diag}\{r_f \ r_D \ r_Q\}$，为转子电阻矩阵。在本书中，对于任意的矩阵 $\dot{\boldsymbol{M}}$，"·"表示此矩阵中的元素为矩阵 $\boldsymbol{M}$ 中相应元素对时间的导数。因此，在式（2.2）中，$\dot{\boldsymbol{\Psi}}_{GS} = [\dot{\psi}_a \ \dot{\psi}_b \ \dot{\psi}_c]^T$，$\dot{\boldsymbol{\Psi}}_{GR} = [\dot{\psi}_f \ \dot{\psi}_D \ \dot{\psi}_Q]^T$。

由于磁链对时间的导数的存在，理想同步发电机的电压方程属于常系数的微分方程组。

2. 磁链方程

由于各个绕组是互相耦合的，与各绕组相交链的磁通将包括本绕组电流所产生的磁通和由其他绕组的电流产生而与本绕组交链的那部分磁通。各绕组的磁链方程可用矩阵形式，具体如下所示：

$$\begin{bmatrix} \psi_a \\ \psi_b \\ \psi_c \\ \psi_f \\ \psi_D \\ \psi_Q \end{bmatrix} = \begin{bmatrix} L_{aa} & L_{ab} & L_{ac} & L_{af} & L_{aD} & L_{aQ} \\ L_{ba} & L_{bb} & L_{bc} & L_{bf} & L_{bD} & L_{bQ} \\ L_{ca} & L_{cb} & L_{cc} & L_{cf} & L_{cD} & L_{cQ} \\ L_{fa} & L_{fb} & L_{fc} & L_{ff} & L_{fD} & L_{fQ} \\ L_{Da} & L_{Db} & L_{Dc} & L_{Df} & L_{DD} & L_{DQ} \\ L_{Qa} & L_{Qb} & L_{Qc} & L_{Qf} & L_{QD} & L_{QQ} \end{bmatrix} \begin{bmatrix} i_a \\ i_b \\ i_c \\ i_f \\ i_D \\ i_Q \end{bmatrix} \quad (2.3)$$

其中，等式右边的方阵为电感矩阵，它的对角线元素表示相应绕组的自感，非对角线元素表示相应绕组之间的互感。例如，L_{aa}表示定子a相绕组的自感，L_{ab}表示定子b相绕组对定子a相绕组的互感，L_{ba}表示定子a相绕组对定子b相绕组的互感。需要注意的是，式（2.3）中的电感矩阵为对称矩阵，即绕组之间的互感具有互易性。从式（2.3）可以看出，同步发电机的绕组总磁链由自感磁链与互感磁链组成。以定子a相绕组为例，它的自感磁链为$L_{aa}i_a$，互感磁链包括$L_{ab}i_b$、$L_{ac}i_c$、$L_{af}i_f$、$L_{aD}i_D$、$L_{aQ}i_Q$。

式（2.3）可以进一步通过分块矩阵的形式进行简记，具体如下：

$$\begin{bmatrix} \boldsymbol{\Psi}_{GS} \\ \boldsymbol{\Psi}_{GR} \end{bmatrix} = \begin{bmatrix} \boldsymbol{L}_{SS} & \boldsymbol{L}_{SR} \\ \boldsymbol{L}_{RS} & \boldsymbol{L}_{RR} \end{bmatrix} \begin{bmatrix} \boldsymbol{i}_{abc} \\ \boldsymbol{i}_{fDQ} \end{bmatrix} \tag{2.4}$$

前述理想同步发电机中共有6个绕组，共涉及磁链、电流和电压等共18个物理量，而式（2.1）和式（2.3）共有12个方程，其中的电阻和电感作为已知量。一般给定各绕组电压（阻尼绕组的外加电压的数值为0，已经在相关方程中直接给出），因此式（2.1）和式（2.3）中的待求量为12个（6个绕组的磁链和电流）。

式（2.3）中存在绕组自感系数和绕组之间的互感系数。无论是隐极式理想同步发电机还是凸极式理想同步发电机，它们的一些电感系数随着转子旋转发生变化，这对理想同步发电机的电磁方程的求解带来重要影响。为了能够求解理想同步发电机的电磁方程，需要分析理想同步发电机自感和互感系数的变化规律。

2.1.2.3 电感系数

1. 定子各相绕组的自感系数

现以定子a相绕组为例介绍定子绕组自感系数的详细计算过程。给定a相绕组的电流和等效匝数分别为i_a和ω_a，其产生正弦分布的磁势$F_a = \omega_a i_a$。该磁势F_a又可分解为d轴分量F_{ad}和q轴分量F_{aq}：

$$F_{ad} = F_a \cos\alpha$$
$$F_{aq} = F_a \sin\alpha$$

由磁势F_a的d轴分量和q轴分量，可以进一步计算得到磁势F_a在d轴向和q轴向产生的气隙磁通：

$$\begin{cases} \Phi_{ad} = \lambda_{ad} F_a \cos\alpha \\ \Phi_{aq} = \lambda_{aq} F_a \sin\alpha \end{cases} \tag{2.5}$$

式中，λ_{ad}和λ_{aq}分别表示沿d轴和q轴方向气隙磁通路径的磁导。

除此之外，磁势F_a还会产生与a相绕组交链的漏磁通$\Phi_{\sigma a} = \lambda_{s\sigma} F_a$，其中$\lambda_{s\sigma}$为漏磁通路径的磁导。根据上述气隙磁通和漏磁通，可以计算得到电流i_a产生的交链a相绕组的磁链：

$$\begin{aligned} \psi_{aa} &= \omega_a (\Phi_{\sigma a} + \Phi_{ad}\cos\alpha + \Phi_{aq}\sin\alpha) \\ &= \omega_a^2 i_a (\lambda_{s\sigma} + \lambda_{ad}\cos^2\alpha + \lambda_{aq}\sin^2\alpha) \end{aligned} \tag{2.6}$$

因此，进一步计算定子a相绕组的自感系数如下：

$$L_{aa} = \psi_{aa}/i_a = \omega_a^2(\lambda_{s\sigma} + \lambda_{ad}\cos^2\alpha + \lambda_{aq}\sin^2\alpha) = l_0 + l_2\cos 2\alpha \tag{2.7}$$

式中，
$$\begin{cases} l_0 = \omega_a^2 \left[\lambda_{s\sigma} + \frac{1}{2}(\lambda_{ad} + \lambda_{aq})\right] \\ l_2 = \frac{1}{2}\omega_a^2(\lambda_{ad} - \lambda_{aq}) \end{cases}$$

由于定子绕组三相对称,同理计算可得定子 b 相和 c 相绕组的自感系数:

$$\begin{cases} L_{bb}=l_0+l_2\cos2(\alpha-120°) \\ L_{cc}=l_0+l_2\cos2(\alpha+120°) \end{cases} \quad (2.8)$$

从式（2.7）和式（2.8）可以看出,当 λ_{ad} 和 λ_{aq} 相等时（即隐极式理想同步发电机）,由于 $l_2=0$,因此 L_{aa}、L_{bb}、L_{cc} 为常数。当 λ_{ad} 和 λ_{aq} 不相等（即凸极式理想同步发电机）,此时 l_2 不等于 0,因此定子绕组的自感系数是转子角的周期函数,周期为 180°（或者弧度制下为 π）。图 2.3 给出了凸极式理想同步发电机自感系数 L_{aa} 的变化曲线以及 L_{aa} 取极值时的转子位置的示意图。

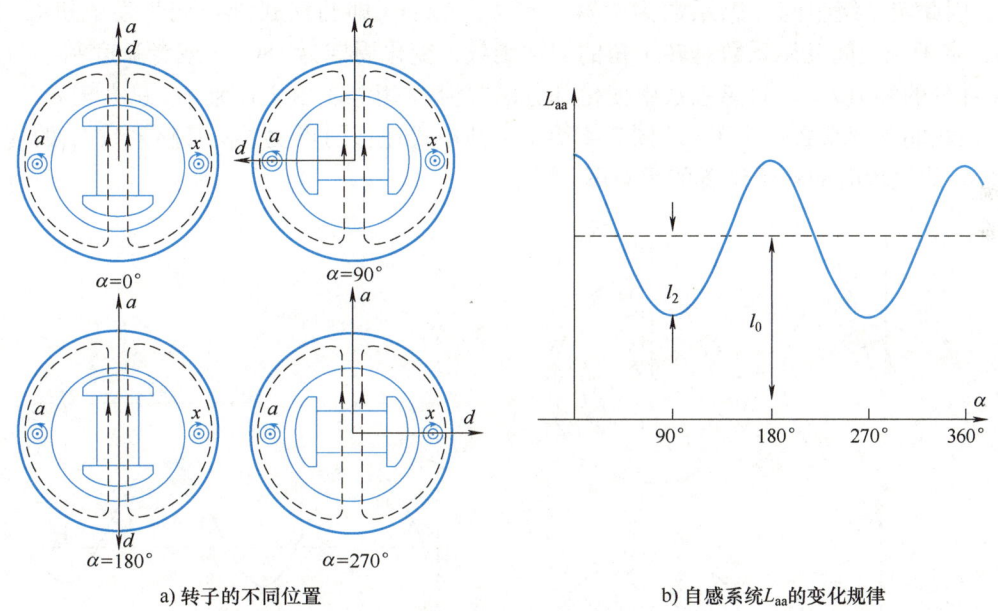

a) 转子的不同位置　　　　　　　　b) 自感系统 L_{aa} 的变化规律

图 2.3　L_{aa} 的变化曲线以及 L_{aa} 取极值时的转子位置的示意图

2. 定子绕组间的互感系数

下面以定子 a 相绕组和 b 相绕组之间的互感系数为例,介绍定子绕组之间的互感系数的详细计算过程。定子 a 相电流产生的交链 b 相绕组的磁通包括气隙磁通和漏磁通两部分。考虑到 a 相绕组和 b 相绕组的轴线相差 120°,a 相正向电流产生的磁通从反方向穿入 b 相绕组,因此,若给定两相绕组间的漏磁通路径磁导为 $\lambda_{m\sigma}$,则 a 相绕组和 b 相绕组之间的漏磁通为 $\Phi_{ba\sigma}=-\lambda_{m\sigma}F_a$。给定定子 b 相绕组的等效匝数为 ω_b,则定子 a 相电流产生的交链 b 相绕组的总磁链为

$$\begin{aligned}\psi_{ba}&=\omega_b[\Phi_{ba\sigma}+\Phi_{ad}\cos(\alpha-120°)+\Phi_{aq}\sin(\alpha+120°)] \\ &=\omega_a\omega_b i_a[-\lambda_{m\sigma}+\lambda_{ad}\cos\alpha\cos(\alpha-120°)+\lambda_{aq}\sin\alpha\sin(\alpha+120°)]\end{aligned} \quad (2.9)$$

理想同步发电机的定子各相绕组等效匝数应当相同,本节令 $\omega_a=\omega_b=\omega_c=\omega$。因此,定子 a 相绕组和 b 相绕组之间的互感系数为

$$\begin{aligned}L_{ab}=L_{ba}&=\psi_{ba}/i_a \\ &=-\omega^2\left[\lambda_{m\sigma}+\frac{1}{4}(\lambda_{ad}+\lambda_{aq})+\frac{1}{2}(\lambda_{ad}-\lambda_{aq})\cos2(\alpha+30°)\right] \\ &=-[m_0+m_2\cos2(\alpha+30°)]\end{aligned} \quad (2.10)$$

式中，
$$\begin{cases} m_0 = \omega^2\left[\lambda_{m\sigma} + \dfrac{1}{4}(\lambda_{ad}+\lambda_{aq})\right] \\ m_2 = \dfrac{1}{2}\omega^2(\lambda_{ad}-\lambda_{aq}) \end{cases}$$

同理可得：

$$\begin{cases} L_{bc} = L_{cb} = -[m_0 + m_2\cos 2(\alpha - 90°)] \\ L_{ca} = L_{ac} - [m_0 + m_2\cos 2(\alpha + 150°)] \end{cases} \tag{2.11}$$

从式（2.10）和式（2.11）可以看出，当 $\lambda_{ad} = \lambda_{aq}$（即隐极式理想同步发电机），由于 $m_2 = 0$，因此定子绕组间互感系数为常数。当 $\lambda_{ad} \neq \lambda_{aq}$（即凸极式理想同步发电机），此时 $m_2 \neq 0$，定子绕组间互感系数是转子角的周期函数，变化周期为 180°（或者弧度制下为 π），其变化部分的幅值 m_2 与自感系数中变化部分的幅值 l_2 相等。由于通常 m_0 总大于 m_2，故定子绕组的相间互感系数恒小于0。图 2.4 给出了凸极式理想同步发电机互感系数 L_{ba} 的变化曲线以及 L_{ba} 取极值时的转子位置的示意图。

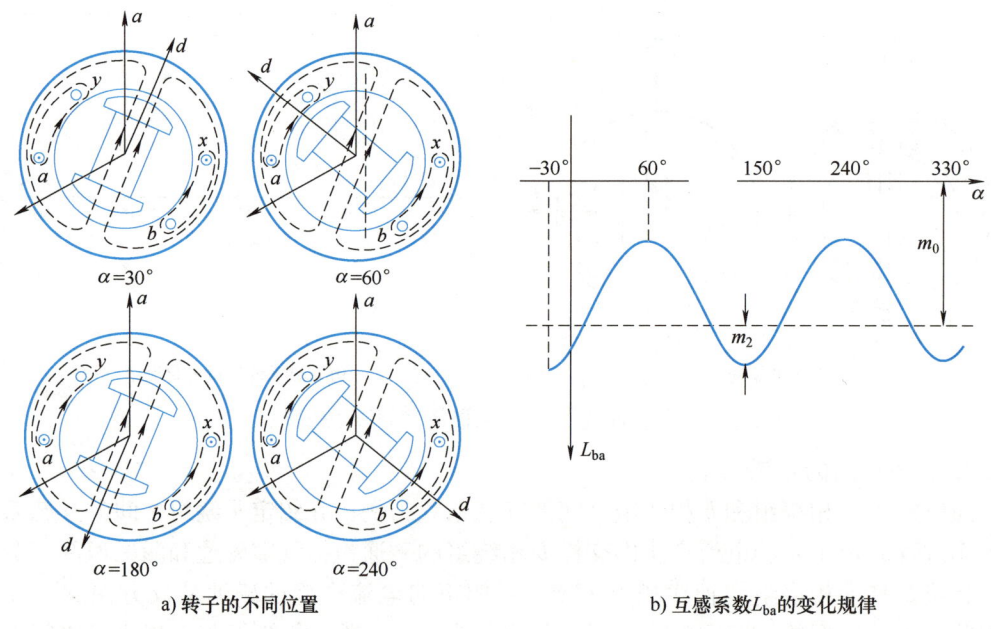

a) 转子的不同位置　　　　　　　　　　b) 互感系数 L_{ba} 的变化规律

图 2.4　L_{ba} 的变化曲线以及 L_{ba} 取极值时的转子位置的示意图

3. 转子上各绕组的自感系数和互感系数

由于同步发电机的定子内缘为圆柱形，因此无论是凸极机还是隐极机，它们的转子绕组电流产生的磁通，其磁路的磁导不因转子位置的变化而变化，故转子励磁绕组、d 轴阻尼绕组、q 轴阻尼绕组的自感系数 L_{ff}、L_{DD} 和 L_{QQ} 都是常数。以下分析将它们分别改记为 L_f、L_D 和 L_Q。下面以励磁绕组为例，介绍转子绕组的自感系数计算。给定励磁绕组的等效匝数 ω_f 和电流 i_f，励磁绕组对其自身产生的磁链为

$$\psi_{ff} = \omega_f^2 i_f(\lambda_{\sigma f} + \lambda_{ad}) \tag{2.12}$$

因此，L_f 可以计算如下：

$$L_f = \omega_f^2(\lambda_{\sigma f} + \lambda_{ad}) \tag{2.13}$$

式中，$\lambda_{\sigma f}$为励磁绕组漏磁通路径的磁导。

同理，转子绕组之间的互感磁通路径的磁导也不因转子位置的变化而变化，因此转子各绕组间的互感系数也是常数。需要进一步指出的是，由于转子上的纵轴向绕组（励磁绕组、d轴阻尼绕组）和横轴向绕组的轴线互相垂直，纵轴向绕组和横轴向绕组之间的互感系数为零，即$L_{fQ} = L_{Qf} = L_{DQ} = L_{QD} = 0$。

4. 定子绕组和转子绕组间的互感系数

无论是凸极机还是隐极机，这些互感系数都与定子绕组和转子绕组的相对位置有关。现以励磁绕组与定子a相绕组间的互感为例，当励磁绕组有电流i_f时，其对a相绕组产生的互感磁链为

$$\psi_{af} = \omega_a \omega_f i_f \lambda_{ad} \cos\alpha \tag{2.14}$$

因此，可以计算它们之间的互感系数如下：

$$L_{fa} = L_{af} = \psi_{af}/i_f = m_{af}\cos\alpha \tag{2.15}$$

式中，$m_{af} = \omega\omega_f\lambda_{ad}$。

同理可得：

$$\begin{cases} L_{bf} = L_{fb} = m_{af}\cos(\alpha - 120°) \\ L_{cf} = L_{fc} = m_{af}\cos(\alpha + 120°) \end{cases} \tag{2.16}$$

从图2.5可见，互感系数L_{af}的变化周期为360°（或者弧度制下为π）。其中，当转子d轴与a相绕组轴线重合（$\alpha = 0°$）时，励磁绕组与定子a相绕组间的互感达到最大值；当$\alpha = 90°$或$\alpha = 270°$时，励磁绕组与定子a相绕组间的轴线互相垂直，故相应的互感为零；而当$\alpha = 180°$时，这两个绕组的轴线反向，其互感系数达到最小值。

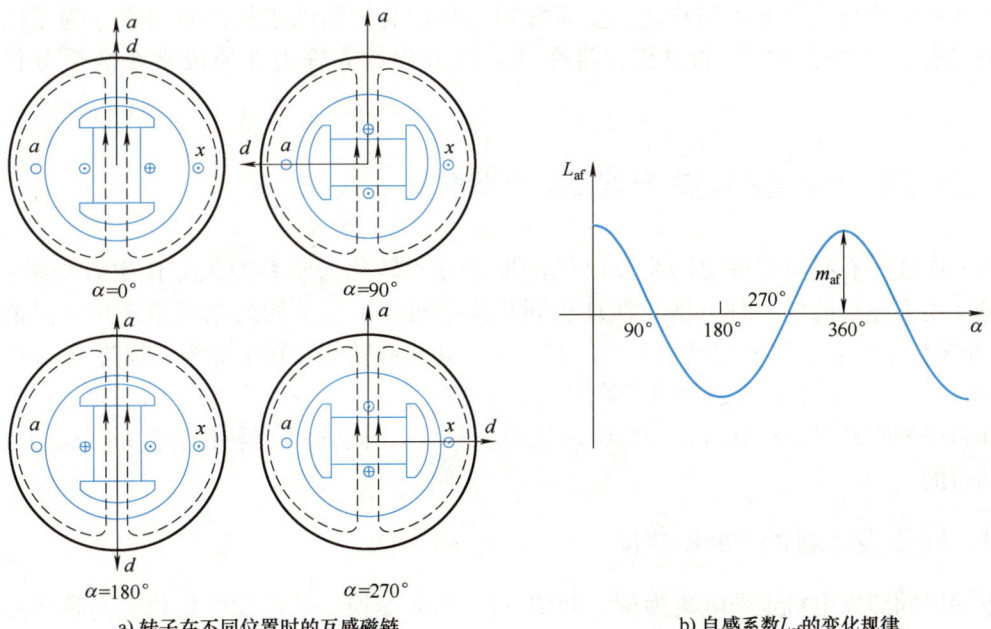

a) 转子在不同位置时的互感磁链　　　　b) 自感系数L_{af}的变化规律

图2.5　L_{af}的变化曲线以及L_{af}取极值时的转子位置的示意图

同理，定子各相绕组与纵轴阻尼绕组间的互感系数为

$$\begin{cases} L_{aD} = L_{Da} = m_{aD}\cos\alpha \\ L_{bD} = L_{Db} = m_{aD}\cos(\alpha-120°) \\ L_{cD} = L_{Dc} = m_{aD}\cos(\alpha+120°) \end{cases} \quad (2.17)$$

对于定子绕组和 q 轴阻尼绕组之间的互感系数，由于转子 d 轴落后于 q 轴 90°，故它们的表达式如下：

$$\begin{cases} L_{aQ} = L_{Qa} = m_{aQ}\sin\alpha \\ L_{bQ} = L_{Qb} = m_{aQ}\sin(\alpha-120°) \\ L_{cQ} = L_{Qc} = m_{aQ}\sin(\alpha+120°) \end{cases} \quad (2.18)$$

综上所述，从上面理想同步发电机电感系数的表达式可以看出：

1）在凸极机和隐极机中，由于转子旋转导致转子角 α 随着时间做周期性变化，导致定子绕组与转子绕组之间的互感系数也呈现周期性变化，其变化周期为 360°。

2）在凸极机中，由于 $\lambda_{ad} \neq \lambda_{aq}$，且转子与定子之间存在相对运动，导致定子绕组的自感系数、定子绕组之间的互感系数不是常数，它们都是周期性变化的。与此相反，在隐极机中，虽然转子与定子存在相对运动，但是由于 $\lambda_{ad} = \lambda_{aq}$，因此定子绕组的自感系数、定子绕组之间的互感系数都是常数。

3）无论是凸极机还是隐极机，转子绕组的自感系数、转子绕组之间的互感系数都是常数，且 d 轴向转子绕组与 q 轴向转子绕组之间的互感系数等于 0。

由此可见，凸极机和隐极机的一些互感系数随时间而呈现出周期性变化，且凸极机的部分自感系数也是周期性变化。理想同步发电机中存在随时间变化的电感系数，导致其磁链方程属于变系数代数方程组，所以理想同步发电机的原始方程属于典型的变系数微分代数方程组。与常系数微分代数方程组相比，变系数微分代数方程组的求解困难得多。为了便于求解，可以通过"坐标变换"的思想，将变系数微分代数方程组变换成常系数微分代数方程组。

2.2 理想同步发电机的基本方程及其物理意义

如前所述，有必要将理想同步发电机的原始方程转化为常系数微分代数方程组。Park 变换是实现上述目的的一种方法。在理想同步发电机中，定子侧的物理量采用的是静止的 abc 三相坐标系，转子侧的物理量采用的是以同步转速旋转的旋转坐标系。通过 Park 变换可以将 abc 三相坐标系下的电磁变量变换得到 $dq0$ 坐标系下的电磁变量，在同一坐标系下对定子侧和转子侧物理量进行分析，达到将理想同步发电机的原始方程转化为常系数微分代数方程组的目的。

2.2.1 同步发电机的 Park 变换

下面以同步发电机定子电流为例，介绍它的 Park 变换。同步发电机稳态对称运行时电枢磁势具有幅值不变、同步旋转的特点。因此可用同步转速旋转的矢量 $\dot{F}_a$ 表示电枢磁势。如果定子电流通过同步旋转的通用相量 $\dot{i}$ 表示，该通用相量在定子各相绕组轴线上的投影是

相应绕组电流的瞬时值，那么通用相量 $\dot{I}$ 与矢量 $\dot{F}_a$ 在任何时刻相位相同、数值成比例，具体如图 2.6 所示。

根据双反应理论，电枢磁势可以分解为纵轴分量和横轴分量。依照电枢磁势的分解方法，把电流通用相量分解为纵轴分量 i_d 和横轴分量 i_q，具体如下：

$$\begin{cases} i_d = I\cos(\alpha-\theta) \\ i_q = I\sin(\alpha-\theta) \end{cases} \quad (2.19)$$

式中，θ 表示电流通用相量同 a 相绕组轴线的夹角。

通用相量 $\dot{I}$ 对于定子各相绕组轴线的投影即是各相电流的瞬时值，因此定子三相电流的瞬时值可以计算如下：

$$\begin{cases} i_a = I\cos\theta \\ i_b = I\cos(\theta-120°) \\ i_c = I\cos(\theta+120°) \end{cases} \quad (2.20)$$

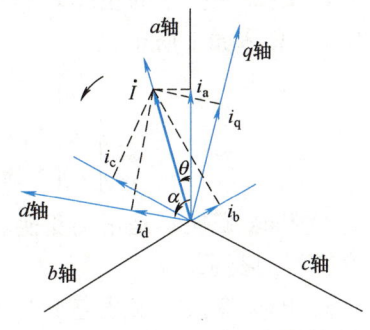

图 2.6　定子电流通用相量

根据式（2.19）和式（2.20）可以得到：

$$\begin{cases} i_d = \dfrac{2}{3}[i_a\cos\alpha + i_b\cos(\alpha-120°) + i_c\cos(\alpha+120°)] \\ i_q = \dfrac{2}{3}[i_a\sin\alpha + i_b\sin(\alpha-120°) + i_c\sin(\alpha+120°)] \end{cases} \quad (2.21)$$

如果定子三相电流平衡（$i_a + i_b + i_c = 0$），此时三相电流实际上为两个独立的变量，仍然可以仅用一个通用相量代表三相电流。如果定子三相电流不平衡，此时三相电流为 3 个独立的变量，此时需要新增一个变量 i_0，它的表达式如下：

$$i_0 = i_a + i_b + i_c \quad (2.22)$$

在此基础上，根据式（2.21）和式（2.22）就构成了一个完整的定子电流 Park 变换，它的数学表述如下：

$$\begin{bmatrix} i_d \\ i_q \\ i_0 \end{bmatrix} = \dfrac{2}{3}\begin{bmatrix} \cos\alpha & \cos(\alpha-120°) & \cos(\alpha+120°) \\ \sin\alpha & \sin(\alpha-120°) & \sin(\alpha+120°) \\ 0.5 & 0.5 & 0.5 \end{bmatrix}\begin{bmatrix} i_a \\ i_b \\ i_c \end{bmatrix} \quad (2.23)$$

式中，i_d、i_q、i_0 分别表示定子电流的 d 轴分量、q 轴分量、0 轴分量。需要注意的是，i_d、i_q、i_0 又可以视为定子等效绕组 dd、等效绕组 qq、等效 0 轴绕组中的电流。上述三个绕组随着转子一起旋转，因此定子等效绕组与转子绕组之间不存在相对运动，定子等效绕组与转子绕组之间的互感系数、定子等效绕组的自感系数都为常数。

在式（2.23）中，注意到 $i_0 = (i_a + i_b + i_c)/3$，因此对于三相平衡的定子电流而言，$i_0 = 0$。在这种情况下，可以认为 0 轴绕组不存在，或者 0 轴绕组开路。如果定子三相电流不平衡，则 0 轴电流 $i_0 \neq 0$。

式（2.23）可以简记为

$$\boldsymbol{i}_{dq0} = \boldsymbol{P}\boldsymbol{i}_{abc} \quad (2.24)$$

其中：

$$\boldsymbol{i}_{dq0} = \begin{bmatrix} i_d & i_q & i_0 \end{bmatrix}^T \quad (2.25)$$

$$P = \frac{2}{3} \begin{bmatrix} \cos\alpha & \cos(\alpha-120°) & \cos(\alpha+120°) \\ \sin\alpha & \sin(\alpha-120°) & \sin(\alpha+120°) \\ 0.5 & 0.5 & 0.5 \end{bmatrix} \qquad (2.26)$$

作为属于同步发电机的一种坐标变换，Park 变换具有如下数学上的特点：

1）Park 变换中的矩阵 P 非奇异，即存在逆矩阵，因而 Park 变换存在逆变换，即 $i_{abc} = P^{-1} i_{dq0}$，具体如下所示：

$$\begin{bmatrix} i_a \\ i_b \\ i_c \end{bmatrix} = \begin{bmatrix} \cos\alpha & \sin\alpha & 1 \\ \cos(\alpha-120°) & \sin(\alpha-120°) & 1 \\ \cos(\alpha+120°) & \sin(\alpha+120°) & 1 \end{bmatrix} \begin{bmatrix} i_d \\ i_q \\ i_0 \end{bmatrix} \qquad (2.27)$$

2）Park 变换不是正交变换。这是因为 $P^{-1} \neq P^T$，即矩阵 P 不是正交矩阵，故它不满足正交变换的要求。

3）Park 变换不仅适应于电流，也适用于电压、电势、磁链等物理量。

4）给定同步频率 $f_N = \omega_N/2\pi$，定子三相对称基频交流（频率为 f_N）、三相对称倍频交流（频率为 $2f_N$）、三相对称直流（频率为 0）经过 Park 变换所得到的 0 轴分量都等于 0（见表 2.1）。上述三类定子电流的 d 轴分量和 q 轴分量具体如下：

① 三相对称基频交流：d 轴分量和 q 轴分量都是常数，即属于直流电流，或者说定子等效绕组 dd、等效绕组 qq 中的电流为不衰减的直流。此时，d 轴分量和 q 轴分量的二次方和等于相电流幅值 i_m 的二次方，即：$i_d^2 + i_q^2 = i_m^2$。需要注意的是，上述关系也适用于磁链、电压、电势。

② 三相对称倍频交流与三相对称直流：d 轴分量和 q 轴分量属于基频交流，或者说定子等效绕组 dd、等效绕组 qq 中的电流属于基频交流。但是需要注意的是，三相对称倍频交流与三相对称直流的 d 轴分量表达式存在不同之处，三相对称倍频交流与三相对称直流的 q 轴表达式也存在不同之处。

表 2.1 不同频率的三相对称电流的 d、q、0 轴分量

	abc 系统	dq0 系统
$\omega' = 0$	$i_a = I\cos\theta_0$ $i_b = I\cos(\theta_0 - 120°)$ $i_c = I\cos(\theta_0 + 120°)$	$i_d = I\cos[(\alpha_0 - \theta_0) + \omega t]$ $i_q = I\sin[(\alpha_0 - \theta_0) + \omega t]$ $i_0 = 0$
$\omega' = \omega$	$i_a = I\cos(\theta_0 + \omega t)$ $i_b = I\cos(\theta_0 + \omega t - 120°)$ $i_c = I\cos(\theta_0 + \omega t + 120°)$	$i_d = I\cos(\alpha_0 - \theta_0)$ $i_q = I\sin(\alpha_0 - \theta_0)$ $i_0 = 0$
$\omega' = 2\omega$	$i_a = I\cos(\theta_0 + 2\omega t)$ $i_b = I\cos(\theta_0 + 2\omega t - 120°)$ $i_c = I\cos(\theta_0 + 2\omega t + 120°)$	$i_d = I\cos[(\alpha_0 - \theta_0) - \omega t]$ $i_q = I\sin[(\alpha_0 - \theta_0) - \omega t]$ $i_0 = 0$

由表可见，三相系统中的对称倍频交流和直流经过 Park 变换后，所得的 d 轴和 q 轴分量是基频电流，三相系统的对称基频交流则转化为 d、q 轴分量中的直流。由于变换可逆，

也可以说，d、q 轴分量中的直流对应于 abc 三相系统的对称基频交流，d、q 轴分量中的基频交流则对应于 abc 系统的直流和倍频电流。

2.2.2 理想同步发电机的基本方程（$dq0$ 坐标系下的电磁方程）

理想同步发电机的原始方程存在 abc 三相静止坐标系下的电磁变量。为了得到 $dq0$ 坐标系下的电磁方程，实现在同一坐标系下对定子侧和转子侧物理量进行分析，需要通过 Park 变换对原始方程进行处理，具体如下：

1. $dq0$ 坐标系统的电压方程

Park 变换将 a、b、c 三相变量转换为 d、q、0 轴分量。显然，只应对定子各量施行变换。令 $\boldsymbol{u}_{dq0} = \boldsymbol{P}\boldsymbol{u}_{abc}$，$\boldsymbol{\Psi}_{dq0} = \boldsymbol{P}\boldsymbol{\Psi}_{GS}$。其中，$\boldsymbol{u}_{dq0} = [u_d \quad u_q \quad u_0]^T$，$u_d$、$u_q$、$u_0$ 分别表示定子绕组端电压的 d 轴分量、q 轴分量、0 轴分量；$\boldsymbol{\Psi}_{dq0} = [\psi_d \quad \psi_q \quad \psi_0]^T$，$\psi_d$、$\psi_q$、$\psi_0$ 分别表示定子绕组磁链的 d 轴分量、q 轴分量、0 轴分量。

由式（2.2）可得 $\boldsymbol{u}_{abc} = -\dot{\boldsymbol{\Psi}}_{GS} - \boldsymbol{r}_{GS}\boldsymbol{i}_{abc}$。然后在其等号左右两边同时左乘矩阵 $\boldsymbol{P}$，进而可以得到：

$$\boldsymbol{P}\boldsymbol{u}_{abc} = -\boldsymbol{P}\dot{\boldsymbol{\Psi}}_{GS} - \boldsymbol{P}\boldsymbol{r}_{GS}\boldsymbol{i}_{abc} \tag{2.28}$$

由于 $\boldsymbol{r}_{GS}$ 为对角矩阵，因此有 $\boldsymbol{P}\boldsymbol{r}_{GS} = \boldsymbol{r}_{GS}\boldsymbol{P}$，所以可以对式（2.28）进一步处理得到：

$$\boldsymbol{P}\boldsymbol{u}_{abc} = -\boldsymbol{P}\dot{\boldsymbol{\Psi}}_{GS} - \boldsymbol{r}_{GS}\boldsymbol{P}\boldsymbol{i}_{abc} \tag{2.29}$$

$$\boldsymbol{u}_{dq0} = -\boldsymbol{P}\dot{\boldsymbol{\Psi}}_{GS} - \boldsymbol{r}_{GS}\boldsymbol{i}_{dq0} \tag{2.30}$$

由于 $\boldsymbol{\Psi}_{dq0} = \boldsymbol{P}\boldsymbol{\Psi}_{GS}$，因此在其等式左右两边对时间求导可以得到：

$$\dot{\boldsymbol{\psi}}_{dq0} = \dot{\boldsymbol{P}}\boldsymbol{\psi}_{abc} + \boldsymbol{P}\dot{\boldsymbol{\psi}}_{abc} \tag{2.31}$$

$$\boldsymbol{P}\dot{\boldsymbol{\psi}}_{abc} = \dot{\boldsymbol{\psi}}_{dq0} - \dot{\boldsymbol{P}}\boldsymbol{\psi}_{abc} = \dot{\boldsymbol{\psi}}_{dq0} - \dot{\boldsymbol{P}}\boldsymbol{P}^{-1}\boldsymbol{\psi}_{dq0} = \dot{\boldsymbol{\psi}}_{dq0} + \boldsymbol{S} \tag{2.32}$$

式中

$$\boldsymbol{S} = -\dot{\boldsymbol{P}}\boldsymbol{P}^{-1}\boldsymbol{\psi}_{dq0}$$

$$= -\frac{2}{3}\begin{pmatrix} -\sin\alpha\frac{d\alpha}{dt} & -\sin(\alpha-120°)\frac{d\alpha}{dt} & -\sin(\alpha+120°)\frac{d\alpha}{dt} \\ \cos\alpha\frac{d\alpha}{dt} & \cos(\alpha-120°)\frac{d\alpha}{dt} & \cos(\alpha+120°)\frac{d\alpha}{dt} \\ 0 & 0 & 0 \end{pmatrix}\boldsymbol{P}^{-1}\boldsymbol{\psi}_{dq0}$$

$$= -\frac{2}{3}\begin{pmatrix} 0 & -\frac{3}{2}\frac{d\alpha}{dt} & 0 \\ \frac{3}{2}\frac{d\alpha}{dt} & 0 & 0 \\ 0 & 0 & 0 \end{pmatrix}\begin{pmatrix} \psi_d \\ \psi_q \\ \psi_0 \end{pmatrix} = \begin{pmatrix} 0 & \omega & 0 \\ -\omega & 0 & 0 \\ 0 & 0 & 0 \end{pmatrix}\begin{pmatrix} \psi_d \\ \psi_q \\ \psi_0 \end{pmatrix} = \begin{pmatrix} \omega\psi_q \\ -\omega\psi_d \\ 0 \end{pmatrix}$$

将式（2.32）代入式（2.30）可以进一步得到：

$$\boldsymbol{u}_{dq0} = -\boldsymbol{P}(\dot{\boldsymbol{\Psi}}_{dq0} - \dot{\boldsymbol{P}}\boldsymbol{\Psi}_{GS}) - \boldsymbol{r}_{GS}\boldsymbol{i}_{dq0} \tag{2.33}$$

将式（2.33）展开，并结合原始方程中的转子电压方程，进一步得到如下 $dq0$ 坐标系下的理想同步发电机电压方程：

$$\begin{cases} u_d = -\dot{\psi}_d - \omega\psi_q - ri_d \\ u_q = -\dot{\psi}_q + \omega\psi_d - ri_q \\ u_0 = -\dot{\psi}_0 - 0 - ri_0 \\ -u_f = -\dot{\psi}_f - r_f i_f \\ 0 = -\dot{\psi}_D - r_D i_D \\ 0 = -\dot{\psi}_Q - r_Q i_Q \end{cases} \quad (2.34)$$

从式（2.34）可以看出，对于定子绕组端电压的 0 轴分量而言，它与其他绕组的电势与电流并无联系，因而它是独立的，在磁的意义上它与其他绕组是隔离的。在式（2.34）中，u_d 和 u_q 都存在如下两项：磁链对时间的导数、磁链与角速度的乘积，其中前一项被称为变压器电势，后一项被称为发电机电势。

对于三相对称运行而言，通过 Park 变换的物理意义在于实现了观察者的立场从静止不动的定子到同步旋转的转子上的转移。正是这一转变使得定子三相绕组可以被两个同转子一起旋转的等效绕组代替，此时三相的定子对称交流等效成了直流电流。正因为这样，可以通过一种直流电机模型对 Park 变换作出恰当的物理解释（见图 2.7）。

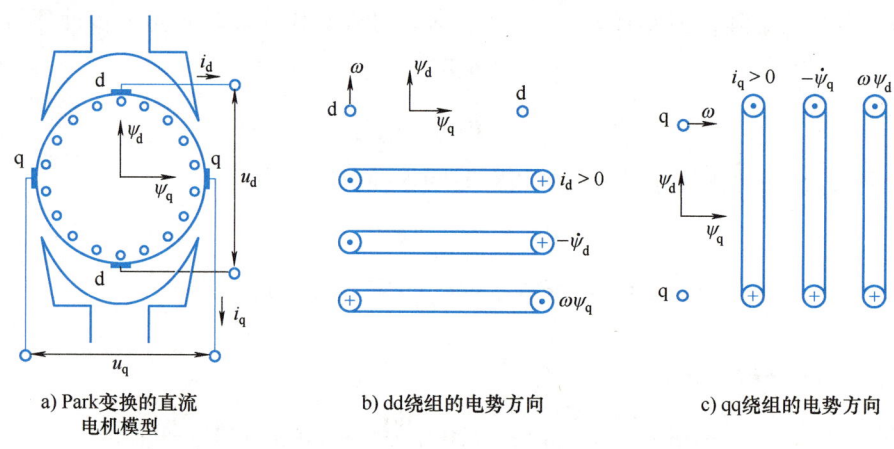

a) Park 变换的直流电机模型　　b) dd 绕组的电势方向　　c) qq 绕组的电势方向

图 2.7　Park 变换的物理解释

在图 2.7 中，同步发电机定子三相绕组位于直流电机旋转的电枢上，而磁极位于直流电机定子上，直流电机电刷与其磁极相对静止。同步发电机等效绕组 dd 和 qq 分别对应于图中直流电机电刷 d-d 间和电刷 q-q 间的电枢绕组。当电枢旋转时．虽然构成等效 dd 绕组和等效 qq 绕组的导体在不断变化，但是两个等效绕组的轴线始终分别位于 d 轴向和 q 轴向，且实际的导体对于磁场处在运动中，故导体内部产生切割电势（即发电机电势），其方向由右手定则确定（见图 2.7b、c）。当磁链 ψ_d 和 ψ_q 随时间发生变化时，相应的绕组还会产生变压器电势，其正方向与该绕组电流的正方向相同。在此基础上，就可以写出式（2.34）的前两个等式。

2. $dq0$ 坐标系统的磁链方程

对于定子磁链方程 $\boldsymbol{\Psi}_{GS} = \boldsymbol{L}_{SS}\boldsymbol{i}_{abc} + \boldsymbol{L}_{SR}\boldsymbol{i}_{fDQ}$，在等号两边同时左乘矩阵 $\boldsymbol{P}$，可以得到：

$$\boldsymbol{P}\boldsymbol{\Psi}_{GS} = \boldsymbol{P}\boldsymbol{L}_{SS}\boldsymbol{i}_{abc} + \boldsymbol{P}\boldsymbol{L}_{SR}\boldsymbol{i}_{fDQ} \quad (2.35)$$

$$\boldsymbol{\Psi}_{dq0} = \boldsymbol{P}\boldsymbol{L}_{SS}\boldsymbol{i}_{abc} + \boldsymbol{P}\boldsymbol{L}_{SR}\boldsymbol{i}_{fDQ} \tag{2.36}$$

由于 $\boldsymbol{\Psi}_{dq0} = \boldsymbol{P}\boldsymbol{\Psi}_{GS}$，且注意到 $\boldsymbol{E} = \boldsymbol{P}^{-1}\boldsymbol{P}$，$\boldsymbol{E}$ 为单位矩阵，则进一步有：

$$\boldsymbol{\Psi}_{dq0} = \boldsymbol{P}\boldsymbol{L}_{SS}\boldsymbol{P}^{-1}\boldsymbol{P}\boldsymbol{i}_{abc} + \boldsymbol{P}\boldsymbol{L}_{SR}\boldsymbol{i}_{fDQ} \tag{2.37}$$

$$\boldsymbol{\Psi}_{fDQ} = \boldsymbol{L}_{RS}\boldsymbol{P}^{-1}\boldsymbol{i}_{dq0} + \boldsymbol{L}_{RR}\boldsymbol{i}_{fDQ} \tag{2.38}$$

通过矩阵演算可得：

$$\boldsymbol{P}\boldsymbol{L}_{SR} = \begin{pmatrix} m_{af} & m_{aD} & 0 \\ 0 & 0 & m_{aQ} \\ 0 & 0 & 0 \end{pmatrix}, \quad \boldsymbol{L}_{RS}\boldsymbol{P}^{-1} = \begin{pmatrix} \frac{3}{2}m_{fa} & 0 & 0 \\ \frac{3}{2}m_{Da} & 0 & 0 \\ 0 & \frac{3}{2}m_{Qa} & 0 \end{pmatrix}, \quad \boldsymbol{P}\boldsymbol{L}_{SS}\boldsymbol{P}^{-1} = \begin{pmatrix} L_d & 0 & 0 \\ 0 & L_q & 0 \\ 0 & 0 & L_0 \end{pmatrix}$$

式中，$\begin{cases} L_d = l_0 + m_0 + \frac{1}{2}l_2 + m_2 = \omega^2\left(\lambda_{s\sigma} + \lambda_{m\sigma} + \frac{3}{2}\lambda_{ad}\right) \\ L_q = l_0 + m_0 - \frac{1}{2}l_2 - m_2 = \omega^2\left(\lambda_{s\sigma} + \lambda_{m\sigma} + \frac{3}{2}\lambda_{aq}\right) \\ L_0 = l_0 - 2m_0 = \omega^2(\lambda_{s\sigma} - 2\lambda_{m\sigma}) \end{cases}$

在此基础上，可以得到 $dq0$ 坐标系下的理想同步发电机磁链方程，具体如下：

$$\begin{bmatrix} \psi_d \\ \psi_q \\ \psi_0 \\ \psi_f \\ \psi_D \\ \psi_Q \end{bmatrix} = \begin{bmatrix} L_d & 0 & 0 & m_{af} & m_{aD} & 0 \\ 0 & L_q & 0 & 0 & 0 & m_{aQ} \\ 0 & 0 & L_0 & 0 & 0 & 0 \\ 1.5m_{fa} & 0 & 0 & L_f & L_{fD} & 0 \\ 1.5m_{Da} & 0 & 0 & L_{Df} & L_D & 0 \\ 0 & 1.5m_{Qa} & 0 & 0 & 0 & L_Q \end{bmatrix} \begin{bmatrix} i_d \\ i_q \\ i_0 \\ i_f \\ i_D \\ i_Q \end{bmatrix} \tag{2.39}$$

式（2.39）中，等式右边的方阵为 $dq0$ 坐标系下的电感矩阵。L_d 为 d 轴同步电感，它对应于纵轴同步电抗 x_d；L_q 为 q 轴同步电感，它对应于横轴同步电抗 x_q；L_0 为 0 轴电感，由于定子三相绕组对称，定子三相 0 轴电流在气隙中的合成磁动势为零，所以，L_0 只与漏自感和漏互感有关。L_d、L_q、L_0 可以视为假想的等效绕组 dd、等效绕组 qq、等效 0 轴绕组的自感。从 $dq0$ 坐标系下理想同步发电机的电感矩阵可以看出：

1) 电感矩阵为常数矩阵。由于等效绕组 dd 和等效绕组 qq 的轴线总是分别与 d 轴和 q 轴一致，而两个轴向的磁导不随转子位置变化而变化，因此相关的电感系数与转子角无关。

2) 电感矩阵不是对称矩阵。这说明定子等效绕组与转子绕组之间的互感系数不互易。从物理上讲，这是由于定子等效绕组是定子三相绕组的等效绕组，定子三相合成磁动势幅值为定子一相磁动势幅值的 1.5 倍。从数学上讲，这是因为 Park 变换不是正交变换。

3) 等效绕组 dd、等效绕组 qq、等效 0 轴绕组之间的互感系数等于 0，三个等效绕组之间不存在互感。此外，等效的 0 轴绕组与其他所有绕组之间的互感等于 0。

习惯上将 $dq0$ 坐标系下的同步发电机电磁方程称为同步发电机的基本方程，又称为 Park

方程，它是本书后续电力系统暂态分析的重要基础。

3. $dq0$ 坐标系下的功率公式

在静止的 abc 三相坐标系中，理想同步发电机从其端口输出的三相瞬时功率 P_{abc} 的计算公式如下：

$$P_{abc} = \boldsymbol{u}_{abc}^{T} \boldsymbol{i}_{abc} = u_a i_a + u_b i_b + u_c i_c \tag{2.40}$$

在 $dq0$ 坐标系下，理想同步发电机从其端口输出的三相瞬时功率 P_{dq0} 的计算公式如下：

$$P_{dq0} = P_{abc} = \boldsymbol{u}_{abc}^{T} \boldsymbol{i}_{abc} = [\boldsymbol{P}^{-1} \boldsymbol{u}_{dq0}]^{T} \boldsymbol{P}^{-1} \boldsymbol{i}_{dq0} \tag{2.41}$$

$$P_{dq0} = 3 u_0 i_0 + 1.5 (u_d i_d + u_q i_q) \tag{2.42}$$

很明显，理想同步发电机的三相瞬时总功率在 $dq0$ 坐标系和 abc 坐标系中的计算公式在形式上不尽相同，这也是由于 Park 变换不是正交变换导致的。

2.3 常用标幺制下的理想同步发电机基本方程及其简化

本书 2.2 节中的物理量均采用有名单位制。在电力系统中，标幺制是广泛采用的单位制。在标幺制中，对于不同的基准值，同一个物理量的标幺值不同。在本书中，通过选择适当的基准值，将有名单位制下的同步发电机基本方程转化成标幺制形式，且使其具有如下特征：

1）同步发电机基本方程的形式不变。
2）定子等效绕组与转子绕组之间的互感系数具有互易性，即磁链方程中的电感矩阵具有对称性。

2.3.1 常用标幺制简介

由于同步发电机包括定子与转子，因此需要对定子侧和转子侧的物理量分别选择基准值。

2.3.1.1 定子侧的基准值

对于定子侧而言，首先选择四个独立基准值：定子电压基准值 u_B、定子电流基准值 i_B、角速度基准值 ω_B、功率基准值 S_B。然后，根据独立基准值计算其他物理量的基准值。在本书中，定子电压基准值 u_B、定子电流基准值 i_B、角速度基准值 ω_B、功率基准值 S_B 的选择具体如下：

$$u_B = \sqrt{2} u_N \tag{2.43}$$

$$i_B = \sqrt{2} i_N \tag{2.44}$$

$$\omega_B = \omega_N \tag{2.45}$$

$$S_B = S_N = 3 u_N i_N = 1.5 u_B i_B \tag{2.46}$$

式中，u_N 和 i_N 分别表示同步发电机额定相电压与额定相电流的有效值；ω_N 表示额定角速度（额定角频率）；S_N 表示同步发电机的额定功率。

根据上述独立基准，可以进一步计算其他物理量的基准值，具体举例如下：

$$z_B = u_B / i_B \tag{2.47}$$

$$L_B = z_B / \omega_B \tag{2.48}$$

$$t_B = 1/\omega_B \tag{2.49}$$
$$\psi_B = i_B L_B \tag{2.50}$$

式中,z_B、L_B、t_B、ψ_B 分别表示定子侧阻抗基准值、定子侧电感基准值、定子侧时间基准值、定子侧磁链基准值。

2.3.1.2 转子侧的基准值

对于有阻尼绕组同步发电机,它的转子侧同时有励磁绕组、d 轴阻尼绕组、q 轴阻尼绕组。为了简化对这三种绕组基准值的选择,本书采用一种常见做法:假设励磁绕组与阻尼绕组具有相同的匝数,或者阻尼绕组已经折算成了与励磁绕组具有相同匝数的绕组。在这种情况下,只需对励磁绕组选择基准值,或者说仅需要对转子侧选择一套基准值。

转子侧基准值的选取需要考虑它与定子侧物理量基准值之间的关系。本书介绍一种常用方法:将同步发电机看成等效的变压器,且转子电流基准值 i_{fB} 产生的磁动势等于定子三相对称电流(幅值为 i_B)产生的磁动势。由于转子电流基准值 i_{fB} 产生的磁动势 $F_{fB}=w_f i_{fB}$,定子三相对称电流(幅值为 i_B)产生的磁动势 $F_{SB}=1.5w i_B$,因此有:

$$w_f i_{fB} = 1.5 w i_B \tag{2.51}$$
$$i_{fB} = 1.5 w i_B / w_f \tag{2.52}$$

令 $k = w/w_f$,其中 w_f 和 w 分别表示的是励磁绕组的有效匝数与定子绕组的有效匝数。

由于定子绕组与转子绕组存在磁耦合,因此两者之间需采用相同的功率基准和时间基准,即 $S_{fB} = S_B$,$t_{fB} = t_B$。由于 $S_{fB} = u_{fB} i_{fB}$,$S_B = 1.5 u_B i_B$,因此进一步有:

$$u_{fB} i_{fB} = 1.5 u_B i_B \tag{2.53}$$
$$u_{fB} = 1.5 u_B i_B / i_{fB} \tag{2.54}$$

由于 $t_{fB} = t_B$,且 $\omega_{fB} = 1/t_{fB}$,因此,$\omega_{fB} = \omega_B$。由上述基准值可以进一步得到诸如转子侧阻抗基准值 z_{fB}、转子侧电感基准值 L_{fB}、转子侧磁链基准值 ψ_{fB} 和转子侧互感基准值 $m_{RS.B}$:

$$z_{fB} = u_{fB}/i_{fB} = z_B/(1.5k^2) \tag{2.55}$$
$$L_{fB} = z_{fB}/\omega_{fB} = L_B/(1.5k^2) \tag{2.56}$$
$$\psi_{fB} = L_{fB} i_{fB} = \psi_B/k \tag{2.57}$$
$$m_{RS.B} = \frac{\psi_{fB}}{i_{fB}} = L_B/(1.5k) \tag{2.58}$$

2.3.2 标幺制基本方程

2.3.2.1 常用标幺制下的基本方程

根据上节的基准值选择,常用标幺制下理想同步发电机基本方程具体如下:

$$\begin{cases} u_{d,*} = -\dot{\psi}_{d,*} - \omega_* \psi_{q,*} - r_* i_{d,*} \\ u_{q,*} = -\dot{\psi}_{q,*} + \omega_* \psi_{d,*} - r_* i_{q,*} \\ u_{0,*} = -\dot{\psi}_{0,*} - r_* i_{0,*} \\ -u_{f,*} = -\dot{\psi}_{f,*} - r_{f,*} i_{f,*} \\ 0 = -\dot{\psi}_{D,*} - r_{D,*} i_{D,*} \\ 0 = -\dot{\psi}_{Q,*} - r_{Q,*} i_{Q,*} \end{cases} \tag{2.59}$$

$$\begin{cases}\psi_{d,*}=L_{d,*}i_{d,*}+m_{af,*}i_{f,*}+m_{aD,*}i_{D,*}\\ \psi_{q,*}=L_{q,*}i_{q,*}+m_{aQ,*}i_{Q,*}\\ \psi_{0,*}=L_{0,*}i_{0,*}\\ \psi_{f,*}=m_{fa,*}i_{d,*}+L_{f,*}i_{f,*}+L_{fD,*}i_{D,*}\\ \psi_{D,*}=m_{Da,*}i_{d,*}+L_{Df,*}i_{f,*}+L_{D,*}i_{D,*}\\ \psi_{Q,*}=m_{Qa,*}i_{q,*}+L_{Q,*}i_{Q,*}\end{cases} \quad (2.60)$$

在常用标幺制中,同步发电机输出的有功功率计算公式为

$$\frac{P}{S_B}=\frac{3u_0i_0+\frac{3}{2}(u_di_d+u_qi_q)}{\frac{3}{2}u_Bi_B}=2u_{0,*}i_{0,*}+u_{d,*}i_{d,*}+u_{q,*}i_{q,*} \quad (2.61)$$

2.3.2.2 采用电抗表示的实用化标幺制基本方程

下面将介绍实用正向下采用电抗表示的标幺制基本方程。首先介绍一下额定转速下($\omega_*=1$)同步发电机部分物理量标幺值之间的关系。

1. 额定转速下同步发电机部分物理量标幺值之间的关系

下面以定子侧元件为例,介绍此种情况下电感系数标幺值与电抗标幺值之间的关系、磁链标幺值与电压标幺值之间的关系等。

(1) 电感系数与电抗之间的关系

元件电抗的标幺值 x_* 计算公式如下:

$$x_*=\omega L/\omega_B L_B=\omega_* L_* \quad (2.62)$$

由于此种情况下角速度的标幺值 $\omega_*=1$,因此 x_* 可以进一步计算如下:

$$x_*=\omega_* L_*=L_* \quad (2.63)$$

从上面可以看出,当 $\omega_*=1$ 时,电感系数标幺值与电抗标幺值相等,电感系数标幺值可以被相应的电抗标幺值替代。

(2) 磁链与电压之间的关系

根据有名单位制下的磁链计算公式 $\psi=Li$,其中 i 为对应的电流,则磁链的标幺值 ψ_* 计算公式如下:

$$\psi_*=Li/L_Bi_B=i_*L_* \quad (2.64)$$

由于 $\omega_*=1$ 时有 $x_*=L_*$,因此进一步得到:

$$\psi_*=i_*L_*=i_*x_*=u_* \quad (2.65)$$

因此当 $\omega_*=1$ 时,磁链标幺值与电压标幺值相等,磁链标幺值可以被相应的电压标幺值替代。

(3) 同步发电机绕组电感系数与电抗之间的关系

对于定子等效绕组 dd、励磁绕组、d 轴阻尼绕组而言,如果在转子的 d 轴向仅存在一个共同磁通,即不存在仅与两个绕组交链的互感磁通,则在标幺制下,定子等效绕组 dd、励磁绕组、d 轴阻尼绕组的互感系数相等。如果 $\omega_*=1$,则进一步有:

$$m_{af,*}=m_{fa,*}=m_{aD,*}=m_{Da,*}=L_{fD,*}=L_{Df,*}=x_{ad,*} \quad (2.66)$$

$$L_{d,*}=x_{d,*} \quad (2.67)$$

$$x_{\mathrm{d},*} = x_{\mathrm{ad},*} + x_{\sigma\mathrm{a},*} \tag{2.68}$$

$$L_{\mathrm{f},*} = x_{\mathrm{f},*} \tag{2.69}$$

$$x_{\mathrm{f},*} = x_{\mathrm{ad},*} + x_{\sigma\mathrm{f},*} \tag{2.70}$$

$$L_{\mathrm{D},*} = x_{\mathrm{D},*} \tag{2.71}$$

$$x_{\mathrm{D},*} = x_{\mathrm{ad},*} + x_{\sigma\mathrm{D},*} \tag{2.72}$$

式中，$x_{\mathrm{f},*}$ 为励磁绕组电抗的标幺值；$x_{\mathrm{d},*}$ 为 d 轴同步电抗的标幺值，也是等效绕组 dd 的电抗标幺值；$x_{\sigma\mathrm{a},*}$ 为定子绕组的漏抗标幺值；$x_{\sigma\mathrm{f},*}$ 为励磁绕组的漏抗标幺值；$x_{\mathrm{ad},*}$ 为 d 轴电枢反应电抗标幺值；$x_{\mathrm{D},*}$ 为 d 轴阻尼绕组的电抗标幺值。

在标幺制下，当 $\omega_* = 1$ 时，还有如下关系：

$$m_{\mathrm{aQ},*} = m_{\mathrm{Qa},*} = x_{\mathrm{aq},*} \tag{2.73}$$

$$L_{\mathrm{q}} = x_{\mathrm{q},*} \tag{2.74}$$

$$x_{\mathrm{q},*} = x_{\mathrm{aq},*} + x_{\sigma\mathrm{a},*} \tag{2.75}$$

$$L_{\mathrm{Q},*} = x_{\mathrm{Q},*} \tag{2.76}$$

$$x_{\mathrm{Q},*} = x_{\mathrm{aq},*} + x_{\sigma\mathrm{Q},*} \tag{2.77}$$

式中，$x_{\mathrm{q},*}$ 为 q 轴同步电抗的标幺值，也是等效绕组 qq 的电抗标幺值；$x_{\mathrm{aq},*}$ 为 q 轴电枢反应电抗的标幺值；$x_{\mathrm{Q},*}$ 为 q 轴阻尼绕组的电抗标幺值。

2. 采用电抗表示的实用化标幺制基本方程

根据以上假设与分析，在标幺制下，理想同步发电机基本方程中的磁链方程可以变为如下形式：

$$\begin{cases} \psi_{\mathrm{d},*} = x_{\mathrm{d},*} i_{\mathrm{d},*} + x_{\mathrm{ad},*} i_{\mathrm{f},*} + x_{\mathrm{ad},*} i_{\mathrm{D},*} \\ \psi_{\mathrm{q},*} = x_{\mathrm{q},*} i_{\mathrm{q},*} + x_{\mathrm{aq},*} i_{\mathrm{Q},*} \\ \psi_{0,*} = x_{0,*} i_{0,*} \\ \psi_{\mathrm{f},*} = x_{\mathrm{ad},*} i_{\mathrm{d},*} + x_{\mathrm{f},*} i_{\mathrm{f},*} + x_{\mathrm{ad},*} i_{\mathrm{D},*} \\ \psi_{\mathrm{D},*} = x_{\mathrm{ad},*} i_{\mathrm{d},*} + x_{\mathrm{ad},*} i_{\mathrm{f},*} + x_{\mathrm{D},*} i_{\mathrm{D},*} \\ \psi_{\mathrm{Q},*} = x_{\mathrm{aq},*} i_{\mathrm{q},*} + x_{\mathrm{Q},*} i_{\mathrm{Q},*} \end{cases} \tag{2.78}$$

(1) 实用正方向

在 2.1 节中选定 q 轴正方向落后于 d 轴正方向 90°电角度。因此，如果励磁磁动势位于 d 轴正方向，那么空载电势相量 $\dot{E}_{\mathrm{q}}$ 正好位于 q 轴正方向。由于实际运行的同步发电机经常向感性负载供电，因此在前述情况下定子端电压相量 $\dot{U}$ 和电流相量 $\dot{I}$ 的相位都落后于空载电势相量 $\dot{E}_{\mathrm{q}}$，此时定子电流和端电压的 d 轴分量将位于转子 d 轴的反方向。为了使定子电流和端电压的 d 轴分量常为正值，且与习惯用法相同，本节将定子电压（电势）、电流的 d 轴分量的正方向改选为转子 d 轴的负方向，同时保持其余物理量的正方向不变。经过前述调整后的各物理量的正方向被称为实用正向（见图 2.8）。

(2) 实用化标幺制基本方程

在此基础上，若取转子 d 轴的负方向为定子电势、电压、电流的 d 轴分量

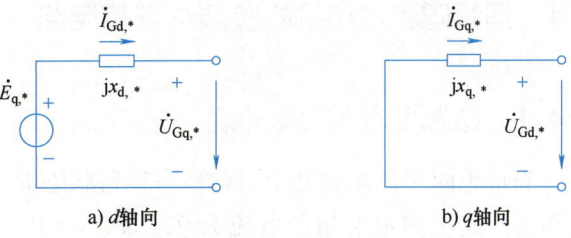

a) d 轴向　　　　b) q 轴向

图 2.8　同步发电机不同轴向的等效电路

的正方向，即选择所谓的实用正向，则实用正向下理想同步发电机基本方程如下：

$$\begin{cases} u_{d,*} = \dot{\psi}_{d,*} + \psi_{q,*} - r_* i_{d,*} \\ u_{q,*} = -\dot{\psi}_{q,*} + \psi_{d,*} - r_* i_{q,*} \\ u_{0,*} = -\dot{\psi}_{0,*} - r_* i_{0,*} \\ -u_{f,*} = -\dot{\psi}_{f,*} - r_{f,*} i_{f,*} \\ 0 = -\dot{\psi}_{D,*} - r_{D,*} i_{D,*} \\ 0 = -\dot{\psi}_{Q,*} - r_{Q,*} i_{Q,*} \end{cases} \quad (2.79)$$

$$\begin{cases} \psi_{d,*} = -x_{d,*} i_{d,*} + x_{ad,*} i_{f,*} + x_{ad,*} i_{D,*} \\ \psi_{q,*} = x_{q,*} i_{q,*} + x_{aq,*} i_{Q,*} \\ \psi_{0,*} = x_{0,*} i_{0,*} \\ \psi_{f,*} = -x_{ad,*} i_{d,*} + x_{f,*} i_{f,*} + x_{ad,*} i_{D,*} \\ \psi_{D,*} = -x_{ad,*} i_{d,*} + x_{ad,*} i_{f,*} + x_{D,*} i_{D,*} \\ \psi_{Q,*} = x_{aq,*} i_{q,*} + x_{Q,*} i_{Q,*} \end{cases} \quad (2.80)$$

若理想同步发电机不存在阻尼绕组，此时转子 d 轴向仅存在两个绕组，即励磁绕组与等效绕组 dd。因此，在常用标幺制下，无阻尼绕组的理想同步发电机满足 d 轴向绕组电感相等的条件。进一步，若角速度的标幺值等于 1，且采用实用正向，则仅需对式（2.79）~式（2.80）进行小幅度的修改（删除阻尼绕组的电磁方程以及相关的电磁变量），从而得到如下标幺制基本方程：

$$\begin{cases} u_{d,*} = \dot{\psi}_{d,*} + \psi_{q,*} - r_* i_{d,*} \\ u_{q,*} = -\dot{\psi}_{q,*} + \psi_{d,*} - r_* i_{q,*} \\ u_{0,*} = -\dot{\psi}_{0,*} - r_* i_{0,*} \\ -u_{f,*} = -\dot{\psi}_{f,*} - r_{f,*} i_{f,*} \end{cases} \quad (2.81)$$

$$\begin{cases} \psi_{d,*} = -x_{d,*} i_{d,*} + x_{ad,*} i_{f,*} \\ \psi_{q,*} = x_{q,*} i_{q,*} \\ \psi_{0,*} = x_{0,*} i_{0,*} \\ \psi_{f,*} = -x_{ad,*} i_{d,*} + x_{f,*} i_{f,*} \end{cases} \quad (2.82)$$

从式（2.81）和式（2.82）可以看出，无阻尼绕组理想同步发电机的电磁方程仅为 8 个。

2.4 理想同步发电机的参数与等效电路

2.4.1 稳态参数与等效电路

当理想同步发电机处于对称稳态运行状态时，转子同步旋转，故 $\omega_* = 1$；各绕组电流幅值不变，其中阻尼绕组的电流为 0，即 $i_{D,*} = 0$，$i_{Q,*} = 0$。励磁绕组的磁链为常数，$\dot{\psi}_{f,*} = 0$，即励磁电流全部由外部励磁电压提供，$i_{f,*} = u_{f,*}/r_{f,*}$。因此根据式（2.80）有：

$$\psi_{d,*} = -x_{d,*}i_{d,*} + x_{ad,*}i_{f,*} + x_{ad,*}i_{D,*} = -x_{d,*}i_{d,*} + x_{ad}i_{f,*} \tag{2.83}$$

$$\psi_{q,*} = x_{q,*}i_{q,*} \tag{2.84}$$

同步发电机处于对称稳态运行状态时，$\omega_* = 1$，且定子绕组磁链的 d 轴分量与 q 轴分量均保持不变，即 $\dot{\psi}_{d,*} = 0$、$\dot{\psi}_{q,*} = 0$。忽略电阻时（即认为 $r_* = 0$），则有：

$$u_{d,*} = \dot{\psi}_{d,*} + \omega_* \psi_{q,*} - r_* i_{d,*} = \psi_{q,*} \tag{2.85}$$

$$u_{q,*} = -\dot{\psi}_{q,*} + \psi_{d,*} - r_* i_{q,*} = \psi_{d,*} \tag{2.86}$$

将 $\psi_{q,*}$ 和 $\psi_{d,*}$ 的表达式代入式（2.83）和式（2.84）得到：

$$u_{q,*} = -x_{d,*}i_{d,*} + x_{ad,*}i_{f,*} \tag{2.87}$$

$$u_{d,*} = x_{q,*}i_{q,*} \tag{2.88}$$

式中，$x_{ad,*}i_{f,*}$ 为励磁绕组对定子绕组的有用磁链，它所对应的电势即为通常所讲的空载电势。令 $E_{q,*} = x_{ad,*}i_{f,*}$，则有：

$$\begin{cases} u_{q,*} = E_{q,*} - x_{d,*}i_{d,*} \\ u_{d,*} = x_{q,*}i_{q,*} \end{cases} \tag{2.89}$$

式（2.89）为标量形式的定子电压方程。若取 q 轴为虚轴、落后 q 轴90°的方向为实轴，相应的交流等效电路如图 2.8 所示。则相量形式的定子电压方程为

$$\begin{cases} \dot{U}_{Gq,*} = \dot{E}_{q,*} - jx_{d,*}\dot{I}_{Gd,*} \\ \dot{U}_{Gd,*} = -jx_{q,*}\dot{I}_{Gq,*} \end{cases} \tag{2.90}$$

其中 $\dot{U}_{Gq,*} = ju_{q,*}$，$\dot{E}_{q,*} = jE_{q,*}$，$\dot{I}_{Gd,*} = i_{d,*}$，$\dot{U}_{Gd,*} = u_{d,*}$，$\dot{I}_{Gq,*} = ji_{q,*}$。

可以得到：

$$\dot{U}_{G,*} = \dot{E}_{q,*} - jx_{d,*}\dot{I}_{Gd,*} - jx_{q,*}\dot{I}_{Gq,*} \tag{2.91}$$

与式（2.90）和式（2.91）相适应的相量图如图 2.9 所示。图中的各相量是随转子一同旋转的。其中 $\dot{U}_{G,*} = \dot{U}_{Gq,*} + \dot{U}_{Gd,*}$。

下面针对式（2.90）就隐极机和凸极机两种类型的理想同步发电机进行分析，具体如下：

1）隐极机：由于隐极机存在 $x_{d,*} = x_{q,*}$，因而可以得到：$\dot{U}_{G,*} = \dot{E}_{q,*} - jx_{q,*}\dot{I}_{G,*}$，其中，$\dot{I}_{G,*} = \dot{I}_{Gq,*} + \dot{I}_{Gd,*}$。故它可以用一个含有 $\dot{E}_{q,*}$ 的等值电路进行描述。

2）凸极机：由于凸极机存在 $x_{d,*} \neq x_{q,*}$，因此若在等效电路中用到 $\dot{E}_{q,*}$，则需要构建两个等效电路，即 d 轴向等效电路和 q 轴向等效电路。若采用一个等效电路对凸极机进行描述，则可以采用等值隐极机的方法，即将式（2.91）变为如下形式：

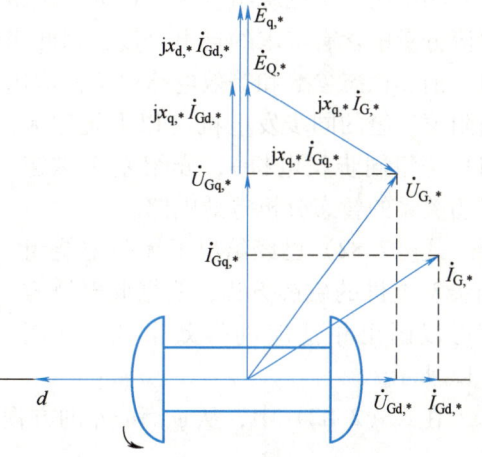

图 2.9 同步发电机稳态运行相量图

$$\dot{U}_{G,*} = \dot{E}_{q,*} - j(x_{d,*} - x_{q,*})\dot{I}_{Gd,*} - jx_{q,*}\dot{I}_{G,*} \tag{2.92}$$

定义 $\dot{E}_{Q,*} = \dot{E}_{q,*} - j(x_{d,*} - x_{q,*})\dot{I}_{Gd,*}$，它是一个虚构的电势。根据 $\dot{E}_Q$ 的定义，进一步有：

$$\dot{U}_{G,*} = \dot{E}_{Q,*} - jx_{q,*}\dot{I}_{G,*} \tag{2.93}$$

从上面可以看出，式（2.93）与隐极机的定子电压方程具有相同的形式。如图 2.10 所示，此种情况下凸极式同步发电机和隐极式同步发电机的等效电路类似。因而这种方法被称为等值隐极机法。

例 2-1 已知隐极式理想同步发电机的参数如下：$x_{d,*} = 1.5$，它的功率因数角的余弦值为 $\cos\varphi = 0.85$，机端电压幅值 $|\dot{U}_{G,*}| = 1.0$，定子电流 $|\dot{I}_{G,*}| = 1.0$，试求该同步发电机的空载电势 $E_{q,*}$。

解：由于该理想同步发电机为隐极机，因此有：

$$x_{d,*} = x_{q,*} = 1.5$$

根据图 2.11 则有：

$$E_{q,*}\sin\beta = x_{q,*}|\dot{I}_{G,*}|\cos\varphi$$

$$E_{q,*}\cos\beta = x_{q,*}|\dot{I}_{G,*}|\sin\varphi + |\dot{U}_{G,*}|$$

联立上面两式可以得到：$E_{q,*} = 2.198$

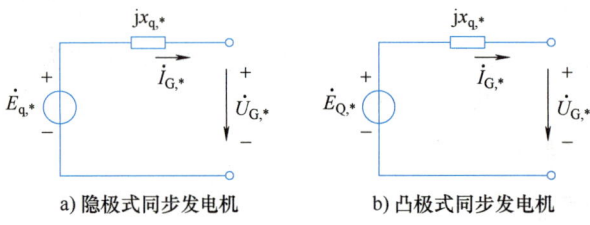

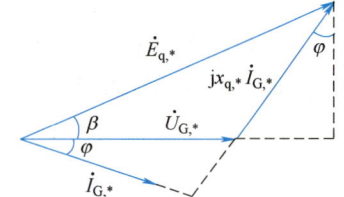

图 2.10　同步发电机的等效电路　　　　图 2.11　理想同步发电机相量图

2.4.2 暂态参数与等效电路

2.4.1 节所介绍的同步发电机参数和等效电路主要适用于稳态分析，涉及定子基频电流和基频电压、励磁绕组直流。在突然短路的暂态过程中，定子绕组的基频分量和转子绕组的直流分量中含有待求的自由分量，因此当仅考虑定子绕组的基频分量和转子绕组的直流分量时，前述稳态参数和等效电路也不便应用。因此，本节将针对无阻尼绕组同步发电机或者忽略阻尼绕组的同步发电机（以下统称无阻尼绕组同步发电机），介绍基于磁链平衡关系的暂态分析等效电路。

式（2.82）已经给出了无阻尼绕组同步发电机的磁链方程，依据此磁链方程可以画出相适应的等效电路，如图 2.12 所示。

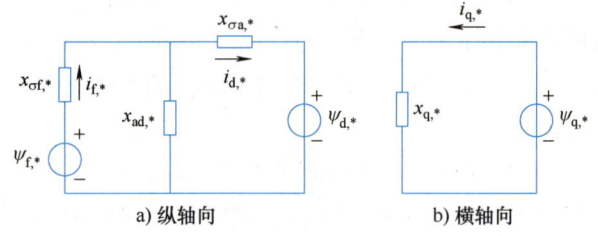

图 2.12　无阻尼绕组同步发电机的等效电路

在式（2.82）中，从 ψ_d 和 ψ_f 的方程中消去励磁绕组电流 i_f，又可得到：

$$\psi_{d,*} = \frac{x_{ad,*}}{x_{f,*}}\psi_{f,*} - \left(x_{\sigma a,*} + \frac{x_{\sigma a,*} \cdot x_{ad,*}}{x_{\sigma a,*} + x_{ad,*}}\right)i_{d,*} \quad (2.94)$$

进一步定义

$$E'_{q,*} = \frac{x_{ad,*}}{x_{f,*}}\psi_{f,*} = \sigma_{f,*}\frac{x_{ad,*}}{x_{\sigma f,*}}\psi_{f,*} \quad (2.95)$$

$$x'_{d,*} = x_{\sigma a,*} + \frac{x_{\sigma f,*} x_{ad,*}}{x_{\sigma f,*} + x_{ad,*}} = x_{\sigma a,*} + \sigma_{f,*} x_{ad,*} \tag{2.96}$$

式中，$\sigma_{f,*} = \frac{x_{\sigma f,*}}{x_{\sigma f,*}+x_{ad,*}} = \frac{x_{\sigma f,*}}{x_{f,*}}$ 是励磁绕组的漏磁系数；$E'_{q,*}$ 为暂态电势；$x'_{d,*}$ 为暂态电抗。

如果沿纵轴向将无阻尼绕组同步发电机看作双绕组变压器（二次绕组为励磁绕组，一次为定子绕组），那么当二次绕组短路时，从一次测得的电抗即为 $x'_{d,*}$，其等效电路如图 2.13b 所示。

这样，式（2.94）就可以改写成式（2.97），对应于式（2.97）的等效电路如图 2.13a 所示。

$$\psi_{d,*} = E'_{q,*} - x'_{d,*} i_{d,*} \tag{2.97}$$

如果变压器电势 $\dot{\psi}_{q,*} = \dot{\psi}_{d,*} = 0$ 或者忽略变压器电势，并忽略定子电阻，那么根据式（2.81）就有 $\psi_{d,*} = u_{q,*}$ 和 $\psi_{q,*} = u_{d,*}$。在此基础上，定子磁链平衡方程变为如下形式的定子电势方程：

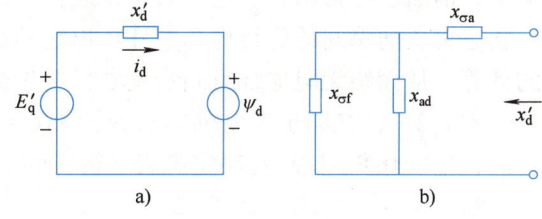

图 2.13 暂态电势和暂态电抗的等效电路

$$\begin{cases} u_{q,*} = E'_{q,*} - x'_{d,*} i_{d,*} \\ u_{d,*} = x_{q,*} i_{q,*} \end{cases} \tag{2.98}$$

这组方程同时适用于稳态分析场合、暂态分析中忽略变压器电势或变压器电势另作处理的场合，即这组方程实际上描述的是定子电势、电压和电流的基频分量之间的关系。因此，在采用 2.4.1 节的实轴和虚轴定义下，式（2.98）也可以写成交流相量的形式：

$$\begin{cases} \dot{U}_{Gq,*} = \dot{E}'_{q,*} - jx'_{d,*} \dot{I}_{Gd,*} \\ \dot{U}_{Gd,*} = -jx_{q,*} \dot{I}_{Gd,*} \end{cases} \tag{2.99}$$

式（2.99）在等号左右两边相加可得：

$$\dot{U}_{G,*} = \dot{E}'_{q,*} - jx_{q,*} \dot{I}_{Gq,*} - jx'_{d,*} \dot{I}_{Gd,*} \tag{2.100}$$

在凸极机和隐极机中，一般都有 $x'_d \neq x_q$。故为了便于计算，也常采用等值隐极机法进行处理。这里介绍两种不同形式的等值隐极机处理方法。

（1）用电势 $\dot{E}'_{Q,*}$ 和电抗 $x_{q,*}$ 作等效电路

在这种情况下，假想电势相量 $\dot{E}'_{Q,*}$ 表示为

$$\dot{E}'_{Q,*} = \dot{E}'_{q,*} + j(x_{q,*} - x'_{d,*}) \dot{I}_{Gd,*} \tag{2.101}$$

或者不采用相量时可表示为

$$\dot{E}_{Q,*} = \dot{E}'_{q,*} + (x_{q,*} - x'_{d,*}) \dot{I}_{Gd,*} \tag{2.102}$$

由于 $x_{q,*} > x'_{d,*}$，故 $E'_{Q,*} > E'_{q,*}$。

（2）用电势 $\dot{E}'_*$ 和电抗 $x'_{d,*}$ 作等效电路

定义电势 $\dot{E}'_*$ 如下：

$$\dot{E}'_* = \dot{E}'_{q,*} - j(x_{q,*} - x'_{d,*}) \dot{I}_{Gq,*} \tag{2.103}$$

根据上述关于电势 $\dot{E}'_*$ 的定义可将式（2.100）改写为

$$\dot{U}_{G,*} = \dot{E}'_* - jx'_{d,*} \dot{I}_{G,*} \tag{2.104}$$

式中，$\dot{E}'_*$ 为暂态电抗后的电势。需要注意的是，电势 $\dot{E}'_*$ 仅是一个虚构的量，并没有实际物

理意义，其相位滞后于暂态电势 $\dot{E}'_{q,*}$。对于那些不要求精确计算的场合，常认为 $\dot{E}'_{q,*}$ 在运行状态突变瞬间守恒即是 $\dot{E}'$ 在运行状态突变瞬间守恒，并将 $\dot{E}'_*$ 的相位作为转子 q 轴的方向。上述处理方法虽不够精确，但具有实用价值。图 2.14 给出了同步发电机采用暂态参数时的相量图，其中包括 $\dot{E}'_*$、$\dot{E}'_{q,*}$、$\dot{E}_{Q,*}$ 等电势。

暂态电抗是实际存在的参数，属于同步发电机的结构参数，它的数值可以实测得到或通过设计资料计算得到。而暂态电势与运行状态有关，它需要根据给定的运行状态计算得到。但是，前面已经指出暂态电势具有在运行状态发生突变瞬间不会突变的特点，因此可以从运行状态突变前瞬间的运行稳态中计算出它的数值，然后直接将其应用于运行状态突变后瞬间的计算，从而给无阻尼绕组同步发电机暂态分析提供极大的方便。

例 2-2 已知同步发电机的参数为 $x_{d,*} = 1.0$，$x'_{d,*} = 0.3$，$x_{q,*} = 0.6$，$\cos\varphi = 0.85$，$E_{Q,*} = 1.41$，$I_{d,*} = 0.8$。试求在额定满载运行时的电势 $E'_{q,*}$ 和 E'_*。

解：
$$E'_{q,*} = E_{Q,*} + (x'_{d,*} - x_{q,*})I_{Gd,*} = 1.41 + (0.3 - 0.6) \times 0.8 = 1.17$$

根据图 2.15，可知：

$$E'_* = \sqrt{(U_* + x'_{d,*}I_{G,*}\sin\varphi)^2 + (x'_{d,*}I_{G,*}\cos\varphi)^2}$$
$$= \sqrt{(1 + 0.3 \times 0.53)^2 + (0.3 \times 0.85)^2} = 1.187$$

电势 $\dot{E}'_*$ 同机端电压 $\dot{U}_{G,*}$ 的相位差为

$$\beta' = \arctan\frac{x'_{d,*}I_{G,*}\cos\varphi}{U_* + x'_{d,*}I_*\sin\varphi} = \arctan\frac{0.3 \times 0.85}{1 + 0.3 \times 0.53} = 12.4°$$

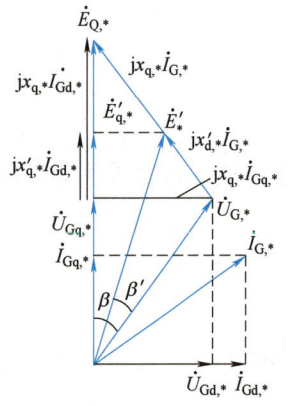

图 2.14 同步发电机相量图

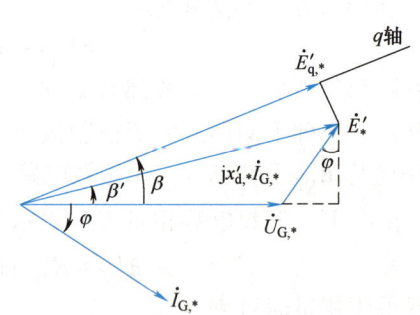

图 2.15 例 2-2 电势相量图

2.4.3 次暂态参数与等效电路

上一节给出的暂态参数适用于无阻尼绕组同步发电机。本节将介绍适用于有阻尼绕组同步发电机暂态分析的参数与等效电路。根据有阻尼绕组同步发电机的磁链平衡方程，可以绘制出如图 2.16 所示的等效电路。

纵轴向的等效电路又可通过戴维南定理简化为图 2.17a 所示的电路。在图 2.17a 中，$E'''_{q,*}$ 称为横轴次暂态电势，$x''_{d,*}$ 称为纵轴次暂态电抗，它们的计算公式如下：

第 2 章 理想同步发电机模型

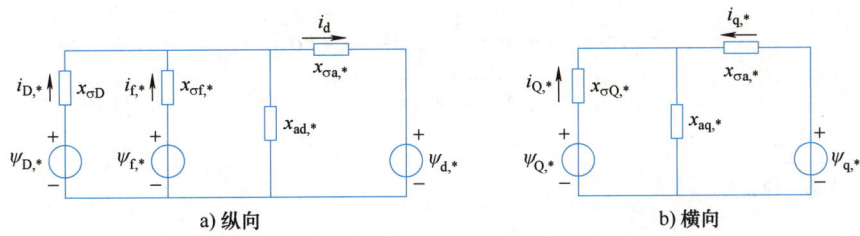

a) 纵向　　　　　　　　　　　　b) 横向

图 2.16　有阻尼绕组发电机纵向和横向磁链平衡的等效电路

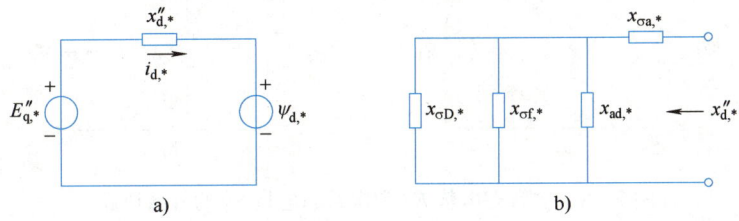

a)　　　　　　　　　　　　b)

图 2.17　次暂态电势 $E''_{q,*}$ 和次暂态电抗 $x''_{d,*}$ 的等效电路

$$E''_{q,*} = \frac{\dfrac{\psi_{f,*}}{x_{\sigma f,*}} + \dfrac{\psi_{D,*}}{x_{\sigma D,*}}}{\dfrac{1}{x_{ad,*}} + \dfrac{1}{x_{\sigma f,*}} + \dfrac{1}{x_{\sigma D,*}}} = \sigma_{eq,*} x_{ad,*} \left(\frac{\psi_{f,*}}{x_{\sigma f,*}} + \frac{\psi_{D,*}}{x_{\sigma D,*}} \right) \tag{2.105}$$

$$x''_{d,*} = x_{\sigma a,*} + \frac{1}{\dfrac{1}{x_{ad,*}} + \dfrac{1}{x_{\sigma f,*}} + \dfrac{1}{x_{\sigma D,*}}} = x_{\sigma a,*} + \sigma_{eq,*} x_{ad,*} \tag{2.106}$$

式中，$\sigma_{eq,*} = \dfrac{\dfrac{x_{\sigma f,*} x_{\sigma D,*}}{x_{\sigma f,*} + x_{\sigma D,*}}}{x_{ad,*} + \dfrac{x_{\sigma f,*} x_{\sigma D,*}}{x_{\sigma f,*} + x_{\sigma D,*}}} = \dfrac{\sigma_{f,*} \sigma_{D,*}}{1 - (1 - \sigma_{f,*})(1 - \sigma_{D,*})}$；$\sigma_{D,*} = \dfrac{x_{\sigma D,*}}{x_{\sigma D,*} + x_{ad,*}}$

从式（2.105）可以看出，横轴次暂态电势 $E''_{q,*}$ 的表达式中除了励磁绕组的总磁链 ψ_f 和纵轴阻尼绕组的总磁链 $\psi_{f,*}$ 就是相关的电抗。根据闭合回路磁链守恒原则，$\psi_{f,*}$ 和 $\psi_{D,*}$ 在运行状态突变的瞬间都不发生突变，故横轴次暂态电势 $E''_{q,*}$ 也不会在运行状态突变的瞬间发生突变。式（2.106）给出了纵轴次暂态电抗 $x''_{d,*}$ 的计算公式，它也可以从另一个角度进行计算：沿同步发电机纵轴向把其看作一个三绕组变压器（两个二次绕组为励磁绕组和纵轴阻尼绕组，一次绕组为定子绕组），该三绕组变压器的两个二次绕组都短路时从一次测得的电抗就是次暂态电抗 $x''_{d,*}$（见图 2.17b）。$\sigma_{D,*}$ 为纵轴阻尼绕组的漏磁系数。当用一个等值绕组来替代励磁绕组和纵轴阻尼绕组时，漏磁系数 $\sigma_{eq,*}$ 也就是这个等值绕组的漏磁系数。

如图 2.18a 所示，有阻尼绕组同步发电机横轴方向的等效电路也可以作类似的简化。图中的 $E''_{d,*}$ 称为纵轴次暂态电势，$x''_{q,*}$ 称为横轴次暂态电抗，它们的表达式如下：

$$E''_{d,*} = \frac{\dfrac{\psi_{Q,*}}{x_{\sigma Q,*}}}{\dfrac{1}{x_{\sigma Q,*}} + \dfrac{1}{x_{aq,*}}} = \sigma_{Q,*} x_{aq,*} \frac{\psi_{Q,*}}{x_{\sigma Q,*}} \tag{2.107}$$

$$x''_{q,*} = x_{\sigma a,*} + \cfrac{1}{\cfrac{1}{x_{\sigma Q,*}} + \cfrac{1}{x_{aq,*}}} = x_{\sigma a,*} + \sigma_{Q,*} x_{aq,*} \qquad (2.108)$$

式中, $\sigma_{Q,*} = \dfrac{x_{\sigma Q,*}}{x_{\sigma Q,*} + x_{aq,*}}$

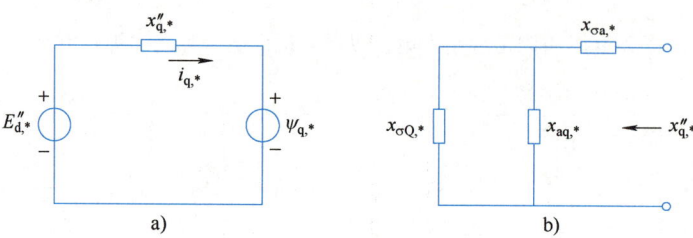

图 2.18 次暂态电势 E''_d 和次暂态电抗 x''_d 的等效电路

从式 (2.108) 可以看出, 纵轴次暂态电势 $E''_{d,*}$ 同横轴阻尼绕组的总磁链 ψ_Q 成正比, 且 $E''_{d,*}$ 的表达式中除了磁链就是电抗。根据闭合回路磁链守恒原则, 运行状态发生突变的瞬间 $\psi_{Q,*}$ 不能突变, 因此纵轴次暂态电势 $E''_{d,*}$ 不会发生突变。图 2.18b 给出了计算次暂态电抗 $x''_{q,*}$ 的等效电路, $\sigma_{Q,*}$ 称为横轴阻尼绕组的漏磁系数。

引入次暂态电势和次暂态电抗后, 同步发电机的磁链平衡方程可以改写为

$$\begin{cases} \psi_{d,*} = E''_{q,*} - x''_{d,*} i_{d,*} \\ \psi_{q,*} = E''_{d,*} + x''_{q,*} i_{q,*} \end{cases} \qquad (2.109)$$

在忽略同步发电机定子电阻的情况下, 如果同步发电机处于稳态或忽略变压器电势时, 则 $\psi_{d,*} = u_{q,*}$, $\psi_{q,*} = u_{d,*}$, 因此进一步可以得到用次暂态参数表示的定子电势方程为

$$\begin{cases} u_{q,*} = E''_{q,*} - x''_{d,*} i_{d,*} \\ u_{d,*} = E''_{d,*} + x''_{q,*} i_{q,*} \end{cases} \qquad (2.110)$$

在采用 2.4.1 节的实轴和虚轴定义下, 上述方程也可以改写成交流相量形式:

$$\begin{cases} \dot{U}_{Gq,*} = \dot{E}''_{q,*} - jx''_{d,*} \dot{I}_{Gd,*} \\ \dot{U}_{Gd,*} = \dot{E}''_{d,*} + jx''_{q,*} \dot{I}_{Gq,*} \end{cases} \qquad (2.111)$$

或

$$\begin{aligned}\dot{U}_{G,*} &= (\dot{E}''_{q,*} + \dot{E}''_{d,*}) - jx''_{d,*} \dot{I}_{Gd,*} - jx''_{q,*} \dot{I}_{Gq,*} \\ &= \dot{E}''_* - jx''_{d,*} \dot{I}_{Gd,*} - jx''_{q,*} \dot{I}_{Gq,*}\end{aligned} \qquad (2.112)$$

式中, $\dot{E}''_* = \dot{E}''_{q,*} + \dot{E}''_{d,*}$ 称为次暂态电势。同步发电机电势相量图如图 2.19 所示。

为了避免按两个轴向制作等效电路和列写方程, 可采用等值隐极机的处理方法, 将式 (2.112) 改写为

$$\dot{U}_{G,*} = \dot{E}''_* - jx''_{d,*} \dot{I}_{G,*} - j(x''_{q,*} - x''_{d,*}) \dot{I}_{Gq,*} \qquad (2.113)$$

进一步略去式 (2.113) 等号右端的第三项, 便得:

$$\dot{U}_{G,*} = \dot{E}''_* - jx''_{d,*} \dot{I}_{G,*} \qquad (2.114)$$

通过上述方法确定的次暂态电势在图 2.19 中用虚线示

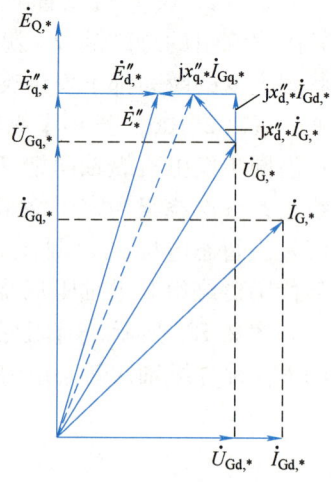

图 2.19 同步发电机电势相量图

出。由于纵轴次暂态电抗 $x_{d,*}''$ 和横轴次暂态电抗 $x_{q,*}''$ 在数值上相差不大，通过式（2.113）和式（2.114）计算得到的次暂态电势在数值和相位上都相差很小。所以，在实用计算中，常根据式（2.114）做出如图 2.20 所示的有阻尼绕组发电机等效电路，并认为此等效电路中 $\dot{E}_*''$ 的数值在运行状态改变的瞬间不能发生突变。

需要进一步指出的是，纵轴次暂态电抗 $x_{d,*}''$ 和横轴次暂态电抗 $x_{q,*}''$ 都是有阻尼绕组同步发电机的实际参数，而本节介绍的电势 $E_{d,*}''$、$E_{q,*}''$ 和 E'' 都是用于计算的虚拟参数。

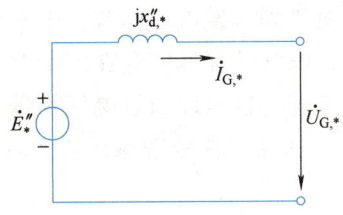

图 2.20　简化的次暂态参数等效电路

例 2-3　同步发电机有如下参数：$x_{d,*}=1.0$，$x_{q,*}=0.6$，$x_{d,*}'=0.3$，$x_{d,*}''=0.21$，$x_{q,*}''=0.31$，$\cos\varphi=0.85$。试计算额定满载下的 $E_{q,*}$、$E_{q,*}'$、$E_{q,*}''$、$E_{d,*}''$、E''。

解：本例发电机参数除次暂态电抗外，都与例 2-2 的发电机的相同，可以直接利用例 2-2 的下列计算结果：$E_{q,*}=1.73$，$E_{q,*}'=1.17$，$\beta=21.1°$，$U_{Gq,*}=0.93$，$U_{Gd,*}=0.36$，$I_{Gq,*}=0.6$，$I_{Gd,*}=0.8$。根据上述数据可以继续算出：

$$E_{q,*}''=U_{Gq,*}+x_{d,*}''I_{Gd,*}=0.93+0.21\times0.8=1.098$$

$$E_{d,*}''=U_{Gd,*}+x_{q,*}''I_{Gq,*}=0.93+0.31\times0.6=0.174$$

$$E_*''=\sqrt{(E_{q,*}'')^2+(E_{d,*}'')^2}=1.112$$

$$\beta''=\beta-\arctan\frac{E_{d,*}''}{E_{q,*}''}=21.1°-9°=12.1°$$

例 2-3 的电势相量图如图 2.21 所示。

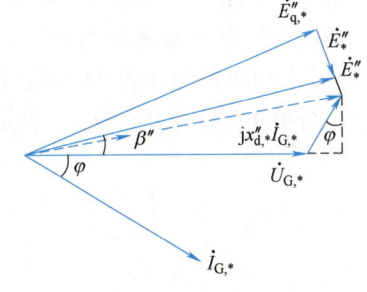

图 2.21　例 2-3 的电势相量图

本章 2.4.1 节、2.4.2 节、2.4.3 节分别介绍了用稳态、暂态和次暂态参数列写的同步发电机定子电势方程及其等效电路，这些电势方程都可以被用于稳态或暂态分析。根据这些电势方程可以得到各种电势之间的相互关系为

$$E_{q,*}=E_{q,*}'+(x_{d,*}-x_{d,*}')i_{d,*}=E_{q,*}'+(x_{d,*}-x_{d,*}'')i_{d,*} \tag{2.115}$$

$$E_{d,*}''=(x_{q,*}-x_{q,*}'')i_{q,*}=\frac{x_{q,*}-x_{q,*}''}{x_{q,*}}v_{d,*} \tag{2.116}$$

由于次暂态电抗、暂态电抗和同步电抗一般都当作常数，因此为了便于计算，通常希望在电势方程（或等效电路）中的电势也为常数。例如，如果励磁绕组的电流保持不变时，则使用基于稳态参数的电势方程较为方便。

2.5　同步发电机转子运动的数学模型

本章 2.2 节和 2.3 节已经对同步发电机的电磁方程进行了介绍。同步发电机的转子是旋转部件，它的机械运动行为对电力系统的机电暂态分析，尤其是功角稳定分析具有决定性的影响。因此，本节将从机械运动的角度出发，介绍同步发电机转子运动的数学模型。需要注意的是，本书将同步机组中的发电机与原动机视为刚体进行分析。本节以下内容不考虑同步发电机的机械性阻尼与转子闭合绕组（包括铁心）产生的电气阻尼。

2.5.1 有名单位制下的同步发电机转子运动方程

对于同步发电机而言，由于机械角度、机械角速度、机械角加速度与电气角度、电气角速度、电气角加速度存在定量关系，因此，同步发电机的转子运动方程不仅可以通过机械物理量描述，也可以通过电气物理量进行描述。

1. 采用机械物理量形式的转子运动方程

$$J\frac{d\Omega}{dt}=\Delta M_a \tag{2.117}$$

$$\Delta M_a = M_T - M_e \tag{2.118}$$

式中，M_T 为原动机的机械转矩；M_e 为同步发电机的电磁转矩；J 为同步发电机转子的转动惯量；Ω 为同步发电机转子的机械角速度，单位为 rad/s，Ω 可以按照如下式子进行计算：

$$\Omega = \frac{d\Theta}{dt} \tag{2.119}$$

式中，Θ 为从某一固定参考轴算起的机械角位移，单位为 rad。

2. 采用电气物理量的转子运动方程

考虑到机械角速度 Ω 与电气角速度 ω 之间的关系为 $\omega = p\Omega$，以及机械角度 Θ 与电气角度 θ 之间的关系为 $\theta = p\Theta$，p 表示极对数，同步发电机的转子运动方程可以表示成如下形式：

$$J\frac{d\omega}{dt}=p\Delta M_a \tag{2.120}$$

$$J\frac{d^2\theta}{dt^2}=p\Delta M_a \tag{2.121}$$

式（2.121）中，θ 的参考轴为某一固定参考轴，即参考轴的角速度等于零。若选择同步旋转轴（旋转角速度为 ω_N）作为参考轴（它相对于前述固定参考轴的电气角度为 θ_N），则转子相对于此同步参考轴的电气角度 δ、电气角速度 $d\delta/dt$、电气角加速度 $d^2\delta/dt^2$ 可以表示如下：

$$\delta = \theta - \theta_N \tag{2.122}$$

$$\frac{d\delta}{dt} = \omega - \omega_N = \Delta\omega \tag{2.123}$$

$$\frac{d^2\delta}{dt^2} = \frac{d^2\theta}{dt^2} = \frac{d\omega}{dt} \tag{2.124}$$

从上面可以看出，电气角度 δ、电气角速度 $d\delta/dt$ 与参考轴的选取有关，但是电气角加速度与参考轴的选取无关。对于电气角度 δ 和 $\Delta\omega$，它们分别被称为绝对角和绝对角速度。

若采用同步轴作为参考轴，则根据式（2.121）和式（2.124），转子运动方程可以写成：

$$J\frac{d^2\delta}{dt^2}=p\Delta M_a \tag{2.125}$$

2.5.2 标幺制下的同步发电机转子运动方程

通过基准值的选择（如转矩基准值的选择），可以在转子运动方程中对一些物理量采用标幺值。根据转子运动方程中的时间 t 是否采用标幺值，可以得到两种采用标幺值的转子运动方程。以下同步发电机转子运动方程均采用同步旋转轴作为参考轴。

1. 时间不采用标幺值

取同步发电机转矩的基准值 $M_B = S_{BS}/\Omega_N$，Ω_N 为同步发电机的额定机械角速度，S_{BS} 为系统的基准功率。在此基础上，可以将式（2.125）变为

$$J\frac{d^2\delta}{dt^2}\frac{1}{M_B} = p\Delta M_a/M_B \tag{2.126}$$

$$J\frac{d^2\delta}{dt^2}\frac{\Omega_N}{S_{BS}} = p\Delta M_{a,*} \tag{2.127}$$

其中，$\Delta M_{a,*} = \Delta M_a/M_B$。由于 $\omega_N = p\Omega_N$，即 $p = \omega_N/\Omega_N$，因此式（2.127）可以进一步变为

$$J\frac{d^2\delta}{dt^2}\frac{\Omega_N}{S_{BS}} = \frac{\omega_N}{\Omega_N}\Delta M_{a,*} \tag{2.128}$$

$$\frac{d^2\delta}{dt^2}\frac{J\Omega_N^2}{S_{BS}}\frac{1}{\omega_N} = \Delta M_{a,*} \tag{2.129}$$

进一步定义惯性时间常数 $T_J = J\Omega_N^2/S_{BS}$，则可以得到如下形式的转子运动方程：

$$\frac{T_J}{\omega_N}\frac{d^2\delta}{dt^2} = \Delta M_{a,*} \tag{2.130}$$

由于 $\Delta M_{a,*} = M_{T,*} - M_{e,*} = (P_{T,*} - P_{e,*})/\omega_*$，其中 $P_{T,*} = P_T/S_{BS}$，$P_{e,*} = P_e/S_{BS}$，$M_{T,*} = M_T/M_B$，$M_{e,*} = M_e/M_B$。同步发电机的电磁功率 P_e 的计算公式如下：

$$P_e = P_{abc} + r(i_d^2 + i_q^2 + 2i_0^2) - (\dot\psi_d i_d + \dot\psi_q i_q + 2\dot\psi_0 i_0) \tag{2.131}$$

若 $\dot\psi_d = \dot\psi_q = \dot\psi_0 = 0$，或者忽略 $\dot\psi_d$、$\dot\psi_q$ 和 $\dot\psi_0$，此时式（2.131）进一步简化为

$$P_e = P_{abc} + r(i_d^2 + i_q^2 + 2i_0^2) \tag{2.132}$$

若进一步忽略定子绕组的电阻，则 $P_e = P_{abc}$，即同步发电机的电磁功率等于从其端口送入外部的有功功率。

根据功率与转矩之间的关系，式（2.130）可以进一步变为如下形式：

$$\frac{T_J}{\omega_N}\frac{d^2\delta}{dt^2} = \frac{P_{T,*} - P_{e,*}}{\omega_*} \tag{2.133}$$

在本书的暂态分析中，如无特别说明，在使用式（2.133）时假设 $\omega_* = 1$ 或所分析的问题本身满足 $\omega_* = 1$ 的条件，因此进一步有：

$$\frac{T_J}{\omega_N}\frac{d^2\delta}{dt^2} = P_{T,*} - P_{e,*} \tag{2.134}$$

对于上述同步发电机转子运动方程而言，可以通过选取合适的状态变量，将其转为状态方程形式。如果选取 δ 和 $\Delta\omega$ 作为状态变量，则所得到的状态方程为

$$\begin{cases} \dfrac{d\delta}{dt} = \Delta\omega \\ \dfrac{d\Delta\omega}{dt} = \dfrac{\omega_N}{T_J}(P_{T,*} - P_{e,*}) \end{cases} \tag{2.135}$$

2. 时间采用标幺值

若进一步选择 2.3 节同步发电机常用标幺制下的时间基准值 t_B，则根据式（2.130）可以进一步得到：

$$\frac{T_J}{\omega_N}\frac{d(d\delta/d(t_B t_*))}{d(t_B t_*)} = \Delta M_{a,*} \tag{2.136}$$

$$\frac{1}{t_B \omega_N}\frac{d(d\delta/dt_*)}{dt_*}\frac{T_J}{t_B} = \Delta M_{a,*} \tag{2.137}$$

注意到 $t_B \omega_N = 1$，因此进一步得到时间采用标幺值时的转子运动方程为

$$T_{J,*}\frac{d^2\delta}{dt_*^2} = \Delta M_{a,*} \tag{2.138}$$

其中，$T_{J,*} = T_J/t_B$。

2.5.3 惯性时间常数的物理内涵

由上一节中惯性时间常数的定义可以得到：

$$T_J = \frac{J\Omega_N^2}{S_{BS}} = \frac{J\Omega_N^2}{2}\frac{2}{S_{BS}} \tag{2.139}$$

式中，$J\Omega_N^2/2$ 是转子以额定角速度旋转时所具有的动能。令 $E_{kN} = J\Omega_N^2/2$，则进一步有：

$$T_J = \frac{J\Omega_N^2}{2}\frac{2}{S_{BS}} = \frac{2E_{kN}}{S_{BS}} \tag{2.140}$$

从式（2.140）可以看出，惯性时间常数的数值等于 E_{kN} 与 S_{BS} 的比值的两倍，因此惯性时间常数可以反映额定运行状态发电机转子动能的大小。此外，由于 T_J 中含有转动惯量，因此它反映了同步发电机转子的转动惯性。

定义 $M_N = S_N/\Omega_N$，并令 $M_B = M_N$，然后进一步定义额定惯性时间常数如下：

$$T_{JN} = J\Omega_N^2/S_N = 2E_{kN}/S_N \tag{2.141}$$

因此，T_{JN} 实则上是以同步发电机额定容量为基准的惯性时间常数。考虑到 $d^2\delta/dt^2 = d\omega/dt$，$M_B = M_N = S_N/\Omega_N$，则进一步有：

$$\frac{T_{JN}}{\omega_N}\frac{d\omega}{dt} = \Delta M_{a,*} \tag{2.142}$$

$$\frac{T_{JN}}{p\omega_N}\frac{d(p\omega)}{dt} = \Delta M_{a,*} \tag{2.143}$$

$$T_{JN}\frac{d(\Omega/\Omega_N)}{dt} = \Delta M_{a,*} \tag{2.144}$$

$$T_{JN}\frac{d\Omega_*}{dt} = \Delta M_{a,*} \tag{2.145}$$

若 $M_{T,*} = 1$，$M_{e,*} = 0$，则 $\Delta M_{a,*} = 1$。因此，可以进一步得到：

$$T_{JN}d\Omega_* = \Delta M_{a,*}dt \tag{2.146}$$

$$T_{JN}\int_0^1 d\Omega_* = \int_0^\tau \Delta M_{a,*}dt \tag{2.147}$$

$$T_{JN} = \tau \tag{2.148}$$

从式（2.146）可以看出，从物理上讲，当同步发电机空载时，若在其转子上面加一个额定转矩，那么它从静止状态加速到额定转速状态所需的时间 τ 即为额定惯性时间常数 T_{JN}。

1. T_{JN} 与 T_J 之间的转换

如式（2.140）和式（2.141）所示，无论是 T_{JN} 还是 T_J，它们的表达式中都存在 E_{kN}，因此可得：

$$E_{kN} = \frac{T_J S_{BS}}{2} = \frac{T_{JN} S_N}{2} \tag{2.149}$$

$$T_J = \frac{T_{JN} S_N}{S_{BS}} \tag{2.150}$$

$$T_{JN} = \frac{T_J S_{BS}}{S_N} \tag{2.151}$$

2. 等值机组的额定惯性时间常数

假设存在 n 台同步发电机，其中第 i 台同步发电机的转动惯量、额定容量、额定惯性时间常数分别为 J_i、$S_{N,i}$、$T_{JN,i}$。假设通过一台等值机组对这 n 台同步发电机机组进行等效，并令等值机组的额定容量、额定惯性时间常数分别用 S_N^E、T_{JN}^E 表示，则它们的表达式如下：

$$S_N^E = \sum_{i=1}^{n} S_{N,i} \tag{2.152}$$

$$T_{JN}^E = \frac{1}{S_N^E} \sum_{i=1}^{n} J_i \Omega_N^2 \tag{2.153}$$

根据额定惯性时间常数定义有 $J_i \Omega_N^2 = T_{JN,i} S_{N,i}$，因此可以进一步得 $\sum_{i=1}^{n} J_i \Omega_N^2 = \sum_{i=1}^{n} T_{JN,i} S_{N,i}$，故：

$$T_{JN}^E = \frac{1}{S_N^E} \sum_{i=1}^{n} T_{JN,i} S_{N,i} = \sum_{i=1}^{n} T_{JN,i} \frac{S_{N,i}}{S_N^E} \tag{2.154}$$

因此，等值机组的额定惯性时间常数可以通过对各个机组额定惯性时间常数进行加权求和得到，其中各个机组的权重为机组额定容量与等值机组额定容量之比。

例 2-4 给定两台汽轮发电机组 G1 和 G2，其中 G1 的参数如下：$T_{JN,G1} = 7.211s$，$P_{N1} = 100MW$，$\cos\varphi_{N1} = 0.85$；G2 的参数如下：$T_{JN,G2} = 7.31s$，$P_{N2} = 125MW$，$\cos\varphi_{N2} = 0.85$。若将 G1 和 G2 合并为一台等值机组，且基准功率 $S_{BS} = 100MVA$，试求该等值机组的惯性时间常数。

解：对于 G1，$S_{N,G1} = \dfrac{P_{N1}}{\cos\varphi_{N1}} = 117.65MVA$

对于 G2，$S_{N,G2} = \dfrac{P_{N2}}{\cos\varphi_{N2}} = 147.06MVA$

因此，等值机组的额定容量 S_N^E 计算如下：

$$S_N^E = S_{N,G1} + S_{N,G2} = 264.71MVA$$

该等值机组的额定惯性时间常数 T_{JN} 可以计算如下：

$$T_{\text{JN}}^E = T_{\text{JN,G1}} \frac{S_{\text{N,G1}}}{S_\text{N}^E} + T_{\text{JN,G2}} \frac{S_{\text{N,G2}}}{S_\text{N}^E} = 7.27\text{s}$$

该等值机组的惯性时间常数 T_J^E 可以计算如下：

$$T_\text{J}^E = \frac{T_{\text{JN}}^E S_\text{N}^E}{S_{\text{BS}}} = 19.24\text{s}$$

本 章 小 结

本章介绍了理想同步发电机的概念，给出了它的电磁方程与转子运动方程，为本书后续暂态分析奠定了基础。

理想同步发电机是一种简化的同步发电机模型，它具有线性、对称、正弦、光滑等特点。若本书后续无特别说明，则均采用理想同步发电机进行分析。

针对理想同步发电机，给出了理想同步发电机的原始方程，该原始方程包括电压方程与磁链方程。由于原始方程中，定子物理量采用的是 abc 三相静止坐标系，而转子物理量采用的是 dq 两相坐标系，导致理想同步发电机的原始方程为变系数代数方程组。为了便于求解，本书介绍了同步发电机著名的 Park 变换方法，通过 Park 变换方法给出了 dq0 坐标系下的理想同步发电机电压方程与磁链方程，即基本方程。理想同步发电机基本方程是常系数的微分代数方程。本章还介绍了常用标幺制下的理想同步发电机基本方程及其简化，并介绍了诸如空载电势、d 轴同步电抗、q 轴同步电抗等概念。

本章最后介绍了同步发电机不同形式的转子运动方程、惯性时间常数等相关概念。需要注意的是，本章介绍转子运动方程时将同步机组中的发电机与原动机视为刚体。

习 题

2-1 假设同步发电机定子通入了三相对称负序电流，即 $i_\text{a} = \cos\omega_\text{N} t$，$i_\text{b} = \cos(\omega_\text{N} t + 120°)$，$i_\text{c} = \cos(\omega_\text{N} t - 120°)$，试求该三相对称电流经过 Park 变换后得到的 i_d、i_q、i_0。

2-2 假设同步发电机定子通入了零序电流，即 $i_\text{a} = \cos\omega_\text{N} t$，$i_\text{b} = \cos(\omega_\text{N} t)$，$i_\text{c} = \cos(\omega_\text{N} t)$，试求该三相电流经过 Park 变换后得到的 i_d、i_q、i_0。

2-3 已知隐极式理想同步发电机的参数如下：$x_{\text{d},*} = 1.5$，它的功率因数角的余弦为 $\cos\varphi = 0.85$，机端电压幅值 $|\dot{U}_*| = 1.0$，定子电流幅值 $|\dot{I}_*| = 1.0$，试求该同步发电机空载电势的标幺值 $E_{\text{q},*}$。

2-4 已知凸机式理想同步发电机的参数如下：$x_{\text{d},*} = 1.0$，$x_{\text{q},*} = 0.7$，它的功率因数角的余弦为 $\cos\varphi = 0.8$，机端电压幅值 $|\dot{U}_*| = 1.0$，定子电流幅值 $|\dot{I}_*| = 1.0$，试求该同步发电机空载电势的标幺值 $E_{\text{q},*}$。

2-5 设单机-无限大系统的额定频率 $f_\text{N} = 50\text{Hz}$，采用基准功率 S_B 的送端发电机惯性时间常数为 $T_\text{J} = 10.7\text{s}$，若送端发电机转子运动方程描述为 $c\frac{\text{d}^2\delta}{\text{d}t^2} = \Delta M_\text{a}$，则试求系数 c 的数值。

2-6 同步发电机定子 A、B、C 三相通以正弦电流 i_A、i_B、i_C，转子各绕组均开路，已知 $i_\text{A} + i_\text{B} + i_\text{C} = 0$，试问 $\alpha = 0°$ 和 $\alpha = 90°$ 时 A 相绕组的等值电感 $L_\text{A} = \psi_\text{A}/i_\text{A} = ?$

2-7 同步发电机定子 A、B、C 三相通以正弦电流 $i_\text{A} = i_\text{B} = i_\text{C}$，转子各绕组均开路，试问 A 相等值电感 $L_\text{A} = \psi_\text{A}/i_\text{A} = ?$

2-8 同步发电机定子 C 相开路，A、B 相通过电流为 $i_\text{A} = -i_\text{B}\cos\omega_\text{N} t$，转子各绕组开路。试问 A 相绕组

的等值电感 $L_A = \psi_A/i_A = ?$ 当：1) $\alpha = 0°$ 时；2) $\alpha = 90°$ 时。

2-9 同步发电机定子三相通入直流，$i_{A,*} = 1$，$i_{B,*} = i_{C,*} = -0.5$，求转换到 d、q、0 坐标系的 $i_{d,*}$、$i_{q,*}$ 和 $i_{0,*}$。

2-10 同步发电机定子三相通入直流，$i_{A,*} = 1$，$i_{B,*} = -1$，$i_{C,*} = 3$，转子转速为 ω_N，$\alpha = \alpha_0 + \omega_N t$，求转换到 $dq0$ 坐标系的 $i_{d,*}$、$i_{q,*}$ 和 $i_{0,*}$。

2-11 同步发电机定子通以负序电流，$i_A = \cos\omega_N t$，$i_B = \cos(\omega_N t + 120°)$，$i_C = i_B = \cos(\omega_N t - 120°)$，求转换到 $dq0$ 坐标系的 i_d、i_q 和 i_0。

2-12 隐极同步发电机 $x_{d,*} = 1.5$，$\cos\varphi_N = 0.85$，发电机额定满载运行（$U_{G,*} = 1.0, I_{G,*} = 1.0$），试求其电势 $E_{q,*}$ 和 δ，并画出相量图。

2-13 同步发电机 $x_{d,*} = 1.1$，$x_{q,*} = 0.7$，$\cos\varphi_N = 0.8$，发电机额定满载运行（$U_{G,*} = 1.0, I_{G,*} = 1.0$），试求其电势 $E_{Q,*}$ 和 $E_{q,*}$，并做出电流、电压和电势的相量图。

第 3 章 电力系统的功率特性及其影响因素

在电力系统中,同步发电机的电磁功率特性影响其自身转子运动行为,进而对功角稳定性产生十分重要的影响。本章分别以单机-无限大系统、复杂多机电力系统为例,介绍电力系统中同步发电机的电磁功率特性,分析网络拓扑结构与元件参数对同步发电机电磁功率的影响,为本书后续内容的介绍奠定理论基础。

3.1 不计励磁调节时单机-无限大系统的功率特性

本节将以图 1.2 所示的单机-无限大系统为例,介绍该系统中送端发电机的功率特性。为了方便分析,本节不考虑元件的电阻和对地支路导纳,不计送端发电机的励磁调节,同时假定送端发电机的空载电势为常数,即 E_q=常数。

3.1.1 送端发电机为不计励磁调节的隐极机

当送端发电机为不计励磁调节的隐极机时,d 轴同步电抗与 q 轴同步电抗相等,送端发电机可以采用图 2.4a 所示的等效电路模型,在这种情况下单机-无限大系统的等效电路和相量图如图 1.3 和图 1.4 所示。根据式(1.1),该系统的总电抗 $X_{d\Sigma}$ 可以进一步表示为

$$X_{d\Sigma} = X_d + X_{T1} + X_{T2} + 0.5X_L = X_d + X_{TL} \tag{3.1}$$

式中,$X_{TL} = X_{T1} + 0.5X_L + X_{T2}$ 为变压器、线路等输电网的总电抗。

根据图 1.4 中的相量图可以得到:

$$E_q \sin\delta = X_{d\Sigma} I\cos\varphi \tag{3.2}$$

$$E_q \cos\delta = X_{d\Sigma} I\sin\varphi + U \tag{3.3}$$

故有:

$$I\cos\varphi = \frac{E_q \sin\delta}{X_{d\Sigma}} \tag{3.4}$$

$$I\sin\varphi = \frac{E_q \cos\delta - U}{X_{d\Sigma}} \tag{3.5}$$

结合式(3.4)和式(3.5),送端发电机的有功功率 P_{Eq} 和无功功率 Q_{Eq}、受端系统的有功功率 P_U 和无功功率 Q_U 可以计算如下:

$$P_{Eq} = E_q I\cos(\varphi+\delta) = \frac{E_q U \sin\delta}{X_{d\Sigma}} \tag{3.6}$$

$$Q_{Eq} = E_q I\sin(\varphi+\delta) = \frac{E_q^2}{X_{d\Sigma}} - \frac{E_q U \cos\delta}{X_{d\Sigma}} \tag{3.7}$$

$$P_\text{U} = UI\cos\varphi = \frac{E_\text{q}U\sin\delta}{X_{\text{d}\Sigma}} \tag{3.8}$$

$$Q_\text{U} = UI\sin\varphi = \frac{E_\text{q}U\cos\delta}{X_{\text{d}\Sigma}} - \frac{U^2}{X_{\text{d}\Sigma}} \tag{3.9}$$

式（3.6）给出的有功功率 P_Eq 就是送端发电机的电磁功率，它也是送端发电机的有功输出功率。由于上述计算没有考虑元件电阻与对地支路导纳，因此从式（3.6）和式（3.8）可以看出，送端发电机电磁功率等于受端系统接收的有功功率。

在式（3.6）中，E_q 和 U 都是常数，因此可以根据 $\dfrac{\text{d}P_\text{Eq}}{\text{d}\delta} = 0$ 计算电磁功率极限 P_Eqm 及其对应的功角 δ_Eqm。令 $\dfrac{\text{d}P_\text{Eq}}{\text{d}\delta} = 0$ 可以得到 $\dfrac{E_\text{q}U\cos\delta}{X_{\text{d}\Sigma}} = 0$，从而计算得到：

$$\delta_\text{Eqm} = 90°, P_\text{Eqm} = \frac{E_\text{q}U}{X_{\text{d}\Sigma}} \tag{3.10}$$

即送端发电机输出功率极限以及系统传输功率极限均等于系统静态稳定的极限。根据式（3.6）~式（3.9）可以画出 P_Eq 和 Q_Eq、P_U 和 Q_U 随 δ 变化的曲线，具体如图 3.1 所示。送端发电机的无功功率 Q_Eq 与受端系统的无功功率 Q_U 之差即为图 3.1 中对应两曲线间的距离，由图可知，随着 δ 的增大，无功功率的差距增大。随着有功功率的增大，存在 $Q_\text{U}<0$ 的情况，此时的系统侧需要采取一定的措施来补偿无功功率。

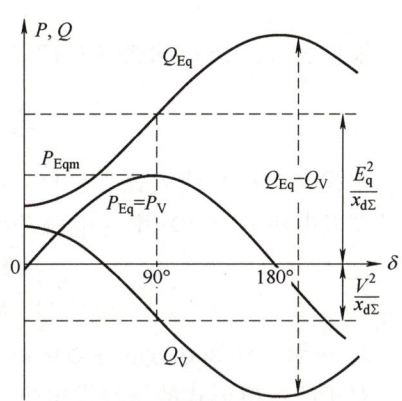

图 3.1　单机-无限大系统隐极机的功率特性示意图

3.1.2　送端发电机为不计励磁调节的凸极机

当送端发电机为不计励磁调节的凸极机时，d 轴同步电抗与 q 轴同步电抗不相等。此时，送端发电机不可以采用图 2.4a 所示的等效电路模型。在这种情况下，根据凸极机不同的等值模型，单机-无限大系统的送端发电机电磁功率可以采取不同的方法进行计算。

3.1.2.1　计算方法

1. 采用等值隐极机进行等效

如图 2.4 所示，采用等值隐极机模型时，送端发电机相当于电势为 E_Q 和电抗为 X_q 的隐极机。但是，需要注意的是，本节中空载电势 E_q =常数，但是 E_Q 与运行状态有关。在这种情况下，参考式（3.6）~式（3.9）可得如下送端发电机的有功功率 P_Eq 和无功功率 Q_Eq、受端系统的有功功率 P_U 和无功功率 Q_U 的计算式子：

$$P_\text{Eq} = \frac{E_\text{Q}U\sin\delta}{X_{\text{q}\Sigma}} \tag{3.11}$$

$$Q_\text{Eq} = \frac{E_\text{Q}^2}{X_{\text{q}\Sigma}} - \frac{E_\text{Q}U\cos\delta}{X_{\text{q}\Sigma}} \tag{3.12}$$

$$P_\text{U} = \frac{E_\text{Q}U\sin\delta}{X_{\text{q}\Sigma}} \tag{3.13}$$

$$Q_U = \frac{E_Q U \cos\delta}{X_{q\Sigma}} - \frac{U^2}{X_{q\Sigma}} \tag{3.14}$$

式中，$X_{q\Sigma}$ 的具体计算式子如下：

$$X_{q\Sigma} = x_q + x_{T1} + x_{T2} + 0.5 x_L \tag{3.15}$$

由于 E_Q 与运行状态有关，而空载电势 E_q = 常数，因此进一步将式（3.11）~式（3.14）中的 E_Q 通过关于 E_q 的表达式替换。E_Q 和 I_d 之间的关系以及 E_q 和 I_d 之间的关系如下：

$$I_d = \frac{E_Q - U\cos\delta}{X_{q\Sigma}} \tag{3.16}$$

$$I_d = \frac{E_q - U\cos\delta}{X_{d\Sigma}} \tag{3.17}$$

根据式（3.16）和式（3.17）可以得到 E_Q 和 E_q 之间的关系如下：

$$E_Q = \frac{E_q X_{q\Sigma}}{X_{d\Sigma}} + \left(1 - \frac{X_{q\Sigma}}{X_{d\Sigma}}\right) U\cos\delta \tag{3.18}$$

将式（3.18）代入式（3.11）~式（3.14）就可以得到相应的用 E_q 表示的功率表达式。以送端发电机的有功功率（电磁功率）表达式为例，它采用 E_q 的表达式具体如下：

$$P_{Eq} = \frac{E_q U}{X_{d\Sigma}} \sin\delta + \frac{U^2}{2}\left(\frac{X_{d\Sigma} - X_{q\Sigma}}{X_{d\Sigma} X_{q\Sigma}}\right) \sin 2\delta \tag{3.19}$$

2. 采用 d 轴和 q 轴的等效电路

对于凸极机形式的送端发电机，如果不采用等值隐极机的方法进行等效，而是采用 d 轴等效电路和 q 轴等效电路对其进行描述，那么可以得到如下 d 轴向和 q 轴向的单机-无限大系统电路方程：

$$\begin{cases} U_q = E_q - X_{d\Sigma} I_d \\ U_d = X_{q\Sigma} I_q \end{cases} \tag{3.20}$$

其中，$U_q = U\cos\delta$，$U_d = U\sin\delta$。根据以上关系可以计算出送端发电机的有功功率为

$$\begin{aligned} P_{Eq} &= U_q I_q + U_d I_d \\ &= \frac{E_q U}{X_{d\Sigma}} \sin\delta + \frac{U^2}{2}\left(\frac{X_{d\Sigma} - X_{q\Sigma}}{X_{d\Sigma} X_{q\Sigma}}\right) \sin 2\delta \end{aligned} \tag{3.21}$$

3.1.2.2 电磁功率特性

从式（3.19）和式（3.21）可以看出，当 E_q = 常数时，凸极机形式的送端发电机电磁功率表达式中同时存在一倍功角的正弦项和两倍功角的正弦项，其中两倍功角的正弦项与空载电势无关，即与励磁无关。两倍功角的正弦项的存在导致电磁功率不再是功角的正弦函数（见图 3.2）。由于 d 轴同步电抗和 q 轴同步电抗在数值上不相等，导致 $X_{d\Sigma} \neq X_{q\Sigma}$，因此两倍功角的正弦项是由于 d 轴和 q 轴磁阻数值不同导致的。两倍功角的正弦项又被称为磁阻功率。

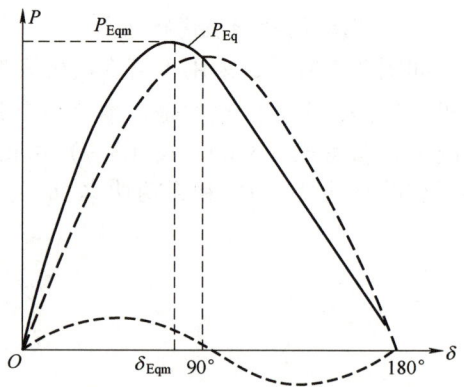

图 3.2 单机-无限大系统凸极式理想同步发电机的功率特性示意图

从图 3.2 可以看出，由于磁阻功率的存在，送端发电机的电磁功率极限 P_{Eqm} 及其对应的功角 δ_{Eqm} 存在以下特点：

$$P_{Eqm} > \frac{E_q U}{X_{d\Sigma}} \tag{3.22}$$

$$\delta_{Eqm} < 90° \tag{3.23}$$

对于凸极机形式的送端发电机，它的电磁功率极限 P_{Eqm} 及其功角 δ_{Eqm} 的具体数值也可以根据 $\dfrac{dP_{Eq}}{d\delta}=0$ 计算。

3.2 自动励磁调节对系统功率特性的影响

现代电力系统中的同步发电机普遍装设了自动励磁控制系统，这一系统能够通过调节励磁电流来维持发电机电压稳定。下面将首先介绍无励磁调节时发电机端电压特性，然后再进一步考虑励磁控制对功率特性的影响。

3.2.1 无励磁调节时发电机端电压变化分析

对于图 3.1 所示的简单电力系统（送端发电机为隐极机），如果没有励磁调节而保持空载电势 E_q 不变，那么从稳态运行点出发的一定范围内，功角随着发电机输出功率的增加而增加，但是送端发电机端电压 U_G 随之减小。如图 3.3 所示，当送端发电机功角为 δ_0 时，送端发电机端电压相量 $\dot{U}_{G0}$ 的端点位于电压降 $jX_d\dot{I}_0$ 上，其在电压降 $jX_{d\Sigma}\dot{I}_0$ 上的位置由 X_{TL} 与 X_d 的比值来确定；当送端发电机功角由 δ_0 增加到 δ_1 时，其机端电压相量 $\dot{U}_{G1}$ 的端点应位于电压降 $jX_{d\Sigma}\dot{I}_1$ 上，在电压降 $jX_{d\Sigma}\dot{I}_1$ 上的位置由 X_{TL} 与 X_d 的比值来确定。由于 $E_q = E_{q0} =$ 常数，随着相量 $\dot{E}_{q0}$ 向功角增加的方向旋转，导致 $\dot{U}_G$ 也随着转动，所以导致 $\dot{U}_G$ 的幅值减小了。

上述现象归纳起来就是：输电系统中直接联接两个不变电势（或电压）节点之间的任一点电压，它的数值随着两个电势相量间的相位差增大（0°~180°）

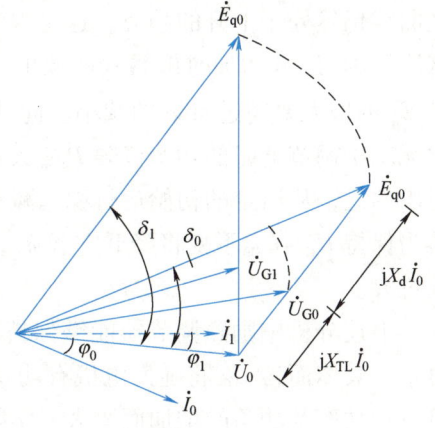

图 3.3 功角增加时同步发电机端电压变化

而减小，其减小程度直接受该点与两个电势间的电气距离影响。如果前述两个不变电势的大小相等，那么两个电势之间的电气中点（电气距离意义上的中点）电压数值减小程度最大。假设两个不变电势代表两个相互失步（或大幅度振荡）的等值发电机，则当两个电势间的相位差随时间不断增大时，电气中点的电压将不断减小。如果两个电势间的相位差等于 0°或 360°时，那么电气中点的电压幅值最高；如果两个电势间的相位差为 180°时，那么电气中点的电压幅值最低。两个电势间的各点电压幅值也是按此规律进行变化，其中两个不变电势的相位差等于 180°时电压最低的点被称为振荡中心。

3.2.2 自动励磁调节器对功率特性的影响

对于 3.2.1 节中提及的同步发电机，若对其装设自动励磁调节器，那么当功角增加、机端电压 U_G 下降时，自动励磁调节器将增大励磁电流，使空载电势 E_q 增大，直到机端电压恢复至（或接近）整定值 U_{G0} 为止。由 $P_{Eq} = \dfrac{E_q U \sin\delta}{X_{d\Sigma}}$ 可知，在励磁调节器的作用下，由于空载 E_q 随功角 δ 的增加而增大，故此时的送端发电机有功功率与功角 δ 不再是正弦关系。

如图 3.4 所示，为了进一步定性分析励磁调节器对功率特性的影响，这里做出 E_q 不同取值（发电机端电压不变）下的正弦功率特性曲线簇，其中 E_q 越大则正弦曲线的顶点越高。若自动调节器能保持发电机机端电压 $U_G = U_{G0} =$ 常数，那么从给定的发电机初始运行稳态（对应 P_0、δ_0、U_0、E_{q0}、U_{G0} 等）出发增加其有功功率时，由于空载电势 E_q 随着功角 δ 增大，发电机的运行点将从 E_q 较小的正弦曲线上过渡到 E_q 较大的正弦曲线上，于是就可以得到一条保持机端电压 $U_G = U_{G0} =$ 常数的功率特性曲线。从图 3.4 中可以看到，在 $\delta > 90°$ 的某一范围内，$U_G = U_{G0} =$ 常数的功率特性曲线仍然处于上升的趋势。这是因为在 $\delta > 90°$ 的这段范围内，δ 增加时虽然 $\sin\delta$ 减小，但是空载电势 E_q 的增大要超过 $\sin\delta$ 的减小。此外，保持机端电压 $U_G = U_{G0} =$ 常数时的功率极限 P_{UGm} 也比无励磁调节器时的功率极限 P_{Eqm} 大得多，且达到功率极限时的功角 δ_{UGM} 也大于 $90°$。需要指出的是，从给定的初始运行稳态减小发电机有功功率时，随着运行功角的减小，励磁调节器为保持 $U_G = U_{G0}$ 不变将降低空载 E_q，从而将导致发电机的运行点向 E_q 数值较小的正弦曲线过渡。

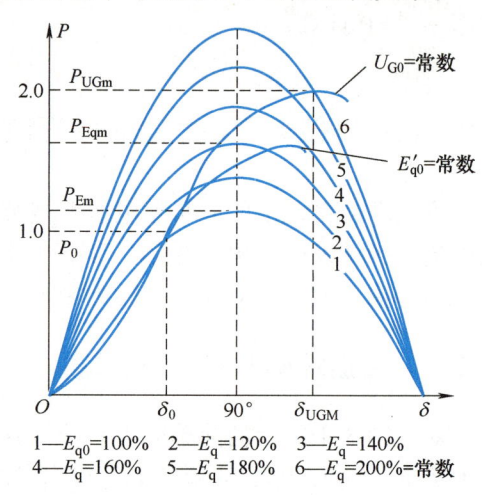

1—E_{q0}=100% 2—E_q=120% 3—E_q=140%
4—E_q=160% 5—E_q=180% 6—E_q=200%=常数

图 3.4　自动励磁调节器对功率特性的影响示意图

上述分析中励磁调节器能够保持 U_G 不变，但是一般的励磁调节器并不能完全保持 U_G 恒定，具体而言 U_G 将随发电机有功功率及功角的增加而有所下降，但空载电势 E_q 随发电机有功功率及功角的增加而增大。实际计算中可根据励磁调节器的性能，认为发电机的某个电势（如 E_q'、E' 等）恒定，并将其作为计算功率特性的条件，此条件又通常被称为发电机的计算条件或维持电压的能力。在不同计算条件下的功率特性（见图 3.4），$E_q' = E_{q0}' =$ 常数的功率特性介于 $U_G =$ 常数和 $E_q =$ 常数的功率特性之间。

3.2.3 各种电势表示的功率特性对比

出于所分析问题的计算条件，电力系统功率特性计算需要采用相应的同步发电机电势。本节将对各种电势表示的功率特性进行对比分析。由于 3.1 节已经给出了用空载电势 E_q、暂态电势表示的功率特性，因此本节将介绍其导出过程。本节的分析以凸极式同步发电机为例。

3.2.3.1 用 U_{Gq} 表示的功率特性

图 3.5 所示为送端发电机为凸极机的简单电力系统的相量图。根据相量图可求出用电势和功角表示的 I_d，即

$$I_d = \frac{E'_q - U\cos\delta}{X'_{d\Sigma}} = \frac{U_{Gq} - U\cos\delta}{X_{TL}} = \frac{E_Q - U\cos\delta}{X_{q\Sigma}} \quad (3.24)$$

由此可以求出电势 E_Q 用 U_{Gq} 表示的公式，即

$$E_Q = U_{Gq}\frac{X_{q\Sigma}}{X_{TL}} + \left(1 - \frac{X_{q\Sigma}}{X_{TL}}\right)U\cos\delta \quad (3.25)$$

将式（3.25）代入式（3.11）即可求得

$$P_{UGq} = \frac{U_{Gq}U}{X_{TL}}\sin\delta + \frac{U^2}{2}\frac{X_{TL} - X_{q\Sigma}}{X_{TL}X_{q\Sigma}}\sin 2\delta \quad (3.26)$$

式（3.26）中的第二项也被称为磁阻功率项。从式（3.26）可以看出，当 U_{Gq} 和 U 均为常数时，送端发电机有功功率与功角 δ 成非正弦关系。由于 X_{TL} 均小于 $X_{q\Sigma}$，所以 $P_{E'_q}$、P_{UGq} 表达式中的磁阻功率项系数都为负值，故它们的功率极限 $P_{E'_qm}$、P_{UGqm} 所分别对应的功角 $\delta_{E'_qm}$、δ_{UGqm} 均大于 90°。

应用本章公式计算功率特性时，需要根据给定条件确定所采用电势的数值。这可以通过等值隐极机法来实现：先确定 E_{Q0} 和 δ_0 的数值，然后通过式（3.27）求出相应的 q 轴电势。

$$\begin{cases} E_q = E_Q\dfrac{X_{d\Sigma}}{X_{q\Sigma}} + \left(1 - \dfrac{X_{d\Sigma}}{X_{q\Sigma}}\right)U\cos\delta \\ E'_q = E_Q\dfrac{X'_{d\Sigma}}{X_{q\Sigma}} + \left(1 - \dfrac{X'_{d\Sigma}}{X_{q\Sigma}}\right)U\cos\delta \\ U_{Gq} = E_Q\dfrac{X_{TL}}{X_{q\Sigma}} + \left(1 - \dfrac{X_{TL}}{X_{q\Sigma}}\right)U\cos\delta \end{cases} \quad (3.27)$$

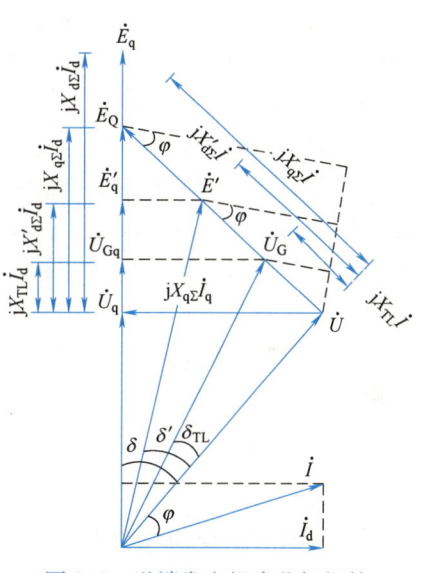

图 3.5 送端发电机为凸极机的简单电力系统的相量图

3.2.3.2 用 E'、U_G 表示的功率特性

如果同步发电机采用某一电抗及其后面的电势进行等效，那么相应的功率特性公式最为简洁。本节将介绍 E'、U_G 表示的功率特性，式（3.28）和式（3.29）分别为同步发电机用 X'_d 和 E'、零电抗和 U_G 表示的功率特性。

$$P_{E'} = \frac{E'U}{X'_{d\Sigma}}\sin\delta' \quad (3.28)$$

$$P_{UG} = \frac{U_G U}{X_{TL}}\sin\delta_{TL} \quad (3.29)$$

$$\begin{cases} E_Q = \sqrt{\left(U + \dfrac{Q_U X_{q\Sigma}}{U}\right)^2 + \left(\dfrac{P_U X_{q\Sigma}}{U}\right)^2} \\ \delta = \arctan\dfrac{P_U X_{q\Sigma}/U}{U + Q_U X_{q\Sigma}/U} \end{cases} \quad (3.30)$$

给定 P_U、Q_U 和 U，通过在式（3.30）中用 $X'_{d\Sigma}$ 代替 $X_{q\Sigma}$，就可以计算得出 E' 和 δ'；通过在式（3.30）中用 X_{TL} 代替 $X_{q\Sigma}$，便可以得到 U_G 和 δ_{TL}。

需要注意的是，式（3.28）和式（3.29）中的 δ' 和 δ_{TL} 不是同步发电机转子相对位置角，它们反映了电磁关系，但是无机械运动参数的意义。不过，δ' 和 δ_{TL} 的变化可以近似地反映同步发电机转子相对运动的性质，故在稳定性计算当中也经常被用到。

利用图 3.5 中的相量关系可以导出 $P_{E'}$、P_{UG} 与 δ 的关系，如式（3.31）和式（3.32）所示。可以看出，虽然当 E'、U_G 不变时，$P_{E'}$ 与 δ'、P_{UG} 与 δ_{TL} 为正弦关系，但发电机有功功率与 δ 具有很复杂的非正弦关系。

$$P_{E'(\delta)} = \frac{E'U}{X'_{d\Sigma}}\sin\left\{\arcsin\left[\frac{U}{E'}\left(\frac{X'_{d\Sigma}}{X_{q\Sigma}}-1\right)\sin\delta\right]+\delta\right\} \quad (3.31)$$

$$P_{UG(\delta)} = \frac{U_G U}{X_{TL}}\sin\left\{\arcsin\left[\frac{U}{U_G}\left(\frac{X_{TL}}{X_{q\Sigma}}-1\right)\sin\delta\right]+\delta\right\} \quad (3.32)$$

对于隐极式同步发电机，由于 $X_d = X_q$，故只需把上述公式中的 $X_{q\Sigma}$ 用 $X_{d\Sigma}$ 代替就可以得到相应的功率特性。此外，无功功率特性也可按照相似的原理进行推导。

例 3-1 如图 3.6 所示的电力系统，各元件参数如下：

变压器：T1：$S_{TN1} = 360\text{MVA}$，$U_{ST1} = 0.14$，$k_{T1} = 10.5/242$

　　　　T2：$S_{TN2} = 360\text{MVA}$，$U_{ST2} = 0.14$，$k_{T2} = 220/110$；

线路：$l = 250\text{km}$，$U_N = 220\text{kV}$，$x_L = 0.41\Omega/\text{km}$；

运行条件：$U_0 = 115\text{kV}$，$P_0 = 250\text{MW}$，$\cos\varphi_0 = 0.95$。

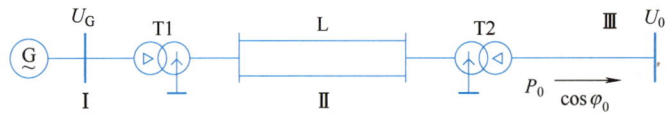

图 3.6 电力系统

试分别计算发电机保持 E_q、E'_q、E'、U_G 不变时的功率特性和功率极限，并相应地计算 E_q、E'_q、E'、U_G 随功角变化的特性。其中，发电机参数如下：$S_{GN} = 352.5\text{MVA}$，$P_{GN} = 300\text{MW}$，$U_{GN} = 10.5\text{kV}$，$x_d = 1.0$，$x_q = 0.6$，$x'_d = 0.25$。

解：1）网络参数及运行参数计算。

取 $S = 250\text{MVA}$，$U_{B(\text{III})} = 115\text{kV}$。为使变压器不出现非基准变比，各段基准电压为

$$U_{B(\text{II})} = U_{B(\text{III})} \times k_{T2} = 115 \times \frac{220}{121}\text{kV} = 209.1\text{kV}$$

$$U_{B(\text{I})} = U_{B(\text{II})} \times k_{T1} = 209.1 \times \frac{10.5}{242}\text{kV} = 9.07\text{kV}$$

各元件参数归算后的标幺值为

$$R_L = r_0 l \frac{S_B}{U_{B(\text{II})}^2} = 0.07 \times 250 \times \frac{250}{209.1^2} = 0.1$$

$$R_k = 1000 \times \frac{250}{209.1^2} = 5.718$$

$$X_k = 500 \times \frac{250}{209.1^2} = 2.859$$

$$X_{T1} = U_{ST1} \times \frac{S_B}{S_{TN1}} \times \frac{U_{TN1}^2}{U_{B(\mathrm{II})}^2} = 0.14 \times \frac{250}{360} \times \frac{242^2}{209.1^2} = 0.13$$

$$X_{T2} = U_{ST2} \times \frac{S_B}{S_{TN2}} \times \frac{U_{TN2}^2}{U_{B(\mathrm{II})}^2} = 0.14 \times \frac{250}{360} \times \frac{220^2}{209.1^2} = 0.108$$

$$X_L = x_L\, l\, \frac{S_B}{U_{B(\mathrm{II})}^2} = 0.41 \times 250 \times \frac{250}{209.1^2} = 0.586$$

$$X_{TL.} = X_{T1} + \frac{1}{2}X_L + X_{T2} = 0.13 + \frac{1}{2} \times 0.586 + 0.108 = 0.531$$

$$X_d = x_d \times \frac{S_B}{S_{GN}} \times \frac{U_{GN}^2}{U_{B(\mathrm{I})}^2} = 1 \times \frac{250}{352.5} \times \frac{10.5^2}{9.07^2} = 0.95$$

$$X_q = X_d \times \frac{x_q}{x_d} = 0.95 \times \frac{0.6}{1.0} = 0.57$$

$$X_d' = X_d \times \frac{x_d'}{x_d} = 0.95 \times \frac{0.25}{1.0} = 0.238$$

$$X_{d\Sigma} = X_d + X_{TL} = 0.95 + 0.531 = 1.481$$
$$X_{q\Sigma} = X_q + X_{TL} = 0.57 + 0.531 = 1.101$$
$$X_{d\Sigma}' = X_d' + X_{TL} = 0.238 + 0.531 = 0.769$$

$$E_{Q0} = \sqrt{\left(U_0 + \frac{Q_0 X_{q\Sigma}}{U_0}\right)^2 + \left(\frac{P_0 X_{q\Sigma}}{U_0}\right)^2}$$
$$= \sqrt{(1+0.329 \times 1.101)^2 + (1 \times 1.101)^2} = 1.752$$

$$\delta_0 = \arctan \frac{1 \times 1.101}{1+0.329 \times 1.101} = 38.95°$$

$$E_{q0} = E_{Q0}\frac{X_{d\Sigma}}{X_{q\Sigma}} + \left(1 - \frac{X_{d\Sigma}}{X_{q\Sigma}}\right) U_0 \cos\delta_0$$
$$= 1.752 \times \frac{1.481}{1.101} + \left(1 - \frac{1.481}{1.101}\right) \times 1 \times \cos 38.95° = 2.088$$

$$E_{q0}' = E_{Q0}\frac{X_{d\Sigma}'}{X_{q\Sigma}} + \left(1 - \frac{X_{d\Sigma}'}{X_{q\Sigma}}\right) U_0 \cos\delta_0$$
$$= 1.752 \times \frac{0.769}{1.101} + \left(1 - \frac{1.769}{1.101}\right) \times 1 \times \cos 38.95° = 1.458$$

$$E_0' = \sqrt{\left(U_0 + \frac{Q_0 X_{d\Sigma}'}{U_0}\right)^2 + \left(\frac{P_0 X_{d\Sigma}'}{U_0}\right)^2} = \sqrt{(1+0.329 \times 0.769)^2 + (1 \times 0.769)^2} = 1.47$$

$$\delta_0' = \arctan \frac{1 \times 0.769}{1+0.329 \times 0.769} = 31.54°$$

$$U_{G0} = \sqrt{\left(U_0 + \frac{Q_0 X_{TL}}{U_0}\right)^2 + \left(\frac{P_0 X_{TL}}{U_0}\right)^2} = \sqrt{(1+0.329 \times 0.531)^2 + (1 \times 0.531)^2} = 1.29$$

$$\delta_{TL0} = \arctan \frac{1 \times 0.531}{1 + 0.329 \times 0.531} = 24.32°$$

运行参数计算：

$$U_0 = \frac{U_0}{U_{B(II)}} = \frac{115}{115} = 1.0; \quad \varphi_0 = \arccos 0.95 = 18.19°$$

$$P_0 = \frac{P_0}{S_B} = \frac{250}{250} = 1.0; \quad Q_0 = P_0 \tan\varphi_0 = 1 \times \tan 18.19 = 0.329$$

2) 当保持 $E_q = E_{q0}$ = 常数时，有

$$P_{Eq} = \frac{E_{q0} U_0}{X_{d\Sigma}} \sin\delta + \frac{U_0^2}{2}\left(\frac{X_{d\Sigma} - X_{q\Sigma}}{X_{d\Sigma} X_{q\Sigma}}\right) \sin 2\delta = \frac{2.088}{1.481} \sin\delta + \frac{1}{2}\left(\frac{1.481 - 1.101}{1.481 \times 1.101}\right) \sin 2\delta$$

$$= 1.41 \sin\delta + 0.117 \sin 2\delta$$

$$\frac{dP_{Eq}}{d\delta} = 1.41 \cos\delta + 2 \times 0.117 \cos 2\delta = 0$$

$$1.41 \cos\delta + 0.234(2\cos^2\delta - 1) = 0.468\cos^2\delta + 1.41\cos\delta - 0.23 = 0$$

$$\cos\delta = \frac{-1.41 \pm \sqrt{1.41^2 + 4 \times 0.468 \times 0.234}}{2 \times 0.468}$$

取正号得 $\delta_{Eqm} = 80.93°$。

$$P_{Eqm} = 1.41 \sin\delta_{Eqm} + 0.117 \sin 2\delta_{Eqm}$$

$$= 1.41 \sin 80.93° + 0.117 \sin(2 \times 80.93°) = 1.429$$

$$Q_U = \frac{E_{q0} U_0}{X_{d\Sigma}} \cos\delta + \frac{U_0^2}{2}\left(\frac{X_{d\Sigma} - X_{q\Sigma}}{X_{d\Sigma} X_{q\Sigma}}\right) \cos 2\delta - \frac{U_0^2}{2}\left(\frac{X_{d\Sigma} + X_{q\Sigma}}{X_{d\Sigma} X_{q\Sigma}}\right)$$

$$= \frac{2.088}{1.481} \cos\delta + \frac{1}{2}\left(\frac{1.481 - 1.101}{1.481 \times 1.101}\right) \cos 2\delta - \frac{1}{2}\left(\frac{1.481 + 1.101}{1.481 \times 1.101}\right)$$

$$= 1.41 \cos\delta + 0.117 \cos 2\delta - 0.792$$

$$E_q' = E_{q0} \frac{X_{d\Sigma}'}{X_{d\Sigma}} + \left(1 - \frac{X_{d\Sigma}'}{X_{d\Sigma}}\right) U_0 \cos\delta$$

$$= 2.088 \times \frac{0.769}{1.481} + \left(1 - \frac{0.769}{1.481}\right) \cos\delta = 1.084 + 0.481 \cos\delta$$

$$E' = \sqrt{\left(U_0 + \frac{Q_U X_{d\Sigma}'}{U_0}\right)^2 + \left(\frac{P_U X_{d\Sigma}'}{U_0}\right)^2}$$

$$= \sqrt{A_1^2 + B_1^2 + C_1^2 + 2B_1(A_1 + C_1)\cos\delta + 2A_1 C_1 \cos 2\delta}$$

$$A_1 = U_0 \left[1 - X_{d\Sigma}' \frac{1}{2}\left(\frac{X_{d\Sigma} + X_{q\Sigma}}{X_{d\Sigma} X_{q\Sigma}}\right)\right] = 0.391$$

$$B_1 = X_{d\Sigma}' \frac{E_{q0}}{X_{d\Sigma}} = 1.084$$

$$C_1 = U_0 X_{d\Sigma}' \times \frac{1}{2} \times \left(\frac{X_{d\Sigma} - X_{q\Sigma}}{X_{d\Sigma} X_{q\Sigma}}\right) = 0.09$$

$$U_G = \sqrt{\left(U_0 + \frac{Q_U X_{TL}}{U_0}\right)^2 + \left(\frac{P_U X_{TL}}{U_0}\right)^2}$$

$$= \sqrt{A_2^2 + B_2^2 + C_2^2 + 2B_2(A_2 + C_2)\cos\delta + 2A_2 C_2 \cos 2\delta}$$

$$A_2 = U_0\left[1 - X_{TL}\frac{1}{2}\left(\frac{X_{d\Sigma} + X_{q\Sigma}}{X_{d\Sigma} X_{q\Sigma}}\right)\right] = 0.579$$

$$B_2 = X_{TL}\frac{E_{q0}}{X_{d\Sigma}} = 0.749$$

$$C_2 = U_0 X_{TL} \times \frac{1}{2} \times \left(\frac{X_{d\Sigma} - X_{q\Sigma}}{X_{d\Sigma} X_{q\Sigma}}\right) = 0.062$$

计算结果见表 3.1。

表 3.1 $E_q = E_{q0} =$ 常数时的计算结果

$\delta/(°)$	0	30	38.95	60	80.93	90	120	150	180
P_{E_q}	0.000	0.806	1.000	1.322	1.429	1.410	1.120	0.604	0.000
Q_U	0.735	0.488	0.329	-0.146	-0.680	-0.909	-1.550	-1.955	-2.085
E'_q	1.565	1.500	1.458	1.325	1.160	1.084	0.844	0.667	0.603
E'	1.565	1.508	1.470	1.350	1.198	1.125	0.883	0.684	0.603
U_G	1.390	1.330	1.290	1.159	0.992	0.910	0.620	0.323	0.110

3) 当保持 $E'_q = E'_{q0} =$ 常数时，有

$$P_{E'_q} = \frac{E'_{q0} U_0}{X'_{d\Sigma}}\sin\delta + \frac{U_0^2}{2}\left(\frac{X'_{d\Sigma} - X_{q\Sigma}}{X'_{d\Sigma} X_{q\Sigma}}\right)\sin 2\delta$$

$$= \frac{1.458}{0.769}\sin\delta + \frac{1}{2}\left(\frac{0.769 - 1.101}{0.769 \times 1.101}\right)\sin 2\delta = 1.896\sin\delta - 0.196\sin 2\delta$$

$$\frac{dP_{E'_q}}{d\delta} = 1.896\cos\delta - 2 \times 0.196\cos 2\delta = 0, \delta_{E'qm} = 101.05°$$

$$P_{E'qm} = 1.896\sin 101.05° - 0.196\sin(2 \times 101.05°) = 1.935$$

$$E_q = E'_{q0}\frac{X_{d\Sigma}}{X'_{d\Sigma}} + \left(1 - \frac{X_{d\Sigma}}{X'_{d\Sigma}}\right)U_0 \cos\delta$$

$$= 1.458 \times \frac{1.481}{0.769} + \left(1 - \frac{1.481}{0.769}\right)\cos\delta = 2.808 - 0.925\cos\delta$$

$$E' = \sqrt{A_3^2 + B_3^2 + C_3^2 + 2B_3(A_3 + C_3)\cos\delta + 2A_3 C_3 \cos 2\delta}$$

$$A_3 = U_0\left[1 - X'_{d\Sigma} \times \frac{1}{2} \times \left(\frac{X'_{d\Sigma} + X_{q\Sigma}}{X_{d\Sigma} X_{q\Sigma}}\right)\right] = 0.151$$

$$B_3 = X'_{d\Sigma}\frac{E'_{q0}}{X'_{d\Sigma}} = 1.458$$

$$C_3 = U_0 X'_{d\Sigma} \times \frac{1}{2} \times \left(\frac{X'_{d\Sigma} - X_{q\Sigma}}{X'_{d\Sigma} X_{q\Sigma}} \right) = -0.151$$

$$U_G = \sqrt{A_4^2 + B_4^2 + C_4^2 + 2B_4(A_4 + C_4)\cos\delta + 2A_4 C_4 \cos 2\delta}$$

$$A_4 = U_0 \left[1 - X_{TL} \times \frac{1}{2} \times \left(\frac{X'_{d\Sigma} + X_{q\Sigma}}{X'_{d\Sigma} X_{q\Sigma}} \right) \right] = 0.414$$

$$B_4 = X_{TL} \frac{E'}{X'} = 1.007$$

$$C_4 = U_0 X_{TL} \times \frac{1}{2} \times \left(\frac{X'_{d\Sigma} - X_{q\Sigma}}{X'_{d\Sigma} X_{q\Sigma}} \right) = -0.104$$

计算结果见表 3.2。

表 3.2 $E'_q = E'_{q0} = $ 常数时的计算结果

$\delta/(°)$	0	30	38.95	60	90	101.05	120	150	180
$P_{E'_q}$	0.000	0.778	1.000	1.472	1.896	1.935	1.812	1.118	0.000
E_q	1.883	2.007	2.088	2.346	2.808	2.984	3.271	3.609	3.733
E'	1.458	1.466	1.470	1.481	1.489	1.488	1.481	1.466	1.458
U_G	1.317	1.301	1.290	1.245	1.132	1.075	0.963	0.783	0.697

4）当保持 $E' = E'_0 = $ 常数时，有

$$P_{E'} = \frac{E'_0 U_0}{X'_{d\Sigma}} \sin\left\{ \arcsin\left[\frac{U_0}{E'_0} \left(\frac{X'_{d\Sigma}}{X_{q\Sigma}} - 1 \right) \sin\delta \right] + \delta \right\}$$

$$= 1.912 \sin[\arcsin(-0.205\sin\delta) + \delta]$$

$$\frac{dP_{E'}}{d\delta} = 0, \arcsin(-0.205\sin\delta) + \delta = 90°, \delta_{E'm} = 101.5°$$

$$P_{E'm} = 1.912 \sin 90° = 1.912$$

$$E_q = E'_0 \cos\left\{ -\arcsin\left[\frac{U_0}{E'_0} \left(\frac{X'_{d\Sigma}}{X_{q\Sigma}} - 1 \right) \sin\delta \right] \right\} \frac{X_{d\Sigma}}{X'_{d\Sigma}} + \left(1 - \frac{X_{d\Sigma}}{X'_{d\Sigma}} \right) U_0 \cos\delta$$

$$= 2.831\cos[\arcsin(0.205\sin\delta)] - 0.926\cos\delta$$

$$E'_q = E'_0 \cos\left\{ -\arcsin\left[\frac{U_0}{E'_0} \left(\frac{X'_{d\Sigma}}{X_{q\Sigma}} - 1 \right) \sin\delta \right] \right\}$$

$$= 1.47\cos[\arcsin(0.205\sin\delta)]$$

$$\delta' = \arcsin\left[\frac{U_0}{E'_0} \left(\frac{X'_{d\Sigma}}{X_{q\Sigma}} - 1 \right) \sin\delta \right] + \delta = \arcsin(-0.205\sin\delta) + \delta$$

$$U_G = \sqrt{A_5^2 + B_5^2 + 2A_5 B_5 \cos\left\{ \arcsin\left[\frac{U_0}{E'_0} \left(\frac{X'_{d\Sigma}}{X_{q\Sigma}} - 1 \right) \sin\delta \right] + \delta \right\}}$$

$$A_5 = U_0 \left(1 - X_{TL} \frac{1}{X'_{d\Sigma}} \right) = 0.309, B_5 = X_{TL} \frac{E'_0}{X'_{d\Sigma}} = 1.015$$

计算结果见表 3.3。

表 3.3　$E' = E'_0 =$ 常数时的计算结果

$\delta/(°)$	0	30	38.95	60	90	101.05	120	150	180
$P_{E'}$	0.000	0.781	1.000	1.460	1.871	1.912	1.779	1.121	0.000
E_q	1.905	2.014	2.088	2.323	2.770	2.958	3.249	3.618	3.756
E'_q	1.470	1.462	1.458	1.447	1.439	1.440	1.447	1.462	1.470
U_G	1.324	1.303	1.288	1.237	1.120	1.062	0.956	0.786	0.706
δ'	0.00	24.12	31.55	49.77	78.17	90	109.77	144.12	180

5）当保持 $U_G = U_{G0} =$ 常数时，有

$$P_{UG} = \frac{U_{G0}U_0}{X_{TL}} \sin\left\{\arcsin\left[\frac{U_0}{U_{G0}}\left(\frac{X_{TL}}{X_{q\Sigma}} - 1\right)\sin\delta\right] + \delta\right\}$$
$$= 2.427\sin[\arcsin(-0.402\sin\delta) + \delta]$$

$$\frac{dP_{UG}}{d\delta} = 0, \arcsin(-0.402\sin\delta) + \delta = 90°, \delta_{UGm} = 112°, P_{UGm} = 2.427$$

$$E_q = U_{G0}\cos\left\{-\arcsin\left[\frac{U_0}{U_{G0}}\left(\frac{X_{TL}}{X_{q\Sigma}} - 1\right)\sin\delta\right]\right\}\frac{X_{d\Sigma}}{X_{TL}} + \left(1 - \frac{X_{d\Sigma}}{X_{TL}}\right)U_0\cos\delta$$
$$= 3.595\cos[\arcsin(0.402\sin\delta)] - 1.789\cos\delta$$

$$E'_q = U_{G0}\cos\left\{-\arcsin\left[\frac{U_0}{U_{G0}}\left(\frac{X_{TL}}{X_{q\Sigma}} - 1\right)\sin\delta\right]\right\}\frac{X'_{d\Sigma}}{X_{TL}} + \left(1 - \frac{X'_{d\Sigma}}{X_{TL}}\right)U_0\cos\delta$$
$$= 1.867\cos[\arcsin(0.402\sin\delta)] - 0.448\cos\delta$$

$$E' = \sqrt{A_6^2 + B_6^2 + 2A_6 B_6 \cos\left\{\arcsin\left[\frac{U_0}{U_{G0}}\left(\frac{X_{TL}}{X_{q\Sigma}} - 1\right)\sin\delta\right] + \delta\right\}}$$

$$A_6 = U_0\left(1 - X'_{d\Sigma}\frac{1}{X_{TL}}\right) = -0.448$$

$$B_6 = X'_{d\Sigma}\frac{U_{G0}}{X_{TL}} = 1.868$$

计算结果见表 3.4。

表 3.4　$U_G = U_{G0} =$ 常数时的计算结果

$\delta/(°)$	0	30	38.95	60	90	112	120	150	180
P_{UG}	0.000	0.760	1.000	1.548	2.221	2.427	2.393	1.611	0.000
E_q	1.806	1.972	2.088	2.476	3.291	4.006	4.265	5.071	5.384
E'_q	1.419	1.441	1.458	1.526	1.709	1.900	1.974	2.217	2.315
E'	1.419	1.446	1.470	1.548	1.735	1.919	1.991	2.221	2.315

由上述计算结果可以做出图 3.7 所示的功率特性曲线和图 3.8 所示的电势变化特性曲线。

计算结果除证实上两节所阐述的概念外，还说明 $P_{E'}$ 和 $P_{E'_q}$ 的差别是很小的。同时，E'

和 E'_q 在各种计算条件下的差别也是很小的。从 E_q 的变化可以看到,保持常数的电势不同,调节器的放大系数也不同。

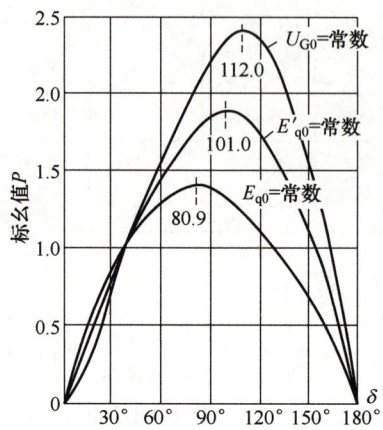

图 3.7 功率特性曲线

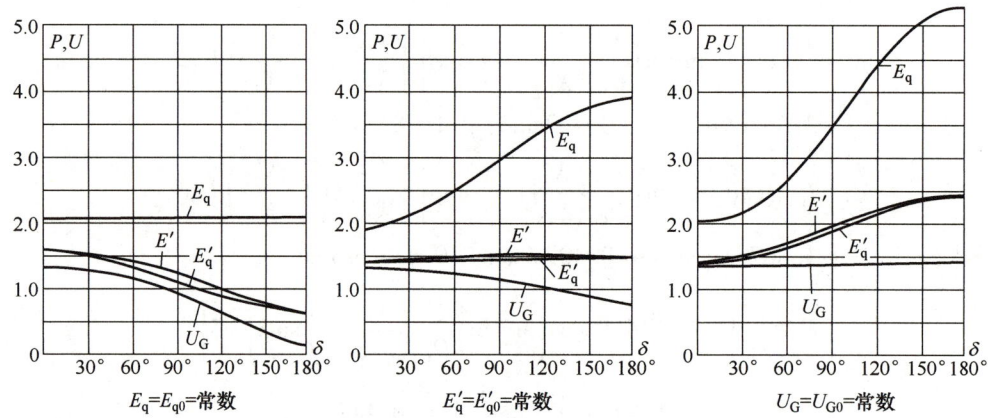

图 3.8 各电势变化特性曲线

3.3 复杂多机电力系统的功率特性

3.3.1 复杂多机电力系统的同步发电机功率方程

现代电力系统由于元件数量多、拓扑结构复杂等因素使得其分析变得复杂。为了便于分析复杂多机电力系统的功率特性,本节在采用功角稳定领域经典模型中部分处理方式的基础上,来进一步计算多机电力系统的功率特性。本节所采用的处理方式包括假定负荷为恒定阻抗,同步发电机采用 E' 和 x'_d 串联的等效电路进行描述。其中,暂态电抗后的电势 $E' = $ 常数,并且令同步发电机的绝对角 $\delta = \delta'$;负荷用阻抗表示,当负荷点的运行电压为 U_{LD},吸收功率为 P_{LD} 和 Q_{LD} 时,负荷阻抗按下式计算:

$$Z_{LD} = \frac{U_{LD}^2}{S_{LD}}(\cos\varphi_{LD} \pm \mathrm{j}\sin\varphi_{LD}) = \frac{U_{LD}^2}{P_{LD}^2 + Q_{LD}^2}(P_{LD} \pm \mathrm{j}Q_{LD}) \qquad (3.33)$$

在上述假设的基础上,便可做出全系统的等效电路,该多电势源的线性网络的导纳型节点方程为

$$\boldsymbol{I}_{G} = \boldsymbol{Y}_{G} \boldsymbol{E}_{G} \tag{3.34}$$

式中,$\boldsymbol{I}_G = [\dot{I}_{G1} \quad \dot{I}_{G2} \quad \cdots \quad \dot{I}_{Gn}]^T$ 是各发电机输出电流的列向量;$\boldsymbol{E}_G = [\dot{E}_{G1} \quad \dot{E}_{G2} \quad \cdots \quad \dot{E}_{Gn}]^T$ 是各发电机电势的列向量;$\boldsymbol{Y}_G$ 为将电力网络等值后的节点导纳矩阵,该等值仅保留同步发电机电势源节点与参考节点。需要注意的是,$\boldsymbol{Y}_G$ 与计算潮流所采用的节点导纳矩阵不一致。根据式(3.34)进一步有:

$$\dot{I}_{Gi} = \sum_{i=1}^{n} Y_{Gij} \dot{E}'_{Gj} \tag{3.35}$$

$$P_{Gi} + \mathrm{j} Q_{Gi} = \dot{E}'_{Gi} \left(\sum_{i=1}^{n} Y_{Gij} \dot{E}'_{Gj} \right) \tag{3.36}$$

式中,$\dot{E}'_{Gj}$ 为节点 i 的同步发电机暂态电抗后的电势相量;$\dot{I}_{Gi}$ 为节点 i 的同步发电机输出电流相量;P_{Gi} 和 Q_{Gi} 分别为节点 i 的同步发电机有功功率和无功功率。

根据式(3.36),可以得到位于节点 i 的同步发电机有功功率和无功功率的计算公式为

$$P_{Gi} = (E'_{Gi})^2 |Y_{Gii}| \sin\alpha_{ii} + \sum_{j=1, i \neq j}^{n} E'_{Gi} E'_{Gj} |Y_{Gij}| \sin(\delta_{ij} - \alpha_{ij}) \tag{3.37}$$

$$Q_{Gi} = (E'_{Gi})^2 |Y_{Gii}| \cos\alpha_{ii} - \sum_{j=1, i \neq j}^{n} E'_{Gi} E'_{Gj} |Y_{Gij}| \cos(\delta_{ij} - \alpha_{ij}) \tag{3.38}$$

式中,$\delta_{ij} = \delta_i - \delta_j$,$\delta_i$ 和 δ_j 分别为节点 i 和节点 j 的同步发电机绝对角;Y_{Gii} 为节点 i 的自导纳,$\dot{Y}_{Gii} = |Y_{Gii}| \mathrm{e}^{\mathrm{j}\alpha_{ii}}$;$Y_{Gij}$ 为节点 i 和节点 j 之间的互导纳,$\dot{Y}_{Gij} = |Y_{Gij}| \mathrm{e}^{\mathrm{j}\alpha_{ij}}$。根据自导纳和输入阻抗之间的关系以及互导纳与转移阻抗之间的关系,式(3.37)和式(3.38)的等价形式如下:

$$P_{Gi} = \frac{(E'_{Gi})^2}{|Z_{Gii}|} \sin\alpha_{ii} + \sum_{j=1, i \neq j}^{n} \frac{E'_{Gi} E'_{Gj}}{|Z_{Gij}|} \sin(\delta_{ij} - \alpha_{ij}) \tag{3.39}$$

$$Q_{Gi} = \frac{(E'_{Gi})^2}{|Z_{Gii}|} \cos\alpha_{ii} + \sum_{j=1, i \neq j}^{n} \frac{E'_{Gi} E'_{Gj}}{|Z_{Gij}|} \cos(\delta_{ij} - \alpha_{ij}) \tag{3.40}$$

需要指出的是,式(3.37)和式(3.39)给出了节点 i 的同步发电机电磁功率的两种不同表达形式。由于上述计算没有考虑同步发电机的定子电阻,因而式(3.37)和式(3.39)给出的也是节点 i 的同步发电机有功输出功率(送入电网的有功功率)。根据式(3.39),如果电力系统仅含两台同步发电机(用 G1 和 G2 表示),则这两台同步发电机的电磁功率可以计算如下:

$$P_{G1} = \frac{(E'_{G1})^2}{|Z_{G11}|} \sin\alpha_{11} + \frac{E'_{G1} E'_{G2}}{|Z_{G12}|} \sin(\delta_{12} - \alpha_{12}) \tag{3.41}$$

$$P_{G2} = \frac{(E'_{G2})^2}{|Z_{G22}|} \sin\alpha_{22} + \frac{E'_{G1} E'_{G2}}{|Z_{G21}|} \sin(\delta_{21} - \alpha_{21}) \tag{3.42}$$

由于单机-无限大系统是两机电力系统的特例,也可以根据式(3.41)和式(3.42)计算送端发电机与受端系统等值发电机的功率。

3.3.2 复杂多机电力系统同步发电机电磁功率的特点

上节中，式（3.37）和式（3.39）给出了同步发电机电磁功率的两种不同形式。从这两个式子可以看出，无论是哪种形式的电磁功率表达式，同步发电机的电磁功率与其他所有同步发电机的电势有关，也与该台同步发电机与其他同步发电机之间的相对角 δ_{ij} 有关。由于相对角 $\delta_{ij}=\delta_i-\delta_j$，因此同步发电机的电磁功率不仅与自身的绝对角有关，也与其他所有同步发电机的绝对角有关。因此，同步发电机的电磁功率会受到其他同步发电机运行状态的影响。

式（3.37）和式（3.39）也表明，对于复杂的三机及以上电力系统而言，同步发电机的电磁功率不再是单变量函数，而是复杂的多变量函数，无法在一个二维平面同时给出同步发电机功率与其他所有绝对角之间的关系曲线，同时它的功率极限的概念也不明确。需要注意的是，对于两机电力系统，可以在二维平面给出同步发电机功率与相对角的变化曲线，例如可以画出 P_{G1} 随 δ_{12} 变化的曲线。由于单机-无限大系统是两机电力系统的特例，因此若假设送端发电机用 G1 表示，则 δ_{12} 就是送端发电机的功角，P_{G1} 随 δ_{12} 变化的曲线就是送端发电机的功率特性曲线。

3.4 网络接线及参数对功率特性的影响

功率特性也会受到输电网络结构与元件参数的影响，分析这些影响有助于定性分析电力系统功角稳定性。以下为简化起见采用简单电力系统为例分析输电网络结构与元件参数的影响。

3.4.1 串联电阻的影响

图 3.9a 给出了本节所分析的简单电力系统接线情况以及考虑输电回路电阻的等效电路，其中送端发电机为无励磁调节的隐极机。由等效电路可知

$$Z_{11}=Z_{12}=Z_{22}=Z$$
$$\alpha_{11}=\alpha_{12}=\alpha_{22}=\alpha \tag{3.43}$$

其中，$\alpha=90°-\arctan\dfrac{X_{d\Sigma}}{R_\Sigma}>0°$，$Z=jX_{d\Sigma}+R_\Sigma$。

计及图 3.9a 中规定的正方向，可以计算送端发电机的功率特性以及受端系统吸收的有功功率（即发电机实际送到受端系统中的有功功率）：

$$P_{Eq}=\frac{E_q^2}{|Z|}\sin\alpha+\frac{E_q U}{|Z|}\sin(\delta-\alpha) \tag{3.44}$$

$$P_U=-\frac{U^2}{|Z|}\sin\alpha+\frac{E_q U}{|Z|}\sin(\delta+\alpha) \tag{3.45}$$

此系统一般情况下的功率特性曲线如图 3.9b 所示。从图中可以看到，与无电阻时的功率特性相比，发电机的功率特性 $P_{Eq}(\delta)$ 由于受串联电阻的影响向上移动了 $\dfrac{E_q^2}{|Z|}\sin\alpha$，向右

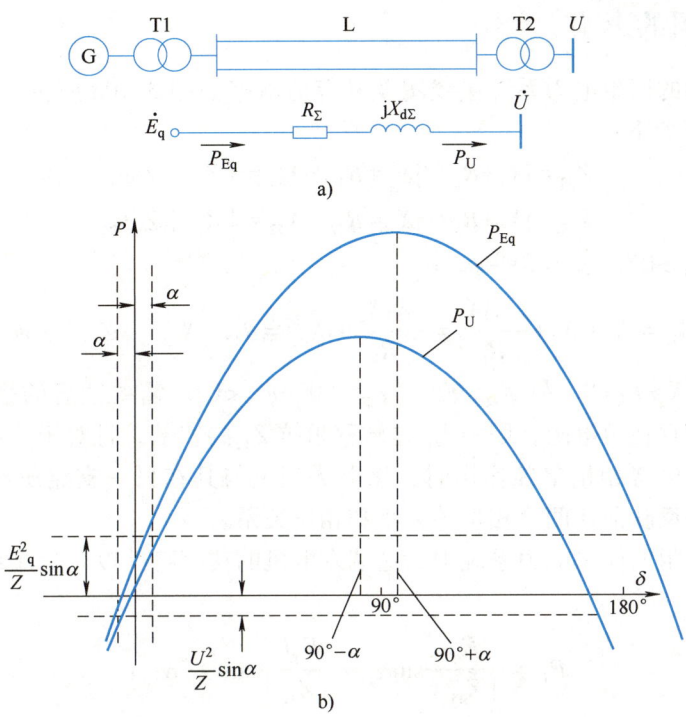

图 3.9 串联电阻对功率特性的影响示意图

移动了 α 角。与此相反,受端系统的功率特性 $P_U(\delta)$ 向下移动了 $\dfrac{U^2}{|Z|}\sin\alpha$,向左移动了 α 角。$P_{Eq}(\delta)$ 和 $P_U(\delta)$ 的差值就是串联电阻上消耗的有功功率,它的表达式如下:

$$P_{Eq}-P_U=[E_q^2+U^2-2E_qU\cos\delta]\dfrac{\sin\alpha}{|Z|}=I^2R_\Sigma \tag{3.46}$$

根据式(3.46),当功角在 0°~180° 范围内时,随着 $\dot{E}_q$ 和 $\dot{U}$ 之间的相位差的增大,流经输电线路的电流也增大,从而导致输电回路电阻上的有功损耗也增大,这也可以从图 3.9b 中看出。

由 $\dfrac{dP_{Eq}}{d\delta}=0$ 来进一步计算发电机的功率极限及其对应的功角。根据 $\dfrac{dP_{Eq}}{d\delta}=0$ 可得 $\delta-\alpha=90°$,故 $\delta_{Eqm}=90°+\alpha$,相应的功率极限值为

$$P_{Eqm}=\dfrac{E_q^2}{|Z|}\sin\alpha+\dfrac{E_qU}{|Z|} \tag{3.47}$$

一般而言,此功率极限比未计电阻时的功率极限 $P_{Eqm}=\dfrac{E_qU}{X_{d\Sigma}}$ 大,原因在于一般情况下 $R_\Sigma \ll X_{d\Sigma}$,从而有 $Z \approx X_{dz}$;另外在计及电阻后,功率特性中出现了与功角无关的 $\dfrac{E_q^2}{|Z|}\sin\alpha$(通常称为固有功率)项。除了功率极限上的变化之外,与功率极限相对应的功角也发生了变化(略大于 90°)。

3.4.2 并联电阻的影响

接入并联电阻的简单电力系统接线图及其等值电路如图 3.10a 所示。接入并联电阻后，Z_{11}、Z_{22} 和 Z_{12} 计算如下：

$$Z_{11} = jX_1 + R_k // jX_2 = R_{11} + jX_{11} = |Z_{11}| \angle \psi_{11}$$
$$Z_{22} = jX_2 + R_k // jX_1 = R_{22} + jX_{22} = |Z_{22}| \angle \psi_{22} \tag{3.48}$$

其中，$\alpha_{11} = 90° - \psi_{11} > 0°$，$\alpha_{22} = 90° - \psi_{22} > 0°$。

$$Z_{12} = jX_1 + jX_2 + \frac{jX_1 jX_2}{R_k} = -\frac{X_1 X_2}{R_k} + jX_{d\Sigma} = R_{12} + jX_{12} = |Z_{12}| \angle \psi_{12} \tag{3.49}$$

因为 $R_{12} = -X_1 X_2 / R_k < 0$，故 $\psi_{12} > 90°$，$\alpha_{12} = 90° - \psi_{12} < 0°$。需要注意的是，$R_{12}$ 小于零并不表示此电力系统中存在负电阻，因为 R_{12} 是转移阻抗 Z_{12} 的实部，且对于给定的转移阻抗，它仅代表相应支路的电势相量单独作用时，该电势相量与其在另一支路所产生电流相量的比值，也就是说它只反映前述两个相量的大小和相位关系。

在接入并联电阻的简单电力系统中，送端发电机的功率特性以及受端系统吸收的有功功率为

$$P_{Eq} = \frac{E_q^2}{|Z_{11}|} \sin\alpha_{11} + \frac{E_q U}{|Z_{12}|} \sin(\delta - \alpha_{12})$$
$$P_U = -\frac{U^2}{|Z_{22}|} \sin\alpha_{22} + \frac{E_q U}{|Z_{12}|} \sin(\delta + \alpha_{12}) \tag{3.50}$$

功率特性曲线如图 3.10b 所示。从图中可以看出，与串联电阻的影响不同，由于 $\alpha_{12} < 0°$，送端发电机的功率特性向左移动了 $|\alpha_{12}|$ 角，而 P_U 向右移动了 $|\alpha_{12}|$ 角，其中 P_{Eq} 和 P_U 之间的差值为并联电阻上所消耗的功率，它的计算公式如下：

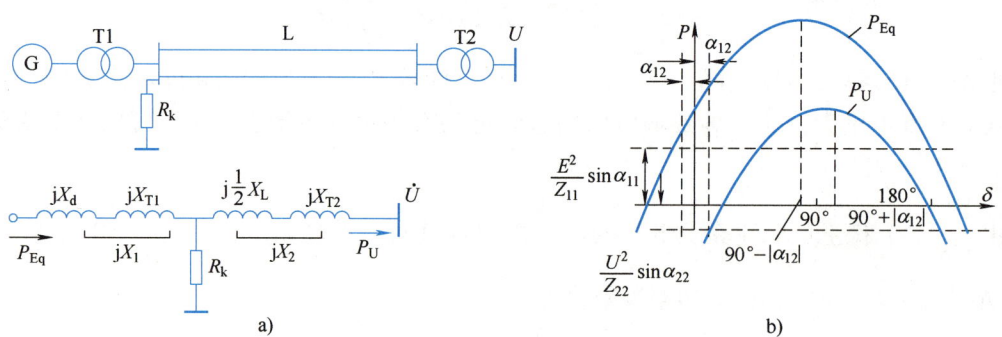

图 3.10 并联电阻对功率特性的影响示意图

$$P_{Eq} - P_U = \frac{E_q^2}{|Z_{11}|} \sin\alpha_{11} + \frac{U^2}{|Z_{22}|} \sin\alpha_{22} - \frac{2 E_q U}{|Z_{12}|} \sin\alpha_{12} \cos\delta \tag{3.51}$$

从图 3.10 和式（3.51）可以看出，与串联电阻时的情况不同，当功角在 0°~180° 范围内时，并联电阻所消耗的有功功率随功角的增大而减小。

事实上，并联电阻消耗的有功功率与其接入点的电压幅值的二次方成比例，而电阻接入点的电压幅值随着功角的增大（在 0°~180° 内）而减小，导致并联电阻消耗的有功功率也相

应地减小。

接入并联电阻后送端发电机的功率极限为

$$P_{\text{Eqm}} = \frac{E_q^2}{|Z_{11}|}\sin\alpha_{11} + \frac{E_q U}{|Z_{12}|} \tag{3.52}$$

其对应的功角 $\delta_{\text{Eqm}} = 90° + \alpha_{12}$。由于 $\alpha_{12} < 0°$，故 $\delta_{\text{Eqm}} < 90°$，因此并联电阻的存在缩小了稳定运行的功角范围。需要指出的是，固有功率 $\frac{E_q^2}{|Z_{11}|}\sin\alpha_{11}$ 的数值同 R_k 的数值（这相当于接入负荷）、电阻接入点与发电机的电气距离等密切相关。在一些情况下（比如发电机主要向地方负荷供电时），固有功率项可以远大于 $E_q U/|Z_{12}|$ 项。

3.4.3 并联电抗的影响

如果简单电力系统中并联接入感性电抗而非电阻，具体如图 3.11 所示，那么感性接入电抗后的 Z_{11}、Z_{22} 和 Z_{12} 计算如下：

$$\begin{cases} Z_{11} = jX_1 + jX_k // jX_2 = jX_{11}, \psi_{11} = 90°, \alpha_{11} = 0° \\ Z_{22} = jX_2 + jX_k // jX_1 = jX_{22}, \psi_{22} = 90°, \alpha_{22} = 0° \end{cases} \tag{3.53}$$

$$Z_{12} = jX_1 + jX_2 + \frac{jX_1 jX_2}{jX_k} = jX_{d\Sigma} + j\frac{X_1 X_2}{X_k} = jX_{12}, \quad \psi_{12} = 90°, \quad \alpha_{12} = 0° \tag{3.54}$$

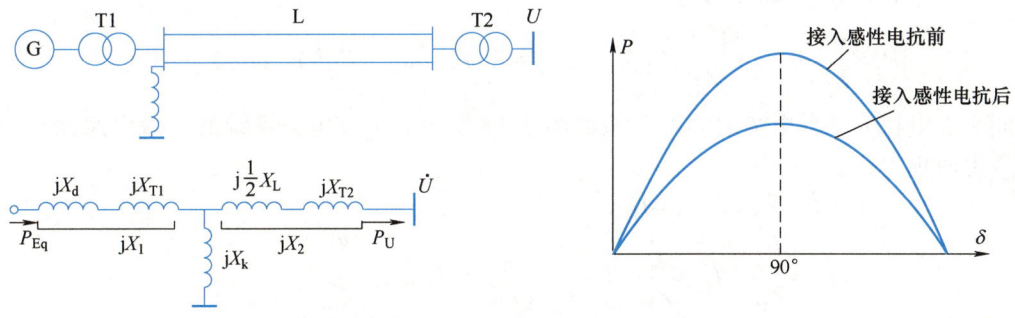

图 3.11 并联电抗对功率特性的影响示意图

此时，送端发电机的功率特性为

$$P_{\text{Eq}} = \frac{E_q U}{X_{12}}\sin\delta = P_U \tag{3.55}$$

很明显功率特性与功角 δ 之间仍为正弦关系。由式（3.56）可以得到功率极限：

$$P_{\text{Eqm}} = \frac{E_q U}{X_{12}} \tag{3.56}$$

未接感性电抗时送端发电机的功率极限 $P_{\text{Eqm}} = \frac{E_q U}{X_{d\Sigma}}$。由于 $X_{12} > X_{d\Sigma}$，因此若并联电抗接入前后空载电势 E_q 和电压 U 的数值相同，那么接入并联电抗将导致功率极限减小，其减小的程度与转移电抗增大的程度有关。由于转移电抗增加的部分为 $\frac{X_1 X_2}{X_k}$，因此 X_k 越小，转移电抗增加越多，从而导致功率极限越小。当 $X_k = 0$ 时（相当于三相短路），$X_{12} = \infty$，那么根据式（3.56）可知送端发电机输出功率为零，导致发电机转子上出现很大的不平衡转矩，这就是短路会对电力系统功角稳定产生严重不利影响的主要原因。

3.4.4 同步发电机与无限大系统复合联接时的功率特性

图 3.12a 所示为同步发电机与无限大系统复合联接时的接线图，此时同步发电机须采用全电流的等效电路。

忽略发电机定子电阻时，发电机用 E_Q 与 x_q 表示的电力系统等效电路如图 3.12b 所示。在此基础上，将 x_q 合并至无源网络中，所得等效电路如图 3.12c 所示，其中的参数如下：

$$\begin{cases} z_{11} = r_{11} + \mathrm{j}x_{11} = Z_{11}\angle\psi_{11}, & \alpha_{11} = 90°-\psi_{11} \\ z_{12} = r_{12} + \mathrm{j}x_{12} = Z_{12}\angle\psi_{12}, & \alpha_{12} = 90°-\psi_{12} \\ y_{11} = g_{11} + \mathrm{j}b_{11} = Y_{11}\angle\psi_{11} \\ y_{12} = g_{12} + \mathrm{j}b_{12} = Y_{12}\angle\psi_{12} \end{cases} \quad (3.57)$$

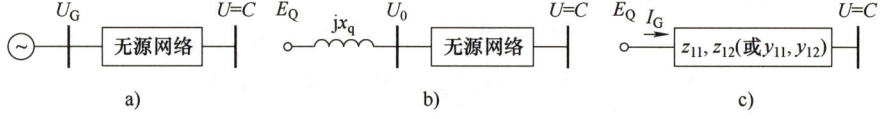

图 3.12 发电机与无限大系统复合联接时的等效电路

3.4.4.1 发电机的电磁功率方程

$$P_e = \frac{E_Q^2}{Z_{11}}\sin\alpha_{11} + \frac{E_Q U}{Z_{12}}\sin(\delta_{12}-\alpha_{12}) = E_Q^2 Y_{11}\sin\alpha_{11} + E_Q U Y_{12}\sin(\delta_{12}-\alpha_{12})$$

同步发电机 q 轴各电势之间的关系如图 3.13 所示。由该电力系统的等效电路及相量图，应用叠加原理可得：

$$\dot{I}_G = \dot{I}_{11} - \dot{I}_{12} = \dot{I}_{11} + (-\dot{I}_{12})$$

$$\dot{I}_{11} = \frac{\dot{E}_Q}{Z_{11}}, \quad \dot{I}_{12} = \frac{\dot{U}}{Z_{12}}$$

由相量图还可以得到：

$$I_{Gd} = I_{11}\cos\alpha_{11} - I_{12}\cos(\delta_{12}-\alpha_{12})$$

$$I_{Gd} = \frac{E_Q}{Z_{11}}\cos\alpha_{11} - \frac{U}{Z_{12}}\cos(\delta_{12}-\alpha_{12})$$

$$= E_Q Y_{11}\cos\alpha_{11} - U Y_{12}\cos(\delta_{12}-\alpha_{12})$$

由于 E_Q 可以按照以下三个式子计算：

$$E_Q = E_q - I_{Gd}(x_d - x_q) = E_q + I_{Gd}(x_q - x_d)$$

$$E_Q = E'_q + I_{Gd}(x_q - x'_d)$$

$$E_Q = U_{Gd} + I_{Gd}(x_q - 0)$$

因此进一步可得到：

$$E_Q = \frac{E_q - \frac{(x_q - x_d)}{Z_{12}}U\cos(\delta_{12}-\alpha_{12})}{1 - \frac{x_q - x'_d}{Z_{11}}\cos\alpha_{11}}$$

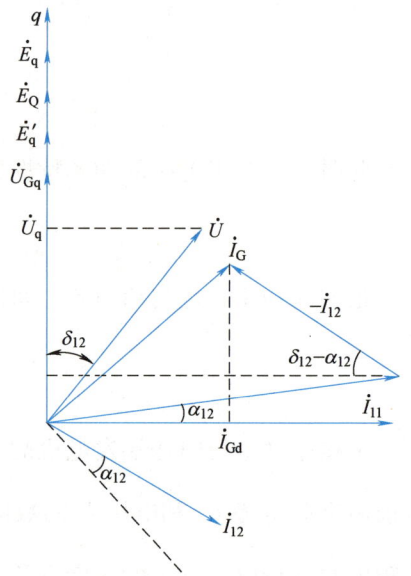

图 3.13 复合系统的相量图

$$E_q = \left(1 - \frac{x_q - x_d}{Z_{11}}\cos\alpha_{11}\right)E_Q + \frac{x_q - x_d}{Z_{12}}U\cos(\delta_{12} - \alpha_{12})$$

$$E_Q = \frac{E'_q - \dfrac{x_q - x'_d}{Z_{12}}U\cos(\delta_{12} - \alpha_{12})}{1 - \dfrac{x_q - x'_d}{Z_{11}}\cos\alpha_{11}}$$

$$E'_q = \left(1 - \frac{x_q - x'_d}{Z_{11}}\cos\alpha_{11}\right)E_Q + \frac{x_q - x'_d}{Z_{12}}U\cos(\delta_{12} - \alpha_{12})$$

$$P_{E'_q} = \frac{1}{C_{E'_q}^2}\left\{\frac{E_q^{\prime 2}}{Z_{11}}\sin\alpha_{11} + \frac{D_{E'_q}}{Z_{12}}E'_q U\sin(\delta_{12} - \alpha_{12} + \varphi_{E'_q}) + U^2\left[F_{E'_q} - W_{E'_q}\sin(2\delta_{12} - 2\alpha_{12}) - \phi_{E'_q}\right]\right\}$$

$$E_Q = \frac{U_{Gq} - \dfrac{x_q - 0}{Z_{12}}U\cos(\delta_{12} - \alpha_{12})}{1 - \dfrac{x_q - 0}{Z_{11}}\cos\alpha_{11}}$$

$$U_{Gq} = \left(1 - \frac{x_q - 0}{Z_{11}\cos\alpha_{11}}\right)E_Q + \frac{x_q - 0}{Z_{12}}U\cos(\delta_{12} - \alpha_{12})$$

将上述 E_Q 与 E_q、E'_q、U_{Gq} 的关系代入前述电磁功率方程中,可以最终得到采用 E_q、E'_q、U_{Gq} 表示的功率方程为

$$P_{Eq} = \frac{1}{C_{Eq}^2}\left\{\frac{E_q^2}{Z_{11}}\sin\alpha_{11} + \frac{D_{Eq}}{Z_{12}}E_q U\sin(\delta_{12} - \alpha_{11} + \varphi_{Eq}) + U^2\left[F_{Eq} - W_{Eq}\sin(2\delta_{12} - 2\alpha_{12}) - \phi_{Eq}\right]\right\}$$

$$P_{UGq} = \frac{1}{C_{UGq}^2}\left\{\frac{U_{Gq}^2}{Z_{11}}\sin\alpha_{11} + \frac{D_{UGq}}{Z_{12}}U_{Gq} U\sin(\delta_{12} - \alpha_{12} + \varphi_{UGq}) + U^2\left[F_{UGq} - W_{UGq}\sin(2\delta_{12} - 2\alpha_{12}) - \phi_{UGq}\right]\right\}$$

上式中的系数如下:

$$A = \frac{x_q - x}{Z_{12}} = (x_q - x)Y_{12}$$

$$C = 1 - \frac{x_q - x}{Z_{11}}\cos\alpha_{11} = 1 - (x_q - x)b_{11}; \quad b_{11} = \frac{1}{Z_{11}}\cos\alpha_{11} = Y_{11}\cos\alpha_{11}$$

$$D = \sqrt{\left(\frac{2AZ_{12}}{Z_{11}}\sin\alpha_{11}\right)^2 + C^2} = \sqrt{\left(\frac{2Ag_{11}}{Y_{12}}\right)^2 + C^2}; \quad g_{11} = \frac{1}{Z_{11}}\sin\alpha_{11} = Y_{11}\sin\alpha_{11}$$

$$\varphi = \tan^{-1}\left(\frac{2AZ_{12}\sin\alpha_{11}}{CZ_{11}}\right) = \tan^{-1}\left(\frac{2Ag_{11}}{CY_{11}}\right)$$

$$F = \frac{A^2\sin\alpha_{11}}{2Z_{11}} = \frac{1}{2}Ag_{11}$$

$$W = \sqrt{F^2 + \left(\frac{AC}{2Z_{12}}\right)^2} = \sqrt{F^2 + \left(\frac{ACY_{12}}{2}\right)^2}$$

$$\varphi = \tan^{-1}\left(\frac{2FZ_{12}}{AC}\right) = \tan^{-1}\left(\frac{2F}{ACY_{12}}\right) = \tan^{-1}\left(\frac{Ag_{11}}{CY_{12}}\right)$$

在上面的表达式中，x 表示相应的电抗，比如：若采用空载电势 E_q，则 $x = x_d$；若采用 E'_q，则 $x = x'_d$；若采用 U_{Gq}，则 $x = 0$。

3.4.4.2 不同电势表示的功率方程的偏导数

以采用空载电势 E_q 时的功率方程为例，它的偏导数计算如下：

$$S_{Eq} = \frac{\partial P_{Eq}}{\partial \delta_{12}} = \frac{D_{Eq}}{C_{Eq}^2} \times \frac{E_q U}{Z_{12}} \cos(\delta_{12} - \alpha_{12} + \varphi_{Eq}) - \frac{2W_{Eq}}{C_{Eq}^2} U^2 \cos(2\delta_{12} - 2\alpha_{12} - \varphi_{Eq})$$

在此基础上，不同电势表示的功率方程的偏导数可以写成如下通式：

$$S = \frac{\partial P}{\partial \delta_{12}} = \frac{D}{C^2} \times \frac{EU}{Z_{12}} \cos(\delta_{12} - \alpha_{12} + \varphi) - \frac{2W}{C^2} U^2 \cos(2\delta_{12} - 2\alpha_{12} - \varphi)$$

$$R = \frac{\partial P}{\partial E} = \frac{2E}{C^2 Z_{11}} \sin\alpha_{11} + \frac{DU}{C^2 Z_{12}} \sin(\delta_{12} - \alpha_{12} + \varphi)$$

上面的表达式中，P 与其采用的电势对应。

例 3-2 如图 3.14 所示的输电系统，各元件参数如下。

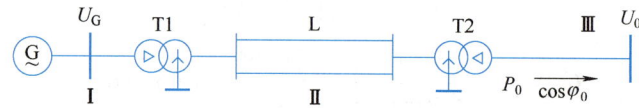

图 3.14 输电系统

发电机：$S_{GN} = 352.5\text{MVA}$，$P_{GN} = 300\text{MW}$，$U_{GN} = 10.5\text{kV}$，$x_d = 1.7$，$x_q = 1.7$；
变压器：T1：$S_{TN1} = 360\text{MVA}$，$U_{ST1} = 0.14$，$k_{T1} = 10.5/242$；
　　　　T2：$S_{TN2} = 360\text{MVA}$，$U_{ST2} = 0.14$，$k_{T2} = 220/110$；
线路：$l = 250\text{km}$，$U_N = 220\text{kV}$，$x_L = 0.41\Omega/\text{km}$；
运行条件：$U = 115\text{kV}$，$P = 250\text{MW}$，$\cos\varphi = 0.95$。
试比较下列四种情况下发电机的功率特性和功率极限：
1) 仅考虑输电系统的电抗。
2) 设输电线路的电阻 $r = 0.07\Omega/\text{km}$。
3) 不计输电系统电阻，在送端高压母线接入并联电阻 1000Ω。
4) 同3)，但接入并联电抗 500Ω。计算中，发电机均以 $E_q = E_{q0} = $ 常数为条件。

解： 网络参数及运行参数计算。
取 $S = 250\text{MVA}$，$U_{B(\text{III})} = 115\text{kV}$。为使变压器不出现非基准变压比，各段基准电压为

$$U_{B(\text{II})} = U_{B(\text{III})} \times k_{T2} = 115 \times \frac{220}{121}\text{kV} = 209.1\text{kV}$$

$$U_{B(\text{I})} = U_{B(\text{II})} \times k_{T1} = 209.1 \times \frac{10.5}{242}\text{kV} = 9.07\text{kV}$$

各元件参数归算后的标幺值为

$$X_d = X_q = x_d \times \frac{S_B}{S_{GN}} \times \frac{U_{GN}^2}{U_{B(\text{I})}^2} = 1.7 \times \frac{250}{352.5} \times \frac{10.5^2}{9.07^2} = 1.615$$

$$R_L = r_0 l \times \frac{S_B}{U_{B(\text{II})}^2} = 0.07 \times 250 \times \frac{250}{209.1^2} = 0.1$$

$$R_k = 1000 \times \frac{250}{209.1^2} = 5.718$$

$$X_k = 500 \times \frac{250}{209.1^2} = 2.859$$

$$X_{T1} = U_{ST1} \times \frac{S_B}{S_{TN1}} \times \frac{U_{TN1}^2}{U_{B(II)}^2} = 0.14 \times \frac{250}{360} \times \frac{242^2}{209.1^2} = 0.13$$

$$X_{T2} = U_{ST2} \times \frac{S_B}{S_{TN2}} \times \frac{U_{TN2}^2}{U_{B(II)}^2} = 0.14 \times \frac{250}{360} \times \frac{220^2}{209.1^2} = 0.108$$

$$X_L = x_L \, l \, \frac{S_B}{U_{B(II)}^2} = 0.41 \times 250 \times \frac{250}{209.1^2} = 0.586$$

$$X_{TL} = X_{T1} + \frac{1}{2}X_L + X_{T2} = 0.13 + \frac{1}{2} \times 0.586 + 0.108 = 0.531$$

运行参数的标幺值计算如下:

$$U_0 = \frac{U}{U_{B(II)}} = \frac{115}{115} = 1.0;$$

$$P_0 = \frac{P}{S_B} = \frac{250}{250} = 1.0;$$

$$Q_0 = P_0 \tan\varphi_0 = 1 \times \tan(\arccos 0.95) = 0.329$$

(1) 仅考虑输电系统电抗时,有

$$X_{d\Sigma} = X_d + X_{TL} = 1.615 + 0.531 = 2.146$$

$$E_{q0} = \sqrt{\left(U_0 + \frac{Q_0 X_{d\Sigma}}{U_0}\right)^2 + \left(\frac{P_0 X_{d\Sigma}}{U_0}\right)^2} = \sqrt{(1+0.329 \times 2.146)^2 + (1 \times 2.146)^2} = 2.742$$

$$\delta_0 = \arctan\frac{2.146}{1+0.329 \times 2.146} = 51.52°$$

$$P_{Eq} = \frac{E_{q0} U_0}{X_{d\Sigma}} \sin\delta = \frac{2.742}{2.146} \sin\delta = 1.278\sin\delta$$

$$P_{Eqm} = 1.278, \quad \delta_{Eqm} = 90°$$

(2) 计及线路电阻时,有

$$Z_{11} = Z_{12} = Z_{22} = Z = \frac{1}{2}R_L + jX_{d\Sigma} = 0.05 + j2.146 = 2.147 \angle 88.67°$$

$$\alpha_{11} = \alpha_{12} = \alpha_{22} = \alpha = 90° - 88.67° = 1.33°$$

$$E_{q0} = \sqrt{\left(U_0 + \frac{P_0 \frac{1}{2}R_L + Q_0 X_{d\Sigma}}{U_0}\right)^2 + \left(\frac{P_0 X_{d\Sigma} - Q_0 \frac{1}{2}R_L}{U_0}\right)^2}$$

$$= \sqrt{(1 + 1 \times 0.05 + 0.329 \times 2.146)^2 + (1 \times 2.146 - 0.05 \times 0.329)^2} = 2.76$$

$$\delta_0 = \arctan\frac{1 \times 2.146 - 0.329 \times 0.05}{1 + 1 \times 0.05 + 0.329 \times 2.146} = 50.49°$$

$$P_{Eq} = \frac{E_{q0}^2}{Z}\sin\alpha + \frac{E_{q0} U_0}{Z}\sin(\delta - \alpha) = \frac{2.76^2}{2.146}\sin 1.33° + \frac{2.76 \times 1}{2.146}\sin(\delta - 1.33°)$$

$$= 0.082+1.286\sin(\delta-1.33°)$$

$$P_{Eqm} = 0.082+1.286 = 1.368, \quad \delta_{Eqm} = 90°+1.33° = 91.33°$$

（3）接入并联电阻后的等效电路（见图 3.15）

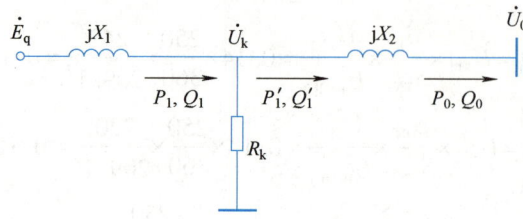

图 3.15　接入并联电阻后的等效电路

$$X_1 = X_d + X_{T1} = 1.615 + 0.13 = 1.745$$

$$X_2 = \frac{1}{2}X_L + X_{T2} = 0.293 + 0.108 = 0.401$$

$$Z_{11} = jX_1 + R_k // jX_2 = j1.745 + \frac{5.718 \times j0.401}{5.718 + j0.401} = 2.144 \angle 89.25°$$

$$\alpha_{11} = 90° - 89.25° = 0.75°$$

$$Z_{12} = jX_1 + jX_2 + \frac{jX_1 jX_2}{R_k} = j1.745 + j0.401 + \frac{j1.745 \times j0.401}{5.718} = 2.149 \angle 93.25°$$

$$\alpha_{12} = 90° - 93.25° = -3.25°$$

正常潮流计算。

电阻接入点的电压为

$$U_{k0} = \sqrt{\left(U_0 + \frac{Q_0 X_2}{U_0}\right)^2 + \left(\frac{P_0 X_2}{U_0}\right)^2}$$

$$= \sqrt{(1+0.329 \times 0.401)^2 + 0.401^2} = 1.2$$

$$\delta_{k0} = \arctan\frac{0.401}{1+0.329 \times 0.401} = 19.5°$$

并联电阻消耗的功率为

$$P_{R0} = \frac{U_k^2}{R_k} = \frac{1.2^2}{5.718} = 0.252$$

$$P_1 = P_0 + P_{R0} = 1.252$$

$$Q_1 = Q_0 + \frac{P_0^2 + Q_0^2}{U_0^2} X_2 = 0.329 + \frac{1^2 + 0.329^2}{1^2} \times 0.401 = 0.773$$

$$E_{q0} = \sqrt{\left(U_k + \frac{Q_1 X_1}{U_k}\right)^2 + \left(\frac{P_1 X_1}{U_k}\right)^2}$$

$$= \sqrt{\left(1.2 + \frac{0.773 \times 1.745}{1.2}\right)^2 + \left(\frac{1.252 \times 1.745}{1.2}\right)^2} = 2.952$$

$$\delta_{1k} = \arctan\frac{1.821}{2.324} = 38.07°, \quad \delta_0 = \delta_{k0} + \delta_{1k} = 19.5° + 38.07° = 57.57°$$

$$P_{Eq} = \frac{E_{q0}^2}{|Z_{11}|}\sin\alpha_{11} + \frac{E_{q0}U_0}{|Z_{12}|}\sin(\delta-\alpha_{12}) = \frac{2.952^2}{2.144}\sin 0.75° + \frac{2.952}{2.149}\sin(\delta+3.25°)$$

$$= 0.053 + 1.374\sin(\delta+3.25°)$$

$$P_{Eqm} = 0.053 + 1.374 = 1.427, \quad \delta_{Eqm} = 90° - 3.25° = 86.75°$$

(4) 接入并联电抗时，由（3）已算得 $U_{k0} = 1.2$，$Q_1 = 0.773$，故有

$$Q_k = \frac{U_k^2}{X_k} = \frac{1.2^2}{2.859} = 0.504, \quad Q_1 = 0.773 + 0.504 = 1.277$$

$$E_{q0} = \sqrt{\left(U_k + \frac{Q_1 X_1}{U_k}\right)^2 + \left(\frac{P_1 X_1}{U_k}\right)^2}$$

$$= \sqrt{\left(1.2 + \frac{1.277 \times 1.745}{1.2}\right)^2 + \left(\frac{1 \times 1.745}{1.2}\right)^2} = 3.385$$

$$X_{12} = X_1 + X_2 + \frac{X_1 X_2}{X_k} = 2.146 + \frac{1.745 \times 0.401}{2.859} = 2.391$$

$$P_{Eq} = \frac{E_{q0}U_0}{X_{12}}\sin\delta = \frac{3.385 \times 1}{2.391} = 1.416\sin\delta$$

$$P_{Eqm} = 1.416, \quad \delta_{Eqm} = 90°$$

如果是在（1）的运行条件下，并联接入电抗后不改变原来的电势值，即 $E_{q0} = 2.742$，则

$$P_{Eqm} = \frac{2.742}{2.391} = 1.147$$

它比在（1）算出的 $P_{Eqm} = 1.278$ 小，因为接入 X_k 之后，X_{12} 已大于（1）中的 $X_{d\Sigma}$。在本算例中，接入并联电抗 X_k 之后，仍按送到系统的功率 P_0、Q_0 不变，使发电机比不接并联电抗时多发无功，电势 E_{q0} 提高很多，电势提高增大功率极限的作用超过了并联电抗接入后转移电抗增大使功率极限减小的作用，从而使功率极限比不接并联电抗时要大，所以，在靠近发电机处接入适当的并联电抗器，是提高功率极限的一个措施。

本 章 小 结

本章重点以简单电力系统为分析对象，介绍了不同计算条件下的功率特性计算方法与公式，分析了网络接线与参数对功率特性的影响。简单电力系统功率特性计算公式可以简述为：

1）如果采用某一电抗后的电势，那么功率特性可以写成

$$P_X = \frac{E_X U}{X_{X\Sigma}}\sin\delta_X$$

其中，电势、电抗及角度的对应关系为 $E' \to X'_{dL} \to \delta'$；$U_G \to X_{TL} \to \delta_{TL}$。

2）如果采用某个 q 轴电势，那么功率特性可以概括为

$$P_X = \frac{E_X U}{X_{X\Sigma}}\sin\delta + \frac{U^2}{2} \times \frac{X_{X\Sigma} - X_q}{X_{X\Sigma} X_{q\Sigma}}\sin\delta$$

$$E_X = E_Y \frac{X_{X\Sigma}}{X_{Y\Sigma}} + \left(1 - \frac{X_{X\Sigma}}{X_{Y\Sigma}}\right)U\cos\delta$$

其中电势与电抗的对应关系为

$$E_q \to X_{d\Sigma}; \quad E_Q \to X_{q\Sigma}; \quad E'_q \to X'_{d\Sigma}; \quad U_{Gq} \to X_{TL}。$$

由功率特性可以进一步确定功率极限（即功率特性的最大值）。需要注意的是，无法从理论上直接给出复杂的三机以上电力系统的功率极限。

本章还介绍了振荡中心的概念。需要指出的是，如果系统振荡中电势源的电势不断发生变化，那么振荡中心是不固定的（或者说无所谓振荡中心）。复杂电力系统中振荡中心也是不固定的。

本章的内容可以为本书后续关于功角稳定的分析与提升方法提供基础。

习　题

3-1　简单电力系统如图 3.11 所示，各元件参数如下：

发电机 G：$P_N = 250\text{MW}$，$\cos\varphi_N = 0.85$，$U_N = 10.5\text{kV}$，$x_d = x_q = 1.7$，$x'_d = 0.25$，$T_J = 8\text{s}$；

变压器 T-1：$S_N = 300\text{MVA}$，$U_S = 15\%$，$K_T = 10.5/242$；

变压器 T-2：$S_N = 300\text{MVA}$，$U_S = 15\%$，$K_T = 220/121$；

线路 L：$l = 250\text{km}$，$U_N = 220\text{kV}$，$x_1 = 0.42\Omega/\text{km}$。

运行初始状态：$U_0 = 115\text{kV}$，$P_0 = 220\text{MW}$，$\cos\varphi_0 = 0.98$。发电机无励磁调节，$E_q = E_{q0} = $ 常数，试求功率特性 $P_{Eq}(\delta)$、功率极限 P_{Eqm}，以及 E'_q、E' 和 U_G 随功角 δ 变化的曲线，并指出振荡中心的位置。

3-2　简单电力系统及参数同上题，发电机有励磁调节器，能保持 $E'_q = E'_{q0} = $ 常数，试求功率特性 $P_{E'q}(\delta)$、功率极限 $P_{E'qm}$、$\delta_{E'qm}$，以及 E_q、E' 和 U_G 随功角 δ 变化的曲线，并指出振荡中心的位置。

3-3　在题 3-1 的系统中，若发电机为凸极机，$x_d = 1.0$，$x_q = 0.65$，$x'_d = 0.23$，其他参数和条件与题 3-1 相同，试作同样内容的计算，并对其结果进行比较分析。此时如何确定振荡中心？

3-4　简单电力系统的元件参数及运行条件与题 3-1 相同，计及输电线路的电阻 $r_1 = 0.07\Omega/\text{km}$。试计算功率特性 $P_{Eq}(\delta)$、功率极限 P_{Eqm} 和 δ_{Eqm}。并确定振荡中心的位置。

3-5　综合以上 4 题的计算结果，分析各种因素对振荡中心位置的影响。

3-6　电力系统如图 3.16 所示，已知各元件参数的标幺值如下：

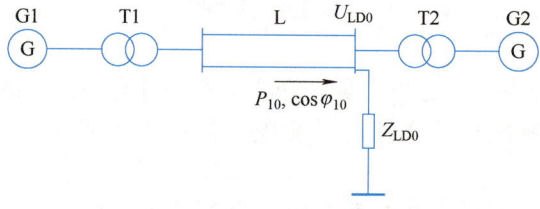

图 3.16　习题 3-6 图

发电机 G1：$X'_d = 0.25$；发电机 G2：$X'_d = 0.15$；变压器 T1：$X_T = 0.15$；变压器 T2：$X_T = 0.1$；线路 L：每回 $X_L = 0.6$；负荷阻抗：$Z_{LD} = 0.28 + j0.15$。发电机采用电抗 X'_d 及其后电势 $E' = $ 常数模型。试用矩阵消元法和网络变换求各发电机的输入阻抗和转移阻抗。

3-7　在图 3.16 所示的系统中，$U_{LD0} = 1.0$，发电机 G1 送到负荷点的功率为 $P_{10} = 1.0$，$\cos\varphi_{10} = 0.95$，其余部分由发电机 G2 负担，求两发电机的功率特性，各发电机的固有功率及功率极限，并分析固有功率在功率极限中所占的比重。

3-8　简单电力系统如图 3.17 所示，已知凸极发电机的电抗 X_d、X'_d、X_q，以及外接阻抗 $Z_{TL} = R_{TL} + jX_{TL}$。试导出 q 轴各电势 E_q、E'_q 和 U_{Gq} 之间关系的表达式。

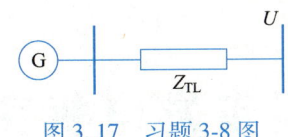

图 3.17　习题 3-8 图

3-9　电力系统如图 3.14 所示。试分别计算发电机保持 E_q、E'_q、E'、U_G 不变时的功率特性和功率极限，并相应地计算 E_q、E'_q、E' 和 U_G 随功角变化的特性。发电机参数如下：S_{GN} = 352.5MVA，P_{GN} = 300MW，U_{GN} = 10.5kV，x_d = 1.0，x_q = 0.6，x'_d = 0.25。变压器和线路参数及系统运行初态同例 3-1。

第 4 章 同步发电机突然短路的物理分析与定量计算

当发生短路时，作为电源的发电机内部会经历暂态过程，其端电压和频率无法保持不变。一般而言，由于发电机转子的惯量较大，在分析短路电流时，可以近似地认为转子保持同步转速，即频率保持恒定，但通常应计及发电机的电磁暂态过程。

4.1 同步发电机突然三相短路暂态过程的特点与基本分析原理

本节将首先概述同步发电机突然三相短路暂态过程的电磁特性，然后应用闭合回路磁链守恒原理，对三相短路后的物理过程和绕组电流分量进行机理分析。

4.1.1 同步发电机突然三相短路暂态过程的电磁特性

1. 主要特点

在同步发电机的内部，定子绕组同转子绕组并非相对静止，且绕组之间存在磁耦合。因此，与恒电势源电路短路的暂态过程相比，同步发电机突然短路的暂态过程明显复杂得多，其冲击电流可能达到额定电流的十几倍。如此大的冲击电流可能会对同步发电机自身和有关电气设备产生严重的不利影响。

与同步发电机稳态对称运行（包括稳态对称短路）相比，其突然短路后的暂态过程也有自身的特点。同步发电机处于稳态短路状态时，电枢磁势不仅大小恒定，而且以同步速度旋转，故而电枢磁势与转子相对静止，转子绕组无感应电流。与此明显不同的是，同步发电机在突然短路时，定子绕组电流数值发生急剧变化，导致电枢反应磁通变化，进而在转子绕组中出现感应电流。这种感应电流的出现又会影响定子电流，即定子和转子绕组电流在短路发生后的暂态过程中存在交互影响。这是同步发电机突然短路暂态过程明显区别于稳态短路的特点。

2. 实测波形分析

图 4.1 给出了同步发电机空载状态下机端突然三相短路后的电流波形。其中图 4.1a 为定子三相绕组的电流，它们一般称为短路电流，图 4.1b 为励磁间电流。图 4.2a 为三相短路电流包络线的均分线，它们是三相短路电流中的直流分量，图 4.2b 为分解而得的三相短路交流电流包络线。

从这几张图可以看出：
1) 短路电流的直流分量都按指数规律衰减，但是三相绕组的直流分量大小不等。
2) 短路电流的交流分量随着时间按指数衰减规律变化，最终衰减至稳态值。需要注意的是，短路电流中的交流分量还含有倍频（两倍同步频率）分量，但由于其幅值过小在实测波形中无法看到。

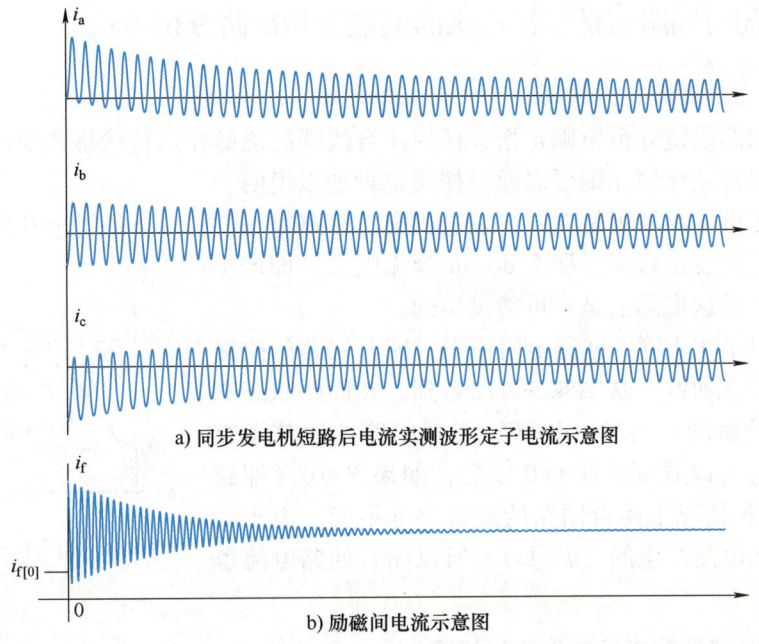

a) 同步发电机短路后电流实测波形定子电流示意图

b) 励磁间电流示意图

图 4.1 同步发电机空载状态下机端突然三相短路后的电流波形

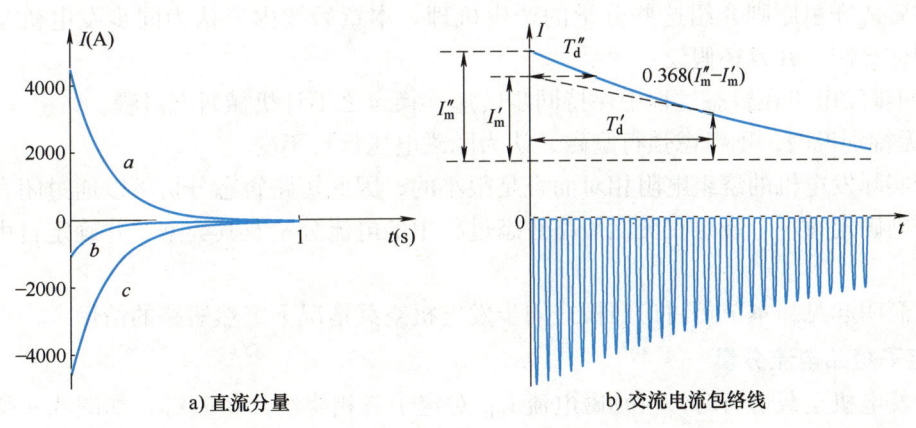

a) 直流分量

b) 交流电流包络线

图 4.2 同步发电机短路后的电流分量示意图

通过分析图 4.1b 中的励磁电流波形可知，发电机机端三相短路后励磁电流中同时包括交流分量与直流分量，它们的特点是：

1）励磁电流交流分量最终衰减至零，它与定子电流直流分量具有相同的衰减时间。

2）励磁电流直流分量在刚短路后比短路前稳态值 $i_{f[0]}$ 大，但是其最终衰减至 $i_{f[0]}$，它与定子电流交流分量具有相同的衰减时间。

由图 4.1 的波形图还可以看出，定子电流和励磁电流在突然短路的瞬间均无突变，即三相定子电流均为零（短路前空载），励磁电流等于 $i_{f[0]}$。原因在于绕组回路属于感性回路电流，故其电流（或磁链）不会突变。本章后续内容会对前述电流分量的产生进行详细的介绍。

4.1.2 基于闭合回路磁链守恒原则的突然三相短路分析方法

4.1.2.1 闭合回路磁链守恒原则

所谓闭合回路磁链守恒原则是指：任何闭合线圈的磁链在运行状态突变的瞬间都应维持不变。闭合回路磁链守恒原则可以通过楞次定理加以说明。

闭合回路磁链守恒原则是对同步发电机突然短路暂态过程分析的物理基础。从电压的观点来看，如果磁链发生跃变，那么 $d\psi/dt$ 为无限大，即产生无限大的电势，但这实际上是不可能发生的。

图 4.3 给出了在不同的回路电阻值下，闭合回路的磁链从 ψ_0 到 ψ_1 的变化曲线。从图 4.3 可以看到，在回路状态突变瞬间（$t=0$ 的瞬间）有 $d\psi/dt = 0$，闭合回路的磁链不突变。从曲线中还可以看到，在 $t>0$ 以后，如果 $R \equiv 0$（即超导体），那么这种情况下闭合回路的磁链永远不变。由于闭合回路的磁链是电流产生的（$\psi = Li$），所以闭合回路电流也不能突变。

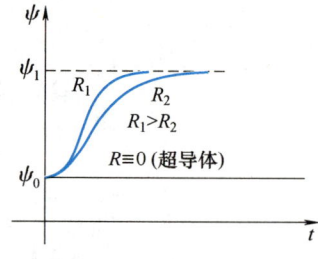

图 4.3 闭合回路磁链示意图

4.1.2.2 突然短路后的绕组电流产生机理

4.1.1 节已经简要介绍了定子短路电流和励磁电流的各种分量。下面将通过应用超导体闭合回路磁链守恒原则介绍这些分量的产生机理。本章后续内容认为同步发电机是理想电机，采用标幺制，并且还假设：

1) 同步发电机在暂态过程中保持同步转速，换言之不计机械暂态过程。
2) 无特别说明，不考虑强行励磁，认为励磁电压保持不变。

由于实际发电机的绕组电阻相对而言是很小的，因此短路暂态分析可以通过闭合回路磁链守恒原则确定每一个绕组在突然短路暂态过程中的电流分量及其类型，并确定自由分量的衰减规律。

为了简明起见，本节仍讨论凸极式同步发电机空载情况下突然短路的情形。

1. 定子短路电流分量

同步发电机空载运行时，仅励磁电流 $i_{f[0]}$ 对定子三相绕组产生磁链，如图 4.4 所示。图中 α 为转子 d 轴与 a 相轴线的夹角。由于转子以同步转速旋转，励磁电流产生的交链定子三相绕组的磁链随着 α 的变化而变化，可表示为

$$\begin{cases} \psi_a = \psi_0 \cos\alpha \\ \psi_b = \psi_0 \cos(\alpha - 120°) \\ \psi_c = \psi_0 \cos(\alpha + 120°) \end{cases} \tag{4.1}$$

式中，$\psi_0 = x_{ad} i_{f[0]}$，$\alpha = \alpha_0 + \omega t$。

图 4.5 所示为定子三相绕组磁链的波形图。假设 $t=0$ 时刻定子突然发生机端三相短路，则在短路瞬间定子三相绕组磁链的瞬时值分别为

$$\begin{cases} \psi_{a[0]} = \psi_0 \cos\alpha_0 \\ \psi_{b[0]} = \psi_0 \cos(\alpha_0 - 120°) \\ \psi_{c[0]} = \psi_0 \cos(\alpha_0 + 120°) \end{cases} \tag{4.2}$$

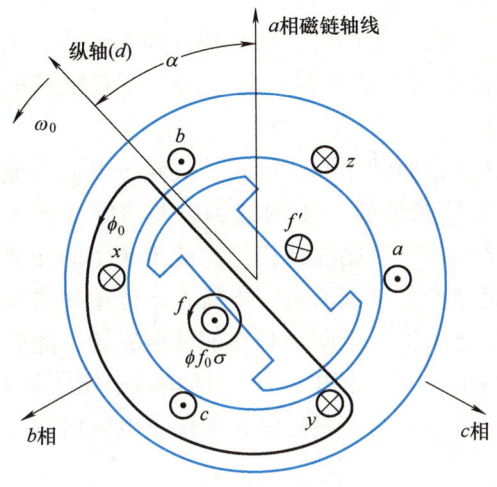

图 4.4 磁通空间位置图

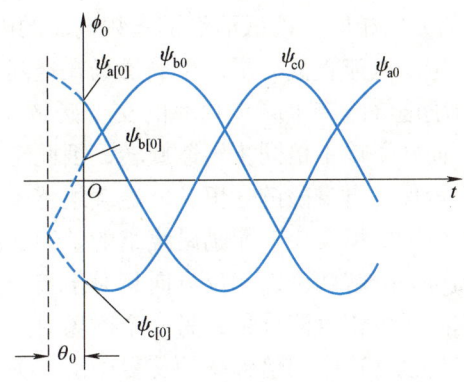

图 4.5 定子三相绕组磁链的波形图

忽略定子绕组电阻（即假设为超导体），则根据闭合回路磁链守恒原则，三相绕组回路的磁链将始终为 $\psi_{a[0]}$、$\psi_{b[0]}$ 和 $\psi_{c[0]}$。由此可推论，短路后三相绕组将出现感应电流，其产生的磁链 ψ_{ai}、ψ_{bi} 和 ψ_{ci} 应满足以下关系：

$$\begin{cases} \psi_{ai} + \psi_a = \psi_{a[0]} \\ \psi_{bi} + \psi_b = \psi_{b[0]} \\ \psi_{ci} + \psi_c = \psi_{c[0]} \end{cases} \tag{4.3}$$

图 4.6 给出了 a 相感应电流所应产生的磁链 ψ_{ai}，图中的两条虚线为磁链 ψ_{ai} 的两个分量，其中一个是数值等于 $\psi_{a[0]}$ 的恒定分量；另一个是交变分量，它与 ψ_a 大小相等、方向相反。对 ψ_{bi} 和 ψ_{ci} 进行分析可知它们也有恒定分量和交变分量。需要指出的是，ψ_{ai}、ψ_{bi} 和 ψ_{ci} 中的交变分量是三相对称的，但是它们的恒定分量总是不相等的。因此，产生 ψ_{ai}、ψ_{bi} 和 ψ_{ci} 的三相感应电流均含有基频交流电流和直流电流，其中三相绕组的基频交流电流也是三相对称的，它们对应于 ψ_a、ψ_b 和 ψ_c 的交流分量。

三相绕组电流中的直流分量在气隙中产生一个空间静止的合成磁势。由于转子恒速旋转，且凸极机 d 轴向与 q 轴向的气隙磁通路径上的磁阻是不同的，所以三相绕组电流的直流分量产生的合成磁势所遇到的磁阻是周期变化的，其周期为 180° 电角度，导致其产生的磁链为交变磁链，其变化频率为同步频率的两倍。根据前面的分析，定子绕组需保持磁链不变，因此定子三相绕组中除了直流电流分量外，还应有一个倍频电流分量，此倍频电流分量产生以两倍同步频率变化的交变磁链。

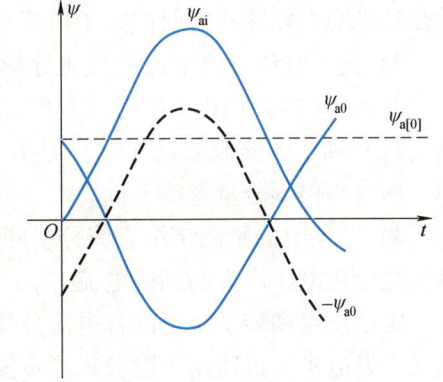

图 4.6 a 相磁链示意图

2. 励磁电流分量

励磁绕组中由励磁电压产生的励磁电流 $i_{f[0]}$ 在定子短路后依旧存在，它的数值不变。除此之外，在突然短路后，定子绕组电流的电枢反应将导致励磁绕组感应出其他电流分量。

定子三相绕组基频电流分量产生一个与转子同步旋转的电枢反应磁势。由于忽略定子绕组电阻，因此该磁势位于转子 d 轴的反方向，对于励磁绕组而言，该磁势为纯去磁的。励磁绕组为了保持自身磁链守恒，必然会感应出附加的直流电流分量，其方向与原有励磁电流 $i_{f[0]}$ 的方向相同，以抵消定子基频电流的电枢反应。

定子电流直流分量产生的磁场在空间上保持静止，而转子同步旋转，故定子电流直流分量对励磁绕组产生同步频率的交变磁链。定子电流倍频分量产生的磁场以两倍同步转速旋转，而转子以 1 倍同步转速旋转，因此定子电流倍频分量对励磁绕组产生同步频率的交变磁链。为保持自身磁链守恒，励磁绕组感生基频交流电流，以抵消定子电流直流分量和倍频分量产生的电枢反应。而励磁绕组的基频交流电流也会产生一个同步频率的脉振磁场，此脉振磁场可以分解两个以相反方向相对于转子同步旋转的磁场，其中一个磁场相对于定子静止，影响定子电流直流分量；另一个磁场对定子产生两倍频率的交变磁链，而定子电流倍频分量的产生也与这个两倍频率的交变磁链有关。

3. 阻尼绕组电流分量

发生机端短路前，凸极同步发电机的两个阻尼绕组中均无电流。发生机端短路后，d 轴阻尼绕组感应出直流电流分量和基频交流电流分量，而 q 轴阻尼绕组的电流只有基频分量而无直流分量，原因在于前面假设定子绕组电阻为零、短路前同步发电机空载，定子基频交流电流只产生 d 轴方向的电枢反应。在其他一些情况下，q 轴阻尼绕组电流还存在直流分量。

4. 定子和转子绕组电流分量的关系

以上介绍短路后定子和转子绕组的电流分量时虽有先后顺序，但是实际上短路后定子和转子电流分量同时出现。在上述电流分量中，基频和倍频分量属于周期电流，直流电流分量属于非周期电流。各个电流分量之间的关系及其自身特点如下：

1) 定子绕组短路电流的基频分量（i'）和转子绕组的自由直流分量是互相影响与互相依存的。转子绕组的直流电流属于自由分量，它由于转子电阻的存在最终衰减为零。定子绕组短路电流的基频分量又同时包括强制电流分量 i_∞ 与自由电流分量 $\Delta i'$，其中强制电流分量就是达到稳态短路状态时的定子电流。

2) 定子绕组短路电流的直流分量（i_{ap}）和倍频交流分量（$i_{2\omega}$）、转子绕组基频电流分量是互相影响与互相依存的，它们都是属于自由电流，随着时间最终衰减为 0。直流分量（i_{ap}）和倍频交流分量（$i_{2\omega}$）是为了维持定子绕组磁链初值守恒而出现的，在实用计算中，通常将倍频分量忽略不计。

3) 转子上的励磁绕组直流分量同时包括自由电流分量与强制电流分量，其强制电流分量就是励磁电压产生的励磁电流 $i_{f[0]}$。

定子绕组和转子绕组的各电流分量以及相互依存关系见表 4.1。表 4.1 不仅适用于凸极式同步发电机，也适用于隐极式同步发电机。需要指出的是，虽然前述内容为了便于分析而将短路电流分解为各种分量，但是每个绕组仅有一个总电流。

表 4.1 定子绕组和转子绕组的各电流分量以及相互依存关系

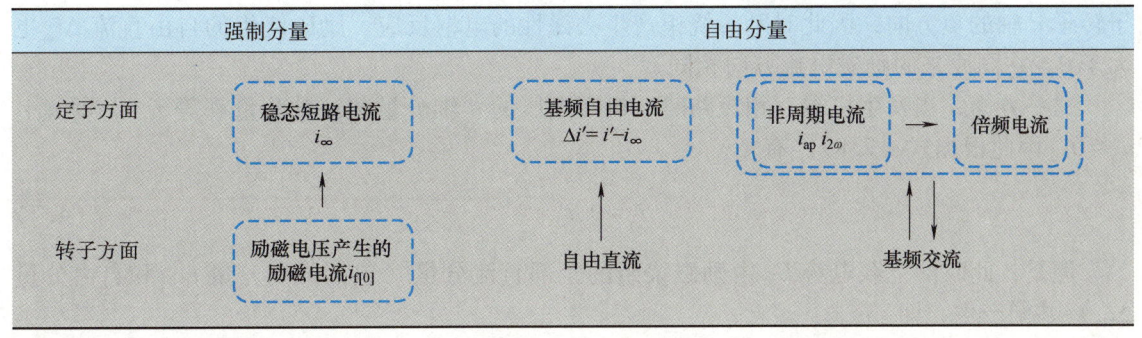

4.2 无阻尼绕组同步发电机三相短路电流计算

本节将介绍无阻尼绕组同步发电机突然三相短路的定量计算方法，该方法也适用于忽略阻尼绕组时的突然三相短路计算。前一节已经指出，同步发电机突然短路后，定子绕组和转子绕组的电流分量中存在两组相互对应的关系。这些对应关系可以被用于对各电流分量的计算，然后得到定子绕组和转子绕组的总电流。

4.2.1 空载情况下突然发生短路

下面的分析假定短路前同步发电机处于空载运行状态，发电机机端发生三相短路。首先介绍不计自由电流衰减时的短路电流计算方法。本节以下叙述省略电流分量中的"分量"。

4.2.1.1 不计衰减时的短路电流算式

1. 定子基频电流和转子绕组直流电流

从 4.1 节可知，定子基频电流和转子绕组直流电流之间存在对应关系。这两个电流分量的共同作用效果是：定子绕组磁链等于 0、转子绕组磁链保持初值 ψ_{f0} 不变。需要注意的是，无阻尼绕组同步发电机转子侧仅有励磁绕组，因此，此时转子绕组特指励磁绕组。假设无阻尼绕组同步发电机中仅存在上述两个电流，然后结合这两个电流的效果以及图 2.12，便可得到图 4.7 所示的磁链平衡等效电路，其相应的方程组为式（4.4），该方程组可通过将上述条件代入式（2.82）得到。

$$\begin{cases} x_{ad}(i_{f[0]}+\Delta i_{fa})-x_d i'_d = 0 \\ x_f(i_{f[0]}+\Delta i_{fa})-x_{ad} i'_d = \psi_{f0} \end{cases} \quad (4.4)$$

式中，i'_d 为定子基频电流的 d 轴分量。

由于短路前同步发电机空载，即定子电流等于 0，故 $\psi_{f0} = x_f i_{f[0]}$。在此基础上，根据式（4.4）可以解出：

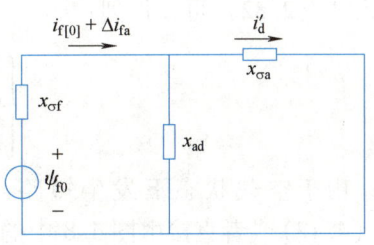

$$i'_d = \frac{\frac{x_{ad}}{x_f}\psi_{f0}}{x'_d} = \frac{E'_{q0}}{x'_d} \quad (4.5)$$

$$\Delta i_{fa} = \frac{x_{ad}}{x_f}i'_d = \frac{x_d - x'_d}{x_{ad}}\frac{E'_{q0}}{x'_d} \quad (4.6)$$

图 4.7 用于计算定子基频电流和转子直流电流的磁链平衡等效电路

从式（4.5）可以看出，定子基频交流的 d 轴分量 i'_d 大于 0，因此根据实用正向，它位于转子 d 轴的负方向，因此对励磁绕组产生去磁性的电枢反应。励磁绕组的自由直流 Δi_{fa} 也大于 0，它同原来的励磁电流方向相同。

另一方面，当发生机端三相短路时，机端电压的 d 轴分量和 q 轴分量都等于 0，即 $u_d = u_q = 0$，因此根据式（2.89）有

$$i_q = 0, \quad i'_d = \frac{E_q}{x_d} \tag{4.7}$$

但是，此时的空载电势 E_q 由励磁绕组的全部直流分量（包括强制分量 $i_{f[0]}$ 和自由分量 Δi_{fa}）共同产生，即

$$E_q = x_{ad}(i_{f[0]} + \Delta i_{fa}) = E_{q[0]} + \Delta E_{qa} \tag{4.8}$$

式中，$E_{q[0]}$ 为发生短路前瞬间的空载电势，即由强制分量 $i_{f[0]}$ 产生的电势；ΔE_{qa} 为励磁绕组自由直流产生的附加电势，即由自由分量 Δi_{fa} 产生的电势。由于短路发生后 Δi_{fa} 属于待求量，故短路发生后的空载电势 E_q 也是未知量。在式（4.6）中暂态电势 E'_q 不能突变，即 $E'_{q0} = E'_{q[0]}$，其中下标 0 表示短路后瞬间，下标 [0] 表示短路前瞬间。因此可以根据短路前瞬间的运行状态算出 E'_{q0}，然后将其用于短路后瞬间的计算。

当进入稳态短路状态后，若励磁电压不变，则励磁绕组电流恢复至短路前的数值，且此时的空载电势 $E_{q\infty}$ 等于 $E_{q[0]}$。据此关系，可以进一步通过式（4.9）计算稳态短路电流：

$$i_{d\infty} = \frac{E_{q\infty}}{x_d} \tag{4.9}$$

由于式（4.7）表明定子基频电流的 q 轴分量为 0，这说明定子基频电流就等于 i'_d。因此，由式（4.9）和式（4.5）可以得到基频电流的自由分量为

$$\Delta i'_d = i'_d - i_{d\infty} = \frac{E'_{q0}}{x'_d} - \frac{E_{q\infty}}{x_d} = \frac{E'_{q0}}{x'_d} - \frac{E_{q[0]}}{x_d} \tag{4.10}$$

此外，也可通过暂态参数计算稳态短路电流，前提是已知暂态电势的稳态值 $E'_{q\infty}$。

2. 定子直流电流、倍频电流、转子基频电流

下面介绍定子直流电流、倍频电流以及转子基频电流的计算。上述三个电流分量的共同作用效果是：励磁绕组磁链为零，定子绕组磁链保持初值。将定子三相磁链的初值 $\psi_{a0} = \Psi_0\cos\alpha_0$，$\psi_{b0} = \Psi_0\cos(\alpha_0 - 120°)$ 和 $\psi_{c0} = \Psi_0\cos(\alpha_0 + 120°)$ 变换到 $dq0$ 坐标系可得：

$$\psi_d = \psi_{d\omega} = \Psi_0\cos\omega t, \quad \psi_q = \psi_{q\omega} = \Psi_0\sin\omega t \tag{4.11}$$

假设无阻尼绕组同步发电机中仅存在定子直流电流、倍频电流以及转子基频电流，然后结合式（4.11）以及图 2.12，可以得到 d 轴向和 q 轴向的等效电路（见图 4.8）。将式（4.11）代入式（2.82）可以得到：

$$\begin{cases} x_{ad}\Delta i_{f\omega} - x_d i_{d\omega} = \psi_{d\omega} = \Psi_0\cos\omega t \\ x_f \Delta i_{f\omega} - x_{ad} i_{d\omega} = 0 \\ x_q \Delta i_{q\omega} = \psi_{q\omega} = \Psi_0\sin\omega t \end{cases} \tag{4.12}$$

由于空载状态下发生短路，因此 $\Psi_0 = x_{ad} i_{f[0]} = (x_{ad}/x_f)\psi_{f0} = E'_{q0}$。在此基础上，由式（4.12）或者直接由图 4.8 中的等效电路可以解出：

$$i_{d\omega} = -\frac{\psi_{d\omega}}{x'_d} = -\frac{\Psi_0}{x'_d}\cos\omega t = -\frac{E'_{q0}}{x'_d}\cos\omega t \tag{4.13}$$

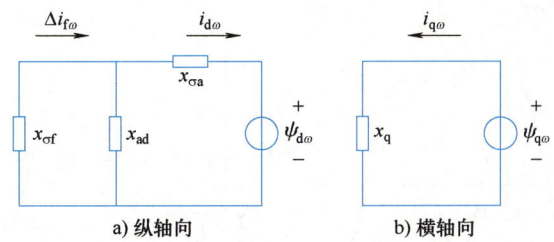

图 4.8 计算定子直流电流、倍频电流、转子基频电流的磁链平衡等效电路

$$\Delta i_{f\omega} = \frac{x_{ad}}{x_f} i_{d\omega} = -\frac{x_d - x'_d}{x_{ad}} \times \frac{E'_{q0}}{x'_d} \cos\omega t \tag{4.14}$$

$$i_{q\omega} = \frac{\psi_{q\omega}}{x_q} = \frac{\Psi_0}{x_q} = \frac{E'_{q0}}{x'_d} \sin\omega t \tag{4.15}$$

到此为止已得到了定子 d 轴和 q 轴电流的全部分量，因此可以计算定子的 d 轴电流分量和 q 轴电流分量如下：

$$\begin{aligned} i_d &= i'_d + i_{d\omega} = i_{d\infty} + (i'_d - i_\infty) + i_{d\omega} \\ &= \frac{E_{q[0]}}{x_d} + \left(\frac{E'_{q0}}{x'_d} - \frac{E_{q[0]}}{x_d}\right) - \frac{E'_{q0}}{x'_d}\cos\omega t \end{aligned} \tag{4.16}$$

$$i_q = i_{q\omega} = \frac{E'_{q0}}{x'_q} \sin\omega t \tag{4.17}$$

根据 Park 变换的逆变换，$dq0$ 坐标系中的直流转化为 abc 静止坐标系中的基频交流，而 $dq0$ 坐标系中的基频交流转化为 abc 静止坐标系中的直流电流和倍频电流。定子侧以 a 相电流为例，通过 Park 变换的逆变换可得：

$$\begin{aligned} i_a &= -i_d\cos(\omega t + \alpha_0) + i_q\sin(\omega t + \alpha_0) \\ &= -\left[\frac{E_{q[0]}}{x_d} + \left(\frac{E'_{q0}}{x'_d} - \frac{E_{q[0]}}{x_d}\right)\right]\cos(\omega t + \alpha_0) + \frac{E'_{q0}}{x'_d}\cos\omega t\cos(\omega t + \alpha_0) + \frac{E'_{q0}}{x'_q}\sin\omega t\sin(\omega t + \alpha_0) \end{aligned} \tag{4.18}$$

经过进一步整理可得如下 abc 静止坐标系中 a 相电流的表达式：

$$\begin{aligned} i_a &= -\frac{E_{q[0]}}{x_d}\cos(\omega t + \alpha_0) - \left(\frac{E'_{q0}}{x'_d} - \frac{E_{q[0]}}{x_d}\right)\cos(\omega t + \alpha_0) + \\ &\quad \frac{E'_{q0}}{2}\left(\frac{1}{x'_d} + \frac{1}{x_q}\right)\cos\alpha_0 + \frac{E'_{q0}}{2}\left(\frac{1}{x'_d} - \frac{1}{x_q}\right)\cos(2\omega t + \alpha_0) \end{aligned} \tag{4.19}$$

这就是不计衰减时的定子 a 相电流的全式，其中直流电流分量是否出现与合闸角 α_0 有关。如果 $\alpha_0 = 90°$，则 $\cos\alpha_0 = 0$，故 a 相电流中没有直流电流分量。与此相反，倍频分量则与 α_0 的数值无关。

由式（4.6）和式（4.14）可得不计衰减时励磁绕组电流的全式：

$$\begin{aligned} i_f &= i_{f[0]} + \Delta i_{fa} + \Delta i_{f\omega} \\ &= i_{f[0]} + \frac{(x_d - x'_d)E'_{q0}}{(x_{ad}x'_d)} - \frac{(x_d - x'_d)E'_{q0}}{(x_{ad}x'_d)}\cos\omega t \end{aligned} \tag{4.20}$$

对于无阻尼绕组同步发电机，图 4.9 给出了其突然短路时的定子 a 相电流和励磁绕组电流的波形图（不计衰减）。

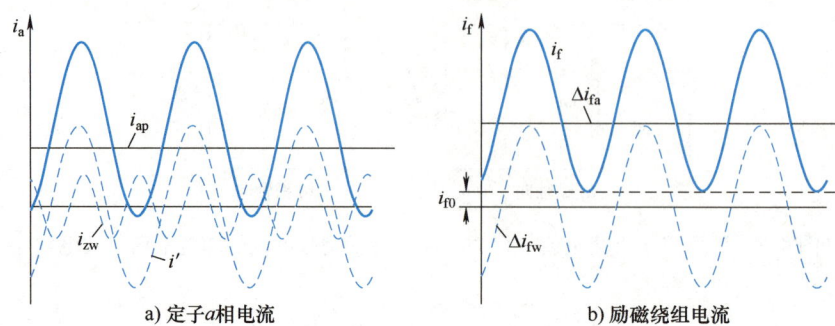

a) 定子a相电流　　　　　　　　b) 励磁绕组电流

图 4.9　无阻尼绕组同步发电机突然三相短路时不计衰减的电流波形图（α=0°）

4.2.1.2　自由电流的衰减

由于实际绕组存在电阻，绕组磁链都随时间增加而趋向于新的稳态值，因此那些为了保持磁链初值不变而出现的自由电流都会衰减至零。

衰减时间常数是描述自由电流衰减的重要参数。对于孤立的电感线圈，它的自由电流衰减时间常数等于其电感同电阻之比，即 $T=L/R$，而 $-1/T$ 就是描述电感线圈暂态过程的微分方程的特征方程的根。对于存在磁耦合关系的多个绕组，它们的自由电流衰减因子也由电路微分方程组的特征方程的根确定。在同步发电机中，定子三相绕组和转子绕组之间存在磁耦合关系，精确计算自由电流的衰减是非常繁琐的。

对于无阻尼绕组这种情况，实用计算常采用以下简化原则分析自由电流的衰减：

1）在短路瞬间，对于维持本绕组磁链不变而出现的自由电流，如果它产生的磁通对本绕组相对静止，则它按本绕组的时间常数衰减。其他自由电流只要与该自由电流存在依存关系，那么令它们的衰减时间常数相同。

2）绕组的时间常数等于该绕组的电感（此电感计及了其他绕组的磁耦合影响）和该绕组的电阻之比。

根据上述两项原则可以得到无阻尼绕组同步发电机的自由电流衰减时间常数：

① 由于定子电流的自由直流分量产生的磁通对定子绕组相对静止，故它按定子绕组的时间常数 T_a 衰减。定子电流、倍频分量及励磁电流基频分量与定子自由直流电流存在依存关系，它们都按时间常数 T_a 衰减。时间常数 T_a 由定子绕组的电感（计及同励磁绕组的磁耦合关系）与定子绕组电阻之比确定。定子自由直流分量产生的磁通与转子存在相对运动，因此该磁通路径的磁阻不断地变化，导致定子绕组的等效电抗随时间不断变化。当此磁通通过转子 d 轴时，定子绕组的等效电抗为 x'_d；当此磁通通过横轴时，定子绕组的等效电抗为 x_q。因此，定子绕组的等效电抗处于 x'_d 与 x_q 之间，而从式（4.19）也可以看出，限制定子电流直流分量的电抗恰为 x'_d 和 x_q 并联时的等值电抗的两倍。因此，将它作为无阻尼绕组同步发电机定子绕组的等效电抗。此等效电抗也是无阻尼绕组同步发电机的一种负序电抗。根据此等效电抗可以计算时间常数 T_a 如下：

$$T_a = \frac{2x'_d x_q}{\omega r (x'_d + x_q)} \tag{4.21}$$

式中，电抗和电阻采用标幺值，$\omega = 2\pi f = 314\text{rad/s}(f=50\text{Hz})$；$T_a$ 的单位是 s。

② 励磁绕组的自由直流分量产生的磁通相对励磁绕组静止，故它按励磁绕组的时间常数 T'_d 衰减。定子电流的基频自由分量与励磁绕组的自由直流存在依存关系，它们将按时间常数 T'_d 衰减。确定时间常数 T'_d 时，也应计及短路的定子绕组的影响。计算时间常数 T'_d 时采用图 4.10 所示的变压器等效电路进行计算，它将励磁绕组作为原方、短路的定子绕组作为副方。时间常数 T'_d 的具体计算公式如下：

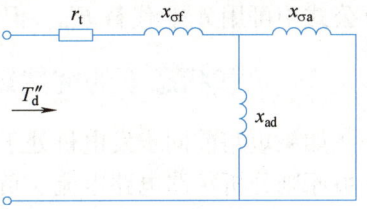

图 4.10 确定 T'_d 的等效电路

$$T'_\mathrm{d} = \frac{1}{\omega r_\mathrm{f}}\left(x_{\sigma\mathrm{f}}+\frac{x_{\sigma\mathrm{a}}x_\mathrm{ad}}{x_{\sigma\mathrm{a}}+x_\mathrm{ad}}\right) = \frac{x_\mathrm{f}}{\omega r_\mathrm{f}}\frac{x_{\sigma\mathrm{f}}x_{\sigma\mathrm{a}}+x_{\sigma\mathrm{f}}x_\mathrm{ad}+x_{\sigma\mathrm{a}}x_\mathrm{ad}}{x_\mathrm{f}(x_{\sigma\mathrm{a}}+x_\mathrm{ad})}$$

$$= \frac{x_\mathrm{f}}{\omega r_\mathrm{f}}\frac{1}{x_\mathrm{d}}\left(x_{\sigma\mathrm{a}}+\frac{x_{\sigma\mathrm{f}}x_\mathrm{ad}}{x_\mathrm{f}}\right) = T'_\mathrm{d0}\frac{x'_\mathrm{d}}{x_\mathrm{d}} \tag{4.22}$$

式中，$T'_\mathrm{d0} = \dfrac{x_\mathrm{f}}{\omega r_\mathrm{f}}$ 是定子绕组开路时励磁绕组的时间常数。

根据式（4.16）和式（4.17）、式（4.21）和式（4.22），可以得到计及自由电流衰减时定子的 d 轴和 q 轴电流：

$$\begin{cases} i_\mathrm{d} = \dfrac{E_{\mathrm{q}[0]}}{x_\mathrm{d}} + \left(\dfrac{E'_\mathrm{q0}}{x'_\mathrm{d}} - \dfrac{E_{\mathrm{q}[0]}}{x_\mathrm{d}}\right)\exp\left(-\dfrac{t}{T'_\mathrm{d}}\right) - \dfrac{E'_\mathrm{q0}}{x'_\mathrm{d}}\exp\left(-\dfrac{t}{T_\mathrm{a}}\right)\cos\omega t \\ i_\mathrm{q} = \dfrac{E'_\mathrm{q0}}{x_\mathrm{q}}\exp\left(-\dfrac{t}{T_\mathrm{a}}\right)\sin\omega t \end{cases} \tag{4.23}$$

在此基础上，可得计及自由电流衰减时的定子 a 相电流：

$$i_\mathrm{a} = -\frac{E_{\mathrm{q}[0]}}{x_\mathrm{d}}\cos(\omega t+\alpha_0) - \left(\frac{E'_\mathrm{q0}}{x'_\mathrm{d}} - \frac{E_{\mathrm{q}[0]}}{x_\mathrm{d}}\right)\exp\left(-\frac{t}{T'_\mathrm{d}}\right)\cos(\omega t+\alpha_0) +$$

$$\frac{E'_\mathrm{q0}}{2}\left(\frac{1}{x'_\mathrm{d}}+\frac{1}{x_\mathrm{q}}\right)\exp\left(-\frac{t}{T_\mathrm{a}}\right)\cos\alpha_0 + \frac{E'_\mathrm{q0}}{2}\left(\frac{1}{x'_\mathrm{d}}-\frac{1}{x_\mathrm{q}}\right)\exp\left(-\frac{t}{T_\mathrm{a}}\right)\cos(2\omega t+\alpha_0) \tag{4.24}$$

根据式（4.20）~式（4.22），可得计及自由电流衰减时励磁绕组的电流：

$$i_\mathrm{f} = i_{\mathrm{f}[0]} + \frac{(x_\mathrm{d}-x'_\mathrm{d})E'_\mathrm{q0}}{x_\mathrm{ad}x'_\mathrm{d}}\exp\left(-\frac{t}{T'_\mathrm{d}}\right) - \frac{(x_\mathrm{d}-x'_\mathrm{d})E'_\mathrm{q0}}{x_\mathrm{ad}x'_\mathrm{d}}\exp\left(-\frac{t}{T_\mathrm{a}}\right)\cos\omega t \tag{4.25}$$

相应的电流变化波形如图 4.11 所示。

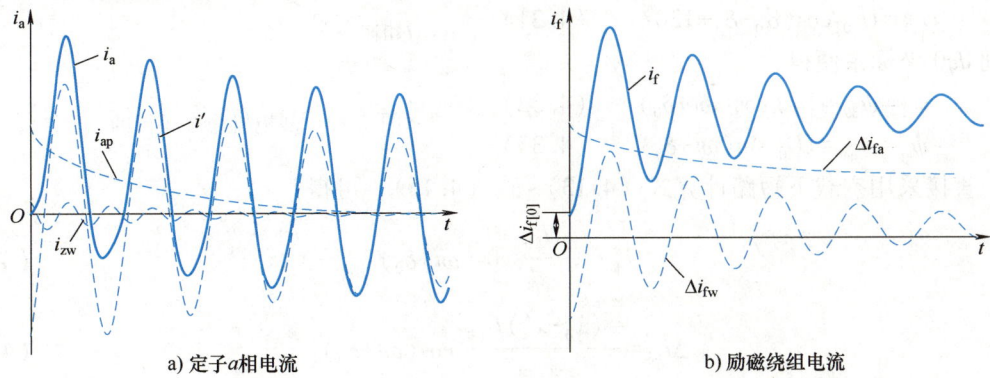

a) 定子 a 相电流   b) 励磁绕组电流

图 4.11 计及衰减时无阻尼绕组同步发电机突然三相短路时的电流波形（$\alpha=0°$）

由于短路前无阻尼同步发电机处于空载状态，故有 $E'_{q0} = E_{q[0]}$。所以，在上述电流的计算公式中可用 $E_{q[0]}$ 代替 E'_{q0}，但这种代替仅限于空载状态发生短路。

4.2.2 负载状态下的突然短路

如果短路前同步发电机处于向负载供电状态，则突然短路后仍然可以采用闭合回路磁链守恒原则分析短路电路电流。负载状态下短路后的定子基频电流 d 轴分量仍可由式（4.4）计算，这与空载状态下发生短路时的计算相同。但是，此时暂态电势值 E'_{q0} 需根据短路前瞬间的同步发电机负载计算。此外，计算励磁绕组电流的自由直流分量时，须注意在负载状态下励磁绕组磁链的表达式为

$$\psi_{f0} = x_f i_{f[0]} - x_{ad} i_{d[0]} \tag{4.26}$$

由式（2.98）可知：

$$i_{d[0]} = \frac{E'_{q0} - v_{q[0]}}{x'_d} = \frac{E'_{q0} - U_{[0]}\cos\delta_0}{x'_d} \tag{4.27}$$

由式（4.4）中的第2个式子可得：

$$\Delta i_{fa} = \frac{1}{x_f}(x_{ad} i'_d + \psi_{f0} - x_f i_{f[0]}) = \frac{x_{ad}}{x_f}(i'_d - i_{d[0]})$$

$$= \frac{x_{ad}}{x_f} \frac{U_{[0]}\cos\delta_0}{x'_d} = \frac{(x_d - x'_d) U_{[0]}\cos\delta_0}{x_{ad} x'_d} \tag{4.28}$$

负载状态下，定子短路电流的非周期分量和倍频分量仍按照其共同作用效果（即使得定子绕组磁链初值保持不变、励磁绕组磁链等于0）来确定。图4.12所示为凸极机稳态运行的相量图，由于忽略定子电阻，所以定子磁链通用相量 $\dot{\Psi}$ 比定子端电压通用相量 $\dot{U}$ 超前 $90°$。在这种情况下相量 $\dot{\Psi}$ 同转子 d 轴的夹角为 δ，且通用相量 $\dot{\Psi}$ 与通用相量 $\dot{U}$ 的长度相等。因此，短路发生前瞬间定子三相绕组的磁链初值可以计算如下：

$$\psi_{a0} = \Psi_{[0]}\cos(\alpha_0 - \delta_0) = U_{[0]}\cos(\alpha_0 - \delta_0) \tag{4.29}$$

$$\psi_{b0} = U_{[0]}\cos(\alpha_0 - \delta_0 - 120°) \tag{4.30}$$

$$\psi_{c0} = U_{[0]}\cos(\alpha_0 - \delta_0 + 120°) \tag{4.31}$$

转换到 $dq0$ 坐标系便得：

$$\psi_d = \psi_{d\omega} = U_{[0]}\cos(\omega t + \delta_0) \tag{4.32}$$

$$\psi_q = \psi_{q\omega} = U_{[0]}\sin(\omega t + \delta_0) \tag{4.33}$$

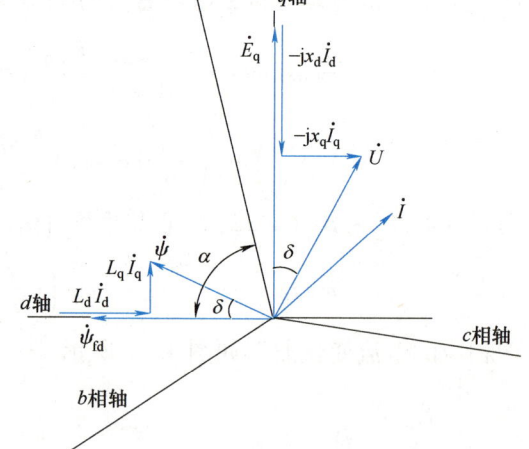

图4.12 凸极机稳态运行的相量图

然后，直接采用空载下短路计算式（4.13）~式（4.15），可得：

$$i_{d\omega} = -\frac{U_{[0]}}{x'_d}\cos(\omega t + \delta_0) \tag{4.34}$$

$$\Delta i_{f\omega} = -\frac{(x_d - x'_d) U_{[0]}}{x_{ad} x'_d}\cos(\omega t + \delta_0) \tag{4.35}$$

$$i_{q\omega} = \frac{U_{[0]}}{x_q}\sin(\omega t + \delta_0) \tag{4.36}$$

引入衰减因子后，定子短路电流的 d 轴和 q 轴分量分别为

$$\begin{cases} i_d = \dfrac{E_{q[0]}}{x_d} + \left(\dfrac{E'_{q0}}{x'_d} - \dfrac{E_{q[0]}}{x_d}\right)\exp\left(-\dfrac{t}{T'_d}\right) - \dfrac{U_{[0]}}{x'_d}\exp\left(-\dfrac{t}{T_a}\right)\cos(\omega t + \delta_0) \\ i_q = \dfrac{U_{[0]}}{x_q}\exp\left(-\dfrac{t}{T_a}\right)\sin(\omega t + \delta_0) \end{cases} \tag{4.37}$$

经过 Park 变换的逆变化和进一步的整理，可以得到定子 a 相电流的算式为

$$\begin{aligned} i_a = & -\frac{E_{q[0]}}{x_d}\cos(\omega t + \alpha_0) - \left(\frac{E'_{q0}}{x'_d} - \frac{E_{q[0]}}{x_d}\right)\exp\left(-\frac{t}{T'_d}\right)\cos(\omega t + \alpha_0) + \\ & \frac{U_{[0]}}{2}\left(\frac{1}{x'_d} + \frac{1}{x_q}\right)\exp\left(-\frac{t}{T_a}\right)\cos(\alpha_0 - \delta_0) + \frac{U_{[0]}}{2}\left(\frac{1}{x'_d} - \frac{1}{x_q}\right)\exp\left(-\frac{t}{T_a}\right)\cos(2\omega t + \alpha_0 + \delta_0) \end{aligned} \tag{4.38}$$

励磁绕组的电流为

$$i_f = i_{f[0]} + \frac{(x_d - x'_d)U_{[0]}\cos\delta_0}{x_{ad}x'_d}\exp\left(-\frac{t}{T'_d}\right) - \frac{(x_d - x'_d)U_{[0]}}{(x_{ad}x'_d)}\exp\left(-\frac{t}{T_a}\right)\cos(\omega t + \delta_0) \tag{4.39}$$

如果短路不是直接发生在发电机的端口，而是在外接电抗 x_e 之后发生，那么可以认为在发电机定子绕组漏电抗增大 x_e 的基础上，使用式（4.21）~式（4.25）和式（4.37）~式（4.39）计算短路后的绕组电流。也就是说，需将 $x_d + x_e$、$x'_d + x_e$ 和 $x_q + x_e$ 分别替换 x_d、x'_d 和 x_q。在这种情况下，式（4.38）和式（4.39）中的 $U_{[0]}$ 已不再是发电机机端电压，而是短路点发生短路之前的电压。

例 4-1 已知同步发电机，$x_d = 1.0$，$x_q = 0.6$，$\cos\varphi = 0.85$，定子电阻 $r = 0.005$，定子漏抗 $x_{\sigma a} = 0.15$，励磁绕组时间常数 $T'_{d0} = 5s$。试计算下列情况下的定子绕组电流和励磁绕组电流：①空载且有额定端电压时机端三相短路；②设 $E_{q[0]} = 1.73$，$E'_{q0} = 1.17$，$\beta_0 = 21.1°$，额定满载下机端三相短路；③额定满载下距离发电机端有电抗 $x_e = 0.5$ 和电阻 $r_e = 0.05$ 处发生三相短路。

解：（1）空载下的短路电流计算

为简单起见，定子回路的电阻只用来确定直流电流分量的衰减时间常数，而忽略它对电流数值的影响。

$$T_a = \frac{2x'_d x_q}{\omega r(x'_d + x_q)} = \frac{2 \times 0.3 \times 0.6}{314 \times 0.005 \times (0.3 + 0.6)}s = 0.255s$$

$$T'_d = \frac{x'_d}{x_d}T'_{d0} = \frac{0.3}{1.0} \times 5s = 1.5s$$

空载时 $E_{q[0]} = E'_{q0} = U_{[0]} = 1.0$，$\beta_0 = 0°$，利用式（4.37）可得：

$$\begin{aligned} i_a = & -\cos(\omega t + \alpha_0) - \left(\frac{1}{0.3} - 1\right)e^{-0.667t}\cos(\omega t + \alpha_0) + \frac{1}{2} \times \left(\frac{1}{0.3} + \frac{1}{0.6}\right)e^{-3.93t}\cos\alpha_0 + \\ & \frac{1}{2} \times \left(\frac{1}{0.3} - \frac{1}{0.6}\right)e^{-3.93t}\cos(2\omega t + \alpha_0) \\ = & -\cos(\omega t + \alpha_0) - 2.33e^{-0.667t}\cos(\omega t + \alpha_0) + 2.5e^{-3.93t}\cos\alpha_0 + 0.833e^{-3.93t}\cos(2\omega t + \alpha_0) \end{aligned}$$

对于励磁绕组的电流计算，先求出：

$$x_{ad} = x_d - x_{\sigma a} = 1 - 0.15 = 0.85$$

$$i_{f[0]} = \frac{E_{q[0]}}{x_{ad}} = 1.18$$

利用式（4.39）可得：

$$i_f = i_{f[0]} + \Delta i_{fa} + \Delta i_{f\omega} = 1.18 + \frac{1-0.3}{0.85 \times 0.3} e^{-0.667t} - \frac{1-0.3}{0.85 \times 0.3} e^{-3.93t} \cos\omega t$$

$$= 1.18 + 2.75 e^{-0.667t} - 2.75 e^{-3.93t} \cos\omega t$$

（2）额定满载状态下的短路计算

由于 $E_{q[0]} = 1.73$，$E'_{q0} = 1.17$，$\beta_0 = 21.1°$，由此可得：

$$i_{f[0]} = \frac{E_{q[0]}}{x_{ad}} = \frac{1.73}{0.85} = 2.04$$

利用式（4.38）可得：

$$i_a = -1.73\cos(\omega t + \alpha_0) - \left(\frac{1.17}{0.3} - 1.73\right) e^{-0.667t} \cos(\omega t + \alpha_0) +$$

$$\frac{1}{2} \times \left(\frac{1}{0.3} - \frac{1}{0.6}\right) e^{-3.93t} \cos(\alpha_0 - 21.1°) + \frac{1}{2} \times \left(\frac{1}{0.3} + \frac{1}{0.6}\right) e^{-3.93t} \cos(2\omega t + \alpha_0 + 21.1°)$$

$$= -1.73\cos(\omega t + \alpha_0) - 2.17 e^{-0.667t} \cos(\omega t + \alpha_0) +$$

$$2.5 e^{-3.93t} \cos(\alpha_0 - 21.1°) + 0.833 e^{-3.93t} \cos(2\omega t + \alpha_0 + 21.1°)$$

利用式（4.39）可得：

$$i_f = 2.04 + \frac{1-0.3}{0.85 \times 0.3} e^{-0.667t} \cos 21.1° - \frac{1-0.3}{0.85 \times 0.3} e^{-3.93t} \cos(\omega t + 21.1°)$$

$$= 2.04 + 2.56 e^{-0.667t} - 2.75 e^{-3.93t} \cos(\omega t + 21.1°)$$

（3）在外接阻抗后发生短路

先计算时间常数：

$$T_a = \frac{2(x'_d + x_e)(x_q + x_e)}{\omega(r + r_e)(x'_d + x_q + 2x_e)}$$

$$= \frac{2 \times 0.8 \times 1.1}{314 \times 0.055 \times (0.3 + 0.6 + 1)} \text{s}$$

$$= 0.056 \text{s}$$

$$T'_d = \frac{0.3 + 0.5}{1 + 0.5} \times 5\text{s} = 2.67\text{s}$$

现在计算短路点 k 在短路发生前的电压。根据相量图 4.13b 可得：

$$U_k = \sqrt{(U - x_e I \sin\varphi)^2 + (x_e I \cos\varphi)^2}$$

$$= \sqrt{(1 - 0.5 \times 0.53)^2 + (0.5 \times 0.85)^2} = 0.849$$

电压相量 $\dot{U}_k$ 落后于端电压 $\dot{U}$ 的角度为

$$\theta = \arctan\frac{x_e I \cos\varphi}{U - x_e I \sin\varphi} = \arctan\frac{0.425}{0.745} = 29.7°$$

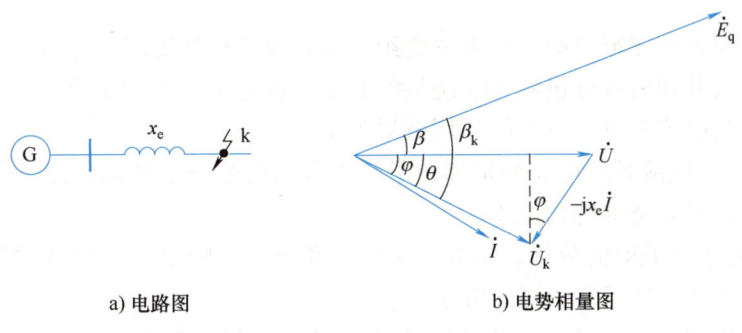

a) 电路图　　　　b) 电势相量图

图 4.13　例 4-1 的电路图和电势相量图

电压相量 $\dot{U}_k$ 落后于电势 $\dot{E}_q$ 的相角为

$$\beta_k = \beta + \theta = 21.1° + 29.7° = 50.8°$$

应用式（4.38）和式（4.39）时，需将 $x_d + x_e$、$x'_d + x_e$ 和 $x_q + x_e$ 分别替换 x_d、x'_d 和 x_q，并且用 U_k 和 β_k 分别代替 $U_{[0]}$ 和 $\beta_{[0]}$，这样便可算出：

$$\begin{aligned}
i_a = & -\frac{1.73}{1.5}\cos(\omega t + \alpha_0) - \left(\frac{1.17}{0.8} - \frac{1.73}{1.5}\right)e^{-0.375t}\cos(\omega t + \alpha_0) + \\
& \frac{0.859}{2}\times\left(\frac{1}{0.8} + \frac{1}{1.1}\right)e^{-18.64t}\cos(\alpha_0 - 50.8°) + \\
& \frac{0.859}{2}\times\left(\frac{1}{0.8} - \frac{1}{1.1}\right)e^{-18.64t}\cos(2\omega t + \alpha_0 + 50.8°) \\
= & -1.15\cos(\omega t + \alpha_0) - 0.31e^{-0.375t}\cos(\omega t + \alpha_0) + \\
& 0.927e^{-18.64t}\cos(\alpha_0 - 50.8°) + 0.146e^{-18.64t}\cos(2\omega t + \alpha_0 + 50.8°)
\end{aligned}$$

$$\begin{aligned}
i_f = & 2.04 + \frac{(1-0.3)\times 0.859\times\cos 50.8°}{0.85\times 0.8}e^{-0.375t} - \frac{(1-0.3)\times 0.859}{0.85\times 0.8}e^{-18.64t}\cos(\omega t + 50.8°) \\
= & 2.04 + 0.559e^{-0.375t} - 0.884e^{-18.64t}\cos(\omega t + 50.8°)
\end{aligned}$$

4.3　有阻尼绕组同步发电机的突然三相短路

在突然短路的暂态过程这个方面，有阻尼绕组同步发电机与无阻尼绕组同步发电机基本相似。有阻尼绕组同步发电机突然短路时，其定子电流也包含了基频分量、直流分量和倍频分量，转子绕组电流也包含了直流自由分量、基频电流自由分量等，这也可以从闭合回路磁链守恒原则得到合理的解释。值得注意的是，由于有阻尼绕组的同步发电机转子侧在 d 轴向存在两个有互感关系的绕组，即励磁绕组和 d 轴阻尼绕组，因此在突然短路的瞬间，这两个绕组中的任意一个绕组的磁链守恒都是由它们的自由电流共同维持的。下面将详细介绍有阻尼绕组同步发电机的突然三相短路的定量计算。

4.3.1　有阻尼绕组同步发电机的短路电流

有阻尼绕组同步发电机突然短路的分析计算也是首先应用闭合回路磁链守恒原则计算绕组中的各个电流分量，然后计算自由电流分量的衰减时间常数，最后得到各绕组总电流的计算公式。

根据闭合回路磁链守恒原则,有阻尼绕组同步发电机突然短路后电流分量也可以划分成两组:①定子电流基频电流分量和转子绕组的直流电流分量;②定子直流电流分量、倍频电流分量和转子基频电流分量。它们的作用效果如下:

1)在仅有定子电流基频电流分量和转子绕组直流电流分量共同作用下,定子绕组的磁链等于零,转子绕组磁链维持初值不变。

2)在仅有定子直流电流分量、倍频交流分量和转子基频电流分量共同作用下,定子绕组磁链维持初值不变,转子绕组磁链等于零。

根据上述作用效果,并结合磁链平衡等效电路图 2.16,就可以得到计算定子基频电流分量和转子直流电流分量的磁链平衡等效电路(见图 4.14),以及计算定子直流电流分量、倍频电流分量和转子基频电流分量的磁链平衡等效电路(见图 4.15)。图中 Δi_{Da}、$\Delta i_{D\omega}$ 分别为 d 轴阻尼绕组的自由直流和基频交流,Δi_{Qa} 和 $\Delta i_{Q\omega}$ 分别为 q 轴阻尼绕组的自由直流和基频交流。需要注意的是,阻尼绕组电流的强制分量为零,这是因为阻尼绕组的外加电压等于 0。

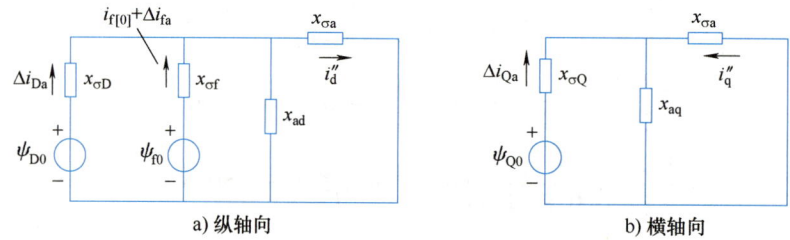

图 4.14 定子基频电流分量和转子直流电流分量的磁链平衡等效电路

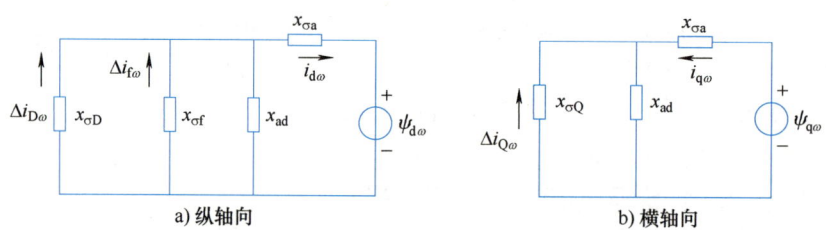

图 4.15 定子直流电流分量、倍频电流分量和转子基频电流分量的磁链平衡等效电路

接下来以负载下突然短路为例介绍计算过程。根据图 4.14 所示的等效电路,可以求得:

$$i_d'' = \frac{E_{q0}''}{x_d''} \qquad (4.40)$$

$$i_q'' = \frac{E_{d0}''}{x_q''} \qquad (4.41)$$

上面两式中,d 轴次暂态电势和 q 轴次暂态电势的初值可根据短路前瞬间的运行状态计算,具体如下:

$$E_{q0}'' = u_{q[0]} + x_d'' i_{d[0]} = U_{[0]} \cos\delta_0 + x_d'' i_{d[0]} \qquad (4.42)$$

$$E_{d0}'' = \frac{x_q - x_q''}{x_q} u_{d[0]} = \frac{x_q - x_q''}{x_q} U_{[0]} \sin\delta_0 \qquad (4.43)$$

当进入稳态短路状态后，$E_{q\infty} = E_{q[0]}$，则有：

$$i_{d\infty} = \frac{E_{q[0]}}{x_d} \tag{4.44}$$

故定子绕组 d 轴基频电流的自由分量为

$$i''_d - i_{d\infty} = \frac{E''_{q0}}{x''_d} - \frac{E_{q[0]}}{x_d} \tag{4.45}$$

由于阻尼绕组电流的强制分量为零，故 $i_{q\infty} = 0$，所以 i''_q 全部为自由分量。下面计算转子绕组的自由直流。由等效电路图 4.14a 可得：

$$x_f(i_{f[0]} + \Delta i_{fa}) + x_{ad}\Delta i_{Da} - x_{ad}i''_d = \psi_{f0} \tag{4.46}$$

$$x_{ad}(i_{f[0]} + \Delta i_{fa}) + x_D\Delta i_{Da} - x_{ad}i''_d = \psi_{D0} \tag{4.47}$$

其中，励磁绕组的磁链初值 ψ_{f0} 和 d 轴阻尼绕组的磁链初值 ψ_{D0} 可由短路前瞬间的磁链平衡方程求得，即

$$\psi_{f0} = x_f i_{f[0]} - x_{ad} i_{d[0]} \tag{4.48}$$

$$\psi_{D0} = x_{ad} i_{f[0]} - x_{ad} i_{d[0]} \tag{4.49}$$

将它们代入式（4.46）和式（4.47）可以得到：

$$\begin{aligned} x_f \Delta i_{fa} + x_{ad} \Delta i_{Da} &= x_{ad}(i''_d - i_{d[0]}) \\ x_{ad} \Delta i_{fa} + x_D \Delta i_{Da} &= x_{ad}(i''_d - i_{d[0]}) \end{aligned} \tag{4.50}$$

式（4.50）充分说明，突然短路后，对于转子纵轴向的每一个绕组而言，抵消定子基频电流纵轴电枢反应磁链的增量，需要 d 轴向转子两个绕组的自由直流共同作用。

因为 $i_{d[0]} = \frac{E''_{q0} - U_{q[0]}}{x''_d} = \frac{E''_{q[0]} - U_{[0]}\cos\delta_0}{x''_d}$，故 $i''_d - i_{d[0]} = \frac{U_{[0]}\cos\delta_0}{x''_d}$。由式（4.50）可得：

$$\begin{cases} \Delta i_{fa} = \dfrac{x_{ad} x_{\sigma D}}{x_f x_D - x^2_{ad}} \times \dfrac{U_{[0]}\cos\delta_0}{x''_d} \\ \Delta i_{Da} = \dfrac{x_{ad} x_{\sigma f}}{x_f x_D - x^2_{ad}} \times \dfrac{U_{[0]}\cos\delta_0}{x''_d} \end{cases} \tag{4.51}$$

在 q 轴方向，由图 4.14b 可得：

$$\Delta i_{Qa} = \frac{\psi_{Q0}}{x_{\sigma Q} + \dfrac{x_{\sigma a} x_{aq}}{x_q}} = \frac{x_q \psi_{Q0}}{x_{\sigma Q} x_q + (x_q - x_{aq}) x_{aq}} = \frac{x_q \psi_{Q0}}{x_Q x''_q} \tag{4.52}$$

在短路发生前瞬间，

$$\psi_{Q0} = x_{aq} i_{q[0]} = x_{aq} \frac{U_{d[0]}}{x_q} = \frac{x_{aq}}{x_q} U_{[0]} \sin\delta_0 \tag{4.53}$$

因此，

$$\Delta i_{Qa} = \frac{x_{aq} U_{[0]} \sin\delta_0}{x_Q x''_q} = \frac{(x_q - x''_q) U_{[0]} \sin\delta_0}{x_{aq} x''_q} \tag{4.54}$$

在图 4.15 中，定子三相磁链初值的各轴分量与无阻尼绕组时的相同，即 $\psi_{d\omega} = U_{[0]}\cos(\omega t + \delta_0)$ 和 $\psi_{q\omega} = U_{[0]}\sin(\omega t + \delta_0)$。参照之前的求解过程可以直接得到：

$$\begin{cases} i_{d\omega} = -\dfrac{\psi_{d\omega}}{x_d''} = -\dfrac{U_{[0]}}{x_d''}\cos(\omega t+\delta_0) \\ i_{q\omega} = \dfrac{\psi_{q\omega}}{x_q''} = \dfrac{U_{[0]}}{x_q''}\sin(\omega t+\delta_0) \end{cases} \quad (4.55)$$

$$\begin{cases} \Delta i_{f\omega} = \dfrac{x_{ad}''x_{\sigma D}}{x_f x_D - x_{ad}^2} i_{d\omega} = -\dfrac{x_{ad}x_{\sigma D}}{x_f x_D - x_{ad}^2} \times \dfrac{U_{[0]}}{x_d''}\cos(\omega t+\delta_0) \\ \Delta i_{D\omega} = \dfrac{x_{ad}x_{\sigma f}}{x_f x_D - x_{ad}^2} i_{d\omega} = -\dfrac{x_{ad}x_{\sigma f}}{x_f x_D - x_{ad}^2} \times \dfrac{U_{[0]}}{x_d''}\cos(\omega t+\delta_0) \end{cases} \quad (4.56)$$

$$\Delta i_{Q\omega} = -\dfrac{x_{aq}}{x_{\sigma Q}+x_{aq}} i_{q\omega} = -\dfrac{(x_q - x_q'')U_{[0]}}{x_{aq}x_q''}\sin(\omega t+\delta_0) \quad (4.57)$$

这样便得到定子短路电流的 d 轴和 q 轴分量：

$$\begin{cases} i_d = i_d'' + i_{d\omega} = i_{d\infty} + (i_d'' - i_{d\infty}) + i_{d\omega} \\ \quad = \dfrac{E_{q[0]}}{x_d} + \left(\dfrac{E_{q[0]}''}{x_d''} - \dfrac{E_{q[0]}}{x_d}\right) - \dfrac{U_{[0]}}{x_d''}\cos(\omega t+\delta_0) \\ i_q = i_q'' + i_{q\omega} = -\dfrac{E_{d0}''}{x_q''} + \dfrac{U_{[0]}}{x_q''}\sin(\omega t+\delta_0) \end{cases} \quad (4.58)$$

经过 Park 变换的逆变化和进一步的整理，可得定子 a 相电流的表达式为

$$\begin{aligned} i_a &= -i_d\cos(\omega t+\delta_0) + i_q\sin(\omega t+\alpha_0) \\ &= -\left[\dfrac{E_{q[0]}}{x_d} + \left(\dfrac{E_{q[0]}''}{x_d''} - \dfrac{E_{q[0]}}{x_d}\right)\right]\cos(\omega t+\alpha_0) - \dfrac{E_{d0}''}{x_q''}\sin(\omega t+\alpha_0) + \\ &\quad \dfrac{U_{[0]}}{2}\left(\dfrac{1}{x_d''}+\dfrac{1}{x_q''}\right)\cos(\delta_0-\alpha_0) + \dfrac{U_{[0]}}{2}\left(\dfrac{1}{x_d''}-\dfrac{1}{x_q''}\right)\cos(2\omega t+\alpha_0+\delta_0) \end{aligned} \quad (4.59)$$

定子电流的倍频分量实际上是由于转子旋转所引起的"磁阻"变化而产生的，这个"磁阻"是指同步发电机暂态过程中的一种等效磁阻。在暂态过程中，考虑到转子各轴向闭合回路的作用，有阻尼绕组同步发电机在两个轴向的等效电抗应为 x_d'' 和 x_q''（或者在无阻尼绕组时为 x_d' 和 x_q），由于磁阻与电抗成反比关系，因此上述等效磁阻正是对应于这些次暂态电抗或暂态电抗的。

凸极机的次暂态电抗 x_d'' 和 x_q'' 的数值一般存在一些差别（x_d' 和 x_q 的差别更为明显），因此相应的等效磁阻也不相等，导致凸极机在短路暂态过程的定子电流往往含有倍频分量。但是，隐极式汽轮发电机的 x_d'' 和 x_q'' 近似相等，因而它的倍频分量可以忽略不计。

下面直接给出转子各绕组电流的计算公式：

励磁绕组的电流为

$$i_f = i_{f[0]} + \Delta i_{fa} + \Delta i_{f\omega} = i_{f[0]} + \dfrac{x_{ad}x_{\sigma D}U_{[0]}}{(x_f x_D - x_{ad}^2)x_d''}[\cos\delta_0 - \cos(\omega t+\delta_0)] \quad (4.60)$$

纵轴阻尼绕组的电流为

$$i_D = \Delta i_{Da} + \Delta i_{D\omega} = \dfrac{x_{ad}x_{\sigma f}U_{[0]}}{(x_f x_D - x_{ad}^2)x_d''}[\cos\delta_0 - \cos(\omega t+\delta_0)] \quad (4.61)$$

横轴阻尼绕组的电流为

$$i_Q = \Delta i_{Qa} + \Delta i_{Q\omega} = \frac{(x_q - x''_q) U_{[0]}}{x_{aq} x''_q} [\sin\delta_0 - \sin(\omega t + \delta_0)] \quad (4.62)$$

4.3.2 自由电流的衰减

在有阻尼绕组同步发电机中，定子短路电流中的直流分量和倍频分量以及转子绕组中的基频电流都是按照定子绕组的时间常数 T_a 衰减，这个时间常数 T_a 的表达式如下：

$$T_a = \frac{2 x''_d x''_q}{\omega r (x''_d + x''_q)} \quad (4.63)$$

定子横轴基频电流的自由分量与横轴阻尼绕组的自由直流都按横轴阻尼绕组（在定子绕组短路情况下）的时间常数 T''_q 衰减。图 4.16 所示为确定 T''_q 的等效电路，根据该等效电路可以得到：

$$T''_q = \frac{x''_q}{x_q} T''_{q0} \quad (4.64)$$

式中，$T''_{q0} = \dfrac{x_Q}{\omega r_Q}$ 是定子绕组开路时横轴阻尼绕组的时间常数。

定子纵轴基频电流的自由分量与励磁绕组和纵轴阻尼绕组的自由直流分量相对应，它们的衰减规律比较复杂。图 4.17 给出了根据实际采集的定子短路电流波形图绘制的基频电流峰值变化曲线。从这张图中可以看出，定子纵轴基频电流（定子电阻很小且空载下发生短路时，可认为横轴基频电流等于零）可以近似分解为两个分量，即次暂态分量和暂态分量。其中，次暂态分量的衰减时间常数为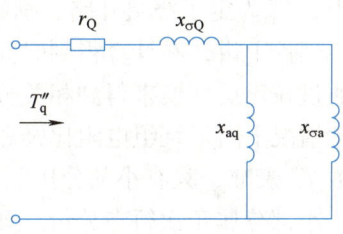

图 4.16 确定 T''_q 的等效电路

T''_d，衰减暂态分量的衰减时间常数为 T'_d，且 T'_d 通常比 T''_d 大许多倍。由此可知，励磁绕组和纵轴阻尼绕组中的直流自由电流都含有两个分量，即次暂态分量和暂态分量。

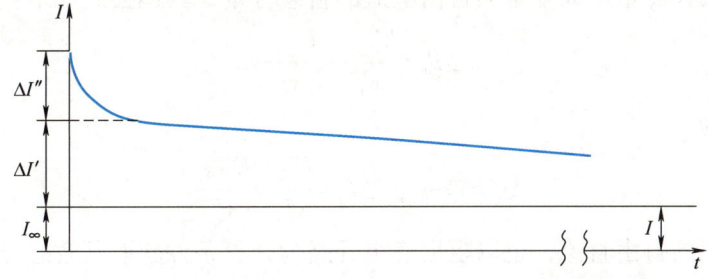

图 4.17 突然三相短路时有阻尼绕组的同步发电机定子基频电流峰值变化曲线

较为精确地计算时间常数 T'_d 和 T''_d 的数值可以通过纵轴运算电抗 $X_d(s)$ 的零点确定，相应的计算公式如下：

$$\begin{cases} T'_d = (T'_f + T'_D) \dfrac{1+q}{2} \\ T''_d = (T'_f + T'_D) \dfrac{1-q}{2} \end{cases} \quad (4.65)$$

式中，

$$T'_f = T'_{d0}\frac{x'_f}{x_f}; \quad T'_D = T_D\frac{x'_D}{x_D}; \quad q = \sqrt{1-\frac{4\sigma'_{fD}T'_f T'_D}{(T'_f+T'_D)^2}}; \quad T_D = \frac{x_d}{\omega r_D};$$

$$\sigma'_{fD} = 1-\frac{(x'_{ad})^2}{(x'_f x'_D)}; \quad x'_{ad} = \frac{x_{ad}x_{\sigma a}}{x_{\sigma a}+x_{ad}}; \quad x'_f = x_{\sigma f}+x'_{ad}; \quad x'_D = x_{aD}+x'_{ad}$$

式中，T'_f 为定子绕组短路、阻尼绕组开路时，励磁绕组的时间常数；T'_D 为定子绕组短路、励磁绕组开路时，纵轴阻尼绕组的时间常数；T'_{d0} 为定子绕组和阻尼绕组同时开路时，励磁绕组的时间常数；T'_D 为定子绕组和励磁绕组同时开路时，纵轴阻尼绕组的时间常数；σ'_{fD} 为定子绕组短路时励磁绕组和纵轴阻尼绕组间的漏磁系数。

由于上述计算过程较繁琐，式（4.65）实际上很少被采用，应用广泛的则是如下简化的近似公式：

$$\begin{cases} T'_d \approx \frac{x'_d}{x_d}T'_{d0} \\ T''_d \approx \frac{x''_d}{x'_d}T''_{d0} \end{cases} \tag{4.66}$$

式中，T''_{d0} 为定子绕组开路、励磁绕组短路时，纵轴阻尼绕组的时间常数。

理论上讲，在计算得到时间常数 T'_d 和 T''_d 后，应对定子电流的象函数 $I_d(p)$ 进行展开，并通过拉氏反变换来得到相关分量的解析表达式。但是，实际计算一般采用近似方法。由于通常情况下阻尼绕组电阻比励磁绕组电阻更大，因此阻尼绕组的自由直流电流大部分按时间常数 T''_d 衰减，只有小部分按照时间常数 T'_d 衰减。而励磁绕组的自由直流大部分属于暂态分量，小部分属于次暂态分量。如前所述，由于 T'_d 通常比 T''_d 大许多倍，因此当次暂态分量迅速衰减时，暂态分量的变化甚微。也就是说，当阻尼绕组的自由直流已经大部分衰减时，励磁绕组的自由直流变化量还很小。因此，实际计算中经常采用如下做法：在假设阻尼绕组电流为零（即阻尼绕组开路或忽略阻尼绕组）的基础上，对励磁绕组仍然以磁链守恒为条件，然后根据暂态参数计算定子纵轴基频自由电流的暂态分量，具体公式如下：

$$\Delta i'_d = \frac{E'_{q[0]}}{x'_d} - \frac{E_{q[0]}}{x_d} \tag{4.67}$$

于是次暂态分量为

$$\Delta i''_d = i''_d - i_{d\infty} - \Delta i'_d = \frac{E''_{q0}}{x''_d} - \frac{E'_{q[0]}}{x'_d} \tag{4.68}$$

对于励磁绕组的自由直流，也以阻尼绕组开路为计算条件获取其暂态分量：

$$\Delta i'_{fa} = \frac{(x_d-x'_d)U_{[0]}\cos\delta_0}{x_{ad}x'_d} \tag{4.69}$$

在此基础上，次暂态分量计算如下：

$$\Delta i''_{fa} = \Delta i_{fa} - \Delta i'_{fa} = \frac{(x_d-x'_d)U_{[0]}\cos\delta_0}{(x_f x_D - x_{ad}^2)x''_d} - \frac{(x_d-x'_d)U_{[0]}\cos\delta_0}{x_{ad}x'_d} \tag{4.70}$$

由于本章将阻尼绕组视为等值绕组，其所有电流分量均为衰减速度较快的自由电流，故本书不再详细分析。

需要指出的是，有阻尼绕组的同步发电机在扰动前后不突变的是次暂态电势 E''_q 和 E''_d。对于有阻尼绕组的同步发电机，如果根据公式 $E'_q = U_q + x'_d i_d$ 计算得到一个暂态电势 E'_q，那么在运行状态突变的瞬间就会出现 $E'_{q[0]} \neq E'_{q0}$。这是因为按照 E''_q 不变所确定的定子基频电流纵轴分量的初值，不满足 E'_q 守恒的条件。

引入衰减因子以后，定子电流的 d 轴和 q 轴分量分别为

$$\begin{cases} i_d = \dfrac{E_{q[0]}}{x_d} + \left(\dfrac{E''_{q0}}{x''_d} - \dfrac{E'_{q[0]}}{x'_d}\right) \exp\left(-\dfrac{t}{T''_d}\right) + \left(\dfrac{E'_{q[0]}}{x'_d} - \dfrac{E_{q[0]}}{x_d}\right) \exp\left(-\dfrac{t}{T'_d}\right) - \dfrac{U_{[0]}}{x''_q} \exp\left(-\dfrac{t}{T_a}\right) \cos(\omega t + \delta_0) \\ i_q = -\dfrac{E''_{d0}}{x''_q} \exp\left(-\dfrac{t}{T''_q}\right) + \dfrac{U_{[0]}}{x''_q} \exp\left(-\dfrac{t}{T_a}\right) \sin(\omega t + \delta_0) \end{cases} \quad (4.71)$$

经过 Park 变换的逆变换和进一步的整理，可得有阻尼绕组的同步发电机定子 a 相电流：

$$i_a = -\dfrac{E_{q[0]}}{x_d} \cos(\omega t + \alpha_0) - \left(\dfrac{E''_{q[0]}}{x''_d} - \dfrac{E'_{q[0]}}{x'_d}\right) \exp\left(-\dfrac{t}{T''_d}\right) \cos(\omega t + \alpha_0) -$$

$$\left(\dfrac{E'_{q[0]}}{x'_d} - \dfrac{E_{q[0]}}{x_d}\right) \exp\left(-\dfrac{t}{T'_d}\right) \cos(\omega t + \alpha_0) - \dfrac{E''_{d0}}{x''_q} \exp\left(-\dfrac{t}{T''_q}\right) \sin(\omega t + \alpha_0) +$$

$$\dfrac{U_{[0]}}{2} \left(\dfrac{1}{x''_d} + \dfrac{1}{x''_q}\right) \exp\left(-\dfrac{t}{T_a}\right) \cos(\delta_0 - \alpha_0) + \dfrac{U_{[0]}}{2} \left(\dfrac{1}{x''_d} - \dfrac{1}{x''_q}\right) \exp\left(-\dfrac{t}{T_a}\right) \cos(2\omega t + \alpha_0 + \delta_0) \quad (4.72)$$

励磁绕组的电流计算公式如下：

$$i_f = i_{f[0]} + \left[\dfrac{x_{ad} x_{\sigma D} U_{[0]} \cos\delta_0}{(x_f x_D - x^2_{ad}) x''_d} - \dfrac{(x_d - x'_d) U_{[0]} \cos\delta_0}{x_{ad} x'_d}\right] \exp\left(-\dfrac{t}{T''_d}\right) +$$

$$\dfrac{(x_d - x'_d) U_{[0]} \cos\delta_0}{x_{ad} x'_d} \exp\left(-\dfrac{t}{T'_d}\right) - \dfrac{x_{ad} x_{\sigma D} U_{[0]}}{(x_f x_D - x^2_{ad}) x''_d} \exp\left(-\dfrac{t}{T_a}\right) \cos(\omega t + \delta_0) \quad (4.73)$$

图 4.18 针对有阻尼绕组同步发电机，给出了其在空载状态下突然发生短路（$\alpha_0 = 0°$）时定子 a 相绕组、励磁绕组和纵轴阻尼绕组的电流波形。从图中可以看出，在短路发生后的短暂时间内，励磁绕组的自由直流不仅未衰减，反而表现出增大的趋势。这是由于纵轴阻尼绕组的自由直流衰减速度很快，导致励磁绕组为了保持磁链守恒须以相同的速度增加自由直流，从而抵消来自纵轴阻尼绕组的互感磁链的衰减。

如果短路故障不是发生在有阻尼绕组同步发电机的机端，而是发生在外接电抗 x_e 之后，那么上述电流和时间常数的计算公式中需将 x_d、x'_d、x''_d、x_q 和 x''_q 分别替换为 $x_d + x_e$、$x'_d + x_e$、$x''_d + x_e$、$x_q + x_e$ 和 $x''_q + x_e$。

例 4-2 同步发电机以下参数：$x_d = 1.0$，$x_q = 0.6$，$\cos\varphi = 0.85$，$x_{\sigma a} = 0.15$，$x_{ad} = 0.85$，$X_{aq} = 0.45$，$r = 0.005$，$x_{\sigma f} = 0.18$，$x_{\sigma D} = 0.1$，$x_{\sigma Q} = 0.25$，$T'_{d0} = 5\text{s}$，$T_D = 2\text{s}$，$T''_{q0} = 1.4\text{s}$。试计算各种时间常数和额定满载情况下机端三相短路时的电流。

解：

（1）各种时间常数的计算

$$T_a = \dfrac{2 x''_d x''_q}{\omega r (x''_d + x''_q)} = \dfrac{2 \times 0.21 \times 0.31}{314 \times 0.005 \times (0.21 + 0.31)} \text{s} = 0.16\text{s}$$

$$T''_q = \dfrac{x''_q}{x_q} T''_{q0} = \dfrac{0.31}{0.6} \times 1.4\text{s} = 0.72\text{s}$$

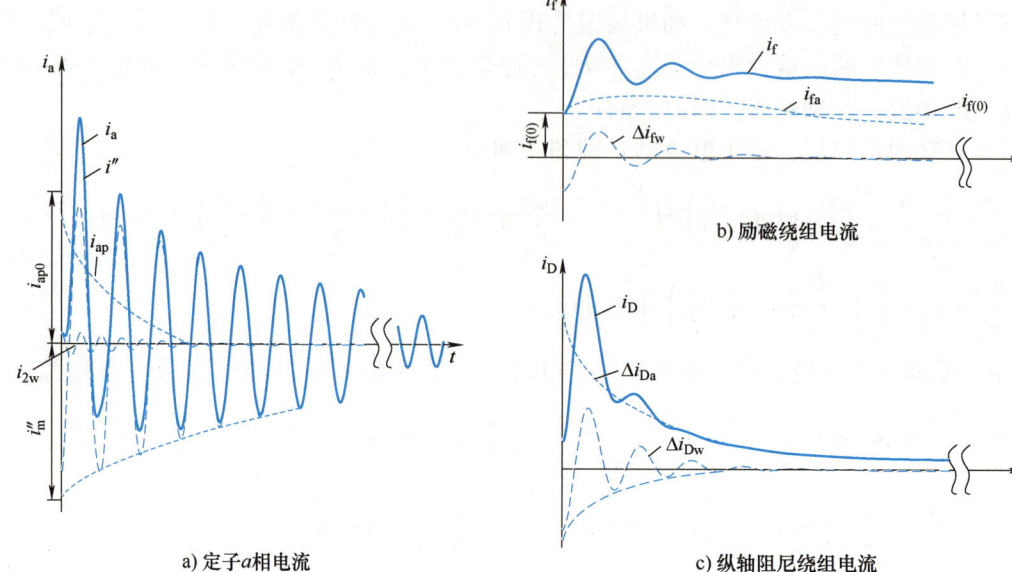

图4.18 有阻尼绕组同步发电机空载突然三相短路电流波形（$\alpha_0 = 0°$）

利用式（4.65）确定时间常数 T'_d 和 T''_d，须先作下列计算：

$$x'_{ad} = \frac{x_{ad} x_{\sigma a}}{x_{\sigma a} + x_{ad}} = \frac{0.15 \times 0.85}{0.15 + 0.85} = 0.128$$

$$x'_f = x_{\sigma f} + x'_{ad} = 0.18 + 0.128 = 0.308$$

$$x'_D = x_{\sigma D} + x'_{ad} = 0.10 + 0.128 = 0.228$$

$$T'_f = \frac{x'_f}{x_f} T'_{d0} = \frac{0.308}{0.18 + 0.85} \times 5\text{s} = 1.5\text{s}$$

$$T'_D = \frac{x'_D}{x_D} T'_D = \frac{0.228}{0.10 + 0.85} \times 2\text{s} = 0.48\text{s}$$

$$\sigma'_{fD} = 1 - \frac{(x'_{ad})^2}{(x'_f x'_D)} = 1 - \frac{0.128^2}{0.308 \times 0.228} = 0.767$$

$$q = \sqrt{1 - \frac{4\sigma'_{fD} T'_f T'_D}{(T'_f + T'_D)^2}} = \sqrt{1 - \frac{4 \times 0.767 \times 1.5 \times 0.48}{(1.5 + 0.48)^2}} = 0.66$$

然后得：

$$T''_d = \frac{1}{2}(1-q)(T'_f + T'_D) = \frac{1}{2} \times (1 - 0.66) \times (1.5 + 0.48) = 0.34\text{s}$$

$$T'_d = \frac{1}{2}(1+q)(T'_f + T'_D) = \frac{1}{2} \times (1 + 0.66) \times (1.5 + 0.48) = 1.64\text{s}$$

现在用式（4.66）计算。根据定义

$$T''_{d0} = \frac{1}{\omega r_D} \left(\frac{x_{\sigma f} x_{ad}}{x_{\sigma f} + x_{ad}} + x_{\sigma D} \right), \quad T_D = \frac{x_{\sigma D} + x_{ad}}{\omega r_D}$$

故有：

$$T''_{d0} = \frac{\frac{x_{\sigma f} x_{ad}}{x_{\sigma f} + x_{ad}} + x_{\sigma D}}{x_{\sigma D} + x_{ad}}, \quad T_D = \frac{\frac{0.18 \times 0.85}{0.18 + 0.85} + 0.1}{0.1 + 0.85} \times 2\text{s} = 0.52\text{s}$$

于是：

$$T''_d \approx \frac{x''_d}{x'_d} T''_{d0} = \frac{0.21}{0.30} \times 0.52\text{s} = 0.36\text{s}$$

$$T'_d \approx \frac{x'_d}{x_d} T'_{d0} = \frac{0.3}{1.0} \times 5\text{s} = 1.5\text{s}$$

（2）机端三相短路电流计算

利用例 2-2 和例 2-3 已求得的结果：
$E_{q[0]} = 1.73$，$E'_{q[0]} = 1.17$，$E''_{q[0]} = 1.09$，$\delta_0 = 21.1°$，$E''_{d0} = 0.174$。

时间常数 T'_d 和 T''_d 采用通过式（4.65）计算得到的数值，直接套用式（4.38）和式（4.39）可得：

$$i_a = -1.73\cos(\omega t + \alpha_0) - 1.33\text{e}^{-2.97t}\cos(\omega t + \alpha_0) - 2.17\text{e}^{-0.609t}\cos(\omega t + \alpha_0) -$$
$$0.56\text{e}^{-1.38t}\sin(\omega t + \alpha_0) + 4\text{e}^{-6.3t}\cos(21.1° - \alpha_0) + 0.77\text{e}^{-6.3t}\cos(2\omega t + \alpha_0 + 21.1°)$$

$$i_f = 2.04 - 1.09\text{e}^{-2.97t} + 2.56\text{e}^{-0.609t} - 1.58\text{e}^{-6.3t}\cos(21.1° + \omega t)$$

4.4 强行励磁对短路电流的影响

本章前面的分析中假定了励磁电压不变，但现代电力系统中的同步发电机通常装设了自动励磁调节装置。在自动励磁调节系统中，强行励磁装置是一个重要的组成部分。当由于短路或其他原因导致发电机端电压显著下降时，强行励磁装置会使得励磁电压 u_f 增大，进而增大励磁电流以期恢复机端电压。

由于强行励磁装置动作时 u_f 的变化规律比较复杂，因此为了便于定量分析，本节假定在强行励磁装置动作时励磁电压按指数规律从 $u_{f[0]}$ 上升到某一终值 u_{fm}，相应的励磁电压曲线如图 4.19 所示。前述励磁电压按指数规律变化的公式如下：

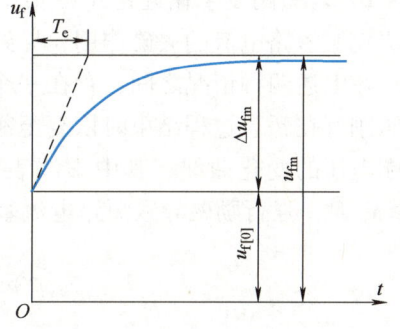

图 4.19 强行励磁时励磁电压上升曲线的示意图

$$u_f(t) = u_{f[0]} + (u_{fm} - u_{f[0]})[1 - \exp(-t/T_e)] = u_{f[0]} + \Delta u_f(t) \tag{4.74}$$

式中，

$$\Delta u_f(t) = (u_{fm} - u_{f[0]})\left[1 - \exp\left(-\frac{t}{T_e}\right)\right] = \Delta u_{fm}\left[1 - \exp\left(-\frac{t}{T_e}\right)\right] \tag{4.75}$$

式中，u_{fm} 为强励顶值电压；$\Delta u_f(t)$ 为励磁电压的强励增量；T_e 为励磁系统的时间常数。

强行励磁将导致定子电流出现增量。定子电流强励增量的象函数为

$$\Delta I_{df}(s) = \frac{G_f(s)}{X_d(s)} \Delta U_f(s) = \frac{G_f(s)}{X_d(s)} \frac{\Delta u_{fm}}{s(1 + T_e s)} \tag{4.76}$$

通过拉氏反变换可得：

$$\Delta i_{\mathrm{df}}(t) = L^{-1}\left[\frac{G_{\mathrm{f}}(s)}{X_{\mathrm{d}}(s)}\frac{\Delta u_{\mathrm{fm}}}{s(1+T_{\mathrm{e}}s)}\right] = \frac{x_{\mathrm{ad}}\Delta u_{\mathrm{fm}}}{x_{\mathrm{d}}r_{\mathrm{f}}}F(t) \tag{4.77}$$

若不计阻尼绕组影响，且 $T_{\mathrm{d}}' \neq T_{\mathrm{e}}$ 时，则有：

$$F(t) = 1 - \frac{T_{\mathrm{d}}'\exp(-t/T_{\mathrm{d}}') - T_{\mathrm{e}}\exp(-t/T_{\mathrm{e}})}{T_{\mathrm{d}}' - T_{\mathrm{e}}} \tag{4.78}$$

定子电流增量 $\Delta i_{\mathrm{df}}(t)$ 属于强行励磁带来的定子电流强制分量。如果不考虑定子回路电阻，那么 $\Delta i_{\mathrm{df}}(t)$ 是基频电流的一项纵轴分量。

对于由于短路导致的发电机端电压显著下降，如果忽略强行励磁装置的动作时延，即认为励磁电压强励增量开始作用的时刻和短路的起算时刻相同，因此当不考虑定子回路电阻时，可以把由式（4.77）计算得到的 $\Delta i_{\mathrm{df}}(t)$ 直接加入定子电流纵轴分量的计算式（4.37）或式（4.71）。

强励作用动作时，励磁电流增加，导致电势 E_{q} 增大，因此同步发电机的端电压将逐渐恢复。当机端电压恢复到额定值时，自动调节励磁装置会把机端电压维持在额定值上。在这种情况下，励磁电流、空载电势、定子电流的强励增量将不再按原有规律变化，而是按照维持机端电压为额定值的条件而变化。在短路过程中，强励作用不一定能够使得机端电压恢复至额定值。以图 4.20 中的电力系统为例，端电压能否恢复到额定值与短路点的远近有关：

1）若短路点很远（即 x_{e} 很大），则短路对同步发电机的影响相对较小，同步发电机端电压的下降不会很大。在强行励磁装置动作后，发电机端电压能够在暂态过程的某一时间 t_{cr} 恢复到额定值，这个时间 t_{cr} 称为临界时间。

2）若短路发生在近处（x_{e} 很小），则短路电流很大，强行励磁作用在整个暂态过程中无法克服短路电流的去磁作用，导致发电机端电压一直无法恢复到它的额定值。

在上述两种情况之间，存在一个临界电抗值 x_{cr}。当 $x_{\mathrm{e}} = x_{\mathrm{cr}}$ 时发生短路，同步发电机端电压刚好在暂态过程结束时恢复至额定值。图 4.20 给出了电抗 x_{e} 取不同值时定子基频电流和端电压的变化曲线，其中虚线表示不考虑强励作用时的曲线。从图 4.20 可以看出，当 $x_{\mathrm{e}} \geqslant x_{\mathrm{cr}}$ 时，强行励磁导致短路电流基频分量的稳态值大于它的起始值。

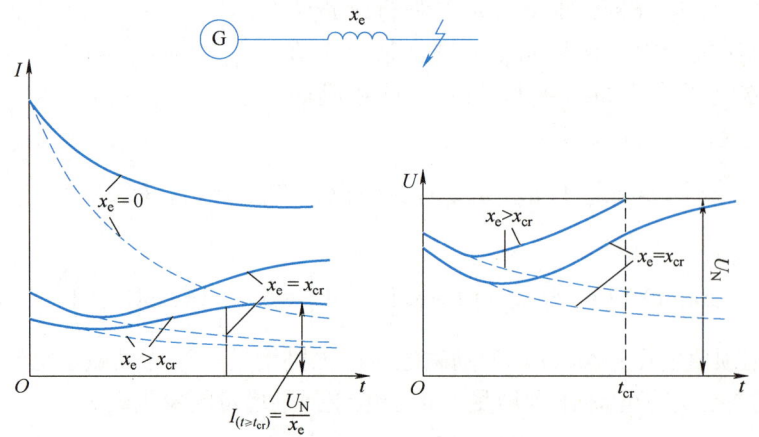

图 4.20　强行励磁对短路电流和机端电压的影响示意图

在短路分析中，对于给定的条件，都存在相应的临界电抗 x_{cr}。如果 $x_e = x_{cr}$，则稳态短路电流 $I_\infty = U_N/x_e$；如果 $x_e > x_{cr}$，则存在一个相应的临界时间 t_{cr}，当 $t \geq t_{cr}$ 时，短路电流的基频分量将保持不变，其计算公式为 $I_{(t \geq t_{cr})} = U_N/x_e$。

综上所述，强行励磁对电力系统短路过程具有显著的影响。对于本节所分析的情况，多种因素影响强行励磁的作用效果，比如强励顶值电压、励磁系统等值时间常数、短路点的远近等。

本章小结

同步发电机在电力供给中发挥着至关重要的作用。本章介绍了同步发电机突然短路的物理分析与定量分析方法。

闭合回路磁链守恒原则是对同步发电机突然短路过程进行物理分析的基础。根据磁链守恒原则，可以推导出突然三相短路时同步发电机定子绕组、转子绕组将出现的电流分量，以及这些分量之间的依存关系。在同步发电机的自由电流中，定子绕组中的基频分量与转子绕组的直流分量相对应，而定子绕组的倍频和直流分量则与转子绕组的基频分量相对应。根据简化原则，自由电流产生的磁链与哪个绕组相对静止，则按该绕组（计及它与别的绕组的磁耦合关系）的时间常数衰减。需要指出的是，可以近似地认为有阻尼绕组同步发电机的励磁绕组和阻尼绕组的直流自由分量（及与其对应的定子基频电流自由分量）包含两个按不同时间常数衰减的分量。

根据同步发电机磁链平衡等效电路可以确定三相短路时定子、转子各绕组中各种自由电流分量的初值。

同步发电机的强行励磁的目标在于尽快恢复机端电压，它对短路电流基频分量具有重要影响。

习 题

4-1 供电系统如题图 4.21 所示，各元件参数如下。

图 4.21 习题 4-1 图

线路 L：长 50km，$x = 0.4\Omega/km$；变压器 T：$S_N = 10MVA$，$U_s\% = 10.5\%$，$k_T = 110/11$。假定供电点电压为 106.5kV，保持恒定，当空载运行时变压器低压母线发生三相短路。试计算：①短路电流周期分量，冲击电流，短路电流最大有效值及短路功率等的有名值；②当 A 相非周期分量电流有最大或零初始值时，相应的 B 相及 C 相非周期电流的初始值。

4-2 上题系统若短路前变压器满载运行，低压侧运行电压为 10kV，功率因数为 0.9（感性），试计算非周期分量电流的最大初始值，并与上题空载短路进行比较。

4-3 一台无阻尼绕组同步发电机，已知：$P_N = 150MW$，$\cos\varphi_N = 0.85$，$U_N = 15.75kV$，$x_d = 1.04$，$x_q = 0.69$，$x_d' = 0.31$。发电机额定满载运行，试计算电势 E_q、E_q' 和 E'，并画出相量图。

4-4　一台有阻尼绕组同步发电机，其参数为：$P_N = 50$MW，$\cos\varphi_N = 0.8$，$U_N = 10.5$kV，$f_N = 50$Hz，$x_d = 1.2$，$x_q = 0.8$，$x_{ad} = 1.0$，$x_{aq} = 0.6$，$r = 0.005$，$\sigma_f = 0.091$，$r_f = 0.0011$，$\sigma_D = 0.091$，$\sigma_Q = 0.25$，$r_D = 0.002$，$r_Q = 0.004$，转子参数已归算到定子侧。试计算发电机的暂态和次暂态电抗及各时间常数。

4-5　习题 4-3 的发电机，已知 $T'_{d0} = 7.3$s，在额定满载运行时机端发生三相短路。试求：①起始暂态电流；②基频分量电流随时间变化的表达式；③0.2s 基频分量的有效值。

4-6　若上题发电机经 0.5Ω 的外接电抗后发生三相短路，试作上题同样内容的计算，并比较计算结果。

4-7　一台有阻尼绕组同步发电机，已知：$P_N = 200$MW，$\cos\varphi_N = 0.85$，$U_N = 15.75$kV，$x_d = x_q = 1.962$，$x'_d = 0.246$，$x''_d = 0.146$，$x''_q = 0.21$，$x_2 = 0.178$，$T'_{d0} = 7.4$s，$T''_{d0} = 0.62$s，$T''_{q0} = 1.64$s。发电机在额定电压下负载运行，带有负荷（180+j110）MVA，机端发生三相短路。试求：①E_q、E'_q、E''_q、E''_d、E'' 短路前瞬间和短路瞬间的值；②起始次暂态电流，非周期分量电流的最大初始值，倍频分量电流的初有效值；③0.5s 基频分量电流的有效值。

4-8　习题 4-6 的发电机，若外接电抗 x_e 等于临界电抗 x_{cr}，试求强行励磁作用下的稳态短路电流 I_∞，并与起始暂态电流进行比较分析。

第5章 小扰动功角稳定的基本原理与分析方法

从电力系统功角稳定性的范畴来看,电力系统的扰动可以分为小扰动和大扰动两种类型。电力系统的稳定运行需要确保所有同步发电机在发生小扰动和大扰动的情况下都能保持功角稳定。本章将介绍小扰动功角稳定的基本概念以及李雅普诺夫分析理论,并以单机-无限大系统、复杂多机电力系统为例进行小扰动功角稳定的严格理论分析。

5.1 小扰动法的相关概念与基本原理

电力系统属于典型的动力学系统。动力学系统的稳定性可以通过描述该系统的微分方程组解的特性来判断。在此领域,李雅普诺夫分析理论是判断动力学系统稳定性的有效工具,已在电力系统得到广泛应用。本节将首先介绍李雅普诺夫分析理论的基本概念,给出小扰动法的基本原理,为后续从理论上定量分析单机-无限大系统、复杂多机电力系统的小扰动功角稳定性做准备。

5.1.1 李雅普诺夫稳定分析的基本概念

1. 平衡点

动力学系统的运行状态可以通过式(5.1)所示的一阶微分方程组来描述:

$$\frac{d\boldsymbol{X}(t)}{dt} = \boldsymbol{F}[t, \boldsymbol{X}(t)] \tag{5.1}$$

式中,向量 $\boldsymbol{X}(t)$ 是由动力学系统状态变量构成的列向量;$\boldsymbol{F}[t, \boldsymbol{X}(t)] = [f_i[t, \boldsymbol{X}(t)], \cdots, f_n[t, \boldsymbol{X}(t)]]^T$。

通过求解给定初值下的微分方程组,可以得到描述动力学系统一种运动状态的一组特解,设初值 $\widetilde{\boldsymbol{X}}(t_0) = \widetilde{\boldsymbol{X}}_0$,对应式(5.1)的特解为 $\widetilde{\boldsymbol{X}}(t)$。当系统受到扰动时,数学上就相当于改变了初值。假定此初值为 $\boldsymbol{X}_0$,当初值发生变化时,新的初值 $\boldsymbol{X}_0$ 将确定新的特解 $\boldsymbol{X}(t)$,并描述系统的另一种运动状态。如果称 $\widetilde{\boldsymbol{X}}_0$ 所确定的解 $\widetilde{\boldsymbol{X}}(t)$ 所描述的运动为未受扰运动,则一切与 $\widetilde{\boldsymbol{X}}_0$ 不同的初值 $\boldsymbol{X}_0$ 所确定的解 $\boldsymbol{X}(t)$ 所描述的运动称为受扰运动。

未受扰运动的稳定性必须通过受扰运动的性质来判断。平衡点是稳定性分析最受关注的运行状态。若对于一切 $t \geq t_0$,恒有 $\widetilde{\boldsymbol{X}}(t) = \widetilde{\boldsymbol{X}}(t_0) = \boldsymbol{X}_e$,则称 $\boldsymbol{X}_e$ 为系统的一个平衡点。对于平衡点 $\boldsymbol{X}_e$,应满足如下条件:

$$\left.\frac{d\boldsymbol{X}(t)}{dt}\right|_{X=X_e} = 0 \tag{5.2}$$

根据式（5.1）和式（5.2）可知，动力学系统的平衡点实际是代数方程组 $F[t,X(t)]=0$ 的解。代数方程组 $F[t,X(t)]=0$ 的解特性与其自身的特性有关系：

1) 如果 $F[t,X(t)]=0$ 是线性常系数代数方程组，即该系统为线性定常系统（$F[t,X(t)]=AX$），那么当矩阵 A 是奇异矩阵（即不存在逆矩阵）时，$F[t,X(t)]=0$ 有无穷多个解；当矩阵 A 不是奇异矩阵时，则 $F[t,X(t)]=0$ 有唯一解，即平衡点有且仅有一个。

2) 若 $F[t,X(t)]=0$ 是非线性代数方程组，则 $F[t,X(t)]=0$ 可能有多个解，即该动力学系统有多个平衡点。

例 5-1 如图 1.2 所示的单机-无限大系统，假定送端发电机为隐极式同步发电机，且它的空载电势标幺值 E_q 为常数，惯性时间常数用 T_J 表示；原动机功率的标幺值为 P_T；无限大容量母线电压幅值的标幺值为 U。取状态变量为送端发电机的功角 δ 和电气角速度 ω，即 $X(t)=[\delta,\omega]^T$，试求该系统的平衡点。

解：根据第 3 章知识，该单机-无限大系统中送端发电机的电磁功率 $P_e=\dfrac{E_q U\sin\delta}{X_{d\Sigma}}$。因此该系统的状态方程如下：

$$\begin{cases}\dfrac{d\delta}{dt}=\omega-\omega_N\\ \dfrac{d\omega}{dt}=\dfrac{\omega_N}{T_J}\left(P_T-\dfrac{E_q U\sin\delta}{X_{d\Sigma}}\right)\end{cases} \quad(5.3)$$

很显然，根据平衡点的特点，可以通过下式确定该单机-无限大系统的平衡点：

$$\begin{cases}\omega-\omega_N=0\\ \dfrac{\omega_N}{T_J}\left(P_T-\dfrac{E_q U\sin\delta}{X_{d\Sigma}}\right)=0\end{cases} \quad(5.4)$$

因此，求解上述方程可以得到该系统的两个平衡点：$X_{e1}=[\delta_a,\omega_N]^T$ 和 $X_{e2}=[\delta_b,\omega_N]^T$。其中，$\delta_a=\arcsin(X_{d\Sigma}P_T/E_q U)$，$\delta_b=\pi-\delta_a$。需要注意的是，上述两个平衡点的小扰动功角稳定性是不同的。

2. 稳定性定义

（1）稳定的平衡点

任意给定正实数 ε，若存在实数 $\eta(\varepsilon,t_0)>0$，使得所有满足 $\|X_0-X_e\|\leq\eta(\varepsilon,t_0)$ 的初值 X_0 所确定的动力学系统运动 $X(t)$ 满足如下条件：

$$\|X(t)-X_e\|<\varepsilon\;(t\geq t_0) \quad(5.5)$$

则平衡点 X_e 是稳定的。若 η 与 t_0 无关，则称平衡点 X_e 为一致稳定的。在上面的稳定性定义中，$\|X_0-X_e\|$ 和 $\|X-X_e\|$ 均表示二范数，比如：

$$\|X-X_e\|=\sqrt{\sum_{i=1}^n(x_i-x_{ei})^2} \quad(5.6)$$

以三维空间为例，从上面的稳定性定义可以看出：如果一个平衡点是稳定的，那么任意给定一个运动 $X(t)$，只要它的初始位置位于以 X_e 为球心、以 $\eta(\varepsilon,t_0)$ 为半径的球内或球表面（即不是位于以 X_e 为球心、$\eta(\varepsilon,t_0)$ 为半径的球外），那么它的运动范围被限制于以 X_e 为球心、ε 为半径的球内。

进一步，如果稳定的平衡点 X_e 还满足以下条件：

$$\text{Lim}_{t\to\infty} \|X(t)-X_e\| = 0 \tag{5.7}$$

则 X_e 是渐进稳定的平衡点。

(2) 不稳定的平衡点

对于某个给定的正实数 ε，无论 η 多小，如果在所有满足 $\|X_0-X_e\| \leq \eta(\varepsilon,t_0)$ 的初值 X_0 所确定的动力学系统运动 $X(t)$ 中，存在一个运动满足如下条件：

$$\|X(t)-X_e\| \geq \varepsilon (t \geq t_0) \tag{5.8}$$

则称 X_e 是不稳定的平衡点。

5.1.2 小扰动法的基本原理

1. 小扰动法简介

对于一个不显含时间变量 t 的非线性系统，设它的状态方程如下：

$$\frac{dX}{dt} = F(X) \tag{5.9}$$

对于其平衡点 X_e，令 $X = X_e + \Delta X$，则 X 相当于该系统在平衡点 X_e 受到扰动出现了增量 ΔX。在此基础上，式（5.9）可以进一步写成：

$$\frac{d(X_e + \Delta X)}{dt} = F(X) \tag{5.10}$$

将 $F(X)$ 在 X_e 附近进行泰勒展开，进一步得到：

$$\frac{d(X_e + \Delta X)}{dt} = F(X_e) + \frac{dF(X)}{dX}\bigg|_{X=X_e} \Delta X + R(\Delta X) \tag{5.11}$$

其中，$R(\Delta X)$ 是 ΔX 的二阶及以上阶次各项之和。由于 X_e 为平衡点，因此 $dX_e/dt = 0$。因此进一步有：

$$\frac{d(X_e + \Delta X)}{dt} = \frac{d\Delta X}{dt} \tag{5.12}$$

考虑到 $F(X_e) = 0$，并进一步忽略 $R(\Delta X)$，则有：

$$\frac{d\Delta X}{dt} = A\Delta X \tag{5.13}$$

其中，$A = \dfrac{dF(X)}{dX}\bigg|_{X=X_e}$，它又被称为雅可比矩阵。

式（5.13）就是该非线性动力学系统的线性化小扰动方程。如果该非线性动力学系统满足如下条件：

$$\text{Lim}_{\|\Delta X\|\to 0} \frac{\|R(\Delta X)\|}{\|\Delta X\|} = 0 \tag{5.14}$$

则可以通过小扰动方程中矩阵 A 的特征值实部的性质来分析非线性系统平衡点的稳定性。具体如下：

1) 如果矩阵 A 的特征值实部均为负数，则线性化小扰动方程的解是稳定的，非线性系统平衡点也是稳定的。

2) 如果矩阵 A 存在实部为正数的特征值，则线性化小扰动方程的解是不稳定的，非线性系统平衡点也是不稳定的。

3) 如果矩阵 A 存在数值为零的特征值或实部为零的特征值，则需要进一步考虑 $R(\Delta X)$ 才能判断非线性系统平衡点的稳定性。

上述即为小扰动法的判稳原则。从该原则可以看出，小扰动法实则将非线性系统的稳定性转化为线性系统的稳定性来进行分析。需要指出的是，小扰动法可以应用的前提条件是式（5.14），即要求受到的扰动足够小。总的来说，小扰动功角稳定研究的是电力系统在平衡点附近的"邻域"特性问题，而大扰动功角稳定是研究电力系统从一个平衡点到另一个新的平衡点（或经多次大扰动回到初始平衡点）的过渡特性问题，两者在性质上是不同的。

2. 基于小扰动法的电力系统功角稳定分析步骤

在小扰动功角稳定分析中，都认为 ΔX 足够小，它能够保证受扰后的运动 $X(t)$ 的初值位于以平衡点 X_e 为中心的足够小的邻域之内，因而满足使用小扰动法的前提条件。通过小扰动法进行电力系统功角稳定分析，实际上就是将非线性电力系统转为线性系统进行分析。根据小扰动法的基本原理，电力系统小扰动法功角稳定分析可以按照以下步骤进行：

1) 建立面向功角稳定分析的电力系统微分方程组与代数方程组。
2) 分别对前述微分方程组与代数方程组进行线性化。
3) 消去前述方程组中的非状态变量，得到线性化的小扰动方程及其雅可比矩阵 A。
4) 根据给定运行情况确定雅可比矩阵 A 各元素的值。
5) 判断雅可比矩阵 A 特征值实部的符号，进而判断电力系统的平衡点是否能够保持小扰动功角稳定。可采用的方法有两种：一种是直接计算出雅可比矩阵 A 的所有特征值；另一种是通过求解小扰动方程的特征方程系数，间接判断特征值实部的符号。

5.2 不计励磁调节作用时单机-无限大系统的小扰动功角稳定分析

本节不考虑同步发电机的励磁调节作用，从理论上严格分析单机-无限大系统的小扰动功角稳定性。本节的分析从不考虑阻尼和考虑阻尼两个方面展开，并假设送端发电机为隐极式的理想同步发电机（见图5.1）。在本节后续分析中，平衡点处送端发电机的功角为 δ_0，空载电势为 E_{q0}，原动机功率为 P_{T0}，电气角加速度为 ω_N，并进一步假设它的空载电势等于常数（$E_q = E_0$），原动机的功率 P_T 保持不变（$P_T = P_{T0}$）。无限大容量母线电压幅值 $U = U_0$。

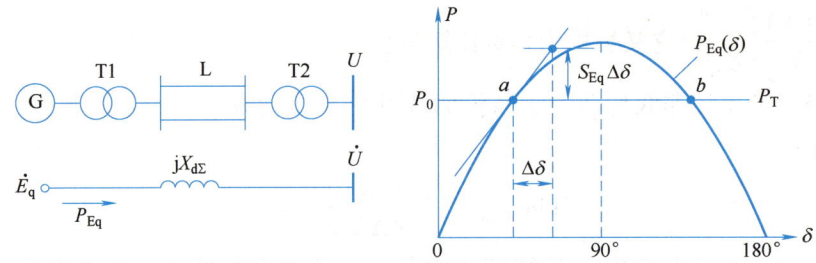

图 5.1 简单电力系统及其功角特性示意图

5.2.1 不考虑阻尼时的小扰动功角稳定分析

如前所述，小扰动法分析稳定性的基础为一阶微分方程组，因此，根据上一节内容，本节采用如下形式的同步发电机转子运动方程：

$$\begin{cases} \dfrac{\mathrm{d}\delta}{\mathrm{d}t}=\omega-\omega_\mathrm{N} \\ \dfrac{\mathrm{d}\omega}{\mathrm{d}t}=\dfrac{\omega_\mathrm{N}}{T_\mathrm{J}}(P_\mathrm{T}-P_\mathrm{e}) \end{cases} \tag{5.15}$$

式中，$P_\mathrm{e}=f(\delta)=\dfrac{E_\mathrm{q}U\sin\delta}{X_{\mathrm{d}\Sigma}}=\dfrac{E_0 U_0\sin\delta}{X_{\mathrm{d}\Sigma}}$。在平衡点处，送端发电机转轴上功率平衡，即

$$P_\mathrm{T0}=P_\mathrm{e0}=\dfrac{E_0 U_0}{X_{\mathrm{d}\Sigma}}\sin\delta_0 \tag{5.16}$$

将 $f(\delta)$ 在 δ_0 附近进行泰勒展开，并忽略二阶及以上各项，可得：

$$f(\delta)=\dfrac{E_0 U_0}{X_{\mathrm{d}\Sigma}}\sin\delta_0+S_{\mathrm{Eq}}\Delta\delta=\dfrac{E_0 U_0}{X_{\mathrm{d}\Sigma}}\sin\delta_0+\Delta P_\mathrm{e} \tag{5.17}$$

式中，$\Delta P_\mathrm{e}=S_{\mathrm{Eq}}\Delta\delta$；$S_{\mathrm{Eq}}=\left.\dfrac{\mathrm{d}f(\delta)}{\mathrm{d}\delta}\right|_{\delta=\delta_0}$；$S_{\mathrm{Eq}}$ 为整步功率系数。

将式（5.17）代入式（5.15）中可得：

$$\dfrac{\omega_\mathrm{N}}{T_\mathrm{J}}(P_\mathrm{T}-P_\mathrm{e})=\dfrac{\omega_\mathrm{N}}{T_\mathrm{J}}(P_\mathrm{T}-f(\delta))=-S_{\mathrm{Eq}}\dfrac{\omega_\mathrm{N}}{T_\mathrm{J}}\Delta\delta \tag{5.18}$$

进一步令 $\omega=\omega_\mathrm{N}+\Delta\omega$，$\delta=\delta_0+\Delta\delta$。由于 ω_N 和 δ_0 都是常数，故 $\mathrm{d}\omega_\mathrm{N}/\mathrm{d}t=0$、$\mathrm{d}\delta_0/\mathrm{d}t=0$。此时有：

$$\dfrac{\mathrm{d}\delta}{\mathrm{d}t}=\dfrac{\mathrm{d}(\delta_0+\Delta\delta)}{\mathrm{d}t}=\dfrac{\mathrm{d}\Delta\delta}{\mathrm{d}t} \tag{5.19}$$

$$\dfrac{\mathrm{d}\omega}{\mathrm{d}t}=\dfrac{\mathrm{d}(\omega_\mathrm{N}+\Delta\omega)}{\mathrm{d}t}=\dfrac{\mathrm{d}\Delta\omega}{\mathrm{d}t} \tag{5.20}$$

结合式（5.15）、式（5.18）~式（5.20），进而可以得到该单机-无限大系统的线性化小扰动方程如下：

$$\dfrac{\mathrm{d}\Delta\delta}{\mathrm{d}t}=\Delta\omega \tag{5.21}$$

$$\dfrac{\mathrm{d}\Delta\omega}{\mathrm{d}t}=-\dfrac{\omega_\mathrm{N}}{T_\mathrm{J}}S_{\mathrm{Eq}}\Delta\delta \tag{5.22}$$

写成矩阵形式可得：

$$\begin{bmatrix} \dfrac{\mathrm{d}\Delta\delta}{\mathrm{d}t} \\ \dfrac{\mathrm{d}\Delta\omega}{\mathrm{d}t} \end{bmatrix}=\begin{bmatrix} 0 & 1 \\ -\dfrac{\omega_\mathrm{N}}{T_\mathrm{J}}S_{\mathrm{Eq}} & 0 \end{bmatrix}\begin{bmatrix} \Delta\delta \\ \Delta\omega \end{bmatrix} \tag{5.23}$$

其中雅可比矩阵 A 为

$$A=\begin{bmatrix} 0 & 1 \\ -\dfrac{\omega_\mathrm{N}}{T_\mathrm{J}}S_{\mathrm{Eq}} & 0 \end{bmatrix} \tag{5.24}$$

由于矩阵 A 为二阶方阵，它的特征值可以由 $\det[A-p\mathbf{1}]=0$ 求解得到：

$$\det[\boldsymbol{A}-p\boldsymbol{1}] = \begin{vmatrix} -p & 1 \\ -\dfrac{\omega_N}{T_J}S_{Eq} & -p \end{vmatrix} = p^2 + \dfrac{\omega_N}{T_J}S_{Eq} = 0 \quad (5.25)$$

因此特征值为

$$\begin{cases} p_1 = \sqrt{-\dfrac{\omega_N}{T_J}S_{Eq}} \\ p_2 = -\sqrt{-\dfrac{\omega_N}{T_J}S_{Eq}} \end{cases} \quad (5.26)$$

根据前面小扰动法判断稳定性的原则，进一步分析如下：

1） 若在平衡点处 $S_{Eq}<0$，则 $p_1>0$，即 p_1 为正实数，因此该系统不能保持小扰动功角稳定性。

2） 若在平衡点处 $S_{Eq}>0$，则 p_1 和 p_2 均为纯虚数，即

$$\begin{cases} p_1 = j\sqrt{\left|\dfrac{\omega_N}{T_J}S_{Eq}\right|} = j\beta \\ p_2 = -j\sqrt{\left|\dfrac{\omega_N}{T_J}S_{Eq}\right|} = -j\beta \end{cases} \quad (5.27)$$

其中，$\beta = \sqrt{\left|\dfrac{\omega_N}{T_J}S_{Eq}\right|}$。

此时，雅可比矩阵 $\boldsymbol{A}$ 存在实部为 0 的特征值，因此该系统不能通过线性化的小扰动方程来判断其稳定性。根据数学上一阶微分方程组解与特征值之间的关系，此时小扰动方程功角增量 $\Delta\delta$ 的解为

$$\Delta\delta = k_1 e^{p_1 t} + k_2 e^{p_2 t} = (k_1+k_2)\cos\beta t + j(k_1-k_2)\sin\beta t \quad (5.28)$$

由于 $\Delta\delta$ 为实数，因此 (k_1-k_2) 为纯虚数、(k_1+k_2) 为实数，故 k_1 和 k_2 为共轭复数，即

$$k_1 = C_1+jC_2 \quad k_2 = C_1-jC_2 \quad (5.29)$$

因此有：

$$\Delta\delta = 2C_1\cos\beta t - 2C_2\sin\beta t = k_\delta\sin(\beta t - \varphi_\delta) \quad (5.30)$$

此时，$\Delta\delta$ 是一个等幅振荡，故它不是渐进稳定的。若考虑摩擦等正阻尼作用后，$\Delta\delta$ 将是衰减振荡的，即该系统受到小扰动是稳定的。

由以上小扰动功角稳定分析，实际上得到了关于该简单电力系统的静态功角稳定判据为

$$S_{Eq}>0 \quad (5.31)$$

根据整步功率系数 S_{Eq} 的定义式可得：

$$S_{Eq} = \left.\dfrac{df(\delta)}{d\delta}\right|_{\delta=\delta_0} = \dfrac{E_0 U_0}{X_{d\Sigma}}\cos\delta_0 \quad (5.32)$$

由此可以进一步得到通过运行参数功角表示的静态功角稳定判据为

$$\delta_0 < 90° \quad (5.33)$$

临界稳定状态下 $S_{Eq}=0$，相应的临界功角为 $\delta_{sl}=90°$，此时送端发电机的电磁功率为

$$P_{\text{Eqsl}} = \frac{E_{q0}U_0}{X_{d\Sigma}}\sin\delta_{sl} = \frac{E_{q0}U_0}{X_{d\Sigma}} = P_{\text{Eqm}} \tag{5.34}$$

这就是该系统能够保持小扰动功角稳定时发电机所能输送的最大功率，P_{Eqsl} 称为静态稳定极限。

在上述简单电力系统中，静态稳定极限就等于功率极限，静态功角稳定的严格判据就等于本书第 1 章由概念导出的初步判据。$S_{\text{Eq}} = \dfrac{\mathrm{d}P}{\mathrm{d}\delta} > 0$ 又称为实用判据。该判据常被应用于简单电力系统以及一些定性分析的实用计算中。

在该系统稳定的工作范围内，自由振荡的角频率 ω_e 和频率 f_e 分别为

$$\omega_e = \sqrt{\frac{\omega_N}{T_J}S_{\text{Eq}}} \tag{5.35}$$

$$f_e = \frac{1}{2\pi}\sqrt{\frac{\omega_N}{T_J}S_{\text{Eq}}} \tag{5.36}$$

式中，f_e 通常又称为固有振荡频率。它与电力系统的运行情况（即 S_{Eq}）有关。固有振荡频率与系统受扰动转子相对运动有关，且决定着系统受扰动后振荡的周期。图 5.2 同时给出了整步功率系数 S_{Eq} 和 f_e 的变化曲线。由图 5.2 可以看出，实际上当 $\delta = 90°$ 时，$f_e = 0$，即电力系统受扰动后功角变化就不再是振荡形式，此时上述简单电力系统将会非周期地失去稳定。因此临界稳定状态实际上不是稳定的运行状态。

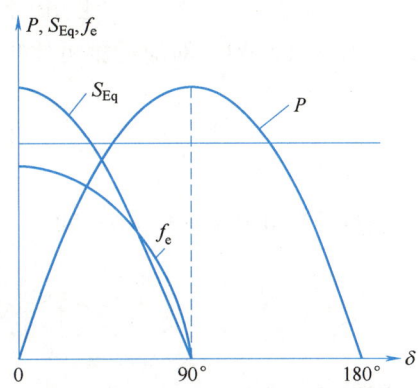

图 5.2 整步功率系数及固有频率的示意图

5.2.2 考虑阻尼的小扰动功角稳定分析

同步发电机转子在实际的运动过程中会受到机械阻尼和电气阻尼等的作用，例如，转子与空气摩擦产生的机械阻尼、发电机转子闭合绕组产生的电气阻尼等。不同类型的阻尼可能对电力系统小扰动功角稳定性的影响不同，例如转子与空气摩擦产生的机械阻尼属于正阻尼，它是有利于电力系统保持功角稳定的。与此不同，自动励磁调节装置可能会产生负阻尼效应，对电力系统小扰动功角稳定产生不利影响。需要注意的是，本节不考虑自动励磁调节装置的作用。

精确计算同步发电机中的阻尼作用是比较困难的。为了简化分析，本节假设同步发电机阻尼产生的转矩与转速呈线性关系，即

$$M_D \approx P_D = D(\omega - \omega_N) = D\Delta\omega \tag{5.37}$$

式中，综合阻尼系数 $D \neq 0$。如果 $D > 0$，则意味着同步发电机中存在正阻尼；如果 $D < 0$，则意味着同步发电机中存在负阻尼。考虑同步发电机的阻尼之后，此时，线性化的转子运动方程需要进一步考虑阻尼转矩的影响。考虑阻尼后的同步发电机转子运动方程具体如下：

$$\begin{cases} \dfrac{\mathrm{d}\delta}{\mathrm{d}t} = \omega - \omega_N \\ \dfrac{\mathrm{d}\omega}{\mathrm{d}t} = \dfrac{\omega_N}{T_J}(P_T - P_e - P_D) \end{cases} \tag{5.38}$$

因此，对于单机-无限大系统而言，它的线性化小扰动方程将变为如下形式：

$$\begin{cases} \dfrac{\mathrm{d}\Delta\delta}{\mathrm{d}t}=\Delta\omega \\ \dfrac{\mathrm{d}\Delta\omega}{\mathrm{d}t}=\dfrac{\omega_\mathrm{N}}{T_\mathrm{J}}(-S_\mathrm{Eq}\Delta\delta-D\Delta\omega) \end{cases} \tag{5.39}$$

写成矩阵形式可得：

$$\begin{bmatrix} \dfrac{\mathrm{d}\Delta\delta}{\mathrm{d}t} \\ \dfrac{\mathrm{d}\Delta\omega}{\mathrm{d}t} \end{bmatrix}=\begin{bmatrix} 0 & 1 \\ -\dfrac{\omega_\mathrm{N}}{T_\mathrm{J}}S_\mathrm{Eq} & -\dfrac{\omega_\mathrm{N}}{T_\mathrm{J}}D \end{bmatrix}\begin{bmatrix} \Delta\delta \\ \Delta\omega \end{bmatrix} \tag{5.40}$$

因此，与式（5.40）对应的雅可比矩阵 $\boldsymbol{A}$ 为

$$\boldsymbol{A}=\begin{bmatrix} 0 & 1 \\ -\dfrac{\omega_\mathrm{N}}{T_\mathrm{J}}S_\mathrm{Eq} & -\dfrac{\omega_\mathrm{N}}{T_\mathrm{J}}D \end{bmatrix} \tag{5.41}$$

通过计算 $\det[\boldsymbol{A}-p\boldsymbol{1}]=0$，即

$$\begin{vmatrix} -p & 1 \\ -\dfrac{\omega_\mathrm{N}}{T_\mathrm{J}}S_\mathrm{Eq} & -\dfrac{\omega_\mathrm{N}}{T_\mathrm{J}}D-p \end{vmatrix}=0 \tag{5.42}$$

可以得到雅可比矩阵的特征值：

$$p_1=-\frac{\omega_\mathrm{N}D}{2T_\mathrm{J}}+\sqrt{\left(\frac{\omega_\mathrm{N}D}{2T_\mathrm{J}}\right)^2-\frac{\omega_\mathrm{N}S_\mathrm{Eq}}{T_\mathrm{J}}} \tag{5.43}$$

$$p_2=-\frac{\omega_\mathrm{N}D}{2T_\mathrm{J}}-\sqrt{\left(\frac{\omega_\mathrm{N}D}{2T_\mathrm{J}}\right)^2-\frac{\omega_\mathrm{N}S_\mathrm{Eq}}{T_\mathrm{J}}} \tag{5.44}$$

进一步令 $C=-\dfrac{\omega_\mathrm{N}D}{2T_\mathrm{J}}$，$M=\sqrt{\left(\dfrac{\omega_\mathrm{N}D}{2T_\mathrm{J}}\right)^2-\dfrac{\omega_\mathrm{N}S_\mathrm{Eq}}{T_\mathrm{J}}}$，则：

$$p_1=C+M \quad p_2=C-M \tag{5.45}$$

下面就以下几种情况分析单机-无限大系统平衡点的小扰动功角稳定性：

（1）$S_\mathrm{Eq}<0$

此种情形下，由于 $S_\mathrm{Eq}<0$，因此有：

$$M=\sqrt{\left(\frac{\omega_\mathrm{N}D}{2T_\mathrm{J}}\right)^2-\frac{\omega_\mathrm{N}S_\mathrm{Eq}}{T_\mathrm{J}}}=\sqrt{C^2-\frac{\omega_\mathrm{N}S_\mathrm{Eq}}{T_\mathrm{J}}}>\sqrt{C^2}=|C| \tag{5.46}$$

因此，无论是正阻尼还是负阻尼，都有 $p_1=C+M>0$，即雅可比矩阵 $\boldsymbol{A}$ 存在正实数的特征值。所以，该系统不能保持小扰动功角稳定性，且失稳类型为非周期性失稳。

（2）$S_\mathrm{Eq}>0$ 且 $D>\sqrt{\dfrac{4T_\mathrm{J}S_\mathrm{Eq}}{\omega_\mathrm{N}}}$

由于此时 $D>\sqrt{\dfrac{4T_\mathrm{J}S_\mathrm{Eq}}{\omega_\mathrm{N}}}>0$，因此有：

$$C = -\frac{\omega_N D}{2T_J} < 0 \tag{5.47}$$

$$M = \sqrt{\left(\frac{\omega_N D}{2T_J}\right)^2 - \frac{\omega_N S_{Eq}}{T_J}} = \sqrt{C^2 - \frac{\omega_N S_{Eq}}{T_J}} < \sqrt{C^2} = |C| \tag{5.48}$$

所以，可以得到：

$$\begin{cases} p_1 = C+M < 0 \\ p_2 = C-M < 0 \end{cases} \tag{5.49}$$

雅可比矩阵 A 的特征值都是负实数，因此该系统能保持小干扰功角稳定性，且属于过阻尼的情形，即受扰之后的功角是单调衰减的（见图 5.3a）。

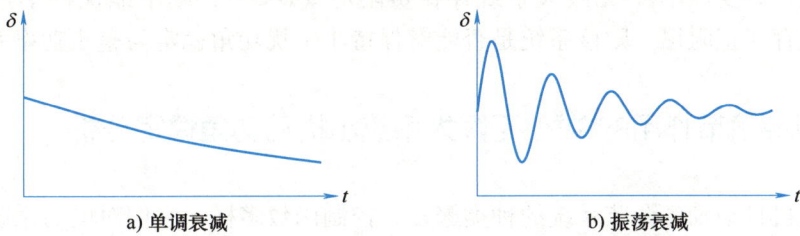

a) 单调衰减　　　　　　　　　　b) 振荡衰减

图 5.3　小扰动功角稳定情况下的功角衰减示意图

(3) $S_{Eq} > 0$ 且 $0 < D < \sqrt{\dfrac{4T_J S_{Eq}}{\omega_N}}$

由于 $D>0$，因此有 $C = -\dfrac{\omega_N D}{2T_J} < 0$。另一方面，由于 $0 < D < \sqrt{\dfrac{4T_J S_{Eq}}{\omega_N}}$，因此有：

$$\left(\frac{\omega_N D}{2T_J}\right)^2 - \frac{\omega_N S_{Eq}}{T_J} < 0 \tag{5.50}$$

由于 $M = \sqrt{\left(\dfrac{\omega_N D}{2T_J}\right)^2 - \dfrac{\omega_N S_{Eq}}{T_J}}$，因此 M 为虚数，故雅可比矩阵 A 的特征值 p_1 和 p_2 是一对实部小于 0 的共轭复数，因此该系统能够保持小扰动功角稳定性，它受扰之后的功角是振荡衰减的（见图 5.3b）。

(4) $D<0$ 且 $0 < S_{Eq} \leq \dfrac{\omega_N D^2}{4T_J}$

由于 $D<0$，因此有 $C = -\dfrac{\omega_N D}{2T_J} > 0$。另一方面，由于 $0 < S_{Eq} \leq \dfrac{\omega_N D^2}{4T_J}$，因此有：

$$M = \sqrt{\left(\frac{\omega_N D}{2T_J}\right)^2 - \frac{\omega_N S_{Eq}}{T_J}} = \sqrt{C^2 - \frac{\omega_N S_{Eq}}{T_J}} < \sqrt{C^2} = C \tag{5.51}$$

故此时有：

$$\begin{cases} p_1 = C+M > 0 \\ p_2 = C-M > 0 \end{cases} \tag{5.52}$$

所以雅可比矩阵 A 的特征值 p_1 和 p_2 都是正实数，因此该系统不能保持小扰动功角稳定性。

(5) $D<0$ 且 $S_{Eq}>\dfrac{\omega_N D^2}{4T_J}$

由于 $D<0$，因此有 $C=-\dfrac{\omega_N D}{2T_J}>0$。另一方面，由于 $S_{Eq}>\dfrac{\omega_N D^2}{4T_J}$，因此有：

$$\left(\dfrac{\omega_N D}{2T_J}\right)^2-\dfrac{\omega_N S_{Eq}}{T_J}<0 \tag{5.53}$$

由于 $M=\sqrt{\left(\dfrac{\omega_N D}{2T_J}\right)^2-\dfrac{\omega_N S_{Eq}}{T_J}}$，因此 M 为虚数，故雅可比矩阵 $\boldsymbol{A}$ 的特征值 p_1 和 p_2 是一对实部大于 0 的共轭复数，因此该系统不能保持小功角稳定性。

综上所述，只要该单机-无限大系统存在负阻尼（$D<0$），则不能保持小扰动功角稳定性。若该系统存在正阻尼，则该系统是否能够保持小干扰功角稳定与整步功率系数 S_{Eq} 有关。

5.3 计及励磁调节作用的单机-无限大系统小扰动功角稳定分析

同步发电机自动励磁调节系统的种类繁多、控制函数多样，它们对电力系统小扰动功角稳定性具有重要的影响。本节将通过小扰动法从理论上严格分析考虑励磁调节作用的单机-无限大系统小扰动功角稳定性。

5.3.1 考虑励磁调节的单机-无限大系统线性化小扰动方程

为了简化分析，本节假设送端发电机安装了按电压偏差调节的比例式励磁调节器，它的传递函数框图如图 5.4 所示（注意：5.3.1 节和 5.3.2 节未考虑此图中的虚线以及连接的方框）。此外，本节不考虑送端发电机阻尼绕组的作用。根据前述比例式励磁调节器的传递函数框图可以得到：

$$U_R=K_A(U_{ref}-U_G) \tag{5.54}$$

$$T_e\dfrac{dU_f}{dt}+U_f=U_R \tag{5.55}$$

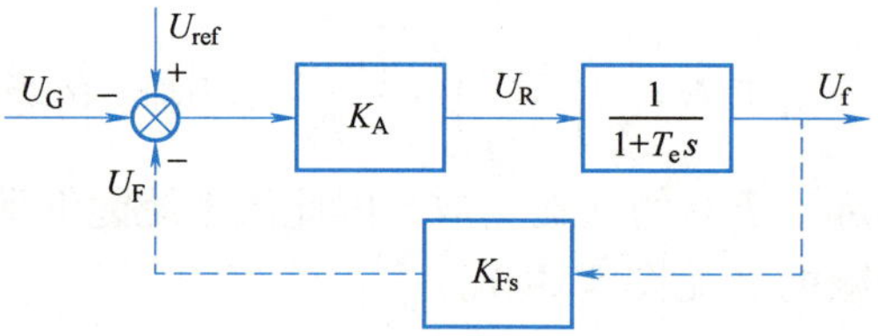

令 $U_G=U_{G0}+\Delta U_G$，$U_f=U_{f0}+\Delta U_f$，下标 0 表示平衡状态。由于平衡状态下 $\dfrac{dU_{f0}}{dt}=0$，因此根据式（5.54）和式（5.55）可以得到平衡状态下的方程，具体如下所示：

图 5.4 按电压偏差调节的比例式励磁调节器

$$\begin{cases} U_{R0}=K_A(U_{ref}-U_{G0}) \\ U_{R0}=U_{f0} \end{cases} \tag{5.56}$$

因此，结合式（5.54）~式（5.56）可以得到：

$$-K_A\Delta U_G=T_e\dfrac{d\Delta U_f}{dt}+\Delta U_f \tag{5.57}$$

为了便于进行功角稳定分析，进一步将式（5.57）与同步发电机定子的物理量联系起来。在式（5.57）等号左右两边同时乘以 X_{ad}/R_f，从而可以得到：

$$-\frac{X_{ad}}{R_f}K_A\Delta U_G = T_e\frac{X_{ad}}{R_f}\frac{d\Delta U_f}{dt} + \frac{\Delta U_f}{R_f}X_{ad} \tag{5.58}$$

由于空载电势的强制分量 $E_{qe} = X_{ad}i_{fe} = X_{ad}U_f/R_f$，其中 $i_{fe} = U_f/R_f$，因此 E_{qe} 的增量可以计算如下：

$$\Delta E_{qe} = \frac{\Delta U_f}{R_f}X_{ad} \tag{5.59}$$

因此，式（5.58）可以进一步整理为

$$-\Delta U_G K_V = T_e\frac{d\Delta E_{qe}}{dt} + \Delta E_{qe} \tag{5.60}$$

其中，$K_V = K_A X_{ad}/R_f$，它是上述按电压偏差调节的比例式调节器的综合放大系数。

对于发电机励磁绕组而言，式（5.61）为反映励磁绕组电磁暂态过程的一阶微分方程：

$$U_f = R_f i_f + \frac{d\psi_f}{dt} \tag{5.61}$$

上式可以进一步通过等式左右两边同时乘以 x_{ad}/R_f，转化为采用电势表示的励磁绕组方程：

$$E_{qe} = E_q + T'_{d0}\frac{dE'_q}{dt} \tag{5.62}$$

其中，$T'_{d0} = x_f/R_f$，$E'_q = \psi_f x_{ad}/x_f$。

进一步令 $E_{qe} = E_{qe0} + \Delta E_{qe}$，$E_q = E_{q0} + \Delta E_q$，$E'_q = E'_{q0} + \Delta E'_q$，其中，$E_{q0} = E_{qe0}$，$E'_{q0}$ 为常数。因此有：

$$E_{qe0} + \Delta E_{qe} = E_{q0} + \Delta E_q + T'_{d0}\frac{d(E'_{q0} + \Delta E'_q)}{dt}$$

$$\Rightarrow \Delta E_{qe} = \Delta E_q + T'_{d0}\frac{d\Delta E'_q}{dt} \tag{5.63}$$

综合式（5.60）和式（5.63），再计及送端发电机的转子运动方程，可以得到如下送端发电机的一阶微分方程组：

$$\begin{cases}-\Delta U_G K_V = T_e\dfrac{d\Delta E_{qe}}{dt} + \Delta E_{qe} \\[2mm] \Delta E_{qe} = \Delta E_q + T'_{d0}\dfrac{d\Delta E'_q}{dt} \\[2mm] \dfrac{d\Delta\delta}{dt} = \Delta\omega \\[2mm] \dfrac{d\Delta\omega}{dt} = -\dfrac{\omega_N}{T_J}\Delta P_e\end{cases} \tag{5.64}$$

由于上面四个方程中含有七个变量：ΔU_G、ΔE_{qe}、ΔE_q、$\Delta E'_q$、$\Delta\delta$、ΔP_e、$\Delta\omega$，因此还需要三个方程才能进行求解。为此，本节通过不同电势所表示的送端发电机电磁功率方程来构建三个方程。采用 E_q、E'_q、U_{Gq} 的电磁功率方程简记如下：

$$\begin{cases}P_{Eq} = f_{PEq}(E_q,\delta) \\ P_{E'q} = f_{PE'q}(E'_q,\delta) \\ P_{UGq} = f_{UGq}(U_{Gq},\delta)\end{cases} \tag{5.65}$$

首先将上述三式在平衡点附近进行泰勒展开,然后忽略泰勒级数的二次及以上各项,可以进一步得到:

$$\begin{cases} P_{Eq} = P_{Eq0} + S_{Eq}\Delta\delta + R_{Eq}\Delta E_q = P_{Eq0} + \Delta P_{Eq} \\ P_{E'_q} = P_{E'_q0} + S_{E'_q}\Delta\delta + R_{E'_q}\Delta E'_q = P_{E'_q0} + \Delta P_{E'_q} \\ P_{UGq} = P_{UGq0} + S_{UGq}\Delta\delta + R_{UGq}\Delta U_{Gq} = P_{UGq0} + \Delta P_{UGq} \end{cases} \tag{5.66}$$

其中:

$$\begin{cases} S_{Eq} = \dfrac{\partial P_{Eq}}{\partial \delta}\bigg|_{\substack{E_q=E_{q0}\\ \delta=\delta_0}} \\ R_{Eq} = \dfrac{\partial P_{Eq}}{\partial E_q}\bigg|_{\substack{E_q=E_{q0}\\ \delta=\delta_0}} \end{cases} \tag{5.67}$$

$$\begin{cases} S_{E'_q} = \dfrac{\partial P_{E'_q}}{\partial \delta}\bigg|_{\substack{E'_q=E'_{q0}\\ \delta=\delta_0}} \\ R_{E'_q} = \dfrac{\partial P_{E'_q}}{\partial E'_q}\bigg|_{\substack{E'_q=E'_{q0}\\ \delta=\delta_0}} \end{cases} \tag{5.68}$$

$$\begin{cases} S_{UGq} = \dfrac{\partial P_{UGq}}{\partial \delta}\bigg|_{\substack{U_{Gq}=U_{Gq0}\\ \delta=\delta_0}} \\ R_{UGq} = \dfrac{\partial P_{UGq}}{\partial U_{Gq}}\bigg|_{\substack{U_{Gq}=U_{Gq0}\\ \delta=\delta_0}} \end{cases} \tag{5.69}$$

$$\Delta P_{Eq} = S_{Eq}\Delta\delta + R_{Eq}\Delta E_q \tag{5.70}$$

$$\Delta P_{E'_q} = S_{E'_q}\Delta\delta + R_{E'_q}\Delta E'_q \tag{5.71}$$

$$\Delta P_{UGq} = S_{UGq}\Delta\delta + R_{UGq}\Delta U_{Gq} \tag{5.72}$$

对于小扰动功角稳定性问题而言,由于所考虑的扰动足够小,因此可以认为以下条件满足:

$$\begin{cases} \Delta P_{Eq} \approx \Delta P_{E'_q} \approx \Delta P_{UGq} \approx \Delta P_e \\ \Delta U_{Gq} \approx \Delta U_G \end{cases} \tag{5.73}$$

因此可以得到如下三个方程:

$$\begin{cases} \Delta P_e = S_{Eq}\Delta\delta + R_{Eq}\Delta E_q \\ \Delta P_e = S_{E'_q}\Delta\delta + R_{E'_q}\Delta E'_q \\ \Delta P_e = S_{UGq}\Delta\delta + R_{UGq}\Delta U_{Gq} \end{cases} \tag{5.74}$$

根据式(5.64)和式(5.74),可以得到考虑励磁调节器作用的单机-无限大系统一阶微分代数方程组,其矩阵形式如下:

$$\begin{bmatrix} \dfrac{\mathrm{d}\Delta E_{qe}}{\mathrm{d}t} \\ \dfrac{\mathrm{d}\Delta E'_q}{\mathrm{d}t} \\ \dfrac{\mathrm{d}\Delta \delta}{\mathrm{d}t} \\ \dfrac{\mathrm{d}\Delta \omega}{\mathrm{d}t} \\ 0 \\ 0 \\ 0 \end{bmatrix} = \begin{bmatrix} -\dfrac{1}{T_e} & 0 & 0 & 0 & 0 & -\dfrac{K_V}{T_e} & 0 \\ -\dfrac{1}{T'_{d0}} & 0 & 0 & 0 & -\dfrac{1}{T'_{d0}} & 0 & 0 \\ 0 & 0 & 0 & 1 & 0 & 0 & 0 \\ 0 & 0 & 0 & 0 & 0 & 0 & -\dfrac{\omega_N}{T_J} \\ 0 & 0 & S_{Eq} & 0 & R_{Eq} & 0 & -1 \\ 0 & R_{E'q} & S_{E'q} & 0 & 0 & 0 & -1 \\ 0 & 0 & S_{UGq} & 0 & 0 & R_{UGq} & -1 \end{bmatrix} \begin{bmatrix} \Delta E_{qe} \\ \Delta E'_q \\ \Delta \delta \\ \Delta \omega \\ \Delta E_q \\ \Delta U_{Gq} \\ \Delta P_e \end{bmatrix} \quad (5.75)$$

消去其中的 ΔE_q、ΔU_{Gq}、ΔP_e，可以进一步得到含有按电压偏差调节的比例式励磁调节器的单机-无限大系统线性化小扰动方程：

$$\begin{bmatrix} \dfrac{\mathrm{d}\Delta E_{qe}}{\mathrm{d}t} \\ \dfrac{\mathrm{d}\Delta E'_q}{\mathrm{d}t} \\ \dfrac{\mathrm{d}\Delta \delta}{\mathrm{d}t} \\ \dfrac{\mathrm{d}\Delta \omega}{\mathrm{d}t} \end{bmatrix} = \begin{bmatrix} -\dfrac{1}{T_e} & -\dfrac{K_V R_{E'q}}{T_e R_{UGq}} & \dfrac{K_V(S_{UGq}-S_{E'q})}{T_e R_{UGq}} & 0 \\ \dfrac{1}{T'_{d0}} & -\dfrac{R_{E'q}}{T'_{d0} R_{Eq}} & -\dfrac{S_{E'q}-S_{Eq}}{T'_{d0} R_{Eq}} & 0 \\ 0 & 0 & 0 & 1 \\ 0 & -\dfrac{\omega_N R_{E'q}}{T_J} & -\dfrac{\omega_N S_{E'q}}{T_J} & 0 \end{bmatrix} \begin{bmatrix} \Delta E_{qe} \\ \Delta E'_q \\ \Delta \delta \\ \Delta \omega \end{bmatrix} \quad (5.76)$$

其中的雅可比矩阵 A 如下：

$$A = \begin{bmatrix} -\dfrac{1}{T_e} & -\dfrac{K_V R_{E'q}}{T_e R_{UGq}} & \dfrac{K_V(S_{UGq}-S_{E'q})}{T_e R_{UGq}} & 0 \\ \dfrac{1}{T'_{d0}} & -\dfrac{R_{E'q}}{T'_{d0} R_{Eq}} & -\dfrac{S_{E'q}-S_{Eq}}{T'_{d0} R_{Eq}} & 0 \\ 0 & 0 & 0 & 1 \\ 0 & -\dfrac{\omega_N R_{E'q}}{T_J} & -\dfrac{\omega_N S_{E'q}}{T_J} & 0 \end{bmatrix} \quad (5.77)$$

由上述分析可得线性化状态方程及其雅可比矩阵 A。根据给定的运行状态及系统各参数可以计算出矩阵 A 的各元素值，然后应用数值计算的方法求出矩阵 A 的全部特征值，或者可以用代数判据判定电力系统在给定的运行条件下是否具有小扰动功角稳定性。

5.3.2 考虑励磁调节的小扰动功角稳定分析

根据前面的小扰动方程，可以根据 $\det[\boldsymbol{A}-p\boldsymbol{1}]=0$ 得到雅可比矩阵 A 的特征方程为如下一元四次方程：

$$a_0 p^4 + a_1 p^3 + a_2 p^2 + a_3 p + a_4 = 0 \quad (5.78)$$

其中：

$$\begin{cases} a_0 = \dfrac{1}{\omega_N} T_J T_e T'_d \\ a_1 = \dfrac{1}{\omega_N} T_J (T_e + T'_d) \\ a_2 = \dfrac{1}{\omega_N} T_J \left(1 + K_V \dfrac{X_{TL}}{X_{d\Sigma}}\right) + T_e T'_d S_{E'q} \\ a_3 = T_e S_{Eq} + T'_d S_{E'q} \\ a_4 = S_{Eq} + K_V S_{UGq} \dfrac{X_{TL}}{X_{d\Sigma}} \end{cases} \tag{5.79}$$

在上述表达式中，$X_{TL} = x_{T1} + x_{T2} + 0.5 x_L$，$T'_d = T'_{d0} \dfrac{R_{Eq}}{R_{E'q}}$，上述特征方程的解的实部符号可以通过间接法进行判断。本书采用胡尔维茨法进行判断。根据胡尔维茨法，上述特征方程具有实部为负实数的解的条件为：

1）条件1：特征方程中的系数 a_0、a_1、a_2、a_3、a_4 都大于0。
2）条件2：胡尔维茨行列式及其主子式的数值大于0。

下面就上述条件进行具体分析：

1. 条件1分析

根据胡尔维茨法的条件1可得：$a_0>0$、$a_1>0$、$a_2>0$、$a_3>0$、$a_4>0$。由于 T_J、T_e、T'_d、ω_N 均为正数，所以 $a_0>0$、$a_1>0$ 的条件总能得到满足。由 $a_3>0$ 可以得到：

$$\begin{aligned} &T_e S_{Eq} + T'_d S_{E'q} > 0 \\ \Rightarrow &S_{E'q} > -\dfrac{T_e}{T'_d} S_{Eq} \end{aligned} \tag{5.80}$$

如果 $0°<\delta<90°$，则 $S_{E'q}>0$，$S_{Eq}>0$，因此式（5.80）一定能够得到满足，即 $a_3>0$。当 $\delta>90°$ 且 $S_{Eq}<0$ 时，若 $S_{E'q}<0$，则式（5.80）一定不能够得到满足，因此这要求 $S_{E'q}>0$。换言之，$a_3>0$ 必有 $S_{E'q}>0$，这又必然导致 $a_2>0$。当 $\delta>90°$、$S_{Eq}<0$ 且 $S_{E'q}>0$ 时，根据式（5.80），它同时需要满足如下条件：

$$S_{E'q} > \dfrac{T_e}{T'_d} |S_{Eq}| \tag{5.81}$$

上述分析表明，单机-无限大系统可以工作于功角大于90°的一段范围内，但是稳定极限角 δ_{sl} 不能达到 $S_{E'q}=0$ 时的功角。由于一般情况下 T_e 远小于 T'_d，所以在简化计算中，式（5.81）可以近似为

$$S_{E'q} > 0 \tag{5.82}$$

在这种情况下，单机-无限大系统保持小扰动功角稳定时送端发电机输出的最大功率可以采用 $E'_{q,*}$ = 常数的条件来计算。

由 $a_4>0$ 可以得到：

$$S_{Eq} + K_V S_{UGq} \dfrac{X_{TL}}{X_{d\Sigma}} > 0 \tag{5.83}$$

很显然，若 $K_V=0$（即没有励磁调节器），式（5.83）变为 $S_{Eq}>0$。值得注意的是，当

$K_V>0$ 时，在 $\delta>90°$ 的一段范围内 $S_{Eq}<0$ 且 $S_{UGq}>0$，因此只要 K_V 取得足够大，则能够在此范围内使得式（5.83）得到满足，也就是说，与没有励磁调节器相比，合理地整定综合放大系数 K_V 可以扩大送端发电机的稳定运行范围。在 $\delta>90°$ 的一段范围内（$S_{Eq}<0$ 且 $S_{UGq}>0$），若要满足式（5.83），则综合放大系数 K_V 需要满足以下条件：

$$K_V > \frac{|S_{Eq}|}{S_{UGq}} \frac{X_{d\Sigma}}{X_{TL}} \tag{5.84}$$

对于一般的电力系统，式（5.84）容易满足，即 $a_4>0$ 的条件容易满足。由于 a_4 的符号与纯实数特征值的符号有关，如果实际运行条件不能满足 $a_4>0$，则意味着雅可比矩阵 A 存在正实数的特征值，此时该系统不能保持小扰动功角稳定，其失稳类型为非周期性失稳。

2. 条件 2 分析

胡尔维茨法的条件 2 可以具体表述为

$$\Delta_4 = \begin{vmatrix} a_1 & a_3 & 0 & 0 \\ a_0 & a_2 & a_4 & 0 \\ 0 & a_1 & a_3 & 0 \\ 0 & a_0 & a_2 & a_4 \end{vmatrix} > 0$$

$$\Delta_3 = \begin{vmatrix} a_1 & a_3 & 0 \\ a_0 & a_2 & a_4 \\ 0 & a_1 & a_3 \end{vmatrix} > 0$$

$$\Delta_2 = \begin{vmatrix} a_1 & a_3 \\ a_0 & a_2 \end{vmatrix} > 0$$

由于 $\Delta_3 = a_3\Delta_2 - a_1^2 a_4$，$\Delta_4 = a_4\Delta_3$，因此，当满足胡尔维茨法中的条件 1 时，若 $\Delta_3>0$，则 $\Delta_4>0$，$\Delta_2>0$。因此上述条件可以转化为 $\Delta_3>0$ 的条件，即仅需考虑：

$$\Delta_3 = a_1 a_2 a_3 - a_0 a_3^2 - a_1 a_4^2 > 0 \tag{5.85}$$

根据特征方程系数的表达式，由 $\Delta_3>0$ 可以得到关于综合放大系数 k_V 上限的约束条件：

$$K_V < \frac{X_{d\Sigma}}{X_{TL}} \frac{S_{E'q}-S_{Eq}}{S_{UGq}-S_{Eq}} \times \frac{1+\dfrac{\omega_N T_e^2}{T_J(T_e+T'_d)}(T_e S_{Eq}+T'_d S_{E'q})}{1+\dfrac{T_e}{T'_d} \times \dfrac{S_{UGq}-S_{Eq}}{S_{UGq}-S_{E'q}}} = K_{Vmax} \tag{5.86}$$

其中，K_{Vmax} 的具体表达式由 $\Delta_3>0$ 决定，它是运行条件的复杂函数。通常而言，为了使得同步发电机的机端电压变化不大，K_V 的整定值希望能够被整定得大一些。与此同时，增大 K_V 也会提高输电系统的功率极限（功率特性曲线顶点的有功功率）。但是，式（5.86）要求 K_V 不能取过大的数值。此时，由 $K_V<K_{Vmax}$ 所确定的稳定极限功率远小于功率极限。当放大倍数取得过大而不满足 $K_V<K_{Vmax}$ 时，该系统失去小扰动功角稳定的形式为周期性的自发振荡，此时两个特征值为正实部的共轭复数，功角含有振幅指数增长的正弦项。因此，该励磁调节器产生了负阻尼效应，使得单机-无限大系统成为具有负阻尼的电力系统。

通过以上分析便得到了该单机-无限大系统保持小扰动功角稳定需同时满足的三个式子，

即式（5.80）、式（5.83）和式（5.86）。随着该电力系统运行状态的变化，S_{Eq}、$S_{E'q}$、S_{UGq} 也要随之变化：S_{Eq}、$S_{E'q}$、S_{UGq} 随着运行角度的增大而依次由正值变为负值（见图5.5）。当该电力系统处于某一运行状态时，上面的三个条件中有些不能得到满足，导致该系统无法保持小扰动功角稳定。

从上面的分析来看，对于按电压偏差调节的比例式励磁调节器，通过合理整定综合放大系数的数值，可以使得单机-无限大系统中送端发电机工作于功角大于90°的一段范围。但是，如果综合放大系数整定得不合适（比如过大），也会带来小扰动功角失稳问题（比如励磁调节器负阻尼效应导致的自发振荡）。

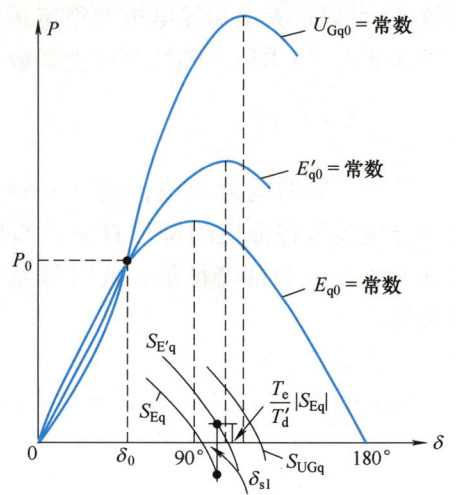

图5.5 自动励磁调节对小扰动功角稳定条件的影响示意图

5.3.3 励磁调节器的改进

上一节已经指出励磁调节器可能产生负阻尼效应，需要合理整定励磁调节器的参数。除此之外，也可以考虑改进励磁调节器，设法削弱和克服励磁调节器的负阻尼效应，从而抑制和防止电力系统自发振荡的发生。改进励磁调节器的方式具有多样性，本节介绍如下两种方式：

1. 进行参数补偿

由式（5.86）可知，对于上一节分析的按电压偏差调节的比例式励磁调节器，增大励磁调节器的时间常数 T_e，可以在相同的运行角度下提高可允许的放大系数 K_{Vmax} 的数值，或者在给定的整定值 K_V 下，允许送端发电机运行在较大的功角时该系统不出现自发振荡。需要指出的是，直接通过励磁机结构的改变来增大 T_e 是比较困难的，但是可以从励磁机端引入负反馈对前述比例式励磁调节器进行改进，具体如图5.4中的虚线及其方框所示。采用这种负反馈后，线性化的励磁调节系统微分方程变为

$$-K_A \Delta U_G = \Delta U_f + (T_e + K_A K_F) \frac{d\Delta U_f}{dt} \quad (5.87)$$

相比较于式（5.57）可以发现，引入负反馈后励磁机的等值时间常数为 $(T_e + K_A K_F)$。由于 $K_A K_F > 0$，故励磁机的等值时间常数增大了，这可以起到抑制自发振荡的作用。

励磁调节系统进行参数补偿的方式是多种多样的。这类通过反馈、移相等来改变励磁调节系统参数（或引入辅助调节量来实现多参数调节）的调节器，习惯上被称为电力系统稳定器（Power System Stabilizer，PSS），它主要用于提升电力系统的小扰动功角稳定性。需要指出的是，上述增大 T_e 的补偿方式会降低励磁系统的动态响应速度，可能对大扰动功角稳定产生不利影响，故一些PSS设计采用了在强励动作时退出补偿环节的电路。本书第8章还会对PSS进行详细介绍。

2. 按运行参数偏差的导数来调节励磁

通过运行参数偏差的导数进行调节，可以产生正阻尼以削弱和克服比例调节部分产生的负阻尼。由于可以近似认为阻尼转矩与相对转速成比例，即阻尼转矩与 $d\Delta\delta/dt$ 成比例，因

此按功角偏差 $\Delta\delta$ 的导数来调节励磁相当于调节器产生了附加的正阻尼。另一方面，同步发电机转子的相对加速度 $d^2\Delta\delta/dt^2$ 也对电力系统功角稳定的影响很大。如果按 $d^2\Delta\delta/dt^2$ 进行励磁调节，则同步发电机受扰以后的转子相对运动也可能朝着有利于系统稳定的方向发展。一种改进励磁调节的方法就是以 ($k_{0\delta}\Delta\delta + k_{1\delta}d\Delta\delta/dt + k_{2\delta}d^2\Delta\delta/dt^2$) 调节励磁。像这种同时采用运行参数自身及其一次导数和二次导数进行励磁调节的励磁调节器被称为强力式调节器。

已有研究表明，强力式调节器可以有效抑制和克服自发振荡，使得稳定极限提升至接近功率极限的水平。

5.3.4 励磁调节器对小扰动功角稳定影响的总结分析

本章 5.3.2 节以按电压偏差调节的比例式励磁调节器为例，定量分析了含有该类型励磁调节器的单机-无限大系统小扰动功角稳定性。从上一节的分析可以看出，按电压偏差调节的比例式励磁调节器对稳定极限功率与稳定运行域具有重要的影响。下面，本章将继续采用单机-无限大系统，通过与无励磁调节这种情况进行对比，概述励磁调节器对小扰动功角稳定性的影响。具体如下：

（1）送端发电机没有励磁调节

从给定的稳定平衡点出发，随着送端发电机缓慢增加输出功率，空载电势保持不变，但是功角随之缓慢增大，即送端发电机的运行点沿着 $E_q = E_{q0} =$ 常数的功率特性曲线变化。在这种情况下，单机-无限大系统在保持小扰动功角稳定的前提下能够输出的最大功率由 $S_{E_q} = 0$ 决定，即由图 5.6 中的点 1 确定，它就等于 $E_q =$ 常数的功率特性曲线顶点对应的有功功率 P_{Eqm}。当送端发电机没有励磁调节时，若单机-无限大系统失去稳定，则其失稳类型为非周期性的失稳，即功角随时间单调增大，如图 5.6 中的 $\delta(t)$ 曲线所示。在简化计算中，发电机采用 $E_q = E_{q0}$ 的模型。

（2）送端发电机有励磁调节

在这种情况下，励磁调节的性能将对单机-无限大系统的小扰动功角稳定产生重要的影响。以下将从四个方面展开分析：

1）送端发电机装有按单个参数调节的比例式励磁调节器。如果励磁调节器参数设置合理，能够大致使得 $E'_q =$ 常数，该系统能够保持小扰动功角稳定而能够发出的最大功率 P_{sl2} 可以近似由 $S_{E'_q} = 0$ 确定，即大小取为与功率极限 $P_{E'qm}$ 相等（见图 5.6 中的点 2）。在这种情况下，单机-无限大系统失稳的类型可能是周期性失稳，也可能是非周期性失稳。如果励磁调节器参数设置不合理，那么单机-无限大系统的小扰动功角稳定性具有新的特点。例如，对于前述按电压偏差调节的比例式励磁调节器，如果综合放大系数 K_V 的整定值过大，导致不能满足前面提到的 $\Delta_3 > 0$ 这个条件，那么因为自发振荡的限制，极限功角 δ_{sl} 将一般比 $S_{E'_q} = 0$ 对应的功角 $\delta_{E'qm}$ 小得多。但是，需要注意的是，由于综合放大系数 K_V 的整定值大，送端发电机维持其机端电压的能力强，因而可以认为这种情况下送端发电机的稳定极限功率 P_{sl3} 近似由 $U_{G0} =$ 常数的功率曲线上对应 δ_{sl} 的点来确定（见图 5.6 中的点 3）。由于 $P_{E'qm}$ 和 P_{sl3} 的数值接近，因此对于按单个参数调节的比例式励磁调节器这种情况，简化计算中就根据 $S_{E'_q} = 0$ 确定在保持小扰动功角稳定的前提下送端发电机所发出的最大功率。

2）送端发电机装有按两个参数调节的比例式励磁调节器。以带电压校正器的复式励装置为例，它可以通过合适的参数设置使得稳定运行功角接近于 $S_{E'_q}=0$ 对应的功角 $\delta_{E'_{qm}}$，同时通过电压校正器使得送端发电机大致能够保持机端电压恒定。因此，此时可以由 $U_{G0}=$ 常数的功率曲线上对应 $\delta_{E'_{qm}}$ 的点，计算在保持小扰动功角稳定的前提下送端发电机所发出的最大功率 P_{sl3}（见图 5.6 中的点 4）。对于送端发电机装有带电压校正器的复式励磁装置这种情况，如果单机-无限大系统失去稳定，那么失稳类型可能是周期性失稳，也可能是非周期性失稳。

3）送端发电机装有强力式调节器。当送端发电机安装有此类励磁调节器时，可以通过单机-无限大系统 $U_{G0}=$ 常数的功率曲线顶点（见图 5.6 中的点 5），来确定在保持小扰动功角稳定的前提下送端发电机能够发出的最大有功功率。

4）除此之外，若同步发电机采用手动的励磁调节或调节器的调节属于不连续调节，且励磁调节保持同步发电机端电压大致不变，那么为了避免出现自发振荡，稳定运行的功角不能超过由 $S_{E_q}=0$ 所确定的 $\delta_{E_{qm}}$，但是稳定极限功率由 $U_G=U_{G0}=$ 常数的功率特性所对应的 $\delta_{E_{qm}}$ 来确定（见图 5.6 中的点 6）。

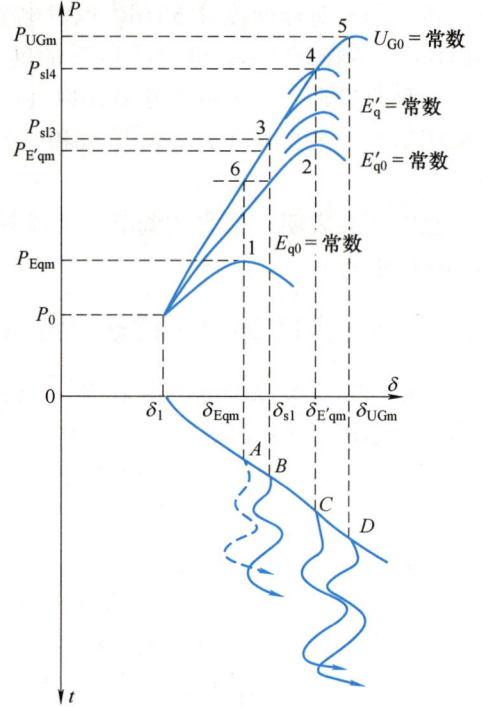

图 5.6 不同情况下的功率特性示意图与小扰动后功角失稳特点

5.4 复杂多机电力系统的小扰动功角稳定特点与分析方法

前面 5.2 节和 5.3 节通过小扰动法对单机-无限大系统的小扰动功角稳定问题进行了分析。单机-无限大系统中仅含有一个实际的同步发电机，属于简单电力系统。对于复杂的多机电力系统小扰动功角稳定问题，也可以通过小扰动法进行分析。当应用小扰动法时，复杂多机电力系统的分析与单机-无限大系统大体上是一致的，但是它也仍然存在自身的一些特点。

5.4.1 复杂多机电力系统的小扰动功角稳定性判断

1. 小扰动法在复杂电力系统功角稳定性领域应用的概述

小扰动法也适用于复杂多机电力系统的小扰动功角稳定性分析。在此方面，需列出复杂多机电力系统的线性化小扰动方程，然后通过分析线性化小扰动方程的雅可比矩阵特征值实部的符号，判断它的小扰动功角稳定性。但是，复杂多机电力系统的小扰动功角稳定性具有自身的特点：

1）无法通过小扰动法导出基于运行参数的简单判别条件，也无法直接得到精确的稳定极限功率，因而无法通过功率来计算相应的稳定裕度。对于前面所分析的单机-无限大系统，可以得到其保持小扰动功角稳定的简单判据。

2）在应用小扰动方法分析复杂电力系统小扰动功角稳定性时，出于避免零特征值的目的，需要选择相对角作为变量，而且当不存在比例于绝对速度的阻尼项时，还需要以相对速度作为变量。即如果不存在比例于绝对速度的阻尼项，那么需要以某一台同步发电机的转子作为参考轴来列写电力系统的小扰动方程。例如，选择编号为 k 的同步发电机转子作为参考轴，此时同步发电机 i 的转子运动方程如下：

$$\frac{\mathrm{d}\Delta\delta_{ik}}{\mathrm{d}t}=\Delta\omega_{ik} \tag{5.88}$$

$$\frac{\mathrm{d}\Delta\omega_{ik}}{\mathrm{d}t}=\omega_{\mathrm{N}}\left(\frac{\Delta P_i}{T_{\mathrm{J}i}}-\frac{\Delta P_k}{T_{\mathrm{J}k}}\right) \tag{5.89}$$

$$\Delta P_i = P_{\mathrm{T}i} - P_{\mathrm{e}i} \tag{5.90}$$

$$\Delta P_k = P_{\mathrm{T}k} - P_{\mathrm{e}k} \tag{5.91}$$

式中，$\Delta\omega_{ik}=\omega_i-\omega_k$，$P_{ei}$ 的计算也应通过同一参考轴的相对角来表示。

2. 两机电力系统举例说明

如图 5.7 所示的两机电力系统，两台实际的同步发电机 G1 和 G2 都采用 E' = 常数的电路模型，并将 $\dot{E}'$ 的相位作为转子的绝对角。负荷用等值阻抗建模。当此电力系统处于正常运行状态时，两台发电机的有功功率计算公式如下：

$$P_{\mathrm{e}1}=\frac{E_1^2}{|Z_{11}^{\mathrm{I}}|}\sin\alpha_{11}+\frac{E_1 E_2}{|Z_{12}^{\mathrm{I}}|}\sin(\delta_{12}-\alpha_{12}) \tag{5.92}$$

$$P_{\mathrm{e}2}=\frac{E_2^2}{|Z_{22}^{\mathrm{I}}|}\sin\alpha_{22}-\frac{E_1 E_2}{|Z_{12}^{\mathrm{I}}|}\sin(\delta_{12}+\alpha_{12}) \tag{5.93}$$

式中，$\delta_{12}=\delta_1-\delta_2$，$\delta_1$ 和 δ_2 分别表示同步发电机 G1 和同步发电机 G2 的绝对角。

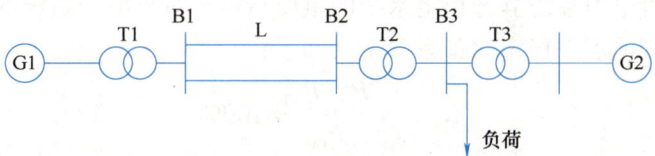

图 5.7 两机电力系统示意图

假设同步发电机 G1 和同步发电机 G2 的阻尼功率计算如下：

$$P_{\mathrm{D}1}=D_1(\omega_1-\omega_{\mathrm{N}})=D_1\Delta\omega_1 \tag{5.94}$$

$$P_{\mathrm{D}2}=D_2(\omega_2-\omega_{\mathrm{N}})=D_2\Delta\omega_2 \tag{5.95}$$

对于同步发电机 G1 和同步发电机 G2 的电磁功率增量，它们的线性化表达式如下：

$$\Delta P_{\mathrm{e}1}=S_{\mathrm{E}_1}\Delta\delta_{12} \tag{5.96}$$

$$\Delta P_{\mathrm{e}2}=S_{\mathrm{E}_2}\Delta\delta_{12} \tag{5.97}$$

其中，$S_{\mathrm{E}_1}=\left.\dfrac{\mathrm{d}P_{\mathrm{e}1}}{\mathrm{d}\delta_{12}}\right|_{\delta_{12}=\delta_{120}}$，$S_{\mathrm{E}_2}=\left.\dfrac{\mathrm{d}P_{\mathrm{e}2}}{\mathrm{d}\delta_{12}}\right|_{\delta_{12}=\delta_{120}}$。

选择发电机 G2 的转子作为参考轴，结合以上式子，可以得到该两机系统的线性化小扰动方程：

$$\frac{\mathrm{d}\Delta\delta_{12}}{\mathrm{d}t}=\Delta\omega_1-\Delta\omega_2 \tag{5.98}$$

$$\frac{\mathrm{d}\Delta\omega_1}{\mathrm{d}t} = -\frac{\omega_N}{T_{J1}}(S_{E_1}\Delta\delta_{12} + D_1\Delta\omega_1) \tag{5.99}$$

$$\frac{\mathrm{d}\Delta\omega_2}{\mathrm{d}t} = -\frac{\omega_N}{T_{J2}}(S_{E_2}\Delta\delta_{12} + D_2\Delta\omega_2) \tag{5.100}$$

写成矩阵形式如下：

$$\begin{bmatrix} \dfrac{\mathrm{d}\Delta\delta_{12}}{\mathrm{d}t} \\ \dfrac{\mathrm{d}\Delta\omega_1}{\mathrm{d}t} \\ \dfrac{\mathrm{d}\Delta\omega_2}{\mathrm{d}t} \end{bmatrix} = \begin{bmatrix} 0 & 1 & -1 \\ -\omega_N\dfrac{S_{E_1}}{T_{J1}} & -\omega_N\dfrac{D_1}{T_{J1}} & 0 \\ -\omega_N\dfrac{S_{E_2}}{T_{J2}} & 0 & -\omega_N\dfrac{D_2}{T_{J2}} \end{bmatrix} \begin{bmatrix} \Delta\delta_{12} \\ \Delta\omega_1 \\ \Delta\omega_2 \end{bmatrix} \tag{5.101}$$

此小扰动方程的雅可比矩阵的特征方程如下：

$$p^3 + \omega_N\left(\frac{D_1}{T_{J1}} + \frac{D_2}{T_{J2}}\right)p^2 + \omega_N\left(\frac{S_{E_1}}{T_{J1}} - \frac{S_{E_2}}{T_{J2}} + \frac{\omega_N D_1 D_2}{T_{J1}T_{J2}}\right)p + \frac{\omega_N^2}{T_{J1}T_{J2}}(S_{E_1}D_2 - S_{E_2}D_1) = 0 \tag{5.102}$$

在此基础上，通过分析式（5.102）的解的实部符号，就可以判断该系统的小扰动功角稳定性。

5.4.2 静态稳定储备系数的概念与计算

根据我国现行电力系统安全稳定导则，小扰动功角稳定可以进一步分为静态功角稳定（以下简称静态稳定）与动态功角稳定。对于电力系统运行而言，面向功角稳定的静态稳定储备系数是评价电力系统静态稳定水平的重要指标。对于电力系统的大电源送出线、跨大区联络线等，它们的静态稳定储备系数定义如下：

$$K_{\mathrm{sm}(P)} = \frac{P_{\mathrm{sl}} - P_{\mathrm{G0}}}{P_{\mathrm{G0}}} \times 100\% \tag{5.103}$$

式中，P_{G0} 为正常运行时发电机输送的功率。储备系数的选取需要综合考虑技术与经济等多个方面，若储备系数取值较大，则需减小 P_{G0}，限制了输送能力，恶化了输电的经济指标。若储备系数取值较小，虽然可以增大正常运行时的输送功率，但运行安全可靠性较低，若出现稳定破坏事故，那么将造成巨大经济损失。根据我国现行电力系统安全稳定导则，正常运行方式下电力系统静态稳定储备系数（$K_{\mathrm{sm}(P)}$）应不低于 15%~20%，在事故后运行方式和特殊运行方式下，静态稳定储备系数应不低于 10%。

电力系统小扰动功角稳定计算的目的，就是在给定的运行条件下，求出以运行参数表示的稳定极限，计算出该运行方式下的稳定储备系数，从而检验它是否满足相关规定要求。

由 5.2 节与 5.3 节的论述可知，即使是简单电力系统，要确定稳定极限功率 P_{sl} 也十分复杂。为此，在实用计算中认为系统在不发生自发振荡的前提下，用 $\mathrm{d}P/\mathrm{d}\delta > 0$ 作为小扰动功角稳定性判据来计算储备系数，此时用功率极限 P_{m} 来代替稳定极限 P_{sl}，因此储备系数的计算功率为

$$K_{\mathrm{sm}(P)} = \frac{P_{\mathrm{m}} - P_{\mathrm{G0}}}{P_{\mathrm{G0}}} \times 100\% \tag{5.104}$$

第 5 章
小扰动功角稳定的基本原理与分析方法

在复杂多机电力系统中,同步发电机的有功功率是其自身绝对角与其他同步发电机绝对角的函数,因此需要特别注意 P_m 的计算方法的合理性与有效性。

例 5-2 如图 5.8 所示的单机-无限大系统,已知无限大容量母线 B2 电压为 $U=1.0$;送端发电机 G 为隐极机,机端电压为 $U_{G0}=1.05$,$x_d=1.0$,母线 B1 和母线 B2 之间的等值电抗分别为 $x_1=0.5$。对于该发电机 G,它送出的有功功率为 $P_{G0}=0.8$,试计算此运行方式下它的送出线路静态稳定储备系数。

解:根据 $P_{G0}=\dfrac{U_{G0}U}{x_1}\sin\delta_G$,可以得到:

$$\sin\delta_G=\dfrac{P_{G0}x_1}{U_{G0}U}=0.381$$

$$\delta_G=22.4°$$

送端发电机定子电流 $\dot{I}_{G0}=\dfrac{\dot{U}_{G0}-\dot{U}}{jx_{d\Sigma}}$

送端发电机 $\dot{E}_{q0}=jx_d\dot{I}_{G0}+\dot{U}$

送端发电机 $P_m=\dfrac{E_{q0}U}{x_{d\Sigma}}$

因此 $K_{sm(P)}=\dfrac{P_m-P_{G0}}{P_{G0}}=25\%$

图 5.8 某单机-无限大系统

本 章 小 结

本章介绍了电力系统小扰动功角稳定分析的严格理论基础,给出了小扰动法的基本原理,并通过小扰动法对电力系统小扰动功角稳定问题进行了严格的定量分析。

应用于电力系统功角稳定分析的小扰动法是以李雅普诺夫运动稳定性理论为基础的。通过小扰动法分析电力系统小扰动功角稳定性的核心在于构建电力系统的线性化小扰动方程,然后判断线性化小扰动方程的雅可比矩阵特征值实部的符号,进而以此分析电力系统是否能够保持小扰动功角稳定。阻尼的大小与性质对电力系统小扰动功角稳定性具有重要的影响。对于不考虑励磁调节的单机-无限大系统,如果它的总阻尼特性为负阻尼,那么它不能保持小扰动功角稳定。励磁调节器对电力系统小扰动功角稳定具有重要影响。当比例式励磁调节器的参数设置不合理时,可能会使得电力系统的总阻尼特性为负阻尼。

习 题

5-1 在如图 5.9 所示的单机-无限大系统中,送端发电机无励磁调节,且为隐极机,它的参数如下:$x_d=x_q=1.62$,$x'_d=0.24$,$T_J=10s$,$T'_{d0}=6s$。变压器 T1 和变压器 T2 的电抗分别为 $x_{T1}=0.14$ 和 $x_{T2}=0.11$。线路 L:双回 $x_L=0.293$。系统初始运行状态为 $U_0=1.0$,$S_0=1.0+j0.2$。发电机无励磁调节器。试求:

1)运行状态下发电机受小扰动后的自由振荡频率。
2)若增加原动机功率,使运行角增加到 80°的自由振荡频率。

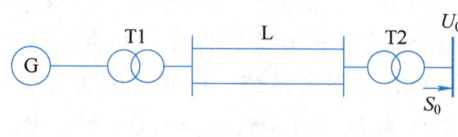

图 5.9 习题 5-1 图

5-2 上题的电力系统中，若发电机的综合阻尼系数 $D_\Sigma = 0.09$，试确定：
1) 运行状态下的自由振荡频率。
2) 在什么运行角度下，系统受小扰动后将不产生振荡（即非周期地恢复到原来运行状态）。

5-3 在习题 5-1 的电力系统中，受端系统仅已知参数 $U_* = 1.0$。若送端发电机的功角等于 $45°$，惯性时间常数 $T_J = 10s$，试判断该系统能够保持小扰动功角稳定时综合阻尼系数满足的条件。

5-4 在习题 5-1 的电力系统中，发电机装设有按电压偏差调节的比例式励磁调节器，其传递函数框图如图 5.10 所示，已知励磁系统参数：$T_e = 0.5s$，$K_V \left(= \dfrac{K_A x_{ad}}{r_f} \right) = 8$。试确定：

1) 发电机的功率极限 P_m。
2) 发电机的静态稳定极限功率 P_{sl}。

提示：励磁调节系统的稳态方程为 $-K_V \Delta U_G = \Delta E_q$，并设 $\Delta U_G \approx \Delta U_{Gq} = U_{Gq} - U_{Gq0}$，取 $\Delta E_q = E_q - E_{q0}$。

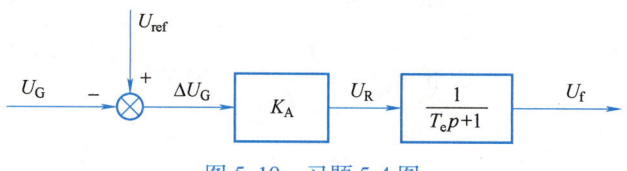

图 5.10 习题 5-4 图

5-5 欲使上题的调节器保持 $E'_q = E'_{q0} =$ 常数，试确定励磁调节系统综合放大系数 K_V 的值。

5-6 电力系统如图 5.11 所示，已知各元件参数标幺值。发电机 G：$x_d = 1.2$，$x_q = 0.8$，$x'_d = 0.3$。变压器电抗：$x_{T1} = 0.14$，$x_{T2} = 0.12$。线路 L：双回 $x_L = 0.35$。系统初始运行状态为 $U_0 = 1.0$，$S_0 = 0.9 + j0.18$。试计算以下情况下发电机的功率极限 P_m 和稳定储备系数 $K_{sm(P)}$：
1) 发电机无励磁调节，$E_q = E_{q0} =$ 常数。
2) 发电机有励磁调节，$E' = E'_0 =$ 常数。

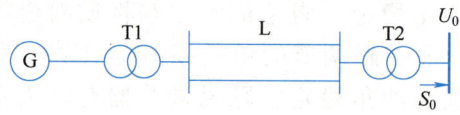

图 5.11 习题 5-6 图

5-7 在例 5-2 的单机-无限大系统中，若送端发电机 G 的机端电压 $U_{G0} = 1.05$，其他已知条件保持不变，试计算它的送出线路静态稳定储备系数。

5-8 在习题 5-2 的电力系统中，若送端发电机 G 机端电压未知，其他已知条件保持不变，试计算当它的送出线路静态稳定储备系数为 150% 时送端发电机 G 的机端电压。

5-9 某两机电力系统的等效电路如图 5.12 所示，两台同步发电机分别为 G1 和 G2，它们采用 $E' =$ 常数的电路模型。$\dot{E}'_1$ 和 $\dot{E}'_2$ 是同步发电机 G1 和同步发电机 G2 的电势相量。图中参数数值如下：$Z = 0.05 + j0.769$，$jX = j0.141$。同步发电机 G1 和同步发电机 G2 的综合阻尼系数分别为 0.09 和 0.03。平衡点的运行条件如下：$U = 1.0$，$S_1 = 1 + j0.329$，$S_2 = 2 + j0.658$，$S_{LD} = 3 + j0.987$，试编写程序判断该电力系统的小扰动功角稳定性。

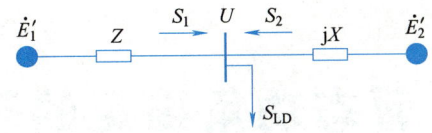

图 5.12 习题 5-9 图

5-10 电力系统如图 5.13 所示，已知各元件参数标幺值。发电机 G：$x_d = 1.2$，$x_q = 0.8$，$x'_d = 0.3$。变压器电抗：$x_{T1} = 0.14$，$x_{T2} = 0.12$。线路 L：双回 $x_L = 0.35$。系统初始运行状态为 $U_0 = 1.0$，$S_0 = 0.9 + j0.18$。发电机无励磁调节，$E_q = E_{q0} =$ 常数，负荷采用恒定阻抗表示。

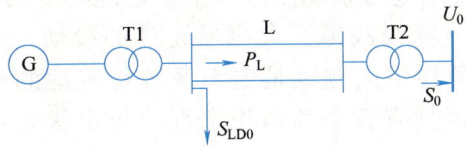

图 5.13 习题 5-10 图

1) 计算发电机的功率极限 P_m 和稳定储备系数 $K_{sm(P)}$。

2) 取发电机功率抵达 P_m 时对应的线路功率 P_L 作为 P_{Lm}，计算 $K_{Lm(P)} = \dfrac{P_{Lm} - P_{L0}}{P_{L0}} \times 100\%$，试对 $K_{sm(P)}$ 和 $K_{Lm(P)}$ 进行比较分析，并说明从稳定性出发应取哪个储备系数为宜。

3) 若发电机有励磁调节，$E' = E'_0 =$ 常数，重做 1) 项。

第 6 章 暂态功角稳定的基本原理与分析方法

保证小扰动功角稳定仅是电力系统保持功角稳定的必要条件。电力系统中除了小扰动之外，还存在短路故障、断线故障、大容量元件的投切（比如大容量同步发电机）等大扰动。大扰动下的功角稳定问题也是电力系统稳定性的重要问题，其中短路故障常被用于检验电力系统是否具有暂态功角稳定性。与小扰动功角稳定相比，暂态功角稳定分析的基本原理与方法具有明显的不同，上一章的小扰动法已不再适用。根据我国现行电力系统安全稳定导则，大扰动功角稳定可以进一步分为暂态功角稳定与大扰动动态功角稳定。

本章将主要论述简单电力系统（单机-无限大系统）和复杂电力系统的暂态功角稳定分析方法，以及电力系统异步运行的概念。

6.1 电力系统暂态功角稳定分析的基本假设

6.1.1 电力系统机电暂态过程的特点

在1.4节中对电力系统暂态功角稳定的基本概念进行了初步介绍，并指出引起电力系统大扰动的原因包括负荷的突然大幅变化、主要元件（比如大容量发电机）的切除或投运、短路故障等。其中，短路故障对电力系统功角稳定的影响最为显著，故常被作为评价电力系统是否具有暂态功角稳定性的重要条件。

从功角稳定性这个角度看，大扰动后电力系统的暂态过程可能有两种结果：

1) 恢复稳定运行：大扰动后同步发电机转子之间的相对角随时间变化呈振荡状态，且它的振荡幅值不断衰减，最终同步发电机之间的相对运动消失（即恢复同步运行），电力系统过渡到一个新的稳态运行情况。

2) 失去稳定：大扰动后部分同步发电机转子之间的相对运行始终存在，它们随时间的增加而不断增大，最终导致这些同步发电机之间失去了同步。

电力系统遭受大扰动后的暂态过程是一个电磁暂态过程与同步发电机转子机械运动暂态过程相互影响的复杂过程，它同时包括电磁暂态过程和机电暂态过程。然而，精确地确定大扰动后所有电磁参数和机械运动参数的变化是困难的，而且从一般的工程问题角度来看也是没有必要的。对于暂态功角稳定而言，由于它关注的是大扰动之后同步发电机能否保持同步运行的能力，因此只需分析反映同步运行的转子运动特性即可。从这个角度出发，暂态功角稳定分析只需重点关注那些对转子运动起主要作用的因素，而对其他因素进行忽略或近似处理。因此，下面将介绍暂态功角稳定分析的基本假设与简化处理方法。

6.1.2 暂态功角稳定分析的基本假设

1. 忽略同步发电机定子电流的非周期分量与它相对应的转子电流的周期分量

在电力系统暂态过程中，同步发电机定子电流包含随时间衰减的非周期分量。在电力系统功角稳定分析中，可以忽略同步发电机定子电流的非周期分量，具体原因如下：

1）同步发电机定子电流非周期分量的衰减时间常数通常为百分之几秒。从电力系统机电暂态分析的时间尺度来看，定子电流非周期分量的衰减时间常数很小，它的衰减速度快。

2）同步发电机定子电流非周期分量所产生的转矩平均值很小，而同步发电机转子又具有较大的惯性，因而，同步发电机定子电流的非周期分量对转子运动的影响较小。

由于以上原因，电力系统功角稳定分析可以不考虑同步发电机定子电流的非周期分量。由于同步发电机定子电流的非周期分量与转子电流的基频分量、定子电流的倍频分量是相互依存的关系，因此忽略同步发电机定子电流非周期分量的同时，可以进一步不考虑转子电流的基频分量、定子电流的倍频分量。

忽略定子电流的非周期分量、倍频周期分量与转子电流的基频周期分量之后，同步发电机的定子电流和功率等电气量可以在大扰动的瞬间发生突变（见图 6.1）。但是需要注意的是，由于同步发电机的转子具有较大的惯性，因而在大扰动的瞬间认为同步发电机转子的空间位置不发生变化。例如，在大扰动的瞬间，可以认为同步发电机转子的绝对角不发生突变。

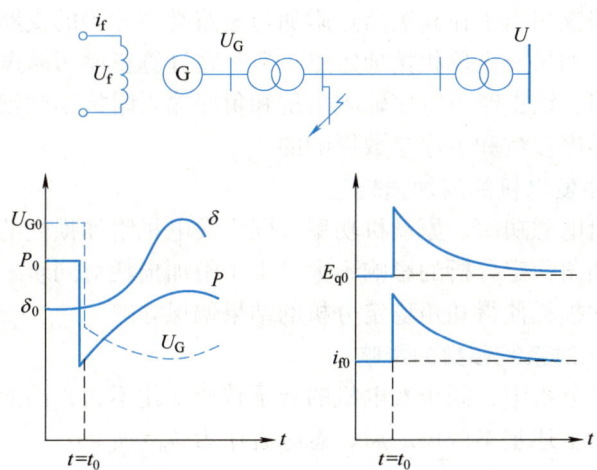

图 6.1 采用基本假设 1 后大扰动时各量的变化示意图

2. 发生不对称故障时，不计零序和负序电流对转子运动的影响

当电力系统发生不对称故障时，故障点会出现负序电流，中性点接地的电力系统还可能存在零序电流。对于功角稳定分析而言，当电力系统发生不对称故障时，可以忽略零序电流与负序电流的影响，仅将正序电流纳入暂态功角稳定分析。

（1）忽略零序电流与负序电流的原因

在电力系统暂态功角稳定分析中，忽略零序电流影响的具体原因在于：

1）在电力系统中，大多数的同步发电机升压变压器采用三角形-星形联结（同步发电机位于升压变压器三角形侧），而且大多数不对称故障发生在高压电力网络侧。在此情况下，如果不对称故障发生在高压电力网络侧，那么同步发电机中将不存在零序电流。

2）即使同步发电机中存在零序电流，由于零序电流的合成气隙磁动势等于0，对转子不会产生交链的磁链，因此对转子运动不产生影响。

当电力系统发生不对称故障时，还可以在暂态功角稳定分析中忽略负序电流，其具体原因在于：

1）负序电流产生的气隙合成磁场为旋转磁场，它对转子产生的转矩为交变转矩，其平均值接近于0，对转子运动的总趋势影响很小。

2）同步发电机转子又具有较大的转动惯性，所以可以不计负序电流对电力系统暂态功角稳定的影响。

当电力系统发生对称故障时，电力系统不存在零序电流与负序电流，仅存在正序电流。因此，综合上面的分析可以看出，无论电力系统发生何种类型的故障，都可以仅采用计算正序电流的等效电路进行功角稳定性的分析。

（2）仅考虑正序电流的暂态功角稳定分析

不考虑负序电流与零序电流对暂态功角稳定的影响之后，将大大简化不对称故障时的电力系统功角稳定分析，此时只需要构建计算正序电流的等效电路用于功角稳定分析。

不对称故障时网络中正序分量的计算，可以应用正序等效定则和复合序网。对于短路故障而言，根据短路电流计算的正序等效定则，与正常运行的电力系统等效电路相比，计算正序短路电流的等效电路仅相当于在其短路点附加与短路类型相关的支路。例如，对于中性点直接接地的电力系统，如果发生单相接地短路，那么在计算正序短路电流的等效电路中短路点存在对地并联的支路，该支路由零序输入阻抗和负序输入阻抗串联组成，因而此时正序短路电流也是受到元件零序参数和负序参数影响的。

3. 忽略暂态过程中发电机的附加损耗

相比于同步发电机电磁功率、原动机功率，同步发电机附加损耗的数值很小，因此忽略附加损耗对电力系统功角稳定分析的影响不大。由于附加损耗对同步发电机转子的运动起抑制作用，因此忽略附加损耗使得功角稳定分析的结果偏保守。

4. 不考虑频率变化对系统参数的影响

在一般的功角稳定分析中，同步发电机的转子转速变化不大，因此可以近似采用额定频率下的元件参数。采用上述基本假设之后，意味着认为 $\dot{\psi}_d = \dot{\psi}_q = 0$。

6.1.3 近似计算中的简化处理

考虑到实际问题的特性和计算精度的要求，可以进一步对电力系统的元件模型进行简化处理。比如，在电力系统功角稳定近似分析的经典模型中采用 E' = 常数的同步发电机电磁模型，且假定原动机功率 = 常数。下面将详细介绍一些常见的简化处理。

1. 同步发电机电磁模型的简化

对于有阻尼绕组同步发电机而言，由于它的阻尼绕组电阻大，导致阻尼绕组自由电流的衰减时间常数很小，衰减速度很快，因此可以在暂态功角稳定分析中认为阻尼绕组是开路的，换言之可将它视为无阻尼绕组同步发电机。此时，它可以采用暂态电势和暂态电抗进行定子电压和电流的基频分量分析。

无阻尼绕组同步发电机的暂态电势在大扰动瞬间是不突变的，但是由于励磁电流直流自由分量的衰减，导致暂态电势也将减小。不过，考虑到暂态电势的衰减时间常数为秒级，同时同步发电机存在强行励磁，它所产生的励磁电流将对暂态电势的衰减起到补偿作用，因此在简化计算中可以近似认为暂态过程中同步发电机暂态电势不变。

由于暂态电势 E'_q = 常数与暂态电抗后的电势 E' 数值接近，因此在计算精度要求不高的场合，同步发电机可以进一步采用 E' 和暂态电抗 x'_d 串联的等效电路（E' = 常数），同时令 $\delta \approx \delta'$，即通过 δ' 来描述同步发电机转子运动的行为。在很多时候，通过 δ' 可以正确判别电力系统的功角稳定性，但是在稳定边界处需要特别注意 E'_q = 常数和 E' = 常数的同步发电机模型的有效性。

2. 原动机模型的简化

虽然同步机组的原动机配有调速系统，但是由于调速系统要在发电机转子转速出现变化之后才会动作，即调速系统的控制存在滞后性，而且同步发电机的转子惯性较大，因此在一般涉及短时间过程的暂态功角稳定分析中可以近似认为原动机的转矩/功率保持不变。

6.2　基于等面积定则的简单电力系统暂态功角稳定定量分析

如图 6.2 所示，假设单机-无限大系统中送端发电机为 $E' = E_0$ 的同步发电机模型，同时认为 $\delta' \approx \delta$。忽略该系统中元件的电阻与对地导纳，无限大容量母线电压幅值为 U。考虑如下大扰动：双回输电线路下面一回线路首端发生不对称短路故障。接下来对此大扰动下的功角稳定问题进行分析。

G：假设 E'=常数，令 $\delta \approx \delta'$；B3：无限大容量母线（电压幅值恒定）
S_∞：受端等值发电机（内阻抗=0，电势和转速不变）

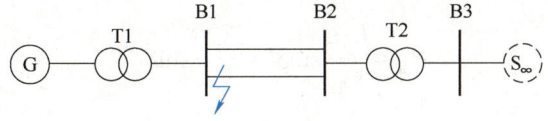

图 6.2　采用 E' 为常数的单机-无限大系统

在单机-无限大系统中，受端系统等值发电机转子以同步转速恒速旋转，送端发电机功角 δ 既是绝对角，也是它与受端系统等值发电机之间的相对角，功角 δ 反映的是以电气参数表征的送端发电机与受端等值发电机的转子轴线之间的相对空间位置。因此，单机-无限大系统暂态功角稳定性的判断是通过送端发电机功角 δ 来实现的。

由于同步发电机转子运动与电磁功率有关，因此下面将首先分析不同运行状态下的功率特性，相应的等效电路如图 6.3 所示。

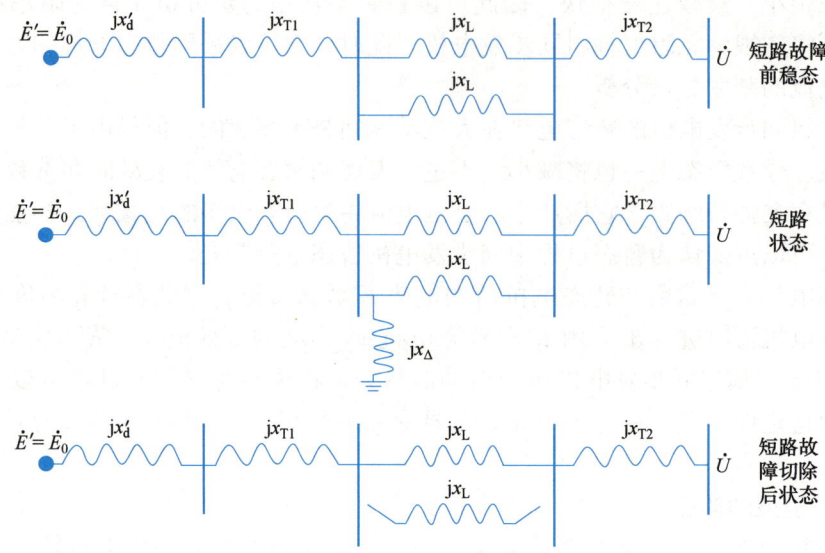

图 6.3 不同运行状态下的等效电路

6.2.1 不同运行状态下的送端发电机功率特性

（1）正常运行状态送端发电机电磁功率 P_I

$$P_\mathrm{I} = \frac{E_0 U}{X_{\mathrm{I}\Sigma}}\sin\delta' \approx \frac{E_0 U}{X_{\mathrm{I}\Sigma}}\sin\delta \tag{6.1}$$

其中，

$$X_{\mathrm{I}\Sigma} = x'_\mathrm{d} + x_{\mathrm{T1}} + x_{\mathrm{T2}} + \frac{1}{2}x_\mathrm{L}$$

（2）短路状态下送端发电机电磁功率 P_II

根据 6.1 节的基本假设，此时计算送端发电机的功率特性仅需考虑正序短路电流，即采用正序等效电路来计算送端发电机的功率特性。因此，此时送端发电机的功率特性表达式为

$$P_\mathrm{II} = \frac{E_0 U}{X_{\mathrm{II}\Sigma}}\sin\delta' \approx \frac{E_0 U}{X_{\mathrm{II}\Sigma}}\sin\delta \tag{6.2}$$

其中，

$$X_{\mathrm{II}\Sigma} = X_{12} = (x'_\mathrm{d} + x_{\mathrm{T1}}) + \left(x_{\mathrm{T2}} + \frac{1}{2}x_\mathrm{L}\right) + \frac{(x'_\mathrm{d} + x_{\mathrm{T1}})\left(x_{\mathrm{T2}} + \frac{1}{2}x_\mathrm{L}\right)}{X_\Delta}$$

$$= X_{\mathrm{I}\Sigma} + \frac{(x'_\mathrm{d} + x_{\mathrm{T1}})\left(x_{\mathrm{T2}} + \frac{1}{2}x_\mathrm{L}\right)}{X_\Delta}$$

（3）短路故障切除后送端发电机电磁功率 P_III

短路故障被切除后，母线 B1 和母线 B2 之间仅剩一回线路，因此该系统的总电抗为

$$X_{\mathrm{III}\Sigma} = x'_\mathrm{d} + x_{\mathrm{T1}} + x_{\mathrm{T2}} + x_\mathrm{L}$$

此时送端发电机的功率特性为

$$P_{\text{III}} = \frac{E_0 U}{X_{\text{III}\Sigma}} \sin\delta' \approx \frac{E_0 U}{X_{\text{III}\Sigma}} \sin\delta \tag{6.3}$$

一般情况下，$X_{\text{II}\Sigma} > X_{\text{III}\Sigma} > X_{\text{I}\Sigma}$，因此三种运行状态的功率特性存在以下关系：

$$P_{\text{II}} < P_{\text{III}} < P_{\text{I}} \tag{6.4}$$

从式（6.4）可以看出，短路发生后功率特性曲线下降，短路故障被切除后功率特性曲线又上升。这种功率特性曲线的下降和上升对功角稳定性具有重要的影响。

6.2.2 单机-无限大系统的等面积定则

如图6.4所示，在初始的稳定运行状态下，送端发电机的运行点位于点 a，送端发电机电磁功率等于原动机功率，转子转速等于同步转速。下面以保持暂态功角稳定为例，对该系统受到大扰动后送端发电机运行状态的变化进行分析。

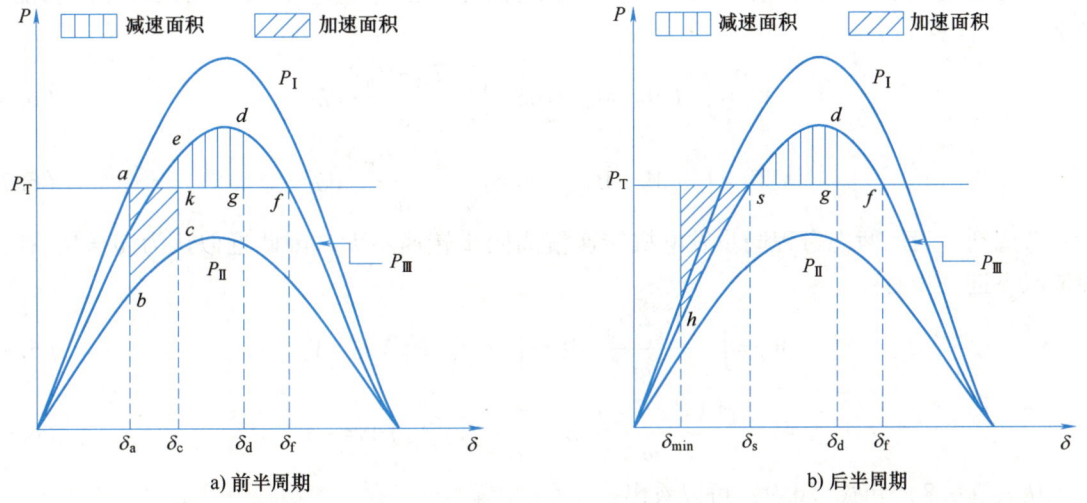

图6.4 送端发电机转子运动第一摇摆周期的示意图

在短路故障的发生瞬间，根据6.1节的基本假设，由于送端发电机电磁功率可以突变（即功率特性曲线会发生突变），而送端发电机的功角不能突变，因此送端发电机的运行点将从点 a 跳变至点 b，送端发电机进入第一摇摆周期的前半周期。在运行点 b，原动机功率大于发电机电磁功率，因而送端发电机的转轴上存在加速性的净转矩，导致送端发电机转子开始加速，功角随之增加。到达点 c 时，短路故障被切除，功率特性曲线随之跳变为 P_{III} 对应的曲线（运行点跳变为点 e），从而导致送端发电机的电磁功率大于原动机功率，送端发电机进入减速阶段。但是，由于此时送端发电机的转速大于同步转速（受端系统等值发电机的转速），因此，送端发电机功角继续增加。假设到达点 d 时，送端发电机的转速恢复至同步转速，此时功角达到最大值，即 $\delta_{\max} = \delta_{\text{d}}$。送端发电机运行点从点 a 到点 d 的过程称为第一摇摆周期的前半周期。到达点 d 时，送端发电机尚未实现功率平衡（电磁功率大于原动机功率），因而转子转速将继续减小，送端发电机进入第一摇摆周期的后半周期，运动点将从点 d 开始沿着 P_{III} 对应的曲线朝点 s 的方向移动，穿越点 s 后继续向点 h 运动。到达点

h 时,功角达到最小值 $\delta_{min}=\delta_h$。如果不考虑阻尼作用(例如摩擦作用),那么运行点将围绕点 s 运动,此运动是一个等幅振荡;如果考虑阻尼作用,那么运行点将围绕点 s 运动做衰减振荡,最终运行点稳定于点 s,此时单机-无限大系统能够保持功角稳定。

由上述分析可知,在受扰之后的第一摇摆周期中送端发电机运行点从点 b 到点 c 的运动过程,送端发电机转速和动能增加,这被称为第一加速过程;在受扰之后的第一摇摆周期中送端发电机运行点从点 c 到点 d 的过程,送端发电机转速和动能减小,运行点到达点 d 时,功角达到最大值 δ_{max}(最大摇摆角),这被称为第一减速过程。送端发电机运行点到达点 h 时,功角达到最小值 δ_{min}(最小摇摆角)。第一加速过程开始时和第一减速过程结束时送端发电机的转速相同,都为同步转速。因此,第一加速过程和第一减速过程的总动能增量等于 0。由上述分析可得单机-无限大系统暂态功角稳定的一个特征为

$$W_+ + W_- = 0 \tag{6.5}$$

式中,W_+ 为第一加速过程的动能增量;W_- 为第一减速过程的动能增量。

当忽略机械摩擦等阻尼作用时,第一加速过程的动能增量 W_+ 和第一减速过程的动能增量 W_- 可以计算如下:

$$W_+ = \int_{\delta_a}^{\delta_c}(M_T - M_{e,II})d\delta = \int_{\delta_a}^{\delta_c}\frac{(P_T - P_{II})}{\omega}d\delta \tag{6.6}$$

$$W_- = \int_{\delta_c}^{\delta_d}(M_T - M_{e,III})d\delta = \int_{\delta_c}^{\delta_d}\frac{(P_T - P_{III})}{\omega}d\delta \tag{6.7}$$

考虑到一般的暂态过程同步发电机转速偏离同步转速不大,因此近似认为 $\omega \approx 1$,在这种情况下进一步有:

$$W_+ = \int_{\delta_a}^{\delta_c}\frac{(P_T - P_{II})}{\omega}d\delta \approx \int_{\delta_a}^{\delta_c}(P_T - P_{II})d\delta = A_+ \tag{6.8}$$

$$W_- = \int_{\delta_c}^{\delta_d}\frac{(P_T - P_{III})}{\omega}d\delta \approx \int_{\delta_c}^{\delta_d}(P_T - P_{III})d\delta = -A_- \tag{6.9}$$

从式(6.8)和式(6.9)可以看出:

1)第一加速过程的转子动能增量 W_+ 近似等于图 6.4a 中的斜条阴影面积 A_+,即加速面积,它就是区间 $[\delta_a,\delta_c]$ 范围内原动机功率曲线与横轴之间的面积减去送端发电机功率特性曲线与横轴之间的面积。

2)第一减速过程的动能增量 W_- 的绝对值即为图 6.4a 中的竖条阴影面积 A_-,即减速面积。它就是区间 $[\delta_c,\delta_d]$ 范围内送端发电机的功率特性曲线与横轴之间的面积减去原动机功率曲线与横轴之间的面积。

综上所述,当忽略机械摩擦等阻尼作用时,单机-无限大系统受到大扰动之后保持功角稳定的条件为加速面积等于减速面积,即

$$A_+ = A_- \tag{6.10}$$

上述结论虽然是针对给定故障条件下的单机-无限大系统暂态功角稳定分析得到的,但是适用于不同扰动下的单机-无限大系统功角稳定分析。式(6.10)被称为单机-无限大系统功角稳定性分析的等面积定则。需要指出的是,送端发电机存在最大可能的减速面积 A_-^{max}(减速面积的最大值),以图 6.4a 为例,最大可能的减速面积 A_-^{max} 为图中面积 A_{edfgk}。

6.2.3 等面积定则的应用

1. 最大摇摆角和最小摇摆角的计算

当忽略机械摩擦等阻尼作用时，可以十分方便地通过等面积定则计算单机-无限大系统在保持功角稳定的情况下的最大摇摆角 $\delta_{\max}$、最小摇摆角 $\delta_{\min}$。

以上一节所分析的情形为例，最大摇摆角 $\delta_{\max}$ 为第一减速过程所达到的功角最大值。当达到最大摇摆角时，单机-无限大系统刚结束第一减速过程。因此，可以根据前述等面积定则 $A_+ = A_-$ 得到以下等式：

$$\int_{\delta_a}^{\delta_c}(P_T - P_{II})\,d\delta = -\int_{\delta_c}^{\delta_{\max}}(P_T - P_{III})\,d\delta \qquad (6.11)$$

根据式（6.11）就可以计算出最大摇摆角 $\delta_{\max}$ 的数值。送端发电机运行点从点 d 到达点 h 时，功角达到最小值 $\delta_{\min}$（最小摇摆角）。此过程也适用于等面积定则，此过程的加速面积和减速面积的计算公式具体如下：

$$A_- = -\int_{\delta_{\max}}^{\delta_s}(P_T - P_{III})\,d\delta \qquad (6.12)$$

$$A_+ = \int_{\delta_s}^{\delta_{\min}}(P_T - P_{III})\,d\delta \qquad (6.13)$$

根据等面积定则 $A_+ = A_-$，可以得到以下等式：

$$\int_{\delta_{\max}}^{\delta_s}(P_T - P_{III})\,d\delta + \int_{\delta_s}^{\delta_{\min}}(P_T - P_{III})\,d\delta = 0 \qquad (6.14)$$

因而，可以进一步根据式（6.14）计算出送端发电机最小摇摆角 $\delta_{\min}$ 的数值。

2. 临界切除角的计算

从图 6.4a 中可以看出，由于点 c 对应于短路故障被切除，因此 δ_c 越大，最大可能的减速面积越小，加速面积越大。因此，如图 6.5 所示，存在一个临界时刻 $t_{c,\lim}$，如果短路故障在此时刻被切除，那么最大可能的减速面积 $A_-^{\max}$ 就是第一减速过程的减速面积 A_-，且第一加速过程的加速面积 A_+ 等于第一减速过程的减速面积 A_-。假设时刻 $t_{c,\lim}$ 对应的送端发电机功角为 $\delta_{c,\lim}$（$\delta_{c,\lim}$ 又被称为临界切除角），则有：

$$A_+ = \int_{\delta_a}^{\delta_{c,\lim}}(P_T - P_{II})\,d\delta \qquad (6.15)$$

$$A_- = -\int_{\delta_{c,\lim}}^{\delta_f}(P_T - P_{III})\,d\delta \qquad (6.16)$$

其中，$\delta_f > \dfrac{\pi}{2}$，它由 $P_T = P_{III} = \dfrac{E_0 U}{X_{III\Sigma}} \sin\delta_f$ 计算，故

$$\delta_f = \pi - \arcsin\left(\dfrac{P_{III} X_{III\Sigma}}{E_0 U}\right) \qquad (6.17)$$

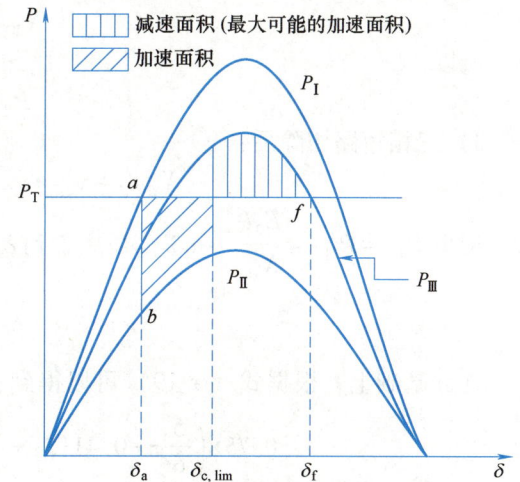

图 6.5 临界切除角计算的示意图

根据等面积定则 $A_+ = A_-$，可以进一步得到如下等式：

$$\int_{\delta_a}^{\delta_{c,\lim}} (P_T - P_{II}) d\delta + \int_{\delta_{c,\lim}}^{\delta_f} (P_T - P_{III}) d\delta = 0 \tag{6.18}$$

求解式（6.18）得到：

$$\delta_{c,\lim} = \arccos \frac{P_T(\delta_f - \delta_a) + \frac{E_0 U}{X_{III\Sigma}} \cos\delta_f - \frac{E_0 U}{X_{II\Sigma}} \cos\delta_a}{\frac{E_0 U}{X_{III\Sigma}} - \frac{E_0 U}{X_{II\Sigma}}} \tag{6.19}$$

综上所述，若切除故障时刻的功角小于 $\delta_{c,\lim}$，那么上述单机-无限大系统受到短路故障后能够保持功角稳定。若切除故障时刻的功角大于 $\delta_{c,\lim}$，则该系统不能够保持功角稳定。

例 6-1 如图 6.2 所示的单机-无限大系统，变压器 T1 和变压器 T2 的电抗分别为 $x_{T1,*}$ = 0.15 和 $x_{T2,*}$ = 0.15。双回输电线路中，一回线路电抗为 $x_{L,*}$ = 0.4。送端发电机的参数为 $E_0 = 1.5$，$x'_{d,*} = 0.3$，$P_{T,*} = 0.75$，无限大容量母线电压幅值为 $U_* = 1.0$。大扰动为双回输电线路下面一回线路首端发生三相短路，试计算短路故障临界切除角 $\delta_{c,\lim}$。

解： 1) 故障前状态：

$$X_{I\Sigma,*} = x'_{d,*} + x_{T1,*} + x_{T2,*} + \frac{1}{2} x_{L,*} = 0.8$$

故由 $P_{T,*} = P_{I,*} = \frac{E_0 U_*}{X_{I\Sigma,*}} \sin\delta_a$ 可以得到：

$$\sin\delta_a = \frac{P_{T,*} X_{I\Sigma,*}}{E_0 U_*} = 0.4$$

所以，

$$\delta_a = 0.4115$$

2) 三相短路状态：
由于 $x_{\Delta,*} = 0$，因此，

$$X_{II\Sigma,*} = \infty$$

所以，

$$P_{II,*} = 0$$

3) 三相短路切除后：

$$X_{III\Sigma,*} = x'_{d,*} + x_{T1,*} + x_{T2,*} + x_{L,*} = 1.0$$

根据 $P_{T,*} = P_{III,*} = \frac{E_0 U_*}{X_{III\Sigma,*}} \sin\delta_f$，并注意到 $\delta_f > \frac{\pi}{2}$，可以得到：

$$\delta_f = \frac{5\pi}{6}$$

在此基础上，根据式（6.19）可以得到：

$$\delta_{c,\lim} = \arccos \frac{0.75 \times \left(\frac{5}{6}\pi - 0.4115\right) + \frac{1.5 \times 1.0}{1.0} \times \cos\frac{5}{6}\pi - \frac{1.5 \times 1.0}{\infty} \times \cos 0.4115}{\frac{1.5 \times 1.0}{1.0} - \frac{1.5 \times 1.0}{\infty}}$$

$$= \arccos 0.2372 = 1.3313$$

6.3 基于摇摆曲线的功角稳定性分析

除了上述等面积定则，也可以通过同步发电机转子的摇摆曲线来分析功角稳定性。转子摇摆曲线是指同步发电机转子绝对角随时间变化的曲线，例如图 6.6 中不同场景下的曲线 $\delta(t)$。如前所述，在单机-无限大系统中，送端发电机转子绝对角实际上就是它与受端系统等值发电机之间的相对角，反映的是以电气参数表征的送端发电机与受端系统等值发电机的转子轴线之间的相对空间位置。因此，通过计算单机-无限大系统送端发电机的转子摇摆曲线，可以直接分析送端发电机转子绝对角随时间变化的趋势，判断送端发电机与受端系统

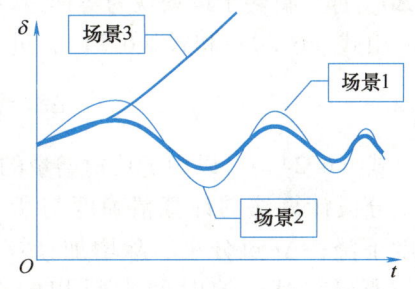

图 6.6　转子摇摆曲线的示意图

等值发电机是否能够保持同步运行，即单机-无限大系统是否能够保持功角稳定性。如果送端发电机转子绝对角随时间单调变化，则单机-无限大系统不能保持功角稳定（例如图 6.6 中的场景 3）；如果送端发电机转子绝对角随着时间的增加而衰减，则单机-无限大系统能保持功角稳定。

计算转子摇摆曲线需要求解转子运动方程。转子运动方程属于非线性微分方程，一般不能直接得到解析解，因此常用数值算法进行近似求解，比如分段计算法、改进欧拉法等。下面将简单介绍分段计算法与改进欧拉法。

6.3.1 分段计算法

分段计算法将所分析的时段 $[0, T]$ 分为若干个很小的子时段 Δt。在每个子时段 Δt，分段计算法将转子运动看成等速运动。比如，以第 $k+1$ 个子时段 Δt_{k+1} 为例，该时段的首端和末端分别为 t_k、t_{k+1}，即 $\Delta t_{k+1} = t_{k+1} - t_k$，分段计算法采用如下形式的计算公式：

$$\Delta \omega_k = \Delta \omega_{k-1} + \frac{1}{2}(\alpha_{k-1}^{(+)} + \alpha_k^{(-)}) \Delta t \tag{6.20}$$

$$\Delta \delta_{k+1} = \Delta \omega_k \Delta t + \frac{1}{2} \alpha_k^{(+)} \Delta t^2 \tag{6.21}$$

$$\delta_{k+1} = \delta_k + \Delta \delta_{k+1} \tag{6.22}$$

式中，$\Delta \omega_k$、δ_k 分别为 t_k 时刻转子的绝对速度、绝对角度；$\Delta \delta_{k+1}$ 为时段 Δt_{k+1} 的功角增量；$\alpha_k^{(-)}$ 和 $\alpha_k^{(+)}$ 分别为大扰动前瞬间和大扰动后瞬间的转子电气角加速度。

以 $\alpha_k^{(+)}$ 为例，它的计算公式可由转子运动方程式（2.133）得到。假设送端发电机的原动机功率不变，近似认为 $\omega \approx 1$，则 $\alpha_k^{(+)}$ 的近似计算公式如下：

$$\alpha_k^{(+)} = \frac{d^2 \delta}{dt^2} = \frac{\omega_N}{T_J}(P_T - P_{e,k}^{(+)}) \tag{6.23}$$

式中，$P_{e,k}^{(+)}$ 为大扰动后瞬间的同步发电机电磁功率。根据暂态功角稳定分析的基本假设，同步发电机电磁功率在大扰动的瞬间可以突变，即 $P_{e,k}^{(+)} \neq P_{e,k}^{(-)}$，因此导致 $\alpha_k^{(+)} \neq \alpha_k^{(-)}$。对于没

有发生大扰动的时刻,由于 $P_{e,k}^{(+)} = P_{e,k}^{(-)}$,因而 $\alpha_k^{(+)} = \alpha_k^{(-)}$。

通过式(6.21)可以看出,$\Delta\delta_{k+1}$ 的计算公式将 $\alpha_k^{(+)}$ 作为时段 $[t_k, t_{k+1}]$ 内的电气角加速度,换言之计算 $\Delta\delta_k$ 采用的电气角加速度为 $\alpha_k^{(+)}$。从式(6.20)可以看出,$\Delta\omega_k$ 的计算公式将 $\alpha_{k-1}^{(+)}$ 和 $\alpha_k^{(-)}$ 的平均值作为时段 $[t_{k-1}, t_k]$ 内的电气角加速度。由此可知,虽然计算 $\Delta\omega_k$ 和 $\Delta\delta_{k-1}$ 都是将转子运动视为等速运动,但是两者采用的电气角加速度不同。

由式(6.20)和式(6.21),进一步可以得到 $\Delta\delta_k$ 和 $\Delta\delta_{k-1}$ 之间的关系:

$$\Delta\delta_k = \Delta\delta_{k-1} + \frac{1}{2}(\alpha_{k-1}^{(+)} + \alpha_{k-1}^{(-)})\Delta t^2 \tag{6.24}$$

式(6.24)可以用于功角增量的计算。需要注意,若 $k=1$,则 $\Delta\delta_{k-1} = 0$,$\alpha_k^{(-)} = 0$。

分段计算法的计算精确度与所选的时间段的长短(即步长)有关,Δt 太大固然精确度下降;Δt 过分小,除增加计算量外,也会增加计算过程中的累计误差。Δt 的选择应与所研究对象的时间常数相配合,若发电机组采用简化模型,则 Δt 一般可选为 $0.01 \sim 0.05\mathrm{s}$。

6.3.2 改进欧拉法

改进欧拉法是求解一阶微分方程初值问题的有效方法。给定一阶微分方程如下:

$$\frac{\mathrm{d}x(t)}{\mathrm{d}t} = f(x(t), t) \tag{6.25}$$

则一阶微分方程的初值问题是:给定 x 的初值 $x(t_0)$,求上述一阶微分方程 $t > t_0$ 的 $x(t)$。对于采用状态方程形式的转子运动方程,它实质上就是一阶微分方程组。因此转子摇摆曲线的计算本质上也是一阶微分方程组的初值问题。值得注意的是,在功角稳定分析中,非线性函数 f 不显含变量 t,因此式(6.25)可以进一步简化如下:

$$\frac{\mathrm{d}x(t)}{\mathrm{d}t} = f(x(t)) \tag{6.26}$$

对于上述一阶微分方程的求解,改进欧拉法也需要将分析的时段 $[0, T]$ 分为若干个很小的子时段 Δt。在每个时间段 Δt 内,首先计算 x 在该时段首端的变化速度,并将其作为 x 在该时段的变化速度,以此实现对 x 在该时段末端的数值的一轮近似计算,然后在此基础上对此数值进行一轮修正。

以时段 $[t_0, t_1]$ 为例,x 在时刻 t_0 的变化速度 v_{t_0} 按照如下式子进行计算:

$$v_{t_0} = \frac{\mathrm{d}x}{\mathrm{d}t}\bigg|_{t_0} = f(x(t_0)) \tag{6.27}$$

由于已知 $x(t_0)$,因此进一步近似计算得到 x 在时刻 t_1 的数值 $x_{t_1}^{t_0}$:

$$x_{t_1}^{t_0} = x(t_0) + \frac{\mathrm{d}x}{\mathrm{d}t}\bigg|_{t_0}\Delta t = x(t_0) + f(x(t_0))\Delta t \tag{6.28}$$

然后再根据 $x_{t_1}^{t_0}$ 计算 t_1 时刻 x 的变化速度 $v\big|_{t_1}^{t_0}$:

$$v\big|_{t_1}^{t_0} = \frac{\mathrm{d}x}{\mathrm{d}t}\bigg|_{t_1}^{t_0} = f(x_{t_1}^{t_0}) \tag{6.29}$$

进一步,计算 v_{t_0} 与 $v\big|_{t_1}^{t_0}$ 的平均值:

$$\bar{v}_{t_0,t_1} = \frac{1}{2}(v_{t_0} + v\mid_{t_1}^{t_0}) \tag{6.30}$$

最后将 $\bar{v}_{t_0,t_1}$ 作为 x 在时段 $[t_0, t_1]$ 的变化速度，并对 $x(t_1)$ 按照如下式子计算：

$$x(t_1) = x(t_0) + \frac{1}{2}(v_{t_0} + v\mid_{t_1}^{t_0}) \tag{6.31}$$

下面以单机-无限大系统为例，简要介绍改进欧拉法在计算转子摇摆曲线中的应用。前面已经指出，改进欧拉法适用于求解一阶微分方程，而状态方程形式的转子运动方程实质上就是一阶微分方程组。因此，通过改进欧拉法求解转子运动方程，需要采用状态方程形式的同步发电机转子运动方程。本节采用式（6.32）所示的转子运动方程用于转子摇摆曲线的计算。

$$\begin{cases} \dfrac{\mathrm{d}\delta}{\mathrm{d}t} = \Delta\omega \\ \dfrac{\mathrm{d}\Delta\omega}{\mathrm{d}t} = \dfrac{\omega_\mathrm{N}}{T_\mathrm{J}}(P_\mathrm{T} - P_\mathrm{e}) \end{cases} \tag{6.32}$$

假设通过改进欧拉法已经进行到第 k 个时间段 Δt_k，则下面首先计算

$$\begin{cases} \dfrac{\mathrm{d}\delta}{\mathrm{d}t}\bigg|_{t_{k-1}} = \Delta\omega_{t_{k-1}} \\ \dfrac{\mathrm{d}\Delta\omega}{\mathrm{d}t}\bigg|_{t_{k-1}} = \dfrac{\omega_\mathrm{N}}{T_\mathrm{J}}(P_\mathrm{T} - P_{\mathrm{e},t_{k-1}}) \end{cases} \tag{6.33}$$

然后再计算

$$\begin{cases} \delta_{t_k}^{t_{k-1}} = \delta_{t_{k-1}} + \Delta\omega_{t_{k-1}}\Delta t \\ \Delta\omega_{t_k}^{t_{k-1}} = \Delta\omega_{t_{k-1}} + \Delta t \dfrac{\mathrm{d}\Delta\omega}{\mathrm{d}t}\bigg|_{t_{k-1}} \end{cases} \tag{6.34}$$

接着计算 $P_{\mathrm{e},t_k}^{t_{k-1}} = f(\delta_{t_k}^{t_{k-1}})$，进而计算

$$\begin{cases} \dfrac{\mathrm{d}\delta}{\mathrm{d}t}\bigg|_{t_k}^{t_{k-1}} = \Delta\omega_{t_k}^{t_{k-1}} \\ \dfrac{\mathrm{d}\Delta\omega}{\mathrm{d}t}\bigg|_{t_k}^{t_{k-1}} = \dfrac{\omega_\mathrm{N}}{T_\mathrm{J}}(P_\mathrm{T} - P_{\mathrm{e},t_k}^{t_{k-1}}) \end{cases} \tag{6.35}$$

最后，通过式（6.36）计算时刻 t_k 的功角数值与相对角速度数值，具体如下：

$$\begin{cases} \delta_{t_k} = \delta_{t_{k-1}} + (\Delta\omega_{t_k}^{t_{k-1}} + \Delta\omega_{t_{k-1}})\Delta t \\ \Delta\omega_{t_k} = \Delta\omega_{t_{k-1}} + \dfrac{1}{2}\Delta t\left[\dfrac{\omega_\mathrm{N}}{T_\mathrm{J}}(P_\mathrm{T} - P_{\mathrm{e},t_k}^{t_{k-1}}) + \dfrac{\omega_\mathrm{N}}{T_\mathrm{J}}(P_\mathrm{T} - P_{\mathrm{e},t_{k-1}})\right] \end{cases} \tag{6.36}$$

从递推公式可以看到，用改进欧拉法计算暂态功角稳定，也是把时间分成一个个小段，按等速运动进行微分方程求解，从而求得发电机转子摇摆曲线。

需要注意的是，在使用改进欧拉法进行计算时，对于故障切除（或其他操作）后的第一个时间段的计算需要注意其与分段计算法的差异。具体来说，在改进欧拉法中，对于电磁功率的计算只需使用故障切除后的网络方程来确定。

改进欧拉法和分段计算法的精确度是相同的，但在处理简单电力系统（包括某些多机系统的简化计算）时，分段计算法的计算量通常比改进欧拉法要少得多。对于这类系统，使用分段计算法可以在保证精度的同时，更高效地完成计算任务。因此，在选择计算方法时，需要根据具体的电力系统特点和计算需求来权衡利弊。

例 6-2 对图 3.6 所示的系统，如果在输电线路始端发生两相接地短路，线路两侧开关经 0.1s 同时切除，试用分段计算法和改进欧拉法计算发电机的摇摆曲线，并判断系统能否保持暂态功角稳定。各元件参数及系统运行初态同例 3-1。对于发电机再给出参数 $x_2 = 0.2$，$T_{JN} = 8$s。线路零序电抗为正序电抗的 5 倍。

解： 由例 3-1 和例 3-2 的计算已知原始运行参数及网络参数，$P_0 = 1.0$，$E'_0 = 1.47$，$\delta'_0 = 31.54°$。

$$X_2 = x_2 \frac{S_B}{S_{GN}} \frac{U_{GN}^2}{U_{B(I)}^2} = 0.2 \times \frac{250}{352.5} \times \frac{10.5^2}{9.07^2} = 0.19$$

$$T_J = T_{JN} \frac{S_{GN}}{S_B} = 8 \times \frac{352.5}{250}\text{s} = 11.28\text{s}$$

$$X_{L0} = 5X_L = 5 \times 0.586 = 2.93$$

输电线路始端短路时的负序和零序等值网络如图 6.7a、b 所示，由图得：

$$X_{2\Sigma} = \frac{(X_2 + X_{T1})\left(\frac{1}{2}X_L + X_{T2}\right)}{X_2 + X_{T1} + \frac{1}{2}X_L + X_{T2}} = \frac{(0.19 + 0.13) \times (0.293 + 0.108)}{0.19 + 0.13 + 0.293 + 0.108} = 0.178$$

$$X_{0\Sigma} = \frac{X_{T1}\left(\frac{1}{2}X_{L0} + X_{T2}\right)}{X_{T1} + \frac{1}{2}X_{L0} + X_{T2}} = \frac{0.13 \times (1.465 + 0.108)}{0.13 + 1.465 + 0.108} = 0.12$$

两相接地时短路附加电抗为

$$X_\Delta = \frac{X_{0\Sigma} X_{2\Sigma}}{X_{0\Sigma} + X_{2\Sigma}} = \frac{0.12 \times 0.178}{0.12 + 0.178} = 0.072$$

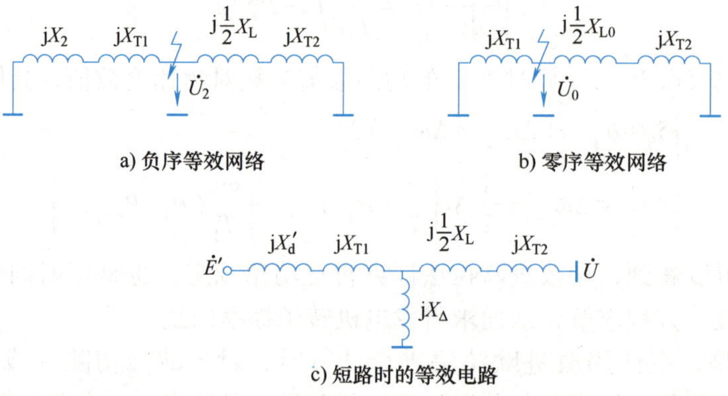

a) 负序等效网络 b) 零序等效网络

c) 短路时的等效电路

图 6.7 序网及短路时的等效电路

短路时的等效电路如图 6.7c 所示，系统的转移电抗和功率特性分别为

$$X_{\mathrm{II}} = X'_d + X_{T1} + \frac{1}{2}X_L + X_{T2} + \frac{(X'_d + X_{T1})\left(\frac{1}{2}X_L + X_{T2}\right)}{X_\Delta}$$

$$= 0.238 + 0.13 + 0.293 + 0.108 + \frac{(0.238 + 0.13) \times (0.293 + 0.108)}{0.072} = 2.82$$

$$P_{\mathrm{II}} = \frac{E_0 U_0}{X_{\mathrm{II}}}\sin\delta = \frac{1.47}{2.82}\sin\delta = 0.52\sin\delta, \quad P_{m\mathrm{II}} = 0.52$$

故障切除后系统的转移电抗及功率特性为

$$X_{\mathrm{III}} = X'_d + X_{T1} + X_L + X_{T2} = 0.238 + 0.13 + 0.586 + 0.108 = 1.062$$

$$P_{\mathrm{III}} = \frac{E_0 U_0}{X_{\mathrm{III}}}\sin\delta = \frac{1.47}{1.062}\sin\delta = 1.384\sin\delta, \quad P_{m\mathrm{III}} = 1.384$$

（1）用分段计算法计算

Δt 取为 0.05s，则

$$K = \frac{\omega_N}{T_J}\Delta t^2 = \frac{18000}{11.28} \times 0.05^2 = 3.99$$

第一个时间段：

$$\Delta P_{(0)} = P_0 - P_{m\mathrm{II}}\sin\delta_0 = 1 - 0.52\sin31.54° = 0.728$$

$$\Delta\delta_{(1)} = \frac{1}{2}K\Delta P_{(0)} = \frac{1}{2} \times 3.99 \times 0.728 = 1.45°$$

$$\delta_{(1)} = \delta_0 + \Delta\delta_{(1)} = 31.54° + 1.45° = 32.99°$$

第二个时间段：

$$\Delta P_{(1)} = P_0 - P_{m\mathrm{II}}\sin\delta_{(1)} = 1 - 0.52\sin32.99° = 0.717$$

$$\Delta\delta_{(2)} = \Delta\delta_{(1)} + K\Delta P_{(1)} = 1.45 + 3.99 \times 0.717 = 4.31°$$

$$\delta_{(2)} = \delta_{(1)} + \Delta\delta_{(2)} = 32.99° + 4.31° = 37.3°$$

第三个时间段开始瞬间，故障被切除，故

$$\Delta P^-_{(2)} = P_0 - P_{m\mathrm{II}}\sin\delta_{(2)} = 1 - 0.52\sin37.3° = 0.685$$

$$\Delta P^+_{(2)} = P_0 - P_{m\mathrm{III}}\sin\delta_{(2)} = 1 - 1.384\sin37.3° = 0.16$$

$$\Delta\delta_{(3)} = \Delta\delta_{(2)} + K\frac{1}{2} \times (\Delta P^-_{(2)} + \Delta P^+_{(2)}) = 4.31 + 3.99 \times \frac{1}{2} \times (0.685 + 0.16) = 6.0°$$

$$\delta_{(3)} = \delta_{(2)} + \Delta\delta_{(3)} = 37.3° + 6° = 43.3°$$

以后时间段的计算结果列于表 6.1 中。

表 6.1 发电机转子摇摆曲线计算结果

t/s	P_e（标幺值）		ΔP（标幺值）		$\Delta\delta/(°)$		$\delta/(°)$		$\Delta\omega/[(°)/s]$
	分段计算法	改进欧拉法	分段计算法	改进欧拉法	分段计算法	改进欧拉法	分段计算法	改进欧拉法	改进欧拉法
0.00	0.272	0.272	0.728	0.728	0	0	31.54	31.54	0
0.05	0.283	0.283	0.717	0.717	1.45	1.45	32.99	32.99	58.09

（续）

t/s	P_e（标幺值）		ΔP（标幺值）		$\Delta\delta/(°)$		$\delta/(°)$		$\Delta\omega/[(°)/s]$
	分段计算法	改进欧拉法	分段计算法	改进欧拉法	分段计算法	改进欧拉法	分段计算法	改进欧拉法	改进欧拉法
0.10	0.315	0.839	0.685	0.161	4.31	4.33	37.30	37.32	114.40
0.15	0.950	0.950	0.050	0.050	6.00	6.04	43.30	43.36	123.03
0.20	1.052	1.054	−0.052	−0.054	6.20	6.25	49.50	49.61	122.90
0.25	1.141	1.143	−0.141	−0.143	5.99	6.04	55.50	55.65	115.00
0.30	1.210	1.211	−0.210	−0.211	5.43	5.47	60.93	61.11	100.74
0.35	1.260	1.262	−0.260	−0.262	4.60	4.61	65.53	65.73	81.68
0.40	1.293	1.295	−0.293	−0.295	3.56	3.56	69.09	69.29	59.32
0.45	1.312	1.313	−0.312	−0.313	2.39	2.38	71.48	71.67	34.87
0.50	1.321	1.322	−0.321	−0.322	1.15	1.12	72.63	72.79	9.33
0.55	1.320	1.320	−0.320	−0.320	−0.13	−0.18	72.50	72.61	−16.49
0.60	—	—	—	—	−1.41	−1.47	71.09	71.15	−41.84

（2）用改进欧拉法计算

第一个时间段：

$$P_{e(0)} = P_{m\text{II}} \sin\delta_0 = 0.52\sin 31.54° = 0.272$$

$$\left.\frac{d\delta}{dt}\right|_0 = \Delta\omega_{(0)} = 0$$

$$\left.\frac{d\Delta\omega}{dt}\right|_0 = \frac{\omega_N}{T_J}(P_0 - P_{e(0)}) = \frac{18000}{11.28} \times (1 - 0.272)\,°/\text{s}^2 = 1161.7\,°/\text{s}^2$$

$$\delta_{(1)}^{(0)} = \delta_0 + \left.\frac{d\delta}{dt}\right|_0 \Delta t = 31.54°$$

$$\Delta\omega_{(1)}^{(0)} = \Delta\omega_{(0)} + \left.\frac{d\Delta\omega}{dt}\right|_0 \Delta t = 1161.7 \times 0.05\,°/\text{s} = 58.09\,°/\text{s}$$

$$P_{e(1)}^{(0)} = P_{m\text{II}} \sin\delta_{(1)}^{(0)} = 0.52\sin 31.54° = 0.272$$

$$\left.\frac{d\delta}{dt}\right|_1^{(0)} = \Delta\omega_{(1)}^{(0)} = 58.09\,°/\text{s}$$

$$\left.\frac{d\Delta\omega}{dt}\right|_1^{(0)} = \frac{\omega_N}{T_J}[P_0 - P_{e(1)}^{(0)}] = \frac{18000}{11.28}[1 - 0.272]\,°/\text{s}^2 = 1161.7\,°/\text{s}^2$$

$$\delta_{(1)} = \delta_0 + \frac{1}{2}\left[\left.\frac{d\delta}{dt}\right|_0 + \left.\frac{d\delta}{dt}\right|_1^{(0)}\right]\Delta t = 31.54° + \frac{1}{2}[0 + 58.09\,°/\text{s}] \times 0.05\,\text{s} = 32.99°$$

$$\Delta\omega_{(1)} = \Delta\omega_{(0)} + \frac{1}{2}\left[\left.\frac{d\Delta\omega}{dt}\right|_0 + \left.\frac{d\Delta\omega}{dt}\right|_1^{(0)}\right]\Delta t$$

$$= \left[0+\frac{1}{2}(1161.7+1161.7)\times 0.05\right]°/s = 58.09°/s$$

第二个时间段末的功角及相对速度为 $\delta_{(2)} = 37.32°$，$\Delta\omega_{(2)} = 114.4°/s$。

第三个时间段开始瞬间切除故障，应该用切除故障后的网络来求电磁功率，即 $P_{e(2)} = P_{mⅢ}\sin\delta_{(2)} = 1.384\sin37.32° = 0.839$。

以下的计算结果列于表 6.1 中。由表可以绘出发电机转子摇摆曲线，如图 6.8 所示。从表及图可以看到，两种算法的结果是极接近的，但分段计算法的计算量要少得多。

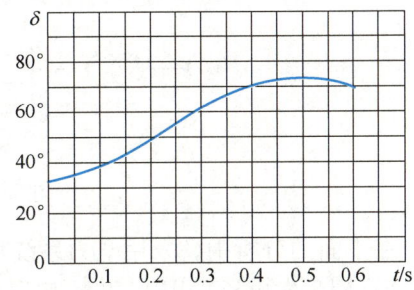

图 6.8 发电机转子摇摆曲线

6.3.3 摇摆曲线的应用举例

对于 6.2.3 节分析的场景，若已知等面积定则确定的故障极限切除角 $\delta_{c,lim}$，那么将 $\delta_{c,lim}$ 用于稳定性分析时还需送端发电机功角达到 $\delta_{c,lim}$ 所需的时间 $t_{c,lim}$，这个时间被称为极限切除时间。这时就可以利用分段计算法或改进欧拉法计算摇摆曲线 $\delta(t)$。假设已计算好的摇摆曲线如图 6.9 所示。

若已知切除故障时间 t_c，则可以在摇摆曲线 $\delta(t)$ 上找到对应的故障切除角 δ_c。然后将 δ_c 与 $\delta_{c,lim}$ 进行比较，从而判断此故障发生后的功角稳定性。如果 δ_c 小于 $\delta_{c,lim}$，那么该系统是稳定的；如果 δ_c 大于 $\delta_{c,lim}$，那么该系统是不稳定的。

当然，也可以根据 $\delta_{c,lim}$ 和摇摆曲线 $\delta(t)$ 确定对应的极限切除时间 $t_{c,lim}$，然后判断此故障发生后的功角稳定性。若实际的故障切除时间 t_c 小于极限切除时间 $t_{c,lim}$，则该系统是稳定的，反之该系统是不稳定的。

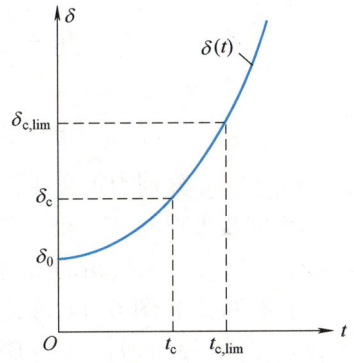

图 6.9 极限切除时间的示意图

6.4 不同发电机模型下的复杂电力系统暂态功角稳定的定量分析

在单机-无限大系统中，送端发电机为一台实际的同步发电机（受扰后转速可变），受端系统可以被视为一台以同步转速恒速旋转的等值发电机。与此不同，复杂多机系统存在多台实际的同步发电机，因此它受到大扰动之后的功角稳定分析与计算存在自身的独特之处。本节将对复杂多机系统暂态功角稳定的特点与近似分析方法进行详细介绍。

6.4.1 复杂多机系统暂态功角稳定的特点与判断原则

6.4.1.1 大扰动后同步发电机转子的运动行为

如前所述，单机-无限大系统仅存在一台受扰后转速可变的同步发电机，大扰动后仅该台同步发电机的转子运动会受到影响。复杂多机系统存在多台实际的同步发电机，大扰动会影响所有同步发电机的转子运动行为，且同步发电机的转子运动行为呈现多样性的特点。

本节以图 6.10 中的两机电力系统为例，介绍多机电力系统受到大扰动后同步发电机转子运动的特点。

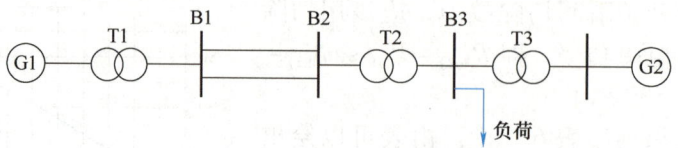

图 6.10　两机电力系统示意图

在下面的分析中，采用电力系统功角稳定近似分析的经典模型，它包括如下假设：
1) 同步发电机采用 E' 和 x'_d 串联的等效电路进行描述，其中 E' =常数，并且令 $\delta = \delta'$。
2) 负荷采用恒定阻抗模型。
3) 假定原动机功率=常数。

采用上述经典模型时，根据第 3 章内容可推导此两机电力系统正常运行时发电机电磁功率的计算公式如下：

$$P_{1\mathrm{I}} = \frac{(E'_1)^2}{|Z_{11\mathrm{I}}|}\sin\alpha_{11\mathrm{I}} + \frac{E'_1 E'_2}{|Z_{12\mathrm{I}}|}\sin(\delta_{12} - \alpha_{12\mathrm{I}}) \tag{6.37}$$

$$P_{2\mathrm{I}} = \frac{(E'_2)^2}{|Z_{22\mathrm{I}}|}\sin\alpha_{22\mathrm{I}} - \frac{E'_1 E'_2}{|Z_{12\mathrm{I}}|}\sin(\delta_{12} + \alpha_{12\mathrm{I}}) \tag{6.38}$$

式中，$P_{1\mathrm{I}}$ 和 $P_{2\mathrm{I}}$ 分别为正常运行状态下同步发电机 G1 和同步发电机 G2 的电磁功率；E'_1 和 E'_2 分别为同步发电机 G1 和同步发电机 G2 的暂态电抗后的电势；$\alpha_{11\mathrm{I}}$、$\alpha_{12\mathrm{I}}$、$\alpha_{22\mathrm{I}}$ 分别为 $Z_{11\mathrm{I}}$、$Z_{12\mathrm{I}}$、$Z_{22\mathrm{I}}$ 的阻抗角的余角。

从上面两式和图 6.11 可以看出，当 $0° < \delta_{12} - \alpha_{12\mathrm{I}} < 90°$ 时，同步发电机 G1 的电磁功率随着 δ_{12} 的增加而增加；当 $0° < \delta_{12} + \alpha_{12\mathrm{I}} < 90°$ 时，同步发电机 G2 的电磁功率随着 δ_{12} 的增加而减小，因此在一定的区间范围内，两台同步发电机的电磁功率与 δ_{12} 之间的关系是相反的。

如果在双回输电线路下面一回线路首端发生短路故障，那么根据前面关于暂态功角稳定分析的基本假设，将仅考虑正序短路电流，即在短路点增加反映短路类型的附加阻抗，因此两台发电机有功功率的计算公式将变为

$$P_{1\mathrm{II}} = \frac{(E'_1)^2}{|Z_{11\mathrm{II}}|}\sin\alpha_{11\mathrm{II}} + \frac{E'_1 E'_2}{|Z_{12\mathrm{II}}|}\sin(\delta_{12} - \alpha_{12\mathrm{II}}) \tag{6.39}$$

$$P_{2\mathrm{II}} = \frac{(E'_2)^2}{|Z_{22\mathrm{II}}|}\sin\alpha_{22\mathrm{II}} - \frac{E'_1 E'_2}{|Z_{12\mathrm{II}}|}\sin(\delta_{12} + \alpha_{12\mathrm{II}}) \tag{6.40}$$

式 (6.39) 和式 (6.40) 中的上标 II 表示短路状态。由于高压电网的电抗远小于电阻，因此反映短路类型的附加阻抗以感性电抗为主。而并联感性电抗的增加，将使得 $|Z_{11\mathrm{II}}| > |Z_{11\mathrm{I}}|$，所以同步发电机 G1 的功率特性曲线下移（见图 6.11）。由于转子惯性的作用，在短路瞬间同步发电机 G1 与同步发电机 G2 之间的相对角 δ_{12} 保持不变，因此同步发电机 G1 的转子出现加速性的净转矩，导致其开始加速。与此相反，由于 $|Z_{11\mathrm{II}}| > |Z_{11\mathrm{I}}|$，导致同步发电机 G2 的功率特性曲线上移（见图 6.11）。由于相对角 δ_{12} 保持不

变,因此它的电磁功率大于原动机功率,同步发电机 G2 的转子上面将出现减速性的净转矩,导致同步发电机 G2 的转子开始减速。因此,当发生短路之后,两台发电机转子开始出现相对运动。

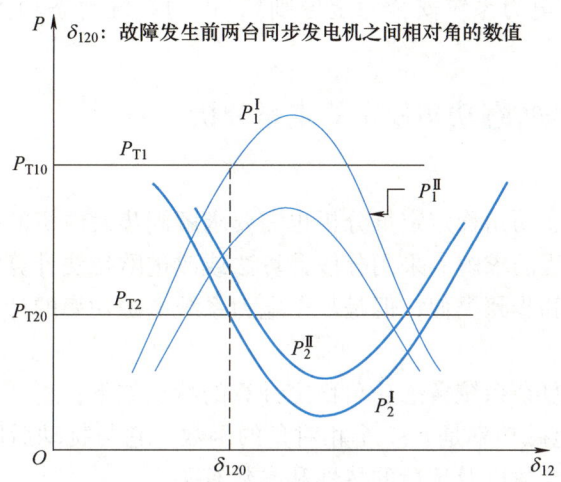

图 6.11 两机电力系统的功率特性曲线示意图

综上所述,发生短路之后,由于电力网络结构的变化导致同步发电机电磁功率出现变化,一台同步发电机因为电磁功率减小而加速,另一台同步发电机因为电磁功率增加而减速,所以同步发电机转子之间出现相对运动。实际上,对于复杂的三机及以上电力系统而言,大扰动后同步发电机的电磁功率也会因为电力网络特性变化而发生改变,导致部分同步发电机电磁功率增加、部分同步发电机电磁功率减小。所以,部分同步发电机转子开始加速、部分发电机转子开始减速,导致同步发电机之间的相对速度出现不等于零的情况,转子之间出现剧烈的相对运动。需要注意的是,电力系统的拓扑结构、负荷分布、大扰动发生的具体位置等因素共同决定了同步发电机在扰动后的动态响应行为,比如同步发电机的转子是否加速或减速。

6.4.1.2 复杂多机系统暂态功角稳定的判别原则

在单机-无限大系统中,与无限大容量母线相连的受端系统可以被视为一台以同步转速恒速旋转的等值发电机。因此,可以认为单机-无限大系统是两机电力系统的一种特殊形式,单机-无限大系统送端发电机的功角 δ 就是送端发电机与受端系统等值发电机之间的相对角。从这个角度来看,通过功角 δ 判断单机-无限大系统的功角稳定性实际上就是通过相对角来判断。由于功角稳定问题是同步发电机之间是否能够同步运行的问题,因此对于复杂的多机电力系统而言,它也是通过同步发电机之间的相对角来判断功角稳定性的,具体如下:

1) 受到大扰动之后,如果任意两个同步发电机之间的相对角都能够随着时间的变化最终稳定于某一个数值,则该系统是稳定的。

2) 受到大扰动之后,只要存在一对同步发电机之间的相对角随着时间的增加最终不能稳定于某一数值,则该系统是不稳定的。

由于相对角是由两台同步发电机之间的相对速度决定的,因此当电力系统所有的相对角最终稳定于某一数值时，所有同步发电机具有相同的电角速度。但是，此电角速度不一定等于额定电角速度。如果达到运行稳态时电角速度不等于额定电角速度，由于电角速度与电力系统的频率直接相关，故此时电力系统的频率不等于额定频率。需要指出的是，根据国家标准《电力系统安全稳定导则》，电力系统暂态功角稳定判据还需系统中枢点电压逐渐恢复。

6.4.2 复杂多机系统暂态功角稳定的定量分析

6.4.2.1 特点

复杂电力系统的暂态功角稳定定量分析也需要求解同步发电机的摇摆曲线。这也涉及同步发电机的转子运动方程的求解。采用分段计算法或改进欧拉法计算时，复杂电力系统与简单电力系统的计算公式和步骤类似，但是复杂电力系统电磁功率的计算公式不同且需要计算相对角 $\delta_{ij}=\delta_i-\delta_j$。

与简单系统相比，复杂系统暂态功角稳定计算的特点如下：

1）同步发电机的电磁功率是 $n-1$ 个相对角的函数。它与扰动后网络的结构和参数、所有发电机的电磁特性和参数以及负荷的特性和参数有关。

2）复杂电力系统不能直接使用等面积定则来确定极限切除角。

6.4.2.2 定量分析

复杂电力系统暂态功角稳定分析需要首先建立包含同步发电机、负荷等元件的数学模型。其中，同步发电机模型对复杂电力系统暂态功角稳定分析具有重要的影响。如果暂态功角稳定分析采用经典模型，则没有考虑同步发电机转子绕组的电磁暂态过程。如果考虑同步发电机转子绕组的电磁暂态过程，则需要考虑反映电磁暂态过程的微分方程。

在功角稳定领域，同步发电机的模型一般用微分方程的阶数来说明。以下首先简要介绍一下同步发电机二阶模型和三阶模型的暂态功角稳定分析。

1. 基于经典模型的暂态功角稳定分析（同步发电机采用二阶模型）

电力系统暂态功角稳定分析中发电机的模型一般用微分方程的阶次来说明。以下首先简要介绍一下同步发电机二阶模型和三阶模型的暂态功角稳定分析。

在电力系统功角稳定分析领域的经典模型中，同步发电机采用的是 E' 和 x'_d 串联的等效电路模型，其中 E' 是常数，此时该同步发电机模型的电路方程为代数方程，故该同步发电机的微分方程仅包括描述转子运动的两个一阶微分方程。这种类型的同步发电机模型属于二阶模型，具体如下：

$$\begin{cases} \dot{U}_G = \dot{E}' - x'_d \dot{I}_G \\ \dfrac{d\delta}{dt} = \Delta\omega \\ \dfrac{d\Delta\omega}{dt} = \dfrac{\omega_N}{T_J}(P_T - P_e) \end{cases} \quad (6.41)$$

进一步，结合经典模型中的负荷模型，并采用 3.3 节中给出的复杂电力系统同步发电机有功功率计算式（3.39）和无功功率计算式（3.40），然后将其与同步发电机的二阶模型结合，可构成基于经典模型的电力系统功角稳定分析模型。该模型中微分方程的求解也可以采用 6.3 节中的分段计算法与改进欧拉法，但是需要注意的是，复杂电力系统同步发电机有功功率和无功功率的计算公式中的 δ_{ij} 是相对角，即 $\delta_{ij}=\delta_i-\delta_j$，因此得到同步发电机绝对角的数值之后，还需计算相对角。

2. 同步发电机采用三阶模型

同步发电机的三阶模型包括反映励磁绕组电磁暂态过程的一阶微分方程、描述转子运动的两个一阶微分方程，具体形式如下：

$$\begin{cases} E_{qe}=E_q+T'_{d0}\dfrac{dE'_q}{dt} \\ \dfrac{d\delta}{dt}=\Delta\omega \\ \dfrac{d\Delta\omega}{dt}=\dfrac{\omega_N}{T_J}(P_T-P_e) \end{cases} \quad (6.42)$$

采用同步发电机三阶模型进行功角稳定分析时，它的分析计算与基于经典模型的暂态功角稳定分析存在明显不同。下面将具体介绍两者的不同之处。如果考虑同步发电机的定子电阻，则 $dq0$ 坐标系下定子绕组的电压方程可以表述为

$$\begin{bmatrix} E'_q \\ 0 \end{bmatrix}=\begin{bmatrix} U_{Gq} \\ U_{Gd} \end{bmatrix}+\begin{bmatrix} R_G & x'_d \\ -x_q & R_G \end{bmatrix}\begin{bmatrix} I_{Gq} \\ I_{Gd} \end{bmatrix} \quad (6.43)$$

电力网络可以采用如下形式的节点方程：

$$\boldsymbol{I}=\boldsymbol{YU} \quad (6.44)$$

式中，$\boldsymbol{Y}$ 为计算潮流所采用的节点导纳矩阵；$\boldsymbol{I}$ 为节点注入电流相量构成的向量；$\boldsymbol{U}$ 为节点电压相量构成的向量。式（6.44）没有考虑发电机电势源节点。在直角坐标系下，根据节点方程 $\boldsymbol{I}=\boldsymbol{YU}$，并令节点的注入电流 $\tilde{I}_i=I_{ix}+jI_{iy}$，可以进一步计算得：

$$\begin{bmatrix} I_{ix} \\ I_{iy} \end{bmatrix}=\sum_{j=1}^{n}\begin{bmatrix} G_{ij} & -B_{ij} \\ B_{ij} & G_{ij} \end{bmatrix}\begin{bmatrix} U_{ix} \\ U_{iy} \end{bmatrix} \quad (6.45)$$

从式（6.43）和式（6.45）可以看出，同步发电机定子电压方程采用的是 $dq0$ 坐标系，而电力网络采用的是直角坐标系。上式 $dq0$ 坐标系和直角坐标系都是以同步转速旋转的，其中直角坐标系的 y 轴超前 x 轴 90°电角度。因此，为实现功角稳定分析，需要将 $dq0$ 坐标系下定子绕组的电压方程变换到直角坐标系下。如图 6.12 所示，若将前述直角坐标系的 x 轴选为同步参考轴，那么此时同步发电机的绝对角就等于转子 q 轴与 x 轴之间的夹角，此时便可以将 $dq0$ 坐标系下定子绕组的端电压和电流变换到直角坐标系下：

$$\begin{bmatrix} U_{Gx} \\ U_{Gy} \end{bmatrix}=\begin{bmatrix} \cos\delta & \sin\delta \\ \sin\delta & -\cos\delta \end{bmatrix}\begin{bmatrix} U_{Gq} \\ U_{Gd} \end{bmatrix} \quad (6.46)$$

$$\begin{bmatrix} I_{Gx} \\ I_{Gy} \end{bmatrix}=\begin{bmatrix} \cos\delta & \sin\delta \\ \sin\delta & -\cos\delta \end{bmatrix}\begin{bmatrix} I_{Gq} \\ I_{Gd} \end{bmatrix} \quad (6.47)$$

通过上述变换对式（6.43）处理得到直角坐标系下的定子电压方程：

$$\begin{bmatrix} I_{Gx} \\ I_{Gy} \end{bmatrix}=-\begin{bmatrix} G_x & B_x \\ B_y & G_y \end{bmatrix}\begin{bmatrix} U_{Gx} \\ U_{Gy} \end{bmatrix}+E'_q\begin{bmatrix} C_x \\ C_y \end{bmatrix} \quad (6.48)$$

式中，G_x、B_x、G_y、B_y、C_x、C_y 的表达式如下：

$$\begin{cases} G_x = \dfrac{R_G + (x_q - x'_d)\sin\delta\cos\delta}{R_G^2 + x_q x'_d} \\[2mm] B_x = \dfrac{x'_d + (x_q - x'_d)\sin^2\delta}{R_G^2 + x_q x'_d} \\[2mm] G_y = \dfrac{R_G - (x_q - x'_d)\sin\delta\cos\delta}{R_G^2 + x_q x'_d} \\[2mm] B_y = -\dfrac{x'_d + (x_q - x'_d)\cos^2\delta}{R_G^2 + x_q x'_d} \\[2mm] C_x = \dfrac{R_G\cos\delta + x_q\sin\delta}{R_G^2 + x_q x'_d} \\[2mm] C_y = \dfrac{R_G\sin\delta - x_q\cos\delta}{R_G^2 + x_q x'_d} \end{cases}$$

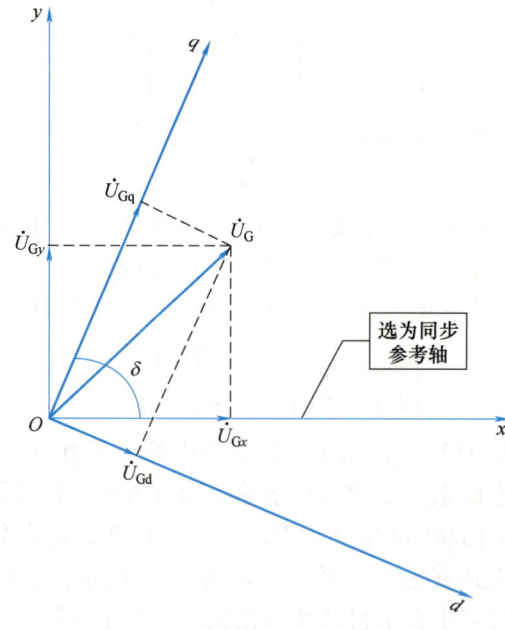

图 6.12 $dq0$ 坐标系与直角坐标系之间的变换

当已知所有机组转子绝对角的数值时，结合式（6.45）和式（6.48），并根据 I_{Gx} 与 I_{ix}、I_{Gy} 与 I_{iy} 的关系，便可实现定子电压方程与电网节点方程之间的联接，进而就可以用于计算定子电流与端电压。在此基础上，可以计算同步发电机的电磁功率 P_e：

$$P_e = I_{Gx} U_{Gx} + I_{Gy} U_{Gy} + (I_{Gx}^2 + I_{Gy}^2) R_G \tag{6.49}$$

根据式（6.42），P_e 与同步发电机的转子运动方程关联，又可以用于转子机械运动的分析，因此以上分析构成了基于同步发电机三阶模型的暂态功角稳定计算的数学基础。复杂系统暂态功角稳定计算的流程如图 6.13 所示。

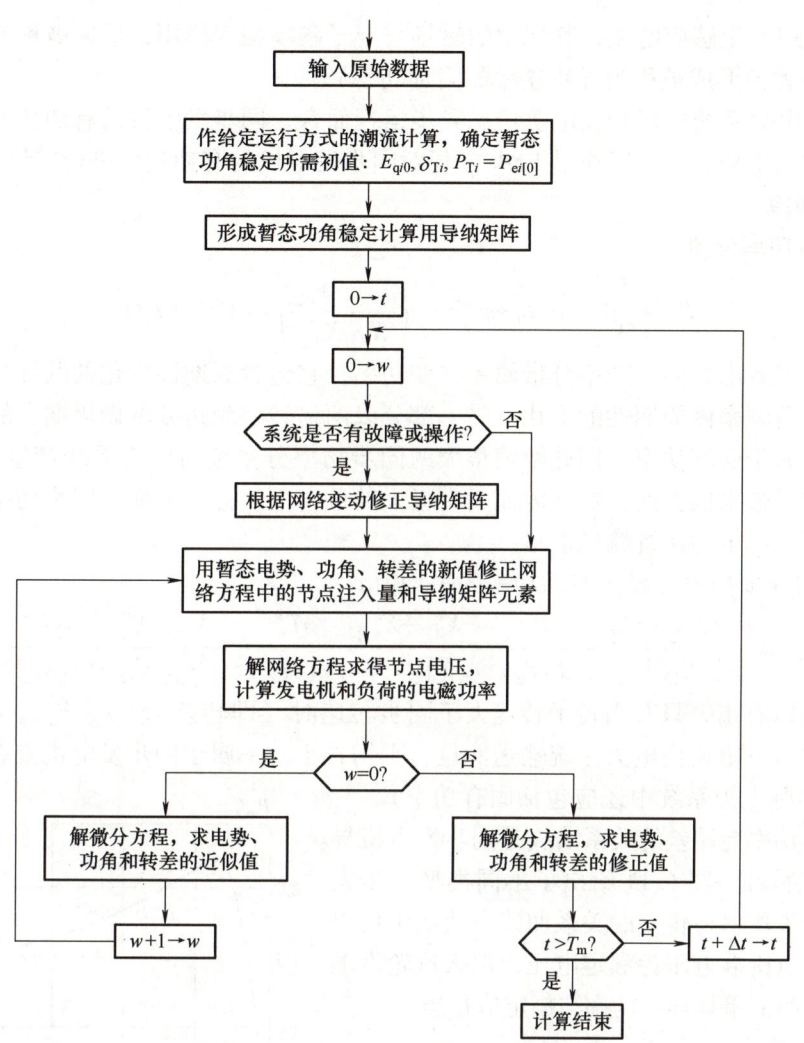

图 6.13 复杂系统暂态功角稳定计算的流程

6.5 电力系统异步运行的概念

当电力系统因为严重故障或错误的操作等原因而失去功角稳定时，各同步发电机便处于异步运行状态，这种状态下各同步发电机不是同步运行，它们处于非正常运行状态。这种非正常运行状态不利于电力系统和同步发电机自身的安全运行。但是，需要指出的是，在一定的条件下，积极而谨慎地有效利用同步发电机的短时异步运行，并采取有效措施使之迅速恢复同步运行，将有助于改善电力系统的运行状态。下面将对电力系统异步运行的相关概念进行详细的介绍（本节采用 s 表示转差）。需要注意的是，在本节中，异步运行的同步发电机转差不同于异步电动机转差。

6.5.1 异步运行时的功率特性

当同步发电机的转子转速不等于同步转速时，转子与定子磁场之间出现相对运动，导致转子侧闭合绕组产生感应电流，其建立的磁场与定子磁场相互作用，形成被称为异步转矩的附加转矩（或者说形成被称为异步功率的附加功率）。

对于简单电力系统的同步发电机稳态异步运行而言，同步发电机的有功功率包括同步功率分量与异步功率分量。可以通过 Park 方程对同步发电机的有功功率进行定量分析：

1. 有功功率

（1）同步功率分量

$$P_{\text{syn}} = \frac{E_q U}{X_{d\Sigma}} \sin(\delta_0 + st) + \frac{U^2}{2} \left(\frac{X_{d\Sigma} - X_{q\Sigma}}{X_{d\Sigma} X_{q\Sigma}} \right) \sin(2\delta_0 + 2st) \qquad (6.50)$$

从上式可以看出，同步功率分量属于交变功率，它包含周期性变化的两部分，其中一部分以转差作为角频率做周期性的变化，另一部分以两倍转差为角频率做周期性的变化。由于同步功率分量属于交变功率，因此幅值很大的同步功率分量会对电力系统产生强烈的扰动，并给其自身转子带来巨大的扭矩，因而具有极大的危害性。另一方面，同步功率分量平均值为零，故其无法向电力系统输送能量。

（2）平均异步功率（异步有功功率的平均值）

$$P_{\text{as·av}} = \frac{U^2}{2} \left[\frac{X_{d\Sigma} - X'_{d\Sigma}}{X_{d\Sigma} X'_{d\Sigma}} \frac{sT'_d}{1+(sT'_d)^2} + \frac{X'_{d\Sigma} - X''_{d\Sigma}}{X'_{d\Sigma} X''_{d\Sigma}} \frac{sT''_d}{1+(sT''_d)^2} + \frac{X_{q\Sigma} - X''_{q\Sigma}}{X_{q\Sigma} X''_{q\Sigma}} \frac{sT''_q}{1+(sT''_q)^2} \right] \qquad (6.51)$$

从上式可以看出，只有当转子转速大于同步转速时（即转差 $s>0$），$P_{\text{as·av}}$ 才大于 0，这意味着此时同步发电机向电力系统输送能量。平均异步功率属于同步发电机稳态异步运行的重要参数（实际电力系统中还应包括固有功率）。

平均异步功率与转差的关系曲线是同步发电机异步运行的重要特性。图 6.14 给出了不同类型同步发电机的平均异步功率与转差的关系曲线。从图中可以看出，如果发电机端电压为额定电压，那么汽轮发电机在转差很小时的平均异步功率与额定值相当。

2. 无功功率

上面是关于异步运行的同步发电机有功功率分析。在异步运行状态下，同步发电机的平均无功功率总为负值，即无论同步发电机转差的符号如何，同步发电机都将表现为无功负荷，这会增加电力系统的无功负荷，尤其不利于无功电源不足的电力系统电压稳定性。

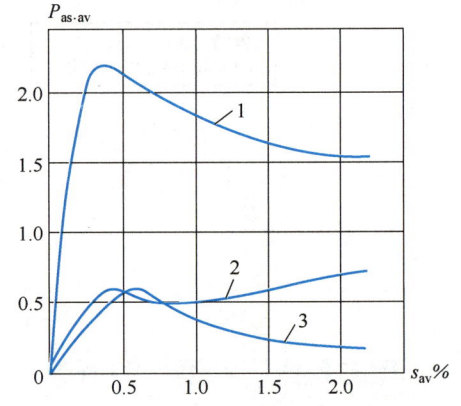

图 6.14 不同类型同步发电机的平均异步功率与转差的关系曲线

6.5.2 由失步过渡到稳态异步运行的过程

本节将通过图 6.15 定性说明同步发电机从短路到失步的过程。由此图可知，由于同步发电机的最大减速面积 A_{def} 小于加速面积 A_{abce}，因此其转差无法在第一次经过点 f 前回到零值，其运行点将穿越点 f。随后转子继续加速，导致功角和转差不断增大，同步发电机便失去同步而过渡到异步运行状态。

如前所述，同步发电机失步后的同步功率分量是交变功率，其平均值为零，故仅影响转差的瞬时值。对于失步运行的同步发电机而言，其平均转差由原动机功率和平均异步功率共同决定（如果考虑定子回路电阻或机端负荷，那么还需进一步考虑固有功率）。同步发电机刚失步时，其平均转差的数值小，原动机调速器刚开始将其原动机功率减小，因而同步发电机转子的加速性过剩功率较大，导致平均转差迅速增加。在平均转差不断增加的过程中，同步发电机的平均异步功率也增加，但是由于调速器的作用原动机功率在不断减少。在某一时刻 t_a，原动机功率等于平均异步功率（$P_T = P_{as \cdot av}$）。此时虽然功率达到了平衡，但是平均转差大，原动机调速器继续降低原动机功率。所以在 $t > t_a$ 以后，原动机功率小于平均异步功率，在此阶段转子上的过剩功率是减速性的，故平均转差减小，异步有功功率的平均值也随之减少，最终平均异步功率与原动机功率实现平衡，平均转差达到稳态值 s_∞，同步发电机进入稳态异步运行状态。

平均转差 s_∞ 也是同步发电机稳态异步运行的重要参数。如图 6.16 所示，平均转差 s_∞ 的数值可以通过平均异步功率特性和原动机调速器的静态特性 $P_T = \varphi(s_{av})$ 的交点来确定。从图 6.16 中还可以看出，降低平均转差可以通过改变原动机的功率特性来实现。

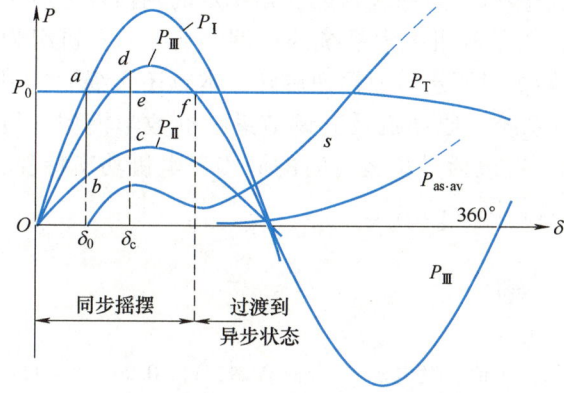

图 6.15 同步发电机的失步过程示意图

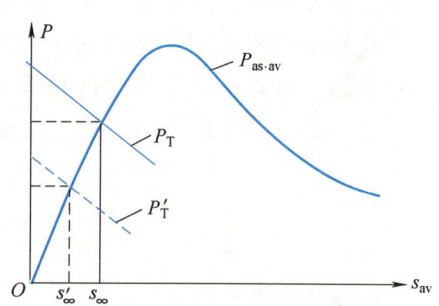

图 6.16 稳态异步运行平均转差的示意图

6.5.3 发电机实现再同步

允许发电机失去同步后进行异步运行状态，其目的是加快发电机的再同步过程，以迅速恢复电力系统的正常运行。

失步后的同步发电机能否成功地实现再同步，关键在于以下两个条件：

1）转子是否能够达到同步转速，即转差的瞬时值是否能够经过零值。

2）转子达到同步转速后，发电机是否能够稳定地过渡到同步运行的状态而不失步。

如果平均转差越小、转差振荡幅度越大，那么转差的瞬时值出现零值的机会越多。转差的瞬时值受作用在转子上的所有转矩的共同影响。其中，同步转矩使得发电机转差作周期性脉振，且增大同步功率的幅值将导致转差脉振的幅度变大。图 6.17 以

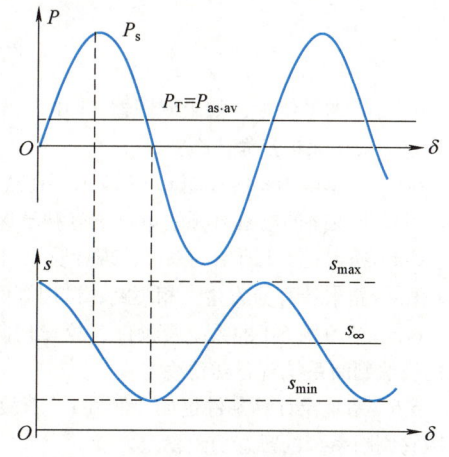

图 6.17 转矩和转差变化特性示意图

简单电力系统隐极发电机稳态异步运行为例，给出了转差脉振的情况。如前所述，原动机功率和平均异步功率共同影响平均转差的数值。因此，当出现失步之后，应通过迅速减小原动机功率来降低平均转差，并通过适时加大励磁来提高同步功率幅值、增大转差振荡幅度，从而为转差瞬时值经过零值创造条件，以此加快实现发电机的再同步。

本 章 小 结

本章主要介绍了电力系统暂态功角稳定分析的定量方法。首先，给出了电力系统暂态功角稳定分析的基本假设与简化，这些基本假设与简化为本章电力系统暂态功角稳定计算奠定了基础。然后，以单机-无限大系统为例，对电力系统暂态功角稳定进行了定量分析，并介绍了著名的等面积定则。等面积定则是基于能量守恒原理的，它可以很方便地判断单机-无限大系统的暂态功角稳定性。另外，本章介绍了复杂多机电力系统暂态功角稳定分析与计算的相关概念、模型与方法。需要注意的是，复杂多机电力系统暂态功角稳定的判据也是适用于单机-无限大系统的，这是因为单机-无限大系统是两机电力系统的特例，其中一台机组为受端系统等值发电机，该受端系统等值发电机转子以同步转速恒速旋转。本章还介绍了可用于电力系统暂态功角稳定实际计算的励磁调节系统、原动机及其调节系统的数学模型。最后，本章介绍了电力系统异步运行的基本概念，这包括异步运行时的同步发电机功率特性、由失步过渡到稳态异步运行的过程、发电机实现再同步的措施。

习 题

6-1 电力系统如图 6.18 所示，已知各元件参数的标幺值。发电机 G：$x'_d = 0.29$，$x_2 = 0.23$，$T_J = 11s$；变压器 T1：$x = 0.13$；变压器 T2：$x = 0.11$；线路 L：双回 $x_{L1} = 0.29$，$x_{L0} = 3x_{L1}$；运行初始状态：$U_0 = 1.0$，$P_0 = 1.0$，$Q_0 = 0.2$。在输电线路首端 f_1 点发生两相短路接地，试用等面积定则确定极限切除角 $\delta_{c,lim}$。

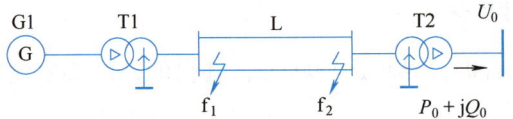

图 6.18 习题 6-1 图

6-2 上题系统中，如果变压器 T1 中性点接地线异常断开，此时在 f_1 点发生单相接地短路，试问，能否确定极限切除角？为什么？

6-3 简单电力系统如图 6.18 所示，在线路首端和末端分别发生三相短路，故障切除时间相同。试判断计及输电线路的电阻对哪处短路更有利于保持暂态功角稳定性？为什么？

6-4 按习题 6-1 所给的系统，现计及双回输电线路电阻 $R_L = 0.0512$。在空载情况下，即 $U_0 = 1.0$，$P_0 = 0$，$Q_0 = 0$，线路末端 f_2 点发生三相短路，试用等面积定则确定极限切除角。

6-5 就习题 6-1 的系统及条件，故障切除时间为 0.13s，试用分段计算法计算功角变化曲线，并用极值比较法判断系统暂态功角稳定。

6-6 系统及计算条件仍如习题 6-1，若故障切除时间为 0.15s，试用分段计算法计算发电机摇摆曲线，并用它判断系统的暂态功角稳定。

6-7 三机电力系统示于图 6.19。已知各元件参数标幺值如下。发电机 G1：$x'_d = 0.1$，$x_2 = 0.1$，$T_J =$

10s；发电机 G2：$x'_d = 0.15$，$x_2 = 0.15$，$T_J = 7s$；发电机 G3：$x'_d = 0.06$，$x_2 = 0.06$，$T_J = 15s$；变压器电抗：$x_{T1} = 0.08$，$x_{T2} = 0.1$，$x_{T3} = 0.04$，$x_{T4} = 0.05$。线路电抗：AB 段双回 $x_{L1} = 0.2$，$x_{L0} = 3.5 x_{L1}$；BC 段双回 $x_{L1} = 0.1$，$x_{L0} = 3.5 x_{L1}$。系统的初始运行状态：$U_{D0} = 1.0$，$S_{LD0} = 5.5+j1.25$，$S_{20} = 1.0+j0.5$，$S_{30} = 3+j0.8$。线路 AB 段首端 f 点发生两相短路接地，经 0.1s 切除故障线路，试判断系统暂态功角稳定性。

提示：为简化计算，负荷用恒定阻抗表示，可用网络变换法求各发电机的输入阻抗和转移阻抗，用分段计算法计算各发电机的转子摇摆曲线。

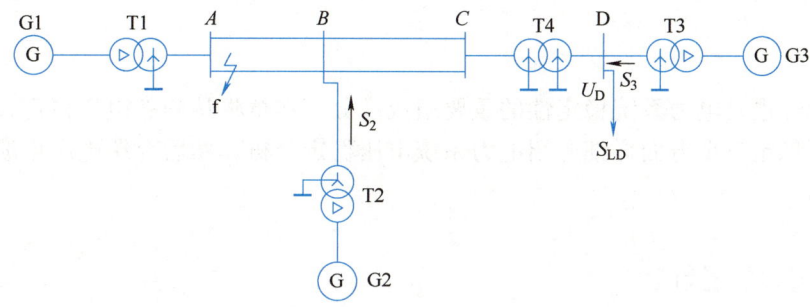

图 6.19　习题 6-7 图

6-8　电力系统小扰动功角稳定性与暂态功角稳定性的主要区别是什么？

6-9　如图 6.20 所示，在该单机-无限大系统中，送端发电机参数如下：$x'_d = x_2 = 0.2$，惯性时间常数 $T_J = 10s$。变压器 T1 和变压器 T2 的电抗分别为 $x_{T1} = 0.11$ 和 $x_{T2} = 0.10$。双回输电线路中，一回线路电抗为 $x_L = 0.42$。该系统故障前稳态下 $U = 1.0$，$\dot{S} = 1.0+j0.2$。假设双回输电线路下面一回线路首端发生三相短路，故障切除时间为 0.1s，试判断该系统是否能够保持暂态功角稳定性。

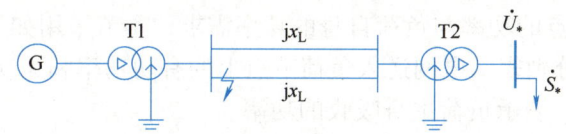

图 6.20　习题 6-9 图

6-10　在图 6.20 所示的电力系统中，假设双回输电线路下面一回线路末端发生三相短路，故障切除时间为 0.2s，试计算该系统第一摇摆周期的前半周期的加速面积和减速面积。

6-11　已知某单机-无限大系统正常运行状态下送端发电机的功角特性为 $P_I = 1.3\sin\delta$，原动机功率 $P_T = 0.5$，惯性时间常数 $T_J = 10s$。假设送端发电机因断路器故障而突然脱网，然后断路器故障很快消除后断路器重新闭合，从而实现送端发电机重新并网，试求送端发电机从脱网到重新并网的极限时间。

6-12　在图 6.20 所示的单机-无限大系统中，若短路故障为两相短路故障（不接地），其他条件保持不变，若采用分段计算法，试编写程序计算故障后送端发电机的转子摇摆曲线。

6-13　在图 6.20 所示的单机-无限大系统中，若短路故障为三相短路故障，其他条件保持不变，若采用改进欧拉法，试编写程序计算故障后送端发电机的转子摇摆曲线。

6-14　在图 5.12 所示的两机电力系统，同步发电机 G1 和同步发电机 G2 的惯性时间常数分别为 10s 和 15s。若大扰动为图中母线发生三相短路故障，其他条件保持不变。试编写程序计算判断该系统能否保持暂态功角稳定性。

第 7 章　电力系统电压稳定的基本原理与分析方法

电压稳定性也是电力系统稳定性的重要组成部分。本章将从静态电压稳定、暂态电压稳定、长期电压稳定三个方面详细介绍电力系统电压稳定分析，然后介绍电压崩溃的动态过程及其预防措施。

7.1　静态电压稳定分析

在电力系统时域轨迹的每个时间断面上，电力系统方程为纯代数方程，因此此时可以对电压稳定问题进行静态分析。本节将从静态电压稳定的特点出发，介绍静态电压分析方法以及静态电压稳定裕度的相关概念。

7.1.1　单电源电力系统的静态电压稳定分析

如图 7.1 所示，本节在忽略电阻的基础上，对单端供电系统进行静态电压稳定分析。为了区分电网送入负荷节点的功率与负荷自身的功率需求，本节采用如下表示方法：

1）采用 P_S 和 Q_S 分别表示电网送入负荷节点上的有功功率和无功功率。
2）采用用 P_L 和 Q_L 表示负荷本身吸收的功率。

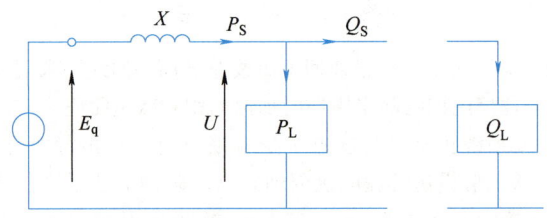

图 7.1　确定电网侧无功功率特性的等效电路

在正常运行条件，应有 $P_S=P_L$，$Q_S=Q_L$。这里假设 Q_S 不受负荷无功大小的影响，从概念上将 Q_S 和 Q_L 分离（见图 7.1）。对于此单端供电系统，电源发出的有功功率和无功功率表达式为

$$P_L = P_S = \frac{E_q U}{X}\sin\delta \tag{7.1}$$

$$Q_S = \frac{E_q U}{X}\cos\delta - \frac{U^2}{X} \tag{7.2}$$

式中，δ 为电源电势与负荷节点电压的相位差，利用等式 $\sin^2\delta+\cos^2\delta=1$ 消去式（7.1）中

的三角函数有：

$$\left(\frac{E_q U}{X}\right)^2 = P_L^2 + \left(Q_S + \frac{U^2}{X}\right)^2 \qquad (7.3)$$

求解 Q_S 有：

$$Q_S = \sqrt{\left(\frac{E_q U}{X}\right)^2 - P_L^2} - \frac{U^2}{X} \qquad (7.4)$$

式（7.4）确定了电力网络的无功-电压特性（或称 Q-U 特性）。给定负荷有功，可以通过式（7.4）计算电网向负荷提供的无功功率。如图 7.2 所示，电力网络的无功-电压曲线特性具有以下特点：

1) 对于理想刚性负荷，由于其有功 P_L = 常数，无功-电压特性呈现为下开口抛物线。

2) 式（7.3）中的电抗 X 和负荷有功 P_L 分别使得前述下开口抛物线向下和向右移动。

3) 当 $P_L = 0$ 时，前述下开口抛物线在对应 $U = E_q$ 和 $U = 0$ 的两点处穿越横轴，且抛物线的最大值对应于 $U = E_q/2$，此时 $Q_m = E_q^2/4X$。如果 $P_L > 0$ 时，那么当 $U = \sqrt{(E_q/2)^2 + (P_L X/E_q)^2}$，$Q_S$ 出现最大值，其值大于 $E_q/2$。

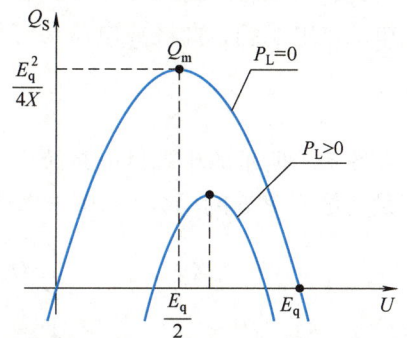

图 7.2　$P_L = 0$ 与 $P_L > 0$ 时的 Q_S 特性示意图

如果将从概念上分开的无功负荷重新接入电力系统中，那么可以在一张图上同时画出 Q_S 与 Q_L 随 U 变化的曲线，如图 7.3a 所示。由于在平衡点处无功功率平衡，即 $Q_S = Q_L$，因此满足此条件的平衡点有两个，即图中的点 a 和点 b。这也就是说，对应于一种负荷有功水平，存在两个可能的但不同的负荷电压值 U_1 和 U_2，且 $U_1 \neq U_2$。

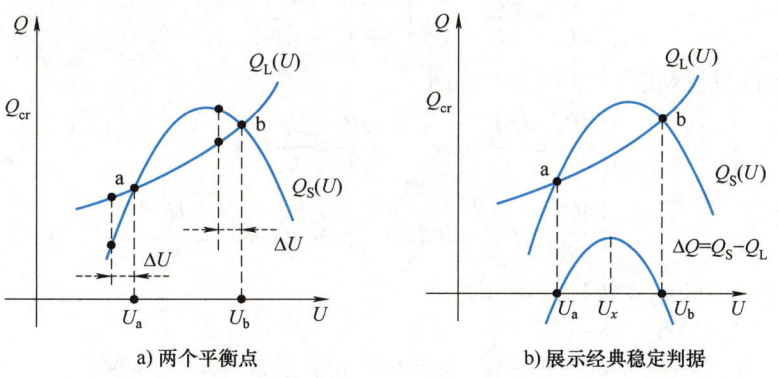

a) 两个平衡点　　　　b) 展示经典稳定判据

图 7.3　Q_S 与 Q_L 特性示意图

下面来分析上述平衡点 a 和 b 的静态电压稳定性。如图 7.3a 中平衡点 b，假定电压有一个负的小扰动 ΔU，这将导致电网供给负荷的无功功率 Q_S 大于负荷消耗的无功功率 Q_L。为了能够达到无功平衡，使得 Q_S 等于 Q_L，电源必然减小其无功功率 Q_S，因而导致电压升高，从而使负荷节点的电压重新回到点 b；如果小扰动导致电压上升，使 Q_S 小于 Q_L，电源必然增加其无功功率 Q_S，迫使负荷节点电压下降，从而也重新回到点 b。所以平衡点 b 是静态电压稳定的。

对于图 7.3a 中的平衡点 a，如果小扰动使得电压下降，就有 $Q_S<Q_L$，此时无功功率不足，这将导致负荷电压的进一步下降，因此此时系统无法回到平衡点 a，即平衡点 a 是静态电压不稳定的。

经典的电压稳定性判据是根据图 7.3b 得出的。令 $\Delta Q = Q_S - Q_L$，无功功率不平衡量 ΔQ 的导数 $d(\Delta Q)/dU$ 在两个平衡点处是符号相反的：

1) 在稳定平衡点 b 处，$d(\Delta Q)/dU<0$。
2) 在不稳定平衡点 a 处，$d(\Delta Q)/dU>0$。

因此，可以将 $d\Delta Q/dU<0$（通常简记为 $dQ/dU<0$）作为静态电压稳定判据。总结起来，对此单端供电系统，此经典电压稳定判据可以进一步表述为

$$\frac{dQ_S}{dU} < \frac{dQ_L}{dU} \tag{7.5}$$

在图 7.1 所示的单端供电系统中，电源送出的有功功率和无功功率由式（7.1）得到，它们是变量 U 和 δ 的函数，相应的微增量为

$$\begin{cases} \Delta Q_S = \dfrac{\partial Q_S}{\partial U}\Delta U + \dfrac{\partial Q_S}{\partial \delta}\Delta \delta \\ \Delta P_L = \Delta P_S = \dfrac{\partial P_S}{\partial U}\Delta U + \dfrac{\partial P_S}{\partial \delta}\Delta \delta \end{cases} \tag{7.6}$$

将 $\Delta \delta$ 从式（7.6）中消去，并除以 ΔU 得到：

$$\frac{\Delta Q_S}{\Delta U} = \frac{\partial Q_S}{\partial U} + \frac{\partial Q_S}{\partial \delta}\left(\frac{\partial P_S}{\partial \delta}\right)^{-1}\left(\frac{\Delta P_L}{\Delta U} - \frac{\partial P_S}{\partial U}\right) \tag{7.7}$$

即

$$\frac{dQ_S}{dU} \approx \frac{\partial Q_S}{\partial U} + \frac{\partial Q_S}{\partial \delta}\left(\frac{\partial P_S}{\partial \delta}\right)^{-1}\left(\frac{dP_L}{dU} - \frac{\partial P_S}{\partial U}\right) \tag{7.8}$$

式中，偏导数可以根据式（7.1）得到，即

$$\begin{cases} \dfrac{\partial P_S}{\partial \delta} = \dfrac{E_q U}{X}\cos\delta, & \dfrac{\partial P_S}{\partial U} = \dfrac{E_q}{X}\sin\delta \\ \dfrac{\partial Q_S}{\partial \delta} = -\dfrac{E_q U}{X}\sin\delta, & \dfrac{\partial Q_S}{\partial U} = \dfrac{E_q}{X}\cos\delta - 2\dfrac{U}{X} \end{cases} \tag{7.9}$$

将式（7.9）中的偏导数代入式（7.8）可得：

$$\begin{aligned}\frac{dQ_S}{dU} &\approx \frac{E_q}{X}\cos\delta - 2\frac{U}{X} - \frac{E_q U}{X}\sin\delta\frac{X}{E_q U\cos\delta}\left(\frac{dP_L}{dU} - \frac{E_q}{X}\sin\delta\right)\\ &= \frac{E_q}{X\cos\delta} - \left(\frac{2U}{X} + \frac{dP_L}{dU}\tan\delta\right)\end{aligned} \tag{7.10}$$

此时由式（7.5）描述的静态电压稳定条件可以表示为如下形式：

$$\frac{dQ_L}{dU} > \frac{E_q}{X\cos\delta} - \left(\frac{2U}{X} + \frac{dP_L}{dU}\tan\delta\right) \tag{7.11}$$

式中，导数 $d\Delta Q_L/dU$ 和 $d\Delta P_L/dU$ 可以通过近似模拟负荷特性的函数得到。

7.1.2 多机电力系统

一般地，对于多机电力系统，不大可能导出静态电压稳定判据的解析公式。但是，可以通过使用潮流计算程序来得到电网侧的无功-电压特性 Q_S。本节将对 U-Q 灵敏度分析法和模态分析法进行介绍。

7.1.2.1 U-Q 灵敏度分析法

根据牛顿-拉夫逊潮流计算方法，可以得到如下给定运行点附近的电力系统线性化方程：

$$\begin{bmatrix} \Delta P \\ \Delta Q \end{bmatrix} = \begin{bmatrix} J_{P\delta} & J_{PU} \\ J_{Q\delta} & J_{QU} \end{bmatrix} \begin{bmatrix} \Delta \delta \\ \Delta U \end{bmatrix} \tag{7.12}$$

式中，ΔP 和 ΔQ 分别为节点有功功率和无功功率的增量向量；$\Delta \delta$ 和 ΔU 分别为节点电压相角和幅值的增量向量。

下面保持节点有功恒定，仅考虑 Q 和 U 之间的增量关系，这与 Q-U 曲线法类似。尽管这里忽略了节点有功的增量，但是 ΔQ 和 ΔU 还是考虑了负荷有功或传输功率水平的影响。令式（7.12）中的 $\Delta P = 0$，则得：

$$\Delta Q = J_R \Delta U \tag{7.13}$$

其中，

$$J_R = [J_{QU} - J_{Q\delta} J_{P\delta}^{-1} J_{PU}] \tag{7.14}$$

并且 J_R 为降阶的系统雅可比矩阵。根据式（7.13）可以得到：

$$\Delta U = J_R^{-1} \Delta Q \tag{7.15}$$

式中，矩阵 J_R^{-1} 是降阶的 U-Q 雅可比矩阵，其第 i 个对角线元素表示节点 i 的 U-Q 灵敏度。

对于一个节点而言，它的 U-Q 灵敏度实际表示 Q-U 曲线上给定运行点的斜率。当 U-Q 灵敏度为正值，表示该系统静态电压稳定。在这种情况下，U-Q 灵敏度值越小，则该系统越稳定；U-Q 灵敏度越大，静态电压稳定越低。当到达静态电压稳定极限时，U-Q 灵敏度为无限大。如果 U-Q 灵敏度为负值，则该电力系统静态电压不稳定，一个小的负灵敏度，即从静态电压这个角度看该系统处于非常不稳定的运行状态。由于 U-Q 关系具有强非线性特征，因此将用 U-Q 灵敏度直接量度相对稳定程度。

例 7-1 图 7.4 给出了一个输电系统，其中线路长度为 322km，母线电压为 500kV。线路参数采用功率基准为 100MVA、电压基准为 500kV 的标幺值。

1）当 $P_2 = 1500$MW、$Q_i = 500$Mvar 时，计算降阶的 Q-U 雅可比矩阵的特征值及 Q-U 灵敏度。

2）假设图 7.4 中的无功功率 Q_i 是由一个并联电容器提供的，当 $P = 1500$MW、$Q_i = 450$Mvar 时，计算降阶的 Q-U 雅可比矩阵特征值，然后判断静态电压稳定性。

3）当 $P = 1900$MW、$Q_i = 950$Mvar 时，通过计算降阶的 Q-U 雅可比矩阵特征值来判断静态电压稳定性。

解： 根据式（7.12）计算灵敏度矩阵 $J_{P\delta}$、J_{PU}、$J_{Q\delta}$ 和 J_{QU}。由图 7.4b，此两节点系统的导纳矩阵为

$$Y = \begin{bmatrix} 2.142-j22.897 & -2.142+j24.973 \\ -2.142+j24.973 & 2.142-j22.897 \end{bmatrix} \tag{7.16}$$

根据牛顿-拉夫逊法的极坐标表达形式，对任一母线 k 有

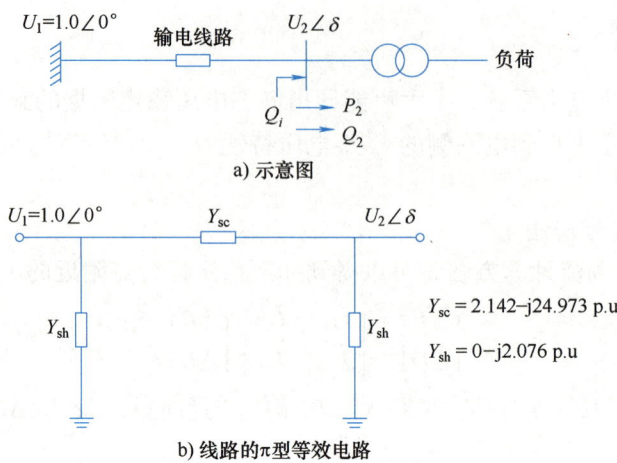

图 7.4 两节点电力系统

$$\begin{cases} P_k = U_k \sum_{m=1}^{n} (G_{km}U_m\cos\delta_{km} + R_{km}U_m\sin\delta_{km}) \\ Q_k = U_k \sum_{m=1}^{n} (G_{km}U_m\cos\delta_{km} - R_{km}U_m\sin\delta_{km}) \end{cases} \quad (7.17)$$

式中，$\delta_{km} = \delta_k - \delta_m$。因此，对于本题所给的两节点系统，可以得到：

$$\begin{cases} P_1 = U_1[(2.142U_1\cos\delta_{11} - 22.897U_1\sin\delta_{11}) + (-2.142U_2\cos\delta_{12} + 22.897U_2\sin\delta_{12})] \\ P_2 = U_2[(-2.142U_1\cos\delta_{21} + 24.973U_1\sin\delta_{21}) + (2.142U_2\cos\delta_{22} - 22.897U_2\sin\delta_{22})] \\ Q_1 = U_1[(2.142U_1\sin\delta_{11} + 22.897U_1\cos\delta_{11}) + (-2.142U_2\sin\delta_{12} - 24.973U_2\cos\delta_{12})] \\ Q_2 = U_2[(-2.142U_1\sin\delta_{21} - 24.973U_1\cos\delta_{21}) + (2.142U_2\sin\delta_{22} + 22.897U_2\cos\delta_{22})] \end{cases} \quad (7.18)$$

式中，$\delta_{11} = \delta_{22} = 0$，$\delta_{21} = -\delta_{21} = \delta$。

当 $U_1 = 1.0$ 时，有

$$P_2 = -2.142U_2\cos\delta + 24.973U_2\sin\delta + 2.142U_2^2$$
$$Q_2 = -2.142U_2\sin\delta - 24.973U_2\cos\delta + 22.897U_2^2$$

因此，灵敏度矩阵 $J_{P\delta}$、J_{PU}、$J_{Q\delta}$ 和 J_{QU} 可以计算如下：

$$\begin{aligned} J_{P\delta} &= \frac{\partial P_2}{\partial \delta} = 2.142U_2\sin\delta + 24.973U_2\cos\delta \\ J_{PU} &= \frac{\partial P_2}{\partial U_2} = -2.142\cos\delta + 24.973\sin\delta + 4.284U_2 \\ J_{Q\delta} &= \frac{\partial Q_2}{\partial \delta} = -2.142U_2\cos\delta + 24.973U_2\sin\delta \\ J_{QU} &= \frac{\partial Q_2}{\partial U_2} = -2.142U_2\sin\delta - 24.973U_2\cos\delta + 45.794U_2 \end{aligned} \quad (7.19)$$

（1）根据式（7.12），可以得到本题两节点系统的线性化方程为

$$\begin{cases} \Delta P_2 = J_{P\delta}\Delta\delta + J_{PU}\Delta U_2 \\ \Delta Q_2 = J_{Q\delta}\Delta\delta + J_{QU}\Delta U_2 \end{cases} \quad (7.20)$$

当 $\Delta P_2 = 0$ 时，有

$$\Delta Q_2 = (J_{QU} - J_{Q\delta} J_{P\delta}^{-1} J_{PU}) \Delta U_2$$

或

$$\Delta Q_2 = J_R \Delta U_2$$

其中，

$$J_R = J_{QU} - J_{Q\delta} J_{P\delta}^{-1} J_{PU}$$

式中，$J_{P\delta}$、J_{PU}、$J_{Q\delta}$ 和 J_{QU} 的表示由式（7.19）给出。对于本题分析的电力系统而言，J_R 为 1×1 阶矩阵，因此矩阵的特征值与矩阵自身是相同的，而 U-Q 灵敏度等于该特征值的倒数。

对于每个 Q_i 值，它都对应于两个电压解，因此当 $P = 1500\text{MW}$、$Q_i = 500$ 时有

高电压解：$U_2 = 1.024$，$\delta = -37.3°$，$dU/dQ = 0.059$

低电压解：$U_2 = 0.671$，$\delta = -66.7°$，$dU/dQ = -0.025$

（2）当将一个并联电容器接于输电线路的受端（节点 2）时，该节点的自导纳为

$$Y_{22} = 2.142 - j(22.897 - B_c)$$

当 $P = 1500\text{MW}$、并联电容器容量为 450Mvar 时，

$$U_2 = 0.981, \quad \delta = -39.1°$$

由于 $B_c = 4.5$，则

$$Y_{22} = 2.142 - j(22.897 - 4.5) = 2.142 - j18.397$$

根据这个 Y_{22} 的新值，进一步可以计算出降阶的系统雅可比矩阵为

$$J_R = 5.348$$

此时 J_R 为正数，表明该系统静态电压不稳定。

（3）当 $P = 1900\text{MW}$、并联电容器为 950Mvar 时，

$$U_2 = 0.995, \quad \delta_2 = -52.97°$$

由于 $B_c = 9.5$，则

$$Y_{22} = 2.142 - j(22.897 - 9.5) = 2.142 - j13.397$$

然后进一步计算得到的降阶 Q-U 雅可比矩阵为

$$J_R = -13.683$$

此时 J_R 为负数，表明该系统静态电压不稳定。

7.1.2.2 模态分析法

电力系统的电压稳定性也可以由式（7.14）定义的矩阵 J_R 的特征值和特征向量进行分析。设

$$J_R = \xi \Lambda \eta \tag{7.21}$$

式中，ξ 和 η 分别为 J_R 的右特征向量矩阵和左特征向量矩阵；Λ 为 J_R 的对角线特征值矩阵。

由式（7.21）得：

$$J_R^{-1} = \xi \Lambda^{-1} \eta \tag{7.22}$$

将其代入式（7.15）得：

$$\Delta U = \xi \Lambda^{-1} \eta \Delta Q \tag{7.23}$$

或

$$\Delta U = \sum_i \frac{\xi_i \eta_i}{\lambda_i} \Delta Q \tag{7.24}$$

式中，ξ_i 为 J_R 的右特征矩阵的第 i 列；η_i 为 J_R 的左特征矩阵的第 i 行。

右特征向量 ξ_i 和左特征向量 η_i 对应于特征值 λ_i，它定义了 Q-U 响应的第 i 个模态。

因为 $\xi^{-1} = \eta$，所以式（7.23）可改写为

$$\eta \Delta U = \Lambda^{-1} \eta \Delta Q$$

或

$$v = \Lambda^{-1} q \tag{7.25}$$

式中，$v = \eta \Delta U$ 为电压变化模态的向量；$q = \eta \Delta Q$ 为无功功率变化模态的向量。

式（7.15）与式（7.25）的区别是 Λ^{-1} 是对角矩阵，而 J_R^{-1} 一般是非对角矩阵。式（7.24）属于无解的一阶方程。因此，对于第 i 个模态则有

$$v_i = \frac{1}{\lambda_i} q_i \tag{7.26}$$

根据式（7.26）可以对电力系统第 i 个模态的静态电压稳定做如下判断：

1）如果 $\lambda_i > 0$，第 i 个模态的电压和第 i 个模态无功功率的变化是沿同一方向的，这表明系统第 i 个模态是静态电压稳定的。

2）如果 $\lambda_i < 0$，第 i 个模态的电压和第 i 个模态无功功率的变化是相反方向的，表明系统是电压不稳定的。

第 i 个模态的电压变化幅值等于 λ_i 的倒数乘以该模态的无功功率，故可以说 λ_i 的幅值决定第 i 个模态的静态电压稳定程度。当 λ_i 大于 0 时，λ_i 的幅值越小，则第 i 个模态静态电压性就越差。当 $\lambda_i = 0$，第 i 个模态出现电压不稳定，此时该模态任意的无功变化都会引起该模态电压无限大的变化。

下面分析 U-Q 灵敏度和 J_R 的特征值之间的关系。在式（7.24）中，令 $\Delta Q = e_k$，其中 e_k 除第 k 个元素等于 1 以外，其他元素均为 0。则

$$\Delta U = \sum_i \frac{\eta_{ik} \xi_i}{\lambda_i}$$

式中，η_{ik} 为 η_i 的第 k 个元素。

节点 k 的 U-Q 灵敏度为

$$\frac{\partial U_k}{\partial Q_k} = \sum_i \frac{\xi_{ki} \eta_{ik}}{\lambda i} \tag{7.27}$$

从式（7.27）可以看出，U-Q 灵敏度不能识别出每个电压的崩溃模式，相反它是对电压-无功功率变化的所有模态的综合反映。

当忽略输电网络的电阻，且节点导纳矩阵对称时，降阶的系统雅可比矩阵 J_R 也是对称的。此时矩阵 J_R 的特征值是实数，特征向量是实数向量。对于矩阵 J_R 的任意特征值 λ_i，它的右特征向量 ξ_i 和左特征向量 η_i 相等。

当存在移相变压器以及线路电阻时，J_R 只是近似对称的。从实用目的出发，可以近似认为 J_R 的特征值均为实数。

类似于小扰动功角稳定分析中的阻尼系数，特征值可以用来评价稳定性的相对裕度参考，但是由于实际电力系统是非线性的，故特征值不能作为评价稳定性的绝对裕度。包含上

千条母线的实际大规模电力系统不需要 J_R 所有的特征值。需要注意的是，J_R 的最小特征值对于判断静态电压稳定来说是不充分的，这是因为与电力系统静态电压稳定相关的特征值一般不只一个。当电力系统负荷增加时，对应最小特征值的模态可能不是静态电压稳定性最差的模态。实际上，较大规模的电力系统一般需要计算排序前 5~10 的特征值（从小到大排序），以此来识别所有的临界模态。

如果要计算系统当前运行点到电压临界稳定的功率裕度，那么需要持续增加负荷功率直至出现电压不稳定，在此过程对每个运行点都进行模态分析。模态分析可协助确定系统的稳定程度，以及可增加的负荷功率。当电力系统达到临界电压稳定点时，模态分析可以帮助确定电压稳定临界点每个模态下元件的参与程度。

下面将介绍一下母线参与系数、支路参与系数、发电机参与系数等概念，这些系数反映了元件对 U-Q 灵敏度的影响。

1. 母线参与系数

一条母线的参与系数反映的是其对 U-Q 灵敏度的影响。模态 i 中母线 k 的参与系数为

$$P_{ki} = \xi_{ki} \eta_{ik} \tag{7.28}$$

式中，P_{ki} 反映了特征值 λ_i 对母线 k 的 U-Q 灵敏度的贡献，也反映了该母线的校正措施对稳定模态 i 的有效性。

通过母线参与系数可以确定每个模态关联的区域。通常有两种模态：

1）局部型模态。此模态下仅有较少的母线具有较大的参与系数，而其余母线的参与系数接近于零。局部型模态的典型例子就是单个负荷母线通过一条长输电线路连到大电网的这种情况。

2）非局部型模态。此模态下许多母线的参与系数数值小且大小相近，而其他母线的参与系数接近于零。非局部型模态的一个例子是：当一个大系统中某个区域满载，并且该地区的主要无功备用已经用完，此时表现出的就是非局部型模态。

2. 支路参与系数

支路参与系数表示无功负荷的增量变化对于支路传输功率的影响程度，它有助于制定改善电压稳定的措施。支路 j 对模式 i 的相对参与由下述参与系数给出：

$$P_{ji} = \frac{\text{支路 } j \text{ 的 } \Delta Q_{\text{loss}}}{\text{所有支路的最大 } \Delta Q_{\text{loss}}} \tag{7.29}$$

式中，ΔQ_{loss} 为支路 j 无功损耗的变化量。

计算与模态 i 有关的支路参与系数时，假设无功变化模态的向量 $\boldsymbol{q}$ 的第 i 个元素等于 1，其他元素均为 0。根据式（7.25），母线无功功率变量的相应向量为

$$\Delta \boldsymbol{Q}^{(i)} = \boldsymbol{\eta}^{-1} \boldsymbol{q} = \boldsymbol{\xi} \boldsymbol{q} = \boldsymbol{\xi}_i \tag{7.30}$$

式中，$\boldsymbol{\xi}_i$ 为 J_R 的第 i 个右特征向量的元素。

进一步假设所有的右特征向量均进行了规格化，则

$$\sum_j \xi_{ji}^2 = 1 \tag{7.31}$$

当母线无功变化量的向量等于 $\Delta \boldsymbol{Q}^{(i)}$ 时，母线电压幅值变化量的向量 $\Delta \boldsymbol{U}^{(i)}$ 为

$$\Delta \boldsymbol{U}^{(i)} = \frac{1}{\lambda_i} \Delta \boldsymbol{Q}^{(i)} \tag{7.32}$$

并且相应的母线电压相角变化量的向量为

$$\Delta\boldsymbol{\delta}^{(i)} = -\boldsymbol{J}_{P\delta}^{-1}\boldsymbol{J}_{PU}\Delta\boldsymbol{U}^{(i)} \tag{7.33}$$

当已知支路送端母线和受端母线的电压相角变化量和电压幅值变化量时，可以进一步计算支路无功损耗的变化量。

3. 发电机参与系数

对于电力系统无功负荷的增量，一台发电机的参与系数表示在模态 i 中它所提供的无功支撑。对于模态 i，发电机 m 的参与系数定义如下：

$$P_{mi} = \frac{\text{发电机} j \text{的} \Delta Q_m}{\text{所有发电机的最大} \Delta Q} \tag{7.34}$$

发电机参与系数可用于计算每台发电机无功出力的变化。类似支路参与系数，给定无功功率变化量，需确定发电机端电压幅值和相角的变化。从式（7.34）可以看出，通过所有发电机的参与系数可以帮助确定无功备用在所有机组间的合理分配，以此保持电力系统具有合理的电压稳定储备。

下面将介绍模态分析的算例分析，所采用的算例系统如图 7.5 所示，这是一个含有 39 条母线、10 台发电机的电力系统。本算例分析通过运行点 A、B 和 C 来进行模态分析。

对于上述三个运行点，表 7.1 给出了降阶的系统雅可比矩阵 $\boldsymbol{J}_R$ 排名前 5 的特征值（从小到大排序）。从表 7.1 可以看到，当电力系统接近静态失稳时，特征值的幅值降低。在运行点 C，最小特征值为 0.0083，表明此系统处在静态电压不稳定的边缘。

表 7.2 给出了运行点 C 最小稳定模式（$\lambda = 0.0083$）下的部分母线、支路及发电机参与系数，而图 7.5 通过母线参与系数给出了易于发生静态电压不稳定的区域，它同时也给出了在最小稳定模式下具有较高参与系数的发电机。

表 7.1 三个运行点的 5 个特征值

运行点	A	B	C	运行点	A	B	C
λ_1	0.3867	0.1446	0.0083	λ_4	4.1031	2.6280	1.8757
λ_2	1.0271	0.5550	0.3209	λ_5	4.6299	3.0209	2.3373
λ_3	2.4049	1.5133	0.9334				

表 7.2 运行点 C 最小稳定模式下的部分母线、支路及发电机参与系数

母线参与系数		支路参与系数		发电机参与系数	
母线编号	参与系数	支路编号	参与系数	发电机所联接的母线编号	参与系数
530	0.2638	500-520	1.0000	1311	1.0000
520	0.2091	300-360	0.8414	2412	0.2786
510	0.1025	100-350	0.8175	1011	0.2103
500	0.0941	320-500	0.8093	1014	0.2036
320	0.0482	330-350	0.6534	1013	0.2036
310	0.0319			1012	0.2036
300	0.0296				
340	0.0279				

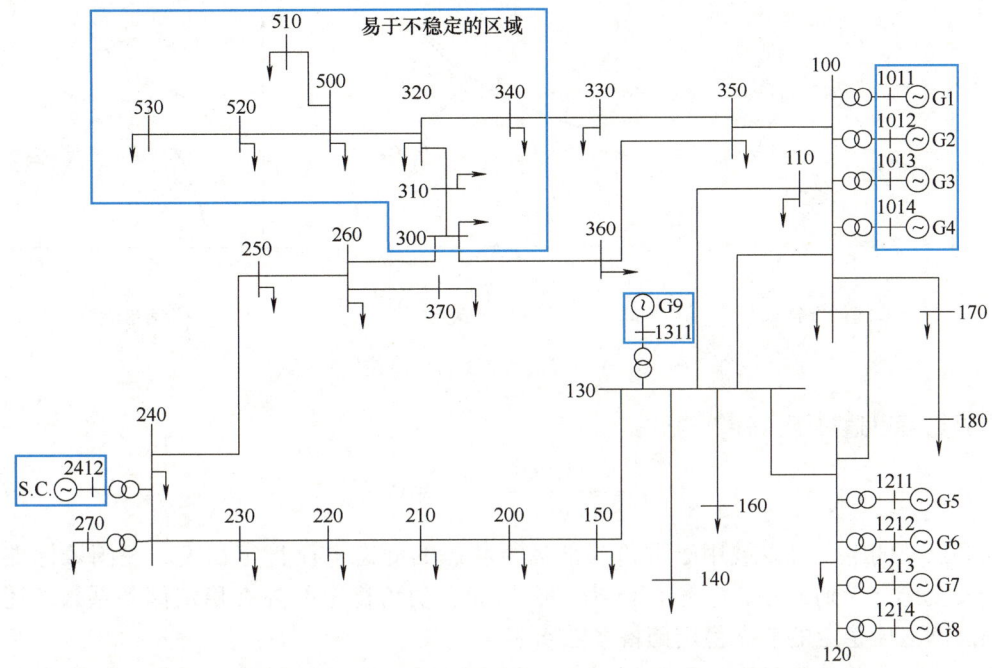

图 7.5　在最小稳定模式下易于电压失稳区域与高参与系数的发电机

由表 7.2 可以看出，在临近静态电压不稳定边界的模态中部分母线具有高的参与系数。模态分析的显著优点是它可以同时辨识出对静态电压不稳定贡献大的多条母线。与模态分析方法不同的，Q-U 灵敏度分析方法是针对单个母线的分析方法，它不能给出单个母线分析结果之间的任何联系。对于大规模的实际电力系统，可能需要通过计算大量的 Q-U 曲线来辨识风险区域。但是 Q-U 曲线求解方法的特点决定了其不能保证每次计算都能收敛，此情况下必须继续寻找更为临界的母线。模态分析方法可以有效避免这个问题，它能够在系统范围内辨识具有潜在静态电压失稳风险的区域。

7.1.3　静态电压稳定储备

下面将介绍静态电压稳定裕度的初步概念。图 7.6 对图 7.3a 进行了扩展，它包括三个子图，分别对应于前述单端供电系统方程两个解、1 个解、无解三种情况。单端供电系统方程是否有解取决于 $Q_L(U)$ 曲线和 $Q_S(U)$ 曲线的相对位置和形状。

在图 7.6a 中存在两个平衡点，即 Q_L 和 Q_S 特性曲线的两个交点，其中只有点 b 是稳定的。这两个平衡点对应于单端供电系统方程的两个解。图 7.6b 的 Q_L 和 Q_S 特性曲线仅存在 1 个交点，它对应于单端供电系统方程的 1 个解。处于该交点被称为临界点，此时电力系统处在临界状态，相应的功率和电压分别被称为临界功率和临界电压。图 7.6c 中，Q_L 特性曲线位于 Q_S 特性曲线的上方，Q_L 和 Q_S 特性曲线无交点，单端供电系统方程无解，因此这个系统不存在平衡点。

需要注意的是，图 7.6 针对的是理想刚性负荷这种特殊情况，即负荷有功功率 P_L = 常数，即临界点的有功功率为 P_L，而图 7.6b 中只标注了临界点的无功功率 Q_{cr}。对于图 7.6b

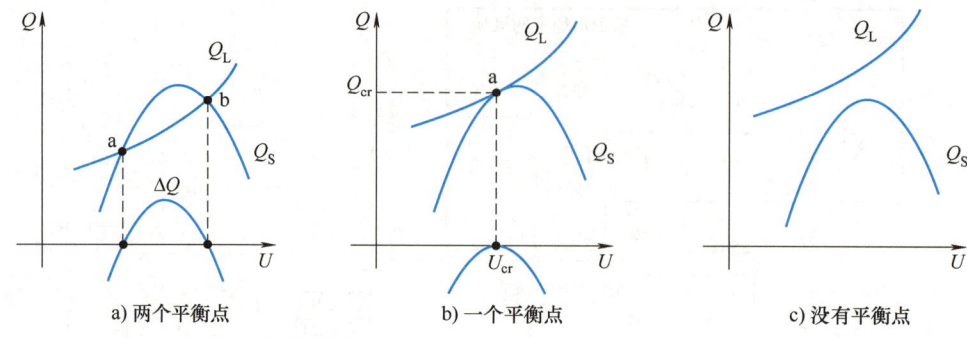

a) 两个平衡点　　　　b) 一个平衡点　　　　c) 没有平衡点

图 7.6　Q_L 和 Q_S 特性曲线的相对位置示意图

中的临界点可以通过下式计算得到：

$$\left.\frac{\mathrm{d}(Q_S-Q_L)}{\mathrm{d}U}\right|_{U=U_{cr}}=0 \tag{7.35}$$

临界点处的电压可以被用于评价当前运行状态的静态电压稳定裕度。在国家标准《电力系统安全稳定导则》中，它不仅给出了面向静态功角稳定的静态稳定储备系数，还给出了面向静态电压稳定的静态稳定储备系数 k_U：

$$k_U=\frac{U_z-U_{cr}}{U_{cr}} \tag{7.36}$$

式中，U_z 为母线的正常电压，单位为 kV；U_{cr} 为母线的临界电压，单位为 kV。

需要注意的是，除了上述评价静态电压稳定裕度的指标，事实上现有文献中还存在其他评价指标。

7.2　暂态电压稳定分析

暂态电压稳定也是电压稳定的重要内容，它属于短期过程的大扰动电压稳定。暂态电压失稳过程的持续时间一般为 0~10s，这个时间范围也属于暂态功角稳定关注的时间范畴。需要注意的是，暂态电压失稳和暂态功角失稳的区别不是很明显，某些情况下暂态电压失稳和暂态功角失稳可能同时发生。

运行在电压稳定极限附近的电力系统中，发电机和并联补偿装置突然退出运行、输电线路故障等因素都可能造成电力系统失去暂态电压稳定。暂态电压失稳问题不是某一元件的失稳问题，它属于电力系统功率传输能力满足不了负荷需求而导致的系统性问题。暂态电压稳定主要与输电网络功率传输极限、负荷的动态特性、受端电力系统的电压支撑能力等因素有关。

1. 输电网络的输电能力

电力系统保持稳定运行的前提条件是必须存在平衡点。电力系统中一类重要的暂态电压不稳定场景正是对应于系统参数变化导致的平衡点不存在这种情况。在实际运行中，暂态电压失稳问题往往发生于负荷需求大于系统最大传输功率的时候。如果处于重载运行状态的输电线路出现一个大扰动（比如线路断开），那么可能会导致网络特性发生明显的变化。相比于扰动前，扰动之后输电线路的最大输送功率减少，导致负荷的功率需求无法得到满足，进而导致电力系统发生暂态电压失稳事故。

对于此类电压稳定问题也可以用静态稳定的分析方法来研究，其本质上属于基于潮流分析的方法，将电网的极限输送能力作为发生电压崩溃的临界点。例如，可用如图 7.7 所示的电压与有功功率的关系曲线（即 P-U 曲线）来判断电力系统的电压稳定性。通过 P-U 曲线法可以建立传输断面传送的有功功率 P 和关键节点电压 U 之间的关系曲线，从传输断面功率水平反映整个系统距离发生电压崩溃的程度。

2. 负荷动态特性

相比于运行稳态下的负荷特性而言，暂态过程中的负荷特性一般对电压变化更加敏感。对于各种负荷和控制装置而言，它们的动态行为均将恢复负荷功率作为目标。在电力系统负荷中，影响电力系统暂态电压稳定性的主要是异步电动机。

当负荷节点电压下降时，负荷从电力系统吸收的无功会破坏系统的无功功率平衡，使得电压进一步下降。例如，当负荷节点的电压跌落严重（例如在较慢切除短路故障的期间）时，异步电动机从电网吸收的无功功率会增多，此时若不将异步电动机退出运行，那么可能导致电压崩溃

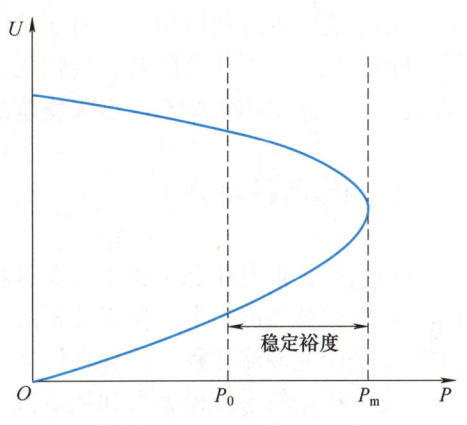

图 7.7 输电网络的电压与有功功率关系示意图

的发生。在短路故障被切除后，如果某些异步电动机不能再加速，那么这些异步电动机将趋于堵转，并引发相邻异步电动机堵转。需要注意的是，在暂态电压稳定仿真研究中，异步电动机必须采用动态负荷模型。

3. 受端系统电压支撑不足

（1）发电机引起的暂态电压失稳

电压失稳事故出现时电力系统一般处于重负荷水平运行状态，此时远方发电机送入大量的功率且伴随突然出现的大扰动。如果受端系统的发电机出现失磁或跳闸，那么可能导致受端系统出现大量无功缺额，此时远方发电机须增发无功功率以解决上述无功缺额问题。由于远方电源向负荷区域输送无功功率是低效率的，它可能导致发电侧和输电系统不能再支撑无功需求和系统无功功率损耗，电力系统电压水平迅速下降，从而导致出现暂态电压失稳事故。

（2）并联电容器、静止无功补偿器引起的暂态电压失稳

根据并联电容器的运行特性，并联电容器提供的无功功率与其电压的二次方有关。因此，当大扰动后并联电容器电压下降时，其提供的无功功率会迅速下降，在这种情况下电力系统很容易发生暂态电压失稳事故。

虽然静止无功补偿器的动态调节特性有助于提高电力系统的暂态电压稳定性，但是当达到其最大输出电纳或者最大输出电流时，静止无功补偿器输出的无功功率和其母线电压的二次方成正比，故其效果相当于并联电容器，此时静止无功补偿器没有调节其自身无功功率的能力，容易引发电力系统失去暂态电压稳定。

（3）高压直流输电引起的暂态电压失稳

众所周知，常规高压直流输电（LCC-HVDC）在大容量、远距离输电领域具有独特的优

势。但是由于常规直流的换流器需要吸收大量的无功功率，这会使交直流电力系统发生大扰动后的暂态电压稳定性面临严峻的考验，尤其会给联接直流系统的弱交流系统维持暂态电压稳定性带来挑战。

当 LCC-HVDC 系统发生严重故障（例如直流双极闭锁）时，潮流会出现大量转移。在这种情况下一旦电压降低，受端电力系统中感应电动机的无功需求可能会大量增加，同时并联电容器提供的无功补偿将会减少，从而可能导致系统电压进一步恶化并引发暂态电压失稳事故。如果交流系统故障切除后直流功率能够快速恢复，那么这将有利于缓解交流系统的有功不平衡。但是需要注意的是，过快的直流功率恢复可能造成 LCC-HVDC 系统的换相失败，引发交流电力系统出现暂态电压失稳事故。这一特点在多馈入交直流电力系统中尤为明显。

7.3 长期电压稳定分析

电力系统长期电压稳定属于长期过程的大扰动电压稳定。对于长期电压稳定的分析，它实际上可以被视为静态电压稳定分析的一种拓展形式。基于潮流方程的静态电压稳定分析方法本质上是研究潮流方程解的存在性问题。与基于潮流方程的静态电压稳定分析相比，长期电压稳定分析虽然系统模型大和数值方法的复杂度高，但是其具有自身优势。

7.3.1 长期电压稳定分析的特点

与基于潮流方程的电力系统静态电压稳定分析相比，长期电压稳定分析具有如下特点：

1. 不存在 PU 节点和 $U\delta$ 节点的假设

电力系统潮流计算在节点类型中往往设置 PU 节点和 $U\delta$ 节点，但是实际运行系统中并没有这样的母线。在电力系统的时域仿真方法中，当负荷有功功率增加时，发电机机端电压会随之减小，负荷有功功率增量通过发电机的频率特性实现其在发电机之间的有功分配，这种仿真模拟符合电力系统的实际情况。

2. 能够准确计及各种控制器的限制作用

在基于潮流方程的静态电压稳定分析中，PU 节点对应于调节无功功率以维持机端电压幅值不变的发电机节点，且发电机无功功率需满足简单的功率限值约束，即发电机无功功率需在最小无功功率 Q_{min} 和最大无功功率 Q_{max} 确定的范围内。当发电机无功出力不能满足上述约束式，就将该节点的类型变成了 PQ 节点，这是一种考虑发电机无功约束的粗略方法。在长期的时域仿真计算中，发电机的最大无功出力限制可由发电机的最大定子电流限制或最大励磁电流限制所引起。时域仿真中详细考虑了与电压稳定问题有关的发电机励磁限制和定子电流限制等因素。

3. 能够反映控制作用和元件动作的时域规律

电力系统潮流计算虽然可以计及一些装置的自动调节行为，但没有考虑这些调节规律的时间特性。因此，潮流计算难以反映电力系统的真实情况。长期电压稳定分析能够考虑控制作用和元件动作的时域规律。

通过长期电压稳定分析，能够研究电压崩溃发生和发展的机理，准确地分析各元件动作次序的影响，以及系统慢动态偏离系统静态平衡点时对系统动态性能的影响。随着计算机技术和长期电压稳定仿真方法的发展，该方法可以成为静态电压稳定方法的有益补充。

7.3.2 长期电压稳定分析考虑的因素

长期电压稳定性主要受发电机过励限制、有载调压变压器分接头（OLTC）的动作特性、负荷的功率恢复特性等因素的影响。下面对此进行详细的分析。

1. 发电机过励限制

发电机励磁系统的动态行为及其限制环节是影响电力系统电压稳定性的重要因素。在计算电力系统电压稳定极限时，需要准确计及发电机励磁调节系统的影响。对于同步发电机而言，它的过励限制是由其过热负荷能力所决定的，而其转子过电流时间受励磁电流峰值的影响。

励磁调节器是同步发电机调节电压的主要手段，但其调节能力有限。一旦电力系统中某发电机的励磁调节达到上限，那么由于励磁绕组热容量的原因，机组过励时间达到设定的运行时间后，过励限制器将励磁电流减少至额定值，因此引发电力系统无功供给量的突然减少，造成系统中电压的突然降低。由于此时其他发电机一般也接近于极限状态，所以该发电机突然减少励磁可能会引发其他发电机的连锁反应，进而导致电力系统电压失稳事故的发生。

2. OLTC 的动作特性

OLTC 的调节作用被认为是导致长期电压失稳的主要原因之一。电力系统出现电压降落一段时间之后，OLTC 在恢复负荷侧电压的同时实际上也对负荷的功率进行恢复，这对电力系统维持电压稳定是不利的。同时，当 OLTC 的不断动作调整导致其一次侧电压不断下降时，最终可能引发电压崩溃事故的发生。

对于恒功率负荷（理想刚性负荷）或者接近于功率不变的负荷，OLTC 的调节作用对其一次侧电压的影响较小。对于恒阻抗负荷或者恒电流负荷，由于它们的功率与节点电压有关，因此低电压时 OLTC 的动作调节使得其二次侧的负荷功率恢复，这会对 OLTC 的一次侧电压带来不利影响。在复杂的电力系统中，OLTC 的动作还可能降低其他节点的电压，这不利于保持系统电压水平。

3. 负荷的功率恢复特性

负荷存在功率恢复特性和低电压失稳特性，这些特性决定了电力系统是否出现电压崩溃以及电压崩溃的进程。其中，负荷的功率恢复特性可能把运行电压已经较低的电力系统推向崩溃的边缘，而负荷的低电压失稳特性可能引发大面积的电压崩溃。

7.4 电压崩溃

电压崩溃是一个动态的电力系统过程，它受到负荷动态特性（特别是感应电动机的动态特性）、自动电压调节装置、自动频率调节装置、保护装置等因素的影响。这些因素都有可能加速电压崩溃、减速电压崩溃，甚至防止电压崩溃。

7.4.1 电压崩溃的动态过程

1. 发展途径 1：负荷逐渐增长

在电力系统处于重载运行状态时，如果负荷突然增加而超出临界值时，那么若发生如下情况，则可能出现电压崩溃事故：

1）部分负荷仍然需要电网向它们提供同样或者更多的有功和无功。

2）在供电电压下降的情况下，OLTC 的调节使得负荷电压保持不变，同时使得负荷的有功和无功仍然不变。然而在紧急状态下保持高负荷水平是不合理的。

3）由于励磁电流和电枢电流的限制，导致同步发电机在负荷高无功需求的情况下不能继续作为恒定电压源存在，进而出现同步发电机机端电压下降。

在负荷逐渐增长的情况下，上述的一些因素或所有因素都可能引发电压崩溃事故。由于动态过程中不同电压控制装置（发电机、补偿器、变压器）之间会相互作用，故由此导致的实际电压崩溃过程不同于只考虑静态特性时的电压崩溃过程。

2. 发展途径 2：网络故障

当电网由于故障而切除一回线路时，等效电源与负荷之间的等效电抗会增加，从而增大电压降、降低电压水平，进而导致电力系统稳定裕度降低、电压崩溃概率增加。发电机的退出运行也具有类似的效果，它不仅增大了等效系统电抗，而且降低了有功和无功供给能力。

图 7.8 针对由电网故障导致的电压崩溃，给出了其发生期间典型的电压变化曲线。该动态过程包含由线路跳闸引起的暂态振荡（约 10s）、由缓慢加剧的电网无功供给不足以及考虑各种控制装置及其极限特性后的电压漂移。

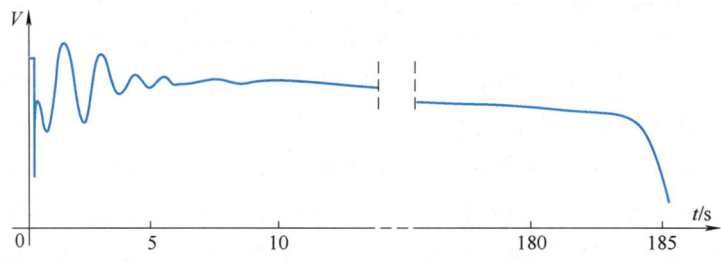

图 7.8　由电网故障所引发的电压崩溃过程示意图

3. 发展途径 3：电压崩溃与异步运行

一个节点或若干个节点的电压崩溃也可能降低相邻节点的电压，引发这些相邻节点的电压崩溃。然后，其他节点的电压也开始降低，进而传播至整个电网，且对同步发电机的运行产生影响。如果受影响的同步发电机与电网之间的联系很弱，那么这些发电机可能会失去同步。

以如图 7.9 所示的电力系统为例介绍电压崩溃与异步运行之间的联系，所考虑的扰动为线路 L2 跳闸。线路 L2 跳闸后同步发电机通过一回长线路 L1 向受端负荷供电。此时该受端负荷已处于临界状态，故很小的负荷增量就导致该电力系统进入电压崩溃过程，从而使得受端发电机与主网失去了同步。这种情况下，受端负荷电压将经历带有非同步运行特征的周期性变化。此时必须将该异步运行的同步发电机从电网中退出运行，这会进一步恶化负荷节点的运行状态，从而最终导致电压完全崩溃。

4. 发展途径 4：综合负荷内部的现象

综合负荷的动态特性与其静态特性可能不同，这种不同的原因主要在于异步电动机。这种动态特性与静态特性的不同，可能导致降低电力系统运行稳定性，最终导致电压崩溃的出现。例如，在延迟切除短路故障期间出现的快速而严重的电压跌落，会导致异步电动机电磁转矩的下降，继而引发异步电动机的停转。而停转的异步电动机的无功需求会进一步降低电压稳定性，导致附近的异步电动机停转。在这种发展路径下，电压将持续降低，一直到异步电动机从系统中切除从而电网无功需求减少为止。然后，电压开始恢复，但是综合负荷存在不受控制的恢复（例如大型异步电动机的自起动），将再次使电压降低从而引发电压完全崩溃。

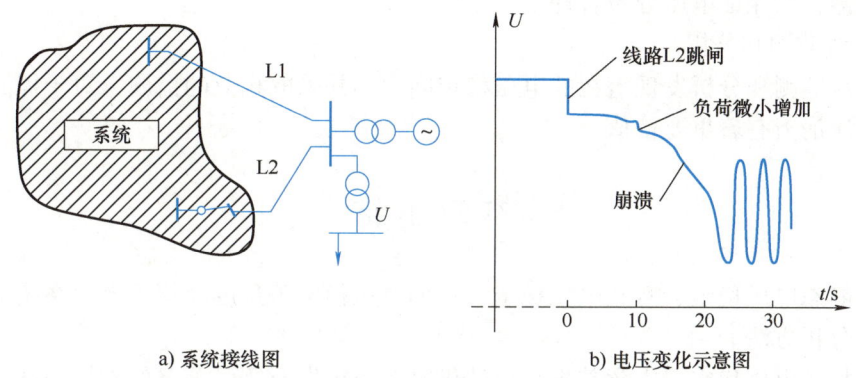

图 7.9 由电压崩溃引起的发电机失去同步

7.4.2 电压崩溃事故的预防措施

针对电力系统可能出现的电压崩溃，可以从系统设计、规划、运行等层面进行有效预防。本节将对一些电压崩溃预防措施做简要介绍。在系统设计与规划层面的预防措施包括以下几个方面：

1. 加装无功补偿装置

无功补偿装置具备无功功率支撑能力，因此加装无功补偿装置是利于电力系统的电压稳定性。在电力系统规划中，从电压稳定这个角度来看，保证足够的稳定裕度是考量无功补偿装置安装位置和容量的重要因素之一。

2. 发电机安装合适的自动电压调节器

一般而言，发电机的自动电压调节器用于控制其机端电压不变。通过安装自动电压调节器能够对其发电机出口变压器高压侧电压进行控制，对于提高电压稳定性、预防电压崩溃是有帮助的。

3. 施加合适的保护装置控制措施

导致电压崩溃的一个重要原因是缺乏合适的控制措施来实现保护装置与电力系统的协调。例如在设备处于过载状态时，应首先考虑通过合适的控制措施来消除过负荷，而不是直接断开过载设备来清除过负荷。

4. 设计恰当的有载调压变压器控制策略

有载调压变压器的不合理调整会引发电压崩溃。因此为了合理设计有载调压变压器分接头，可以考虑的一个简便方法就是：当其分接头调节带来负面影响的时候，闭锁分接头控制。

在电力系统运行层面，预防电压崩溃的措施包括以下几个方面：

（1）保证足够的稳定裕度

电力系统应当运行于合适的电压稳定裕度下，因此电力系统应当合理配置无功电源、优化电压分布。如果不能通过无功电源和电压控制设备使得电力系统运行在合理的电压稳定裕度范围内，那么可以考虑通过限制传输功率、启动其他机组等措施来改善电压稳定水平。

（2）合理的旋转备用

运行中的发电机保证足够的旋转备用。如果需要的话，还可以考虑在中低励磁情况下投入并联电容器，以保证电压分布合理。

（3）在线监测和分析

通过在线监测和分析发现潜在的电压稳定问题，并采取相应的措施，对于提高电压稳定性、预防电压崩溃有着重要价值。

本 章 小 结

本章从静态电压稳定、暂态电压稳定、长期电压稳定等角度介绍了电力系统电压稳定的基本原理与分析方法。

对于小扰动电压稳定，本章首先从单端供电系统出发介绍了著名的判据，然后介绍了适用于多机电力系统的灵敏度分析法和模态分析法，最后给出了面向静态电压稳定的静态稳定储备系数的概念。

本章还对暂态电压稳定分析、长期电压稳定分析的基本概念和导致电压崩溃的动态过程影响因素进行了详细介绍。最后，介绍了电压崩溃事故的预防措施。

习 题

7-1 什么是电力系统静态电压稳定？什么是电力系统动态电压稳定？它们的主要区别是什么？

7-2 电压崩溃的主要原因是什么？如何预防电压崩溃？

7-3 针对例 7-1 中的系统，如图 7.4 所示，当 $P_2 = 1500$MW，$Q_i = 400$Mvar 时，$U\text{-}Q$ 灵敏度是多少？$Q\text{-}U$ 雅可比矩阵的特征值是多少？

7-4 对例 7-1 中的系统，试求当 $P_2 = 1500$MW 时，接近电压零界点的 Q_i 值。

7-5 针对例 7-1 中的系统，假定由于变压器分接头调节装置动作，受端负荷表现为恒定的 MVA 静态特性，功率因数为 1.0，送端电压维持在 1.0pu。在 1.0pu 电压下，无功功率的注入分别为 300Mvar、450Mvar、675Mvar、950Mvar，当受端负荷功率分别取 1300MW、1500MW、1700MW、1900MW 时，分别画出受端的 $Q\text{-}U$ 特性曲线和并联电容器的 $Q\text{-}U$ 特性曲线，并分析并联电容器提供无功功率补偿的有效性。

7-6 针对例 7-1 中的系统，如果受端无功补偿为 SVC，其容性极限为 950Mvar。当 P_2 从 1300MW 逐渐增大到 1900MW，系统的电压稳定性如何？

7-7 简述电压不稳定的机理；引起电压不稳定的关键因素是什么？什么措施可以有效改善电压稳定性问题？

第 8 章　提高电力系统稳定性的措施

8.1　提高功角稳定性与电压稳定性的基本原理

稳定性是影响交流输电系统输送距离与输送能力的重要因素。本章将从功角稳定性和电压稳定性等方面出发，介绍提高电力系统稳定性的基本原理与措施。

8.1.1　提高功角稳定性的基本原理

1. 一般原则

功角稳定性问题涉及暂态功角稳定问题、小扰动功角稳定问题。根据前面章节这两类功角稳定性问题的分析可知：

1）从小扰动功角稳定来看，若电力系统不发生自发振荡，则电力系统运行稳定度一般与功率极限呈现正相关关系，即提高功率极限一般可以提高电力系统运行稳定性。

2）从暂态功角稳定来看，由于电力系统受扰之后同步发电机转子非零净转矩的存在，导致同步发电机转子之间发生相对运动。当同步发电机之间相对角的振荡超过一定限度时，电力系统将失去同步运行稳定性。

基于以上分析，提高电力系统功角稳定性的一般原则具体包括以下几个方面：

1）尽可能提高功率极限。以单机-无限大系统为例，它的功率极限的简化表达式为 $P_m = EU/X$，其中 E 为送端发电机电势、X 为系统总电抗、U 为受端系统电压。从这个公式出发，可以考虑从提高发电机电势与受端系统电压、减小系统电抗等方面出发，提高电力系统的功率极限。

2）抑制电力系统自发振荡的发生。抑制自发振荡的发生，可以考虑通过恰当地选择励磁调节系统及其参数来实现。

3）尽可能减小电力系统受扰之后同步发电机之间相对运动的振荡幅度。在此方面，可以考虑从降低同步发电机转轴上的净功率、减小转子相对加速度等方面提高电力系统稳定性。

2. 功角稳定性提升措施的分类

根据上述提高电力系统功角稳定性的一般原则，功角稳定性提升措施可以分成以下三类：

1）改善元件的特性与参数。电力系统元件包括发电机及其励磁系统、原动机、变压器、线路、断路器等。改善元件的特性与参数，对提升电力系统功角稳定性具有重要的作用。

2）采用附加装置提高电力系统稳定性。面向稳定性提升的附加装置包括柔性交流输电（FACTS）装置、输电线路串联电容补偿装置和并联电抗补偿（装置、广域测量系统

WAMS)等。

3)其他措施。在此方面,提高电力系统功角稳定性的措施包括合理选择接线方式、切机与切负荷、高压直流输电(HVDC)功率的快速调节。

3. 功角稳定性提升措施的选择

从上面可以看出,提升电力系统功角稳定性的措施多种多样。但是,不同措施的经济性和效果存在一定的差异,因此功角稳定性提升措施的选择需要注意以下几个方面的因素:

(1)技术经济性的比较

经济性是选择功角稳定性提升措施时需要重点考虑的因素。不同措施的经济性存在着差异。功角稳定性提升措施的选择,需要在兼顾技术可行性的基础上,评估经济上是否合理,通过技术经济比较来确定具体的措施。

(2)稳定性问题与具体措施的匹配

不同的措施对于稳定性的提升效果是不同的。诸如提高电力系统功率极限的措施(比如减小输电线路电抗)对于改善电力系统小扰动功角稳定与暂态功角稳定都具有良好的效果。但是,诸如同步发电机电气制动等措施仅对提升暂态功角稳定性有帮助。因此,对于仅不满足暂态功角稳定性要求的电力系统,可以重点考虑仅提升暂态功角稳定性的措施。

(3)对正常运行状态与其他元件的影响

诸如输电线路串联补偿等措施可能对电力系统正常运行状态与其他元件的性能产生影响,因此,选择功角稳定性提升措施时需要考虑其对正常运行状态与其他元件的影响。

8.1.2 提高电压稳定性的基本原理

避免出现电压失稳是保证电力系统安全可靠供电的重要基础。由于负荷水平、负荷特性和网络故障对电力系统电压稳定性具有重要的影响,因而改善电力系统的电压稳定性需要考虑上述因素的影响。

提高电压稳定性、预防电压崩溃,可以从规划、运行等多个方面采取措施,预防电压崩溃事故的发生。在电网规划方面,应当确保预想事故下电力系统的电压降落不超出允许的范围,且有功功率裕度和无功功率稳定裕度足够大。在电网运行方面,电力系统应当保持合理的节点电压分布,并具有适当容量的无功补偿装置,且发电机具有充足的有功和无功备用。此外,应当配置防御措施,避免在极端事故发生后出现电压崩溃事故,比如配置应急无功备用、低压减载等防御措施。

8.2 基于 FACTS 的电力系统稳定性提升

根据 IEEE 的定义,FACTS 装置是指一类可提高电力系统可控性和功率传输能力的含电力电子和其他静态控制器的交流输电系统。常见的 FACTS 装置包括晶闸管控制串联电容器(TCSC)、静止同步串联补偿器(SSSC)、静止无功补偿器(SVC)、静止同步补偿器(STATCOM)、统一潮流控制器(UPFC)。每种 FACTS 设备都各有其优缺点及适用场景。

(1)TCSC 的作用

TCSC 可以被用来减小输电线路的等值电抗,从而提高功率极限、改善电力系统的功角稳定性。除此之外，理论上 TCSC 能够对输电线路的有功功率进行快速控制。TCSC 对传输功率的这种控制能力可以被用来阻尼电力系统的机电振荡。在互联电力系统中，TCSC 的阻尼作用不会受到其安装位置的影响。当 TCSC 被用来阻尼电力系统区间振荡时，它不会诱发任何本地振荡模式。

（2）SSSC 的作用

可控串联电容器的基本应用领域也适用于 SSSC，如动态潮流控制、提升电压/功角稳定性。在稳定方面，它能够提供机电振荡阻尼。但由于高压变压器的使用使得它相对于可控串联电容器来说不够经济。另外，由于变压器的投入增加了额外的电抗值，一定程度上削弱了 SSSC 的性能。作为一种新型 SSSC，无变压器型 SSSC 将会克服这一缺陷。这种新型 SSSC 需要配备保护装置以避开线路上的故障大电流。

（3）SVC 的作用

安装 SVC 对电力系统稳定与功率平衡等具有积极的作用，具体包括：

1）动态电压稳定，增加功率传输能力，降低电压波动。

2）同步稳定性，提高了暂态功角稳定性与电力系统阻尼。

3）动态负荷平衡。

SVC 适合于安装在以下三种地方：一个是接近主要的负荷中心，如大的城市地区；第二个是在关键的变电站，它们通常位于偏远的电网；第三个是向大工业或牵引负荷供电的位置。

（4）STATCOM 的作用

STATCOM 对电力系统的积极作用也是多样化的。在稳定性方面，它的作用具体包括：

1）支撑稳态电压，提高动态电压稳定性，例如提高功率传输能力，减少电压波动。

2）改进同步稳定性，提高暂态功角稳定性，提高电力系统对同步谐振的阻尼。

（5）UPFC 的作用

UPFC 有时被看作是 STATCOM 和 SSSC 的组合。UPFC 可以同时调节有功功率和无功功率。一般情况下，它有三个控制变量，并可以运行在不同的模式下。UPFC 能够展现出其他 FACTS 的一些功能，可以提高电力系统的功角稳定和电压稳定。

8.3 基于储能的电力系统稳定性提升

8.3.1 储能的基本概念与分类

众所周知，电能不能直接进行储存。储能系统储存电能需要将电能转化为其他形式的能量。当需要电能时，再将其从其他形式的能量转化为电能。储能系统在储存电能时相当于电力系统的用电负荷，与此相反，储能系统在将能量转化为电能并送入电网时相当于电力系统的电源。

储能系统的一般结构如图 8.1 所示，它由储存介质单元、充电单元、放电单元、控制单元四个部分构成。其中，储存介质单元基本上可以决定储能系统能够储存的能量上限；充电单元将从电网获取的电能转换为可储存到储存介质的能量；放电单元将储存的能量转换回电能并将其送入外部电网；控制单元通过管理储能装置的运行性能并控制电能以何种方式和何时在储能系统和电网间进行流动。

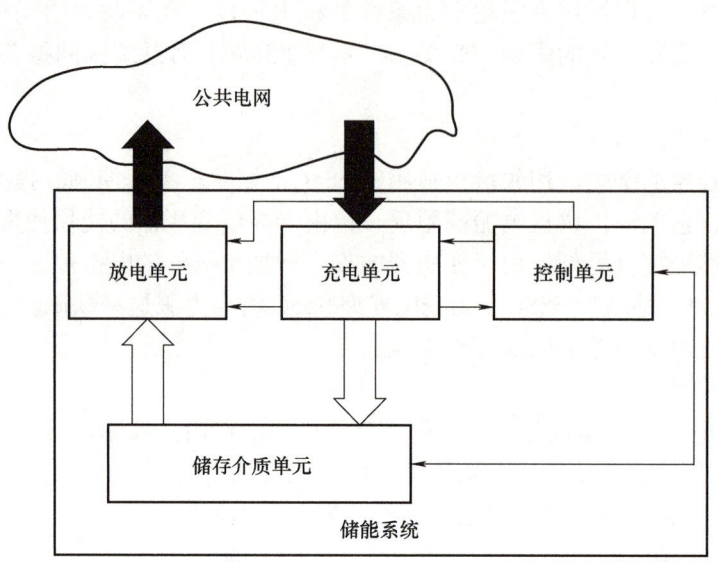

图 8.1　储能系统的一般结构

可以与电能之间进行相互转化的能量形式多种多样，常见的形式包括化学能、动能、引力势能以及电磁形式的能量等。相应的储能系统包括电池储能、飞轮储能、压缩空气储能、抽水蓄能、超级电容器等。其中，大容量储能系统主要为抽水蓄能，其长期在电力系统中担任重要的角色。储能技术的进步和电力负荷的增长将使得储能系统在电网中更加重要。

（1）化学储能系统（电池）

电池具有轻便性、易用性和容量可变性等特点，尤其是能够通过快速的电能控制消除电压和频率波动使得电力系统保持稳定，因而在实际中具有广泛应用的潜力。发展电池技术，提高电池的功率和能量密度、寿命周期等各方面的性能，将使电池在将来成为更好的储能选择。

（2）压缩空气储能

压缩空气储能系统是一种将电能以高压压缩空气形式储存于地下"洞穴"的储能技术。当系统所需电能增加时，高压空气从地下洞穴释放，从而推动燃气轮机发电机发电（见图 8.2）。加压空气能给燃气轮机提供发电所需的动能，从而大大减少天然气的使用。压缩空气储能系统的容量可以达到几百兆瓦，并且放电时间长，因此可用于电力系统调峰。

（3）抽水蓄能

抽水蓄能被认为是兼具大容量储能能力、高效与经济运行能力、快速响应能力的储能方式之一。图 8.3 所示为一个抽水蓄能电站的示意图，它主要由两个海拔高度不同的蓄水池（一个高海拔蓄水池和一个低海拔蓄水池）组成。水泵将水从低海拔蓄水池抽至高海拔蓄水池，将电能以水势能的形式进行储存。当需要电能时，例如用电高峰或输电阻塞时，水将从高海拔蓄水池经由水管流下，然后通过水轮机发电。抽水蓄能的容量可以达到几到几十兆瓦，适用于电力系统调峰等场景。

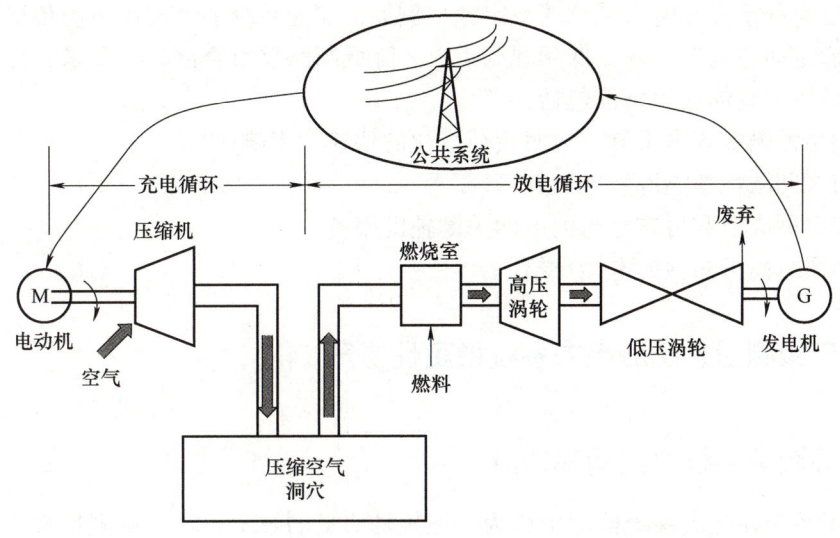

图 8.2 压缩空气储能系统

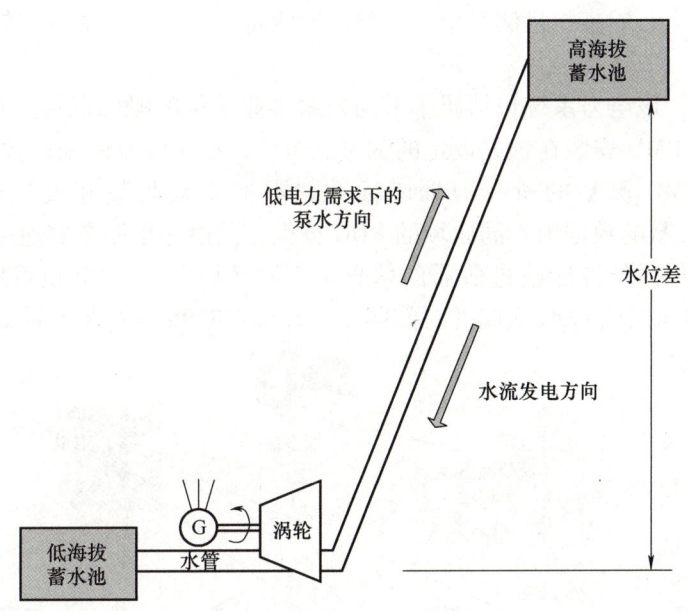

图 8.3 一个抽水蓄能电站的示意图

(4) 超级电容器

超级电容器类似于传统的介质电容器，它通过增加两极金属板的电荷进行充电，通过释放金属板上的电荷进行放电。超级电容器的能量密度远高于传统电容器。由于其能快速提供短脉冲能量（1s 之内）且能在几分钟内完成储能，因此可以用来改善电能质量。目前，超级电容器一般在能量密度要求低的高脉冲功率场合应用，通常与电池或其他储能设备和电源组合使用。

8.3.2 储能对提升电力系统稳定性的作用

由于储能系统能够实现电能的储存和释放，因此储能系统不仅对电力系统经济运行有积极作用，而且有利于提升电力系统的稳定性。例如，储能系统能够提高电力传输能力，抑制功率振荡，稳定动态电压，减少低频减载需求，降低断路器重合闸时间要求，抑制次同步谐振等。储能系统的具体应用场景包括：

1) 在满足发输电容量限制下应对负荷变化的快速功率响应。
2) 分布式间歇性新能源发电的并网。
3) 保障电网高效和可靠运行的电网关键辅助服务。
4) 高品质、高可靠性的电能供给。

8.4 基于广域测量系统的电力系统稳定性提升

8.4.1 广域测量系统的结构和特点

广域测量系统在电力系统监测中成为一项颇具前景的技术。在广域测量系统中，同步相量测量单元（Phasor Measurement Unit，PMU）是重要的组成部分。在全球定位系统（GPS）和通信系统的辅助下，同步相量测量单元不仅能够测量电压相量，并且能够有效地确定相量参考值。

如图 8.4 所示，该电力系统包括属于不同公用事业单位的毗邻区域（区域#1,2,…,n）。每个区域都有一批 PMU 安装在预先设定的测量点位置，相量测量的采样频率为每秒 30 次或以上。区域中由 PMU 测量的所有数据以标准数据格式被收集和发送至相量数据集中器（PDC）。这些大量的数据由不同区域的 PDC 分类，并由一个服务器通过宽带信道通信网络收集处理，以给出系统性能改进所需的信息。不同区域 PDC 之间也可以进行信息交换。而 GPS 卫星用于不同区域 PDC 之间的时间同步，并确定时间参考值。例如，PMU 测量故障

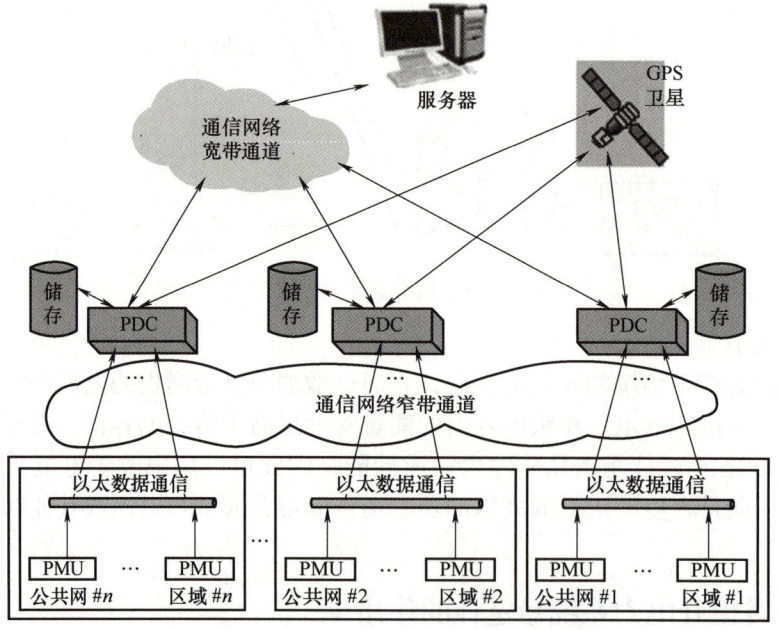

图 8.4 相角测量单元和广域测量结构的示意图

前、故障中、故障后的频率，电压和电流的幅值和相角，电压/电流的相位差，可以经过处理后发送至实时控制器，用于在线决策、保持电力系统稳定。通过 PDC 之间的信息交换能够判断哪些区域是可控的，哪些区域是可观测的。

8.4.2 广域测量系统的优点

广域测量系统和同步相量测量单元允许实时监控、评估并采取控制动作，从而能够防止电力系统出现问题、减轻电力系统已有问题。广域范围内不同位置参数幅值和相角的同步测量可以为电力系统安全稳定运行带来以下好处：①可以提供实时信息，这些实时信息可以提高正常情况下的运营效率，并有助于在异常情况下发现问题；②最大化利用现有的电力网络、增加电力传输能力；③在电力系统受到扰动时，提供机电振荡阻尼；④避免系统阻塞。

8.5 面向电力系统稳定性提升的电源侧措施

8.5.1 同步发电机的电气制动

同步发电机的转子角加速度由原动机功率和发电机电磁功率共同决定。当电力系统受到短路故障之后，电磁功率对处于加速状态的同步发电机起到抑制运动的效果。因此，若对处于加速状态的同步发电机增加电阻负荷（有功负荷），提高此类同步发电机的电磁功率，则可以增加同步发电机转子运动的制动转矩，达到提高暂态功角稳定性的目的。上述做法被称为同步发电机的电气制动，所投入的电阻被称为制动电阻。

图 8.5 所示为同步发电机电气制动的原理图。图中输电线路发生短路故障时，送端发电机首先进入加速状态，继电保护装置会发出切除故障线路的跳闸脉冲。同时，继电保护装置或测量控制装置通过向制动电阻发出合闸脉冲，将其投入运行，并通过向时间控制器发出使其工作（时长为 Δt_b）的脉冲。待时间控制器的工作时间结束，它则会向制动电阻发出跳闸脉冲，让其退出运行。因此，制动电阻的工作时间为 Δt_b，此时间内送端发电机新增了电阻负荷，其电磁功率得到增加。上述时间 Δt_b 通常被称为制动时间。

对于制动电阻而言，它通常是通过额定制动容量（功率）来表示的。对于图 8.5 中并联接入的制动电阻而言，它的额定制动容量定义如下：

$$\Delta P_{bN} = \frac{U_N^2}{R_b} \tag{8.1}$$

式中，U_N 为制动电阻接入点的额定线电压；R_b 为制动电阻的数值。

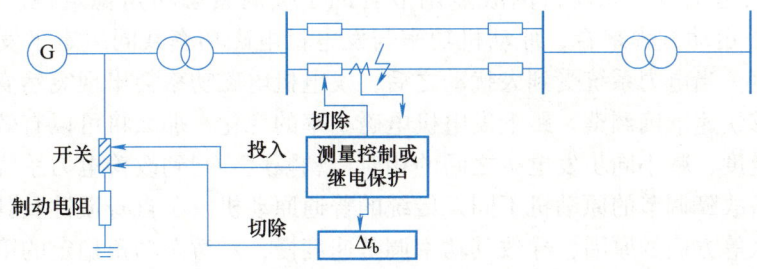

图 8.5 同步发电机电气制动的原理图

由于实际运行中制动电阻接入点的电压在变化,因此制动电阻的实际功率也随之发生变化。

同步发电机电气制动的效果与其制动能量有关。制动能量又由制动电阻与制动时间共同决定。有效发挥同步发电机电气制动的积极作用需要合理选择制动电阻与制动时间。制动电阻与制动时间的选择不合理,会导致制动能量过小或制动能量过大。若制动能量过小,则同步发电机的电气制动效果差,可能导致同步发电机在第一个摇摆周期失稳。若制动能量过大,则可能导致同步发电机在第二个摇摆周期失稳。因此在实际应用中,制动电阻的控制原则是:充分发挥制动能量以制止发电机转速升高。由于大容量电阻设计制造上的困难,导致电气制动多用于水电厂,即采用水电阻作为制动电阻。

8.5.2 同步发电机的参数改善

同步发电机自身的参数包括电抗(例如 d 轴同步电抗、暂态电抗等)、惯性时间常数、电磁时间常数等。从功角稳定性的角度出发,改善同步发电机参数可以从以下两个方面着手:

1)减小同步发电机电抗:根据 8.1 节的分析可知,减小同步发电机的电抗可以减小系统总电抗,从而提高系统的功率极限与输送能力,这是有利于电力系统功角稳定的。

2)减小惯性时间常数:由于惯性时间常数越大,同步发电机转子的电气角加速度越小,因此减小同步发电机的惯性时间常数,有助于减小受扰之后同步发电机转子相对速度的变化量,提高暂态功角稳定性。

虽然减小同步发电机的电抗与惯性时间常数可以提高电力系统功角稳定性,但是上述两种措施需要注意以下两方面的问题:

1)电抗与惯性时间常数的减小都会带来同步发电机尺寸的增加,进而导致材料消耗与造价成本的上升。

2)同步发电机包括汽轮发电机、水轮发电机等类型。其中,现代汽轮发电机是标准化生产的,一般不能按照电力系统稳定性要求进行个别定制。与此不同,水轮发电机是根据具体水电站的水轮机转速来制造的,即它属于非标准产品,因而水轮发电机可以按照电力系统运行稳定性要求对其参数进行个别定制。

8.5.3 原动机的功率调整

1. 原动机的故障调节

原动机的故障调节是指当电力系统发生故障时,根据故障情况利用一些特殊设备进行原动机功率的快速调节。原动机的故障调节有助于提高暂态功角稳定性。这是因为,从同步发电机转子运动方程来看,原动机功率与发电机电磁功率共同决定了发电机转子运动的电气角加速度。当电力系统受到大扰动之后,发电机电磁功率会出现突然变化。如果此时原动机功率能够快速准确调整,跟上发电机电磁功率的变化,那么将可以有效降低发电机转子运动的角加速度,减小同步发电机之间的相对运动幅度,起到改善电力系统暂态功角稳定的效果。与具备故障调节的原动机不同,传统的普通原动机由于自身惯性及其调节系统的机械惯性与失灵区等方面的原因,导致其功率调整速度慢,对暂态功角稳定的第一摇摆周期影响很小。

汽轮发电机的快速动作汽门就是属于原动机故障调节的一种。现以快速动作汽门为例，说明故障调节对暂态功角稳定的影响。如图 8.6 所示，P_{I} 是指正常运行的功率特性曲线，P_{II} 是指发生短路故障时的功率特性曲线，P_{III} 是指短路故障被切除后的功率特性曲线。直线 P_{T} 是没有快速动作汽门时的原动机功率。δ_{c} 表示故障切除时的功角。当没有快速动作汽门时，加速面积大于最大可能的减速面积，该电力系统是不能保持功角稳定的。若有快速动作汽门，它在短路故障发生后快速减小原动机功率，增加最大可能的减速面积、减小加速面积，从而使得该系统在第一摇摆周期保持稳定。若在功角开始减小（相对速度符号开始变化）时重新开放汽门，则不仅可以减小第一个摇摆周期后半周期的减速面积，达到减小振荡幅度的效果，还可以避免电力系统失去部分有功电源。因此，在相对速度变化的瞬间，根据功角变化的情况控制快速汽门的开关，将会有更好的控制效果。

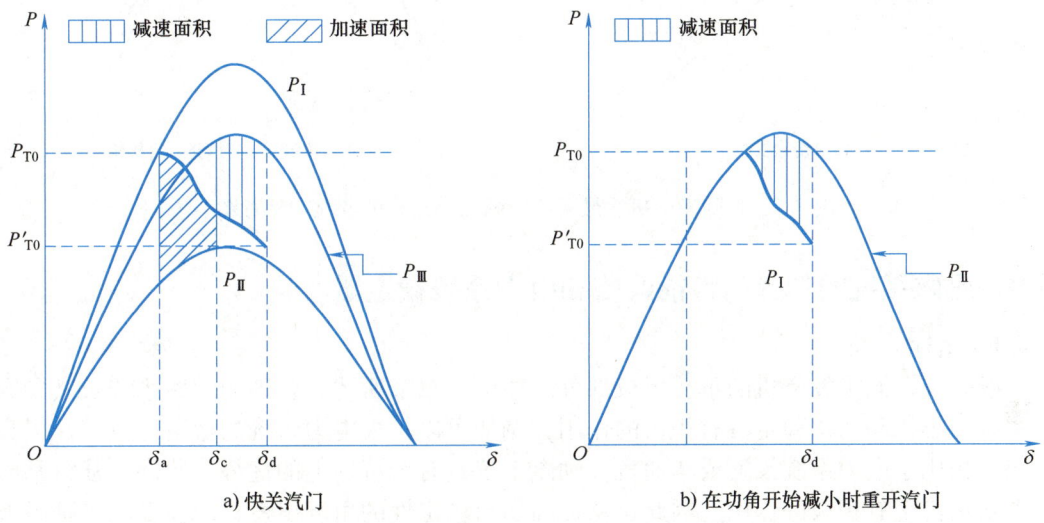

图 8.6　快速动作汽门作用的示意图

2. 切除发电机

对于含有多台发电机组的送端发电厂而言，切除部分发电机也是一种从减小原动机功率的角度提高功角稳定性的措施。假设某单机-无限大系统中送端发电机为一个电厂的等值机组，该电厂包含 5 台机组，该等值机组的功率特性如图 8.7 所示。其中，正常运行时的功率特性曲线为 P_{I}，短路状态下的功率特性曲线为 P_{II}，功角等于 δ_{c} 时短路故障被切除，功角等于 δ_{d} 时 1 台机组被切除。对于此发电厂，切除一台机组后，相应的原动机被退出运行，因而该发电厂等值机组的原动机功率减小。需要注意的是，切除一台机组后该发电厂等值机组的阻抗增加，进而导致等值机组的功率特性曲线下降，即功率特性曲线从 P_{III} 下降为 P'_{III}。尽管如此，切除一台机组后由于原动机功率减小，最终仍然会增加最大可能的减小面积，从而提高功角稳定性。

切除发电机这种措施需要注意可靠性问题以及频率和电压失稳问题。在切除发电机之后切除部分负荷是防止发生频率和电压崩溃问题的措施。

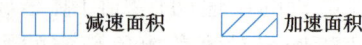
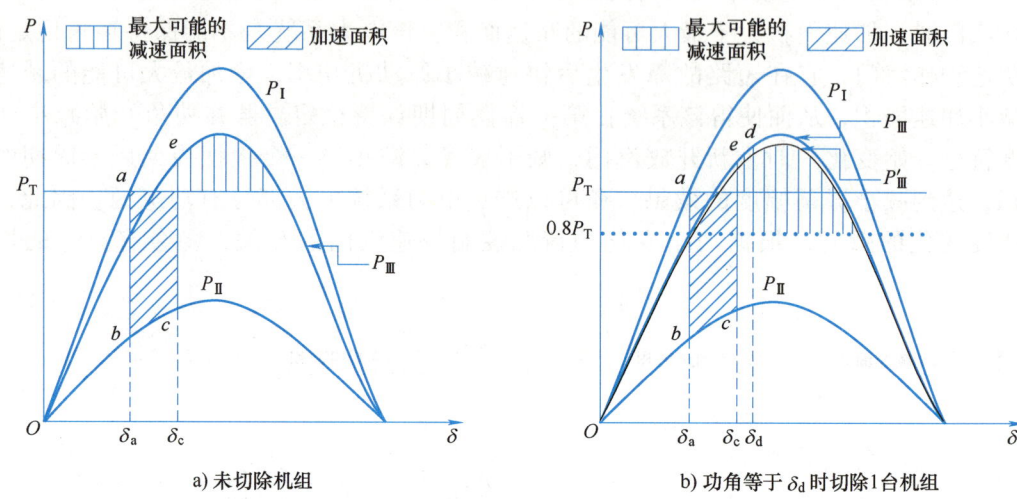

图 8.7 切除发电机后最大可能的减小面积的变化的示意图

8.5.4 励磁系统的选择与性能改善和电力系统稳定器

8.5.4.1 概述

励磁系统是同步发电机的重要组成部分。如前面章节所述，合理的励磁系统及其参数对电力系统的小扰动功角稳定具有积极的作用，例如可以扩大电力系统的稳定运行域、提高功率极限。相比于电力系统投资成本而言，励磁系统具有经济性上的优势。此外，强行励磁也对暂态功角稳定有积极的作用。因此，从提高功角稳定性的角度出发，同步发电机励磁方面的措施包括以下两个方面：

1）装设性能完善的高灵敏度自动励磁调节器，尤其是装设可以有效抑制电力系统自发振荡、更好地维持电压的新型自动励磁调节器。本节后续将着重介绍电力系统稳定器改善同步发电机励磁的措施。

2）对于强行励磁而言，它对暂态功角稳定性的作用与同步发电机电势上升的速度有关。而发电机电势上升的速度又与励磁机的电压上升速度有关。因此提高励磁机的电压上升速度，可以提升强行励磁对暂态功角稳定性的改善效果。

8.5.4.2 电力系统稳定器

可连续调节的自动电压调节器（AVR）对于维持同步发电机电压水平具有重要的作用，但高增益且快速动作的 AVR 在励磁控制系统中将引入负阻尼，这会带来小扰动动态功角稳定问题。同步发电机励磁系统引进辅助调节量有助于抑制自发振荡的发生。在 AVR 引入合适的附加控制信号可以显著提高同步发电机转子的振荡阻尼，这种用于产生辅助控制信号的装置就属于 5.3.3 节介绍的电力系统稳定器（PSS）。

1. 传统 PSS

图 8.8 给出了一种包含 PSS 的同步发电机励磁系统原理图。通过采用 PSS 可以改善增益

高且响应快的 AVR 所产生的负阻尼效应。通过 PSS 输出调节发电机励磁，能够产生与抑制机电振荡的阻尼转矩。许多研究和试验已证明，合适的 PSS 能够有效增加电力系统阻尼、提高电力系统稳定性。

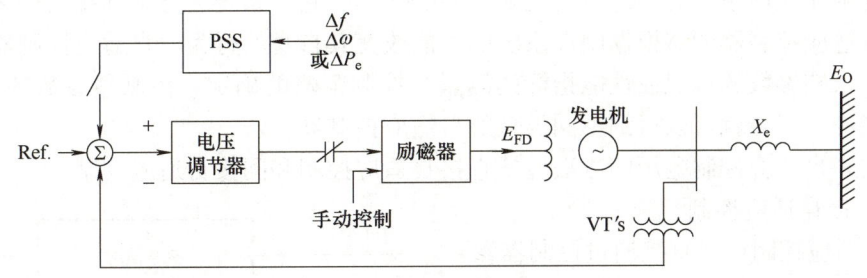

图 8.8　同步发电机励磁系统原理图

常用的 PSS 通过可调的超前-滞后补偿功能（见图 8.9 中的 $T_1 \sim T_4$），通常能够在 0.4~2.0Hz 的频率范围对 AVR 输入和发电机转轴转速之间的相位差提供相位补偿。PSS 的增益 K_S 在满足 PSS 控制回路稳定性约束的情况下取最大值。在图 8.9 中，高频滤波器允许抑制潜在不稳定的扭转振荡或者其他扭转噪声源。高通滤波器的作用在于滤除任何直流信号。它的时间常数通常很大（5~10s）。限幅环节用于暂态过程中限制 PSS 的输出。

一般情况下，PSS 输入信号包括发电机转速的变化量 $\Delta\omega$、系统频率变化量 Δf、电磁功率变化量 ΔP_e 等。在某些情况下可以将这些量结合起来使用。PSS 的形式与其所使用的反馈信号有关。

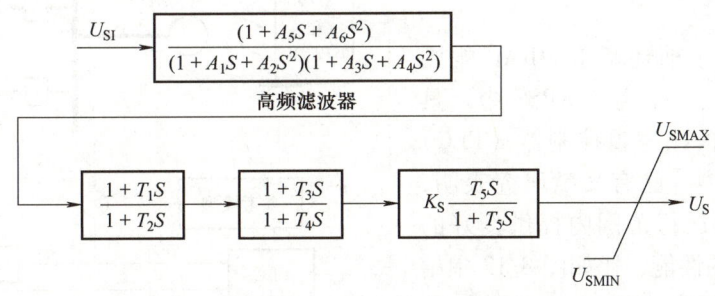

图 8.9　电力系统稳定器结构

一般来说，PSS 组成了带增益的二阶相位超前/滞后网络。可以通过合理调整这个二阶相位超前/滞后网络中的参数，来使得 PSS 提供适当的阻尼作用。传统 PSS 使用线性控制理论进行离线设计，其使用在给定的运行点线性化后的电力系统模型。传统 PSS 的结构简单、灵活性好且容易实现。它对提高电力系统的电能供给质量做出了重要贡献。

但是，电力系统是复杂的非线性系统，它的参数与时间和运行状态有关。因此，基于传统线性控制理论设计的 PSS 很难在宽的发电厂运行范围实现其控制性能。为了提高电力系统的性能和稳定性，已有其他诸如线性二次型最优控制方法、H∞ 方法被用于设计一个固定参数的 PSS，而这些方法的共同特点是离线设计。因此有必要开发一个能够考虑到发电厂非线性特征且能在线调整其参数的 PSS。

对于传统稳定器，它的参数一旦进行设计、调整和实施后就是固定值，因此它仅可以在一个振荡频率上实现最优阻尼。然而，实际运行的电力系统的振荡模式可能是多种模式。因此，固定参数的 PSS 一般在所有运行条件下展现出相同的性能。

2. 基于自适应控制的 PSS

一个复杂非线性系统的动态行为是随时间变化的，它与系统运行条件扰动等多种因素有关。一个自适应控制器能够根据闭环系统的性能改变其自身的行为。自适应控制器的基本功能可能涉及未知参数的辨识或性能指标的测量、控制策略的确定、控制器参数的在线修正。将上述功能进行组合就可以得到不同类型的自适应控制器。

可以用来自适应控制电厂的方法包括直接自适应控制和间接自适应控制。

（1）直接自适应控制

直接自适应控制可以直接通过控制器参数的调整减少输出误差。下面将介绍一种基于模型参考自适应控制（Model Reference Adaptive Control，MRAC）规则的自适应 PSS（APSS）。MRAC 是一种直接自适应控制，它的目标是通过调整控制器参数来使得系统具有由参考模型确定的性能。MRAC 的结构如图 8.10 所示，其中的"自适应机制"

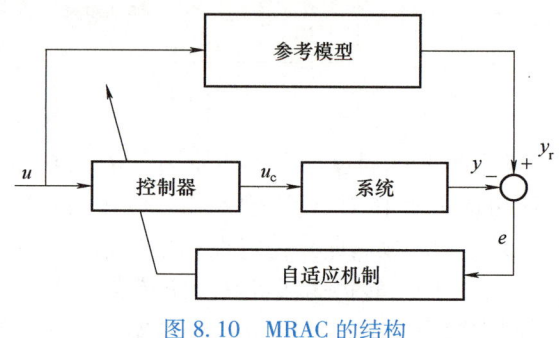

图 8.10　MRAC 的结构

模块用于更新控制器参数。确保 MRAC 成功的最重要因素就是选择适当的参考模型及其参数。所选择的参数必须使得该系统能够跟随参考模型的输出，且控制信号在物理约束范围内。

图 8.11 给出了前述基于 MRAC 规则的 APSS 系统配置。在这个 APSS 中，具有自学习能力的模糊逻辑控制器（FLC）用于跟随参考模型。已有文献研究表明，APSS 能够在宽的运行范围内提供良好的阻尼、提高系统的性能，比如图 8.12 中给出一个关于三相短路故障后 APSS 性能分析的例子，对比了引入 FLC 之后的模型参考自适应模糊控制（Model Reference Adaptive Fuzzy Control，MRAFC）和含固定 FLC 的 PSS 控制效果。

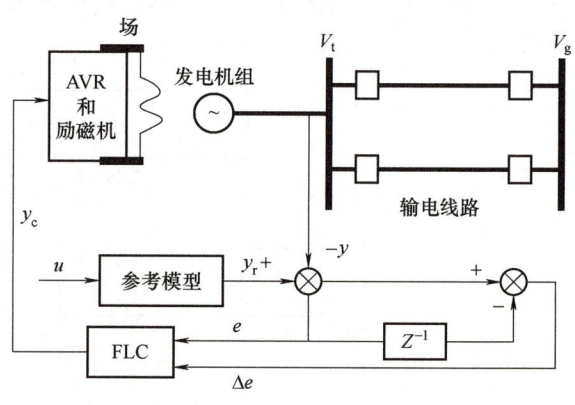

图 8.11　基于 MRAC 规则的 APSS 系统配置

（2）间接自适应控制

间接自适应控制对电厂的参数进行了辨识，辨识得到的参数被用于控制器参数的自适应调整。如图 8.13 中给出了一个间接自适应控制的结构。在这个间接自适应控制中，每个采样时刻对发电机组的输入和输出进行采样，然后通过在线辨识算法得到表征机组暂态行为的发电厂模型，同时希望每个采样时刻得到的模型都可以跟随系统的运行条件的变化。在此基础上，根据所辨识的模型对所需的控制信号进行计算，并运用各种控制算法来得到控制策略。

间接自适应控制过程包括：

1）选择采样频率 f_s，其数值约为振荡的正常频率的十倍。

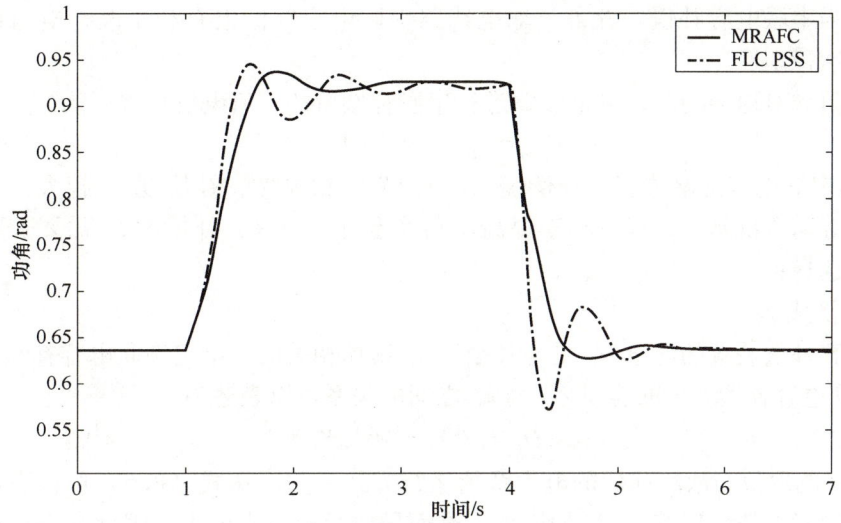

图 8.12　三相短路故障后 APSS 和含固定 FLC 的 PSS 的性能对比

2）在每个采样间隔 $T(=1/f_s)$ 使用适合实时应用的辨识技术更新系统参数（z 域中系统传递函数的系数）。诸如递归最小二乘（RLS），递归扩展最小二乘（RELS）都可以用来确定受控电厂的 z 域传递函数。

（3）针对所选控制策略使用更新后的参数来计算控制输出

可选的方法包括零极点配置、极点配置和极点转移。

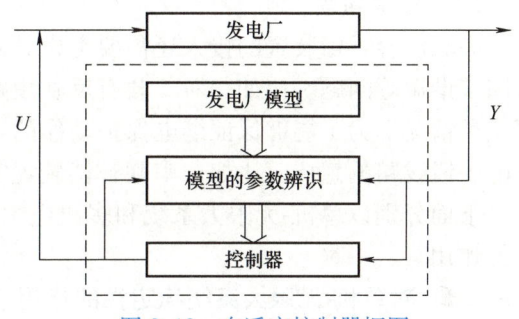

图 8.13　自适应控制器框图

其中，发电机组可以通过一个离散 ARMAX 模型描述：

$$A(z^{-1})y(t)=B(z^{-1})u(t)+e(t) \tag{8.2}$$

式中，$y(t)$ 和 $u(t)$ 分别为系统的输出和输入；$e(t)$ 假设为独立随机变量的序列（均值为零）。$A(z^{-1})$ 和 $B(z^{-1})$ 多项式的表达式如下：

$$A(z^{-1})=1+a_1z^{-1}+\cdots+a_iz^{-i}+\cdots+a_{n_a}z^{-n_a} \tag{8.3}$$

$$B(z^{-1})=b_1z^{-1}+\cdots+b_iz^{-i}+\cdots+b_{n_b}z^{-n_b} \tag{8.4}$$

对于采用上述离散 ARMAX 模型这种情况，控制策略的确定依赖于 a_i 和 b_i。因此，为了能够得到适合于不同运行条件下的控制策略，需要对系统参数进行在线估计。

8.6　面向电力系统稳定性提升的输电线路侧传统措施

8.6.1　串联电容补偿

众所周知，输电线路等效电路中存在串联于电网中的感性电抗。从提高稳定性的角度出发，利用电容电抗与输电线路感性电抗性质相反的特点，在输电线路上串联电容器来减小其等值电抗，可以减小系统总电抗，进而提升功率极限和功角稳定性。这种输电线路串联电容的做法被称为串联电容补偿。此外,输电线路串联电容补偿也有利于改善电力系统电压分布、提升电压稳定性。

忽略电阻和对地导纳时,输电线路进行串联补偿后的等值电抗可以写为

$$X_{\mathrm{b,eq}} = X_{\mathrm{L}} - X_{\mathrm{C}} = X_{\mathrm{L}}(1 - k_{\mathrm{C}}) \tag{8.5}$$

式中,X_{C} 为串联电容的电抗值;补偿度 $k_{\mathrm{C}} = X_{\mathrm{C}}/X_{\mathrm{L}}$。很显然,补偿度 k_{C} 越大,串联补偿后的输电线路等值电抗越小,越有利于提高功角稳定性。但是,补偿度 k_{C} 需要兼顾如下因素后进行合理选择:

(1)经济成本

串联电容补偿装置的容量 Q_{C} 是与补偿度 k_{C} 密切相关的。给定串联电容补偿装置流过的电流 I,串联电容补偿装置的容量 Q_{C} 与 k_{C} 之间的关系可以表述为

$$Q_{\mathrm{C}} = 3I^2 X_{\mathrm{C}} = 3I^2 k_{\mathrm{C}} X_{\mathrm{L}} \tag{8.6}$$

式中,电流 I 的取值与故障前后的电力系统运行方式有关。从式(8.6)可以看出,增大补偿度将导致串联补偿装置容量 Q_{C} 的增加,进而导致投资成本增大。因此,需在满足稳定性与输送能力的前提下,通过技术经济比较确定最佳的补偿度。

(2)技术问题

串联电容补偿装置的接入还需要考虑其对继电保护的影响,以及可能带来的自发振荡、次同步谐振等问题。比如,对于装有反映短路时电压、电流的大小与相位关系的继电保护装置这种情况,为了能够保证继电保护动作的正确性,一般认为电容器的电抗应小于与其相联接的一段线路的感抗。比如,串联补偿装置安装于输电线路中间时,补偿度 k_{C} 应小于0.5。

下面分别以单机-无限大系统和多机电力系统为例,介绍串联电容补偿对于功角稳定提升的作用。

8.6.1.1 对单机-无限大系统稳定性的作用

图 8.14 所示为本节分析的单机-无限大系统的等效电路(未进行补偿前)。图中送端发电机端电压和受端系统母线电压分别用 U_1 和 U_2 表示(将受端电压 U_2 视作参考电压),并近似认为功角 δ 等于 U_1 和 U_2 之间的相位差。此外,送端和受端之间仅有一条输电线路(总阻抗用 X_{L} 表示)。本节假设 $U_1 = 1.2\angle 11°$,$U_2 = 1.0\angle 0°$,$X_{\mathrm{L}} = 0.275$,故 $\delta = 11°$。本节所考虑的串联补偿程度为 50%。

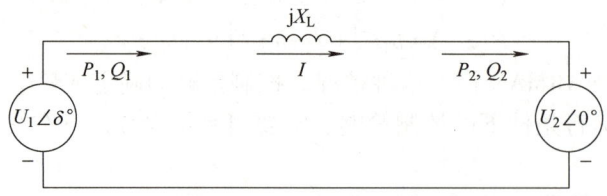

图 8.14 单机-无限大系统的等效电路

1. 补偿前

输电线路上传输的电流为

$$I = \frac{U_1 - U_2}{\mathrm{j}X_{\mathrm{L}}} = \frac{U_1 \sin\delta}{X_{\mathrm{L}}} - \mathrm{j}\frac{U_1 \cos\delta - U_2}{X_{\mathrm{L}}} \tag{8.7}$$

故送端和受端的功率公式为

$$P_{10}+jQ_{10}=U_1\overset{*}{I}=\left(\frac{U_1U_2\sin\delta}{X_L}\right)+j\left(\frac{U_1^2-U_1U_2\cos\delta}{X_L}\right) \tag{8.8}$$

$$P_{20}+jQ_{20}=U_2\overset{*}{I}=\left(\frac{U_1U_2\sin\delta}{X_L}\right)-j\left(\frac{U_2^2-U_1U_2\cos\delta}{X_L}\right) \tag{8.9}$$

故

$$P_{10}+jQ_{10}=\frac{1.2\sin11°}{0.275}+j\frac{1.44-1.2\cos11°}{0.275}=0.833+j0.945$$

$$P_{20}+jQ_{20}=\frac{1.2\sin11°}{0.275}+j\frac{1-1.2\cos11°}{0.275}=0.833+j0.6545$$

2. 补偿后

令串联电容的电抗是 X_C，其他已知条件不变。此时计算补偿后送端和受端的视在功率只要把式（8.8）和式（8.9）中的 X_L 用式（8.10）中的 X 代替。

$$X=X_L(1-k_C)=0.275\times(1-0.5) \tag{8.10}$$

故可以得到补偿后的送端和受端功率：

$$P_S+jQ_S=1.665+j1.891$$
$$P_R+jQ_R=1.665+j1.309$$

对比补偿前后的送端和受端功率可以看出：相同功角 δ 下，串联补偿使线路输送的有功功率明显增加。在这个例子里面，由于送端发电机功率特性曲线向上移动，导致其功率特性曲线与原动机功率之间的面积增加，故从等面积定则的角度来看，这实际上有助于此单机-无限大系统的暂态功角稳定性。

如果要计算串联电容的无功功率 Q_C，则可以先根据式（8.7）得到：

$$I^2=\frac{1}{X^2}(U_1^2+U_2^2-2U_1U_2\cos\delta) \tag{8.11}$$

然后，通过式（8.10）计算 X_C/X 如下：

$$\frac{X_C}{X}=\frac{X_C}{X_L(1-k_C)}=\frac{k_C}{1-k_C} \tag{8.12}$$

因此，可以得到：

$$\frac{X_C}{X^2}=\frac{1}{X}\frac{X_C}{X}=\frac{1}{X}\frac{k_C}{1-k_C}=\frac{k_C}{X_L(1-k_C)^2} \tag{8.13}$$

由式（8.11）和式（8.13）可以计算 Q_C 如下：

$$Q_C=\frac{k_C}{X_L(1-k_C)^2}(U_1^2+U_2^2-2U_1U_2\cos\delta)$$

$$=\frac{0.5}{0.275\times(1-0.5)^2}\times(1.44+1-2.4\cos11°)$$

$$=0.582 \tag{8.14}$$

8.6.1.2 串联电容补偿对多机电力系统稳定性的作用

本节以图 8.15 所示的 9 节点测试系统为例，介绍串联电容补偿对多机电力系统大扰动功角稳定的作用。

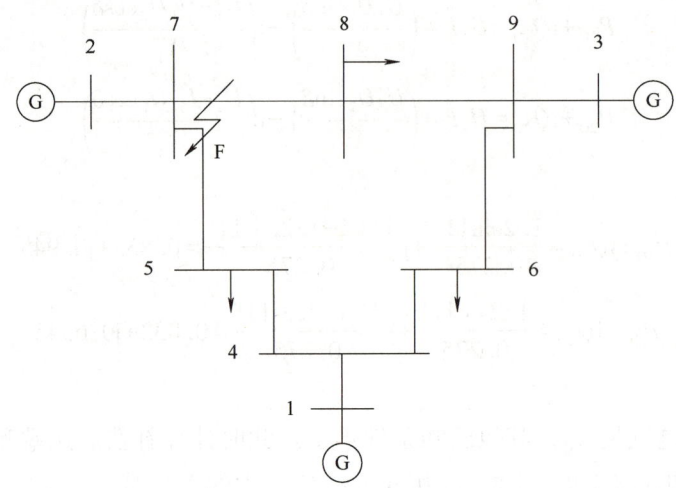

图 8.15　9 节点测试系统

假设该 9 节点系统在节点 7 处发生三相短路故障，故障持续时间为 0.20s。对未补偿、所有线路串联电容补偿度为 30%、所有线路串联电容补偿度为 50%、所有线路串联电容补偿度为 90% 四种情况进行分析，相关结果如图 8.16~图 8.18 所示。图中的实曲线表示未补偿的情况，黑点线表示补偿度为 30%，虚线表示补偿度为 50%，白圆圈线表示补偿度为 90%。从图 8.16~图 8.18 中可以看出，合适的串联电容补偿有助于改善大扰动后的功角稳定性。

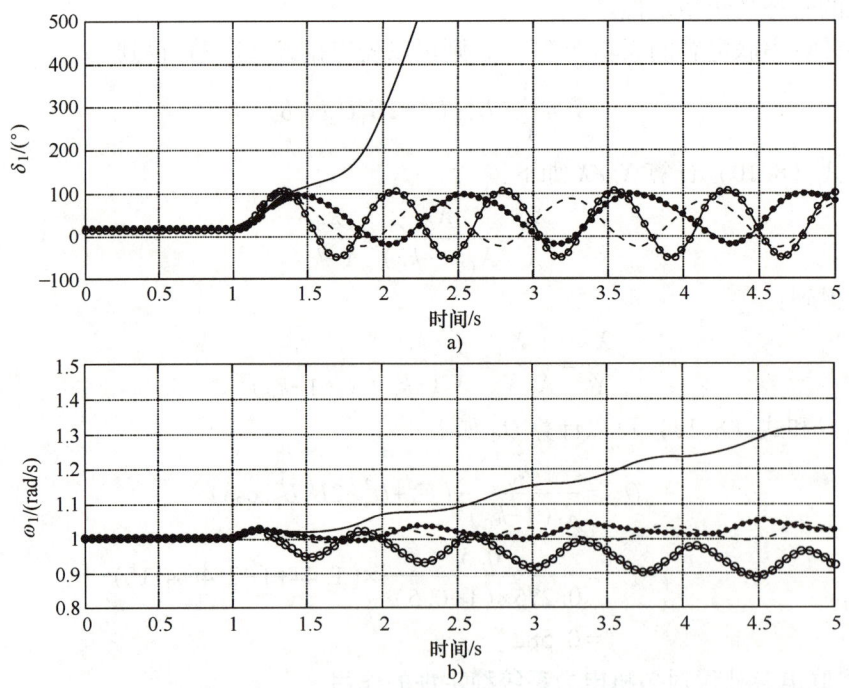

图 8.16　$\delta_1(t)$ 曲线和 $\omega_1(t)$ 曲线

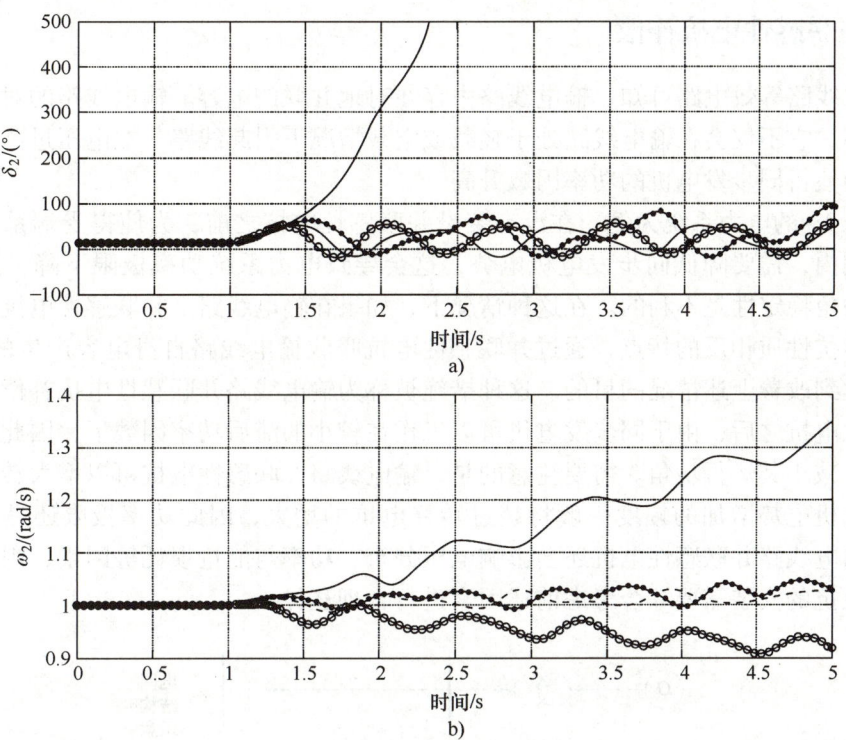

图 8.17 $\delta_2(t)$ 曲线和 $\omega_2(t)$ 曲线

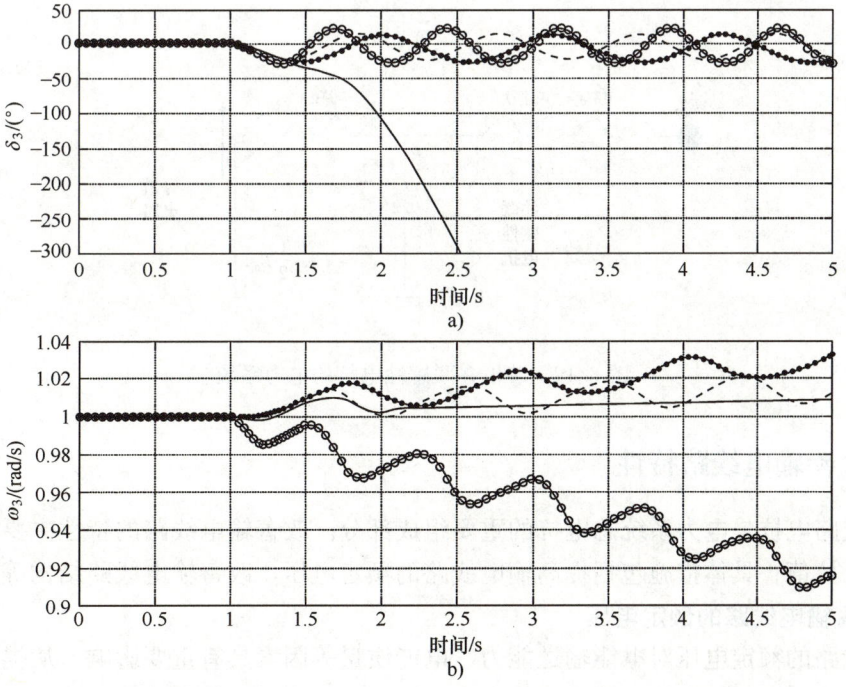

图 8.18 $\delta_3(t)$ 曲线和 $\omega_3(t)$ 曲线

8.6.2 并联感性电抗补偿

从输电线路等效电路可知,输电线路中存在对地并联的电容。输电线路的对地电容会产生无功功率,它不仅会在输电线路处于轻载或空载情况下引起线路末端电压过高等不允许的情况,还会使得同步发电机的功率因数升高。

以图 8.19 的电力系统为例,在没有装设并联感性电抗之前,为使得受端系统电压运行在允许范围内,需要降低同步发电机电势,这会导致电力系统功率极限下降,运行角度增大,这对功角稳定性是不利的。在这种情况下,如果在输电线路上并联感性电抗,则可以利用感抗与容抗性质相反的特点,通过并联感性电抗吸收输电线路自身电容产生的无功功率,从而可以达到改善上述情况的目的。这种措施被称为输电线路并联感性电抗补偿。安装足量的并联感性电抗之后,由于同步发电机可以工作在较小的滞后功率因数下,因此可以大幅提高其电势、减小其运行功角。需要注意的是,输电线路并联感性电抗可以增大转移电抗,但是由于发电机电势增加的幅度一般将超过转移电抗的增大,因此功率极限还是增加的。此外,由于输电线路并联感性电抗还会影响电压分布、功率与能量损耗等因素,因此输电线路并联感性电抗的安装需要综合考虑前述因素进行合理选择。

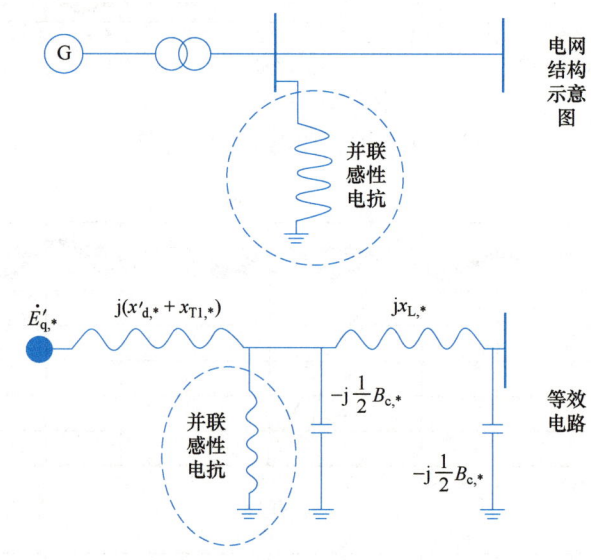

图 8.19 装设并联感性电抗的电力系统

8.6.3 改善输电线路特性

输电线路电抗是电力系统总电抗的重要组成部分。改善输电线路的特性主要是指减小输电线路的电抗值,具体措施包括提高输电线路的额定电压、改善输电线路结构等方面。

1. 提高输电线路的额定电压

输电线路的额定电压对电能输送能力、电能质量等因素具有重要影响。从提高电力系统稳定性的角度出发,增大输电线路的额定电压,可以减小输电线路的电抗标幺值,进而达到增大电力系统功率极限、提高电力系统功角稳定性的目的。具体如下所述。

对于单机-无限大系统而言，标幺制下它的功率极限可以简化计算如下：

$$P_{m,*} = \frac{E_* U_*}{X_{G,*} + X_{T,*} + X_{L,*}} \tag{8.15}$$

式中，$X_{G,*}$ 为送端发电机电抗；$X_{T,*}$ 为变压器电抗；$X_{L,*}$ 为输电线路电抗。若基准电压采用平均额定电压，变压器的变比采用平均额定变比，此时上式各电抗可以计算如下：

$$X_{G,*} = \frac{X_G\%}{100} \frac{S_B}{S_{GN}} \tag{8.16}$$

$$X_{T,*} = \frac{U_S\%}{100} \frac{S_B}{S_{TN}} \tag{8.17}$$

$$X_{L,*} = X_L \frac{S_B}{U_B^2} = X_L \frac{S_B}{U_{av}^2} \approx X_L \frac{S_B}{U_N^2} \tag{8.18}$$

从上面的公式可以看出，在前述标幺制下，送端发电机与变压器电抗的标幺值都与输电线路额定电压无关。由于输电线路的电抗有名值 X_L 与输电线路电压关系不大，可认为是常数。因此，式（8.18）表明输电线路的电抗标幺值 X_L 与输电线路额定电压的二次方呈反比。将这些电抗标幺值的表达式代入式（8.15）可以得到

$$P_m = \frac{E_* U_*}{\frac{X_G\%}{100}\frac{S_B}{S_{GN}} + \frac{U_S\%}{100}\frac{S_B}{S_{TN}} + X_L \frac{S_B}{U_N^2}} \tag{8.19}$$

因此，当 $U_N \in (0, \infty)$，则有

$$P_m \in \left(0, \frac{E_* U_*}{\frac{X_G\%}{100}\frac{S_B}{S_{GN}} + \frac{U_S\%}{100}\frac{S_B}{S_{TN}}}\right) \tag{8.20}$$

通过增大输电线路额定电压来提高功率极限，需要注意以下三个方面的问题：

1) 当输电线路额定电压提高至某一数值之后，再提高输电线路额定电压所带来的功率极限提升效果就很小了。

2) 输电线路越长，功率极限接近最大值对应的额定电压越高。这也是远距离输电采用超高压的原因。

3) 提高输电线路额定电压会对输电线路绝缘、杆塔尺寸、建设投入产生重要影响。

2. 改善输电线路结构

导线结构对输电线路电气参数具有重要的影响。通过分裂导线结构，可以减小输电线路的电抗与电晕损耗，因而可以提高系统功率极限。对于普通结构的分裂导线，需要考虑分裂根数与分裂间距对电抗的影响，合理选择分裂根数与分裂间距。在超高压远距离输电线路中，分裂导线结构已经得到了广泛应用。需要注意的是，高压输电线路采用分裂导线结构主要是为了避免减小损耗。

8.6.4 短路故障的快速切除

输电线路短路故障的快速切除对于暂态功角稳定具有重要的意义。以单机-无限大系统为例，如图 8.20 所示，短路故障的快速切除一方面可以减小加速面积，另一方面可以增加

最大可能的减速面积。切除短路故障的时间包括两部分：①继电保护动作时间；②断路器接到跳闸脉冲到触头分开后电弧熄灭为止的时间。提高输电线路短路故障的切除速度，在于减小继电保护装置和断路器的动作时间。

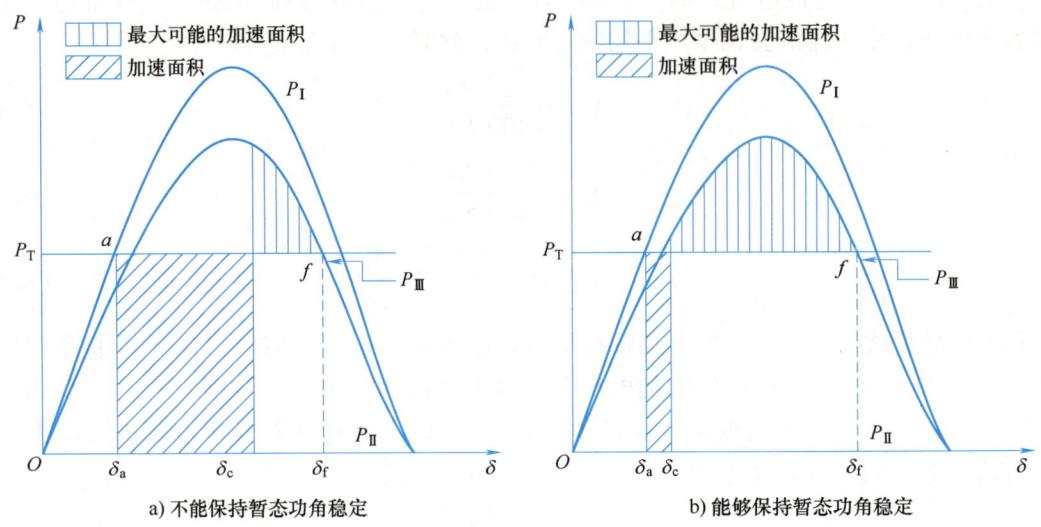

图 8.20　快速切除短路对暂态功角稳定影响的示意图

需要指出的是，提高短路故障切除速度所带来的效果与短路故障类型有密切的关系。以单机-无限大系统为例，短路越严重，那么短路时送端发电机转子上的不平衡功率越大。因此，当减少的切除时间相同时，提高故障切除速度在发生严重短路所减小的加速动能较大，故带来的积极作用就越大。

自动重合闸可以分为三相重合闸和单相重合闸。对于三相重合闸，短路故障发生后输电线路的三相导线全部被切除，然后过一段时间后再将故障线路投入运行。以图 8.21 所示的单机-无限大系统为例（忽略元件电阻和对地导纳）进行分析。如图 8.22 所示，在发生暂时性的单相接地短路故障后输电线路的三相导线首先全部被退出运行，此时送端发电机功率特性曲线为 P_{II}（注意它为纵坐标数值恒等于 0 的直线），待暂时性的短路故障消除后，自动重合闸装置在功角为 δ_{e} 时将退出运行的输电线路重新投入运行，送端发电机功率特性曲线恢复至原来的功率特性曲线 P_{I}，因此自动重合闸装置实际上增大了最大可能的减速面积，进而达到提高大扰动功角稳定性的效果。需要注意的是，重合闸的动作时间受短路点去游离时间的限制，需要进行合理选择。

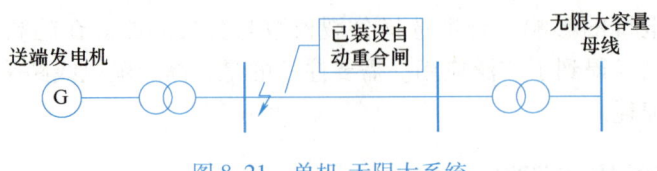

图 8.21　单机-无限大系统

对于单相重合闸，单相短路故障发生后仅输电线路的故障相被切除，然后过一段时间后再将故障线路投入运行。仍然以如图 8.21 所示的单机-无限大系统为例（忽略元件电阻和对

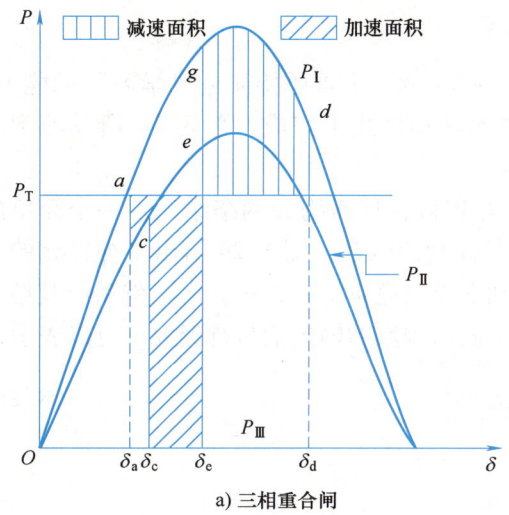 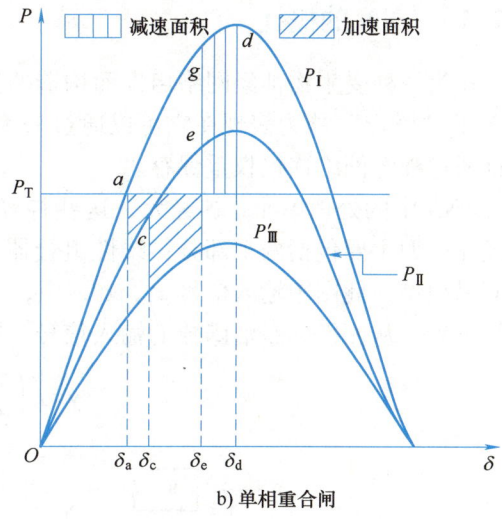

a) 三相重合闸　　　　　　　　　　　　b) 单相重合闸

图 8.22　三相重合闸和单相重合闸对比的示意图

地导纳）进行分析。如图 8.22 所示，若线路已装设单相重合闸，则在发生暂时性的单相接地短路故障后输电线路的故障相首先被退出运行，此时送端发电机功率特性曲线为 P'_{III}，待暂时性的短路故障消除后，自动重合闸装置将退出运行的输电线路重新投入运行，送端发电机功率特性曲线恢复至原来的功率特性曲线 P_{I}。很明显，由于仅线路的故障相被切除，所以采用单相重合闸时的加速面积明显小于采用三相重合闸时的加速面积。由于超高压输电线路短路故障以单相接地故障为主，故单相重合闸尤其对单回路的输电系统大扰动功角稳定性提升具有良好的效果。在超高压输电线路中，往往采用单相重合闸。

无论是三相重合闸还是单相重合闸，都需要注意重合于永久性短路故障的情况。当重合于永久性短路故障时，相当于电力系统遭受到二次故障冲击，会对电力系统产生严重的不利影响。此外，对于单相重合闸，由于故障相被切除后，非故障相仍然处于运行状态，故存在从非故障相经相间电容到故障相，再到大地的电容电流（又被称为潜供电流），具体如图 8.23 所示。此潜供电流不

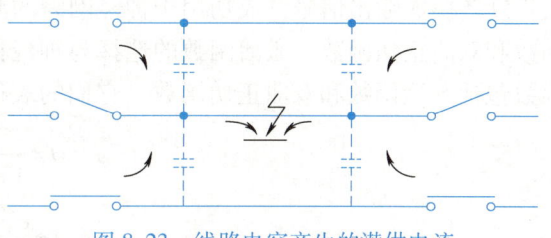

图 8.23　线路电容产生的潜供电流

利于短路点电弧的熄灭，可能造成永久性故障。因此单相重合闸还需要注意潜供电流的问题。

8.7　人工智能技术在电力系统稳定性提升中的应用

由于实际电力系统是一个非线性的时变系统，传统的电压稳定控制和阻尼振荡抑制等方法更适合离线应用。人工智能技术的快速发展则提供了新的方向，它在电力系统领域被用于设计面向在线应用的算法。本章将介绍人工神经网络（Artificial Neural Network，ANN）、模糊系统等人工智能技术以及在电力系统稳定提升中的应用。

8.7.1 ANN 的概述

作为一种受生物神经网络启发而构造的模型，ANN 的一个重要特征是"学习"的能力。ANN 的"学习"能力表现在它可以通过一系列的实例和模式来完成"学习"，所学习到的信息通过神经网络连接权重保存。

ANN 中的处理单元是神经元，这些神经元相互连接，从而构成网络结构。一个简单的神经元模型主要包括两个部分：线性组合器和非线性激活函数。图 8.24 给出了神经元的一个简易模型，此图中输入信号 x_1, x_2, $\cdots$, x_n 分别乘以权值 w_1, w_2, $\cdots$, w_n，然后将其结果进行求和，从而得到激活函数的输入信号。因此，激活函数的输出信号神经元 y 可以表示为

$$y = f\left(\sum_{k=1}^{n} w_k x_k + b\right) \tag{8.21}$$

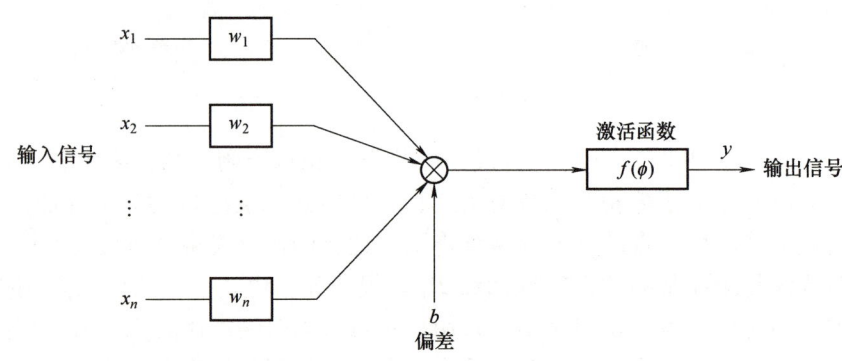

图 8.24　ANN 神经元的简易模型

式（8.21）中，偏差 b 被用于调整激活函数的输入信号，激活函数用于将神经元的活跃程度转换成输出信号。成功用于神经网络的激活函数包括 S 型函数（Sigmoid 函数）、高斯函数和双曲正切函数。激活函数的选择与神经网络具体应用有关。多层 ANN 中常用的激活函数包括 S 型函数和双曲正切函数，它们的表达式分别如式（8.22）和式（8.23）所示：

$$f = \frac{1}{1+e^{-x}} \tag{8.22}$$

$$f = \frac{e^x - e^{-x}}{e^x + e^{-x}} \tag{8.23}$$

ANN 的拓扑结构包括单层前馈结构、多层前馈结构、递归神经网络等。

1. 单层前馈结构

单层前馈型 ANN 具有层状结构的全连接型神经网络。如图 8.25 所示，单层前馈型 ANN 没有隐藏层，输入信号与网络中的每个神经元都存在连接。神经元对所有输入量和权值的乘积进行求和，经过激活函数进行输出。输入层由于没有进行计算而不占据计算资源。单层前馈型 ANN 的不足之处在于仅能近似一个线性函数。

2. 多层前馈结构

与单层前馈型 ANN 不同，多层前馈型 ANN 由输入层、隐藏层、输出层构成。其中，输出层的输出作为 ANN 的输出，除去输入层与隐藏层的其他层被称为隐藏层。每层神经元的

输入信号来自上一层直连的神经元，它的输出信号被传递至下一层的神经元。图 8.26 给出了一个多层前馈型 ANN 的示意图。

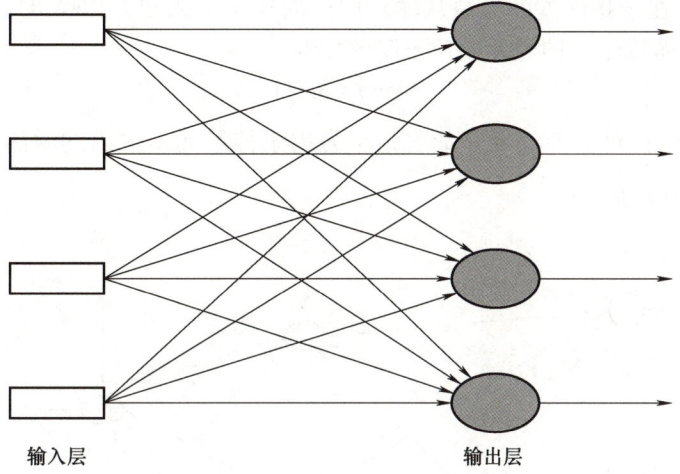

图 8.25　单层前馈型 ANN

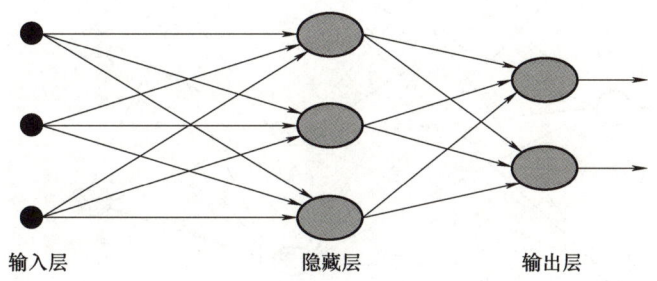

图 8.26　多层前馈型 ANN

3. 递归神经网络

与前馈型 ANN 不同，递归神经网络是一种网络输入与输出间存在反馈环的 ANN。如图 8.27 所示，递归神经网络同时存在向前流动的信号和向后流动的信号，故能够提供动态记忆体，有利于模拟动态系统。由于包含反馈连接，递归神经网络比前馈型 ANN 更难训练。

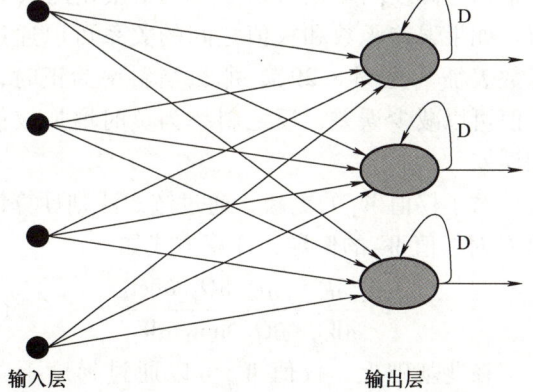

图 8.27　递归神经网络

8.7.2　ANN 的训练

权值对 ANN 的性能具有十分重要的影响，因此通过适当的训练算法计算 ANN 的权值是一件重要的事情。训练算法采用的误差函数 E 主要采用著名的均方差函数。对于含有多种模式的训练样本集，其对应的误差函数可以表述为

$$E = \frac{1}{2} \sum_p \left(\sum_k (d_{pk} - y_{pk})^2 \right) \tag{8.24}$$

式中，对于 p 模式的样本 k，d_{pk} 和 y_{pk} 分别为 ANN 的期望输出和实际输出。

基于梯度法的反向传播算法是一种广泛用于多层前馈神经网络的训练算法。该算法优化 ANN 的权值的思想在于将误差的导数从输出层反向送至输入层。以图 8.28 中的三层神经网络为例介绍反向传播算法。神经元 k 位于隐藏层时：

$$O_k = f_k(\text{net}_k) \tag{8.25}$$

式中，$\text{net}_k = \sum_i W_{ki} O_i$；对于神经元 k 而言，f_k 为用于神经元 k 输出的激活函数；W_{ki} 和 O_i 分别为输入信号 i 及其权值。

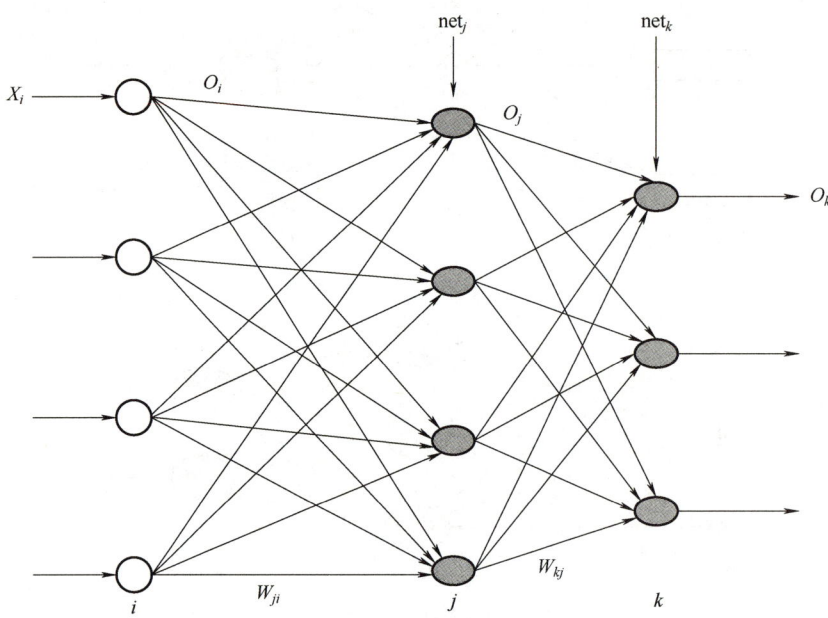

图 8.28 三层神经网络

对于图 8.28 中的三层神经网络，在训练过程中通常通过修改网络权值来尽量减小误差函数 E 的数值。如果误差函数和权值之间的关系可以通过二次函数表征（见图 8.29），那么当斜率为正时，降低权值可以减少误差，反之斜率为负时增加权值会增加误差。

对于权值 W_{kj} 的更新，通过链式法则计算误差函数 E 对权值 W_{kj} 的偏导，计算方式如下：

$$\frac{\partial E}{\partial W_{kj}} = \frac{\partial E}{\partial O_k} \frac{\partial O_k}{\partial \text{net}_k} \frac{\partial \text{net}_k}{\partial W_{kj}} \tag{8.26}$$

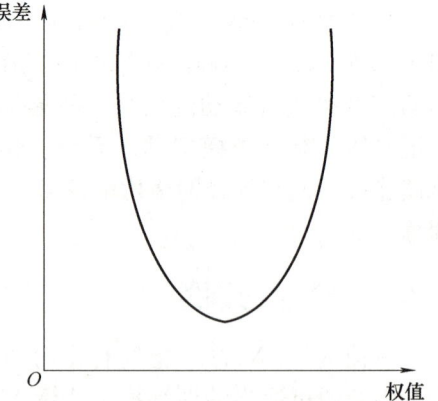

图 8.29 网络权值和误差关系图

在此基础上，权值 W_{kj} 可以通过梯度下降法修正，修正公式如下：

$$W_{kj}(n+1) = W_{kj}(n) + \eta \frac{\partial E}{\partial W_{kj}} \tag{8.27}$$

式中，η 为反向传播学习算法的学习率。

对于权值 W_{ji}（隐藏层神经元 j 和隐藏层神经元 i 之间的权值），误差函数 E 对权值 W_{ji} 的偏导为

$$\frac{\partial E}{\partial W_{ji}} = \frac{\partial E}{\partial O_j} \frac{\partial O_j}{\partial \text{net}_j} \frac{\partial \text{net}_j}{\partial W_{ji}} \quad (8.28)$$

由下式计算可得：

$$\frac{\partial E}{\partial O_j} = \sum_k \frac{\partial E}{\partial O_k} \frac{\partial O_k}{\partial \text{net}_k} \frac{\partial \text{net}_k}{\partial O_j} \quad (8.29)$$

因此，误差函数 E 对权值 W_{ji} 又可以表示为

$$\frac{\partial E}{\partial W_{ji}} = \sum_k \frac{\partial E}{\partial O_k} \frac{\partial O_k}{\partial \text{net}_k} \frac{\partial \text{net}_k}{\partial O_j} \frac{\partial O_j}{\partial \text{net}_j} \frac{\partial \text{net}_j}{\partial W_{ji}} \quad (8.30)$$

$$W_{ji}(n+1) = W_{ji}(n) + \eta \frac{\partial E}{\partial W_{ji}} \quad (8.31)$$

反向传播学习算法需要大量的训练才可以达到可接受的性能。学习率对于反向传播学习算法的收敛性十分重要，比如其数值过小则会使得收敛非常缓慢，过大也会带来不利影响。

8.7.3 模糊逻辑系统

现实世界存在一些不能用简单的"真"和"假"描述的模糊状态，而计算机系统的传统二进制逻辑不能很好地表达这种模糊（但可以被理解）的状态和条件。作为数学的一个分支，模糊逻辑引入模糊值作为输入和输出，因此它扩展了传统二进制逻辑。模糊逻辑是从模糊集合论的概念上发展起来的理论，它已经成功应用于控制系统工程、电力系统工程、工业自动化等领域，其中模糊逻辑在电力系统参数辨识领域十分有用。

1. 模糊集合论

与经典集合论不同，模糊集合论引入了元素的隶属度概念。在模糊集合论中，模糊集 A 是论域 X 的一个子集，其隶属关系通过隶属度函数（取值范围为 $[0,1]$）定义，数学上可表示为 $\mu_A: X \to [0,1]$。隶属度函数反映了每个点和输出空间的隶属程度，比如论域 X 的元素在模糊集 A 中的隶属度函数数值越高，则集合 X 越接近集合 A。应用于模糊逻辑的隶属度函数类型有很多，包括三角形函数、梯形函数、钟形函数等，其中三角形函数和梯形函数是常用的隶属度函数。

令 X 是一个模糊集，模糊集 A 和 B 的隶属度函数分别为 $\mu_A(x)$ 和 $\mu_B(x)$。由此可以定义模糊集间的并集、交集、补集分别如下：

$$\mu_A \cup \mu_B(x) = \max(\mu_A(x), \mu_B(x)) \quad (8.32)$$

$$\mu_A \cap \mu_B(x) = \min(\mu_A(x), \mu_B(x)) \quad (8.33)$$

$$\mu'_A(x) = 1 - \mu_A(x) \quad (8.34)$$

此外，现有文献还有其他的运算定义，比如交集运算。它表示为两个模糊集隶属度函数的代数积：

$$\mu_A \cap \mu_B(x) = \mu_A(x)\mu_B(x) \quad (8.35)$$

2. 语言变量

模糊逻辑中的任务无需绝对的对错之分。例如，在模糊逻辑中房间温度可被描述为冷、凉爽、舒适、温暖或者热，而不是简单的冷或者热。在上述房间温度的例子中，房间温度就

是模糊逻辑术语中的语言变量。语言变量的可能值范围则称为论域。对于房间温度这个语言变量，其论域为温度区间 [10℃, 35℃]。为简化起见，一般将论域值归一化或者变换至 [-1, 1] 的范围内。

3. 模糊 IF-THEN 规则

单个模糊 IF-THEN 规则可以表述如下：

$$\text{IF}(x \text{ 是 } A) \rightarrow \text{THEN}(y \text{ 是 } B) \tag{8.36}$$

式中，x 和 y 分别为输入变量和输出变量；A 和 B 分别为由 x 和 y 的模糊集合所定义的语言变量。IF 对应于条件，而 THEN 对应于结果。IF-THEN 规则被理解为：如果规则中的条件在一定的隶属度程度上为真，那么结果在同样的隶属度程度下也为真。

4. 模糊系统的结构

图 8.30 给出了模糊系统的基本结构。从该图可知，设计一个模糊系统需要模糊化、模糊推理、去模糊化三个步骤。

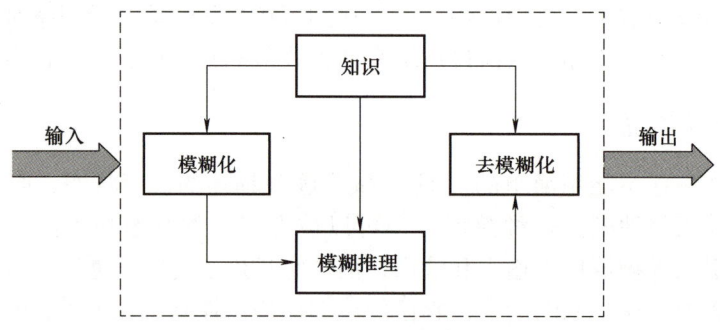

图 8.30　模糊系统的基本结构

（1）模糊化

模糊化需先测量输入变量的数值，然后将其映射至相应的论域，再把其转换为合适的语言变量。

（2）模糊推理

作为模糊逻辑的核心，模糊推理将模糊变量的输入值与模糊规则进行匹配，从而得到模糊集。其中的匹配过程通过规则的触发强度实现，而每个规则的触发强度通过模糊化过程所得的隶属度与特定模糊算子相乘来获得。

模糊推理的方法包括 Mamdani 模糊推理方法和 Sugeno 模糊推理方法等，其中 Mamdani 模糊推理输出的是模糊集，而在 Sugeno 模糊推理方法中，它通过每个规则的输出按照触发强度进行加权，然后对它们进行平均得到最终的输出。

（3）去模糊化

从模糊集中得到非模糊的输出的过程称为去模糊化，相关的方法包括曲面中心（COA）法、大中取均值（MOM）法、大中取小（SOM）法和大中取大（LOM）法等。例如，曲面中心法计算隶属度分布曲线的重心，它可采用离散的形式进行表示：

$$\text{COA} = \frac{\sum_{k=1}^{n} x \mu_A(x)}{\sum_{k=1}^{n} \mu_A(x)} \tag{8.37}$$

式中，n 为输出的量化水平个数。

大中取均值法计算隶属度函数达到最大值的模糊集的平均值，它也可以采用离散形式表示为

$$\text{MOM} = \sum_{i=1}^{l} \frac{x_i}{l} \quad (8.38)$$

式中，l 为 x_i 的个数，x_i 的隶属度函数已达到最大值。

图 8.31 给出了一个模糊函数采用不同去模糊化法的结果。

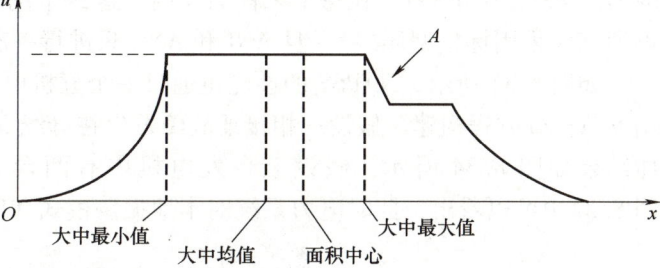

图 8.31 模糊函数采用不同去模糊化法的结果

8.7.4 基于人工智能的电力系统 APSS

下面以人工智能技术在电力系统 APSS 中的应用为例，介绍人工智能技术在改善电力系统稳定性中的应用。

8.7.4.1 融合 ANN 型预测器和 ANN 型控制器的 APSS

如图 8.32 所示，该控制器由两个 ANN 组成，其中一个 ANN 是自适应神经网络辨识器（ANI），它用于确定发电厂内部特性和预测发电厂的动态特性。另外一个 ANN 是自适应神经网络控制器（ANC），它用于提供控制措施来抑制发电厂的振荡。

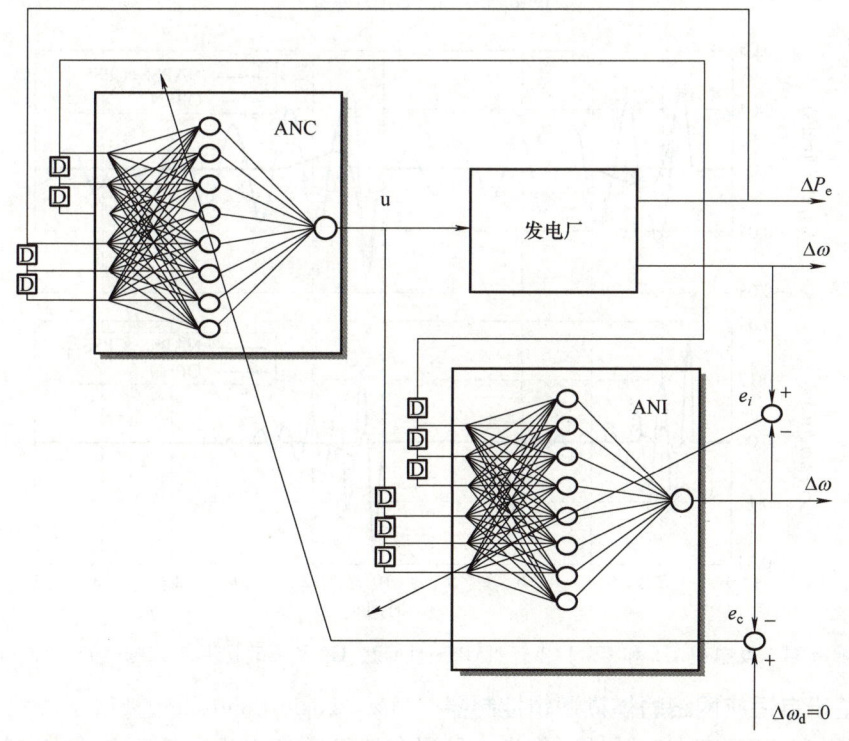

图 8.32 具有 ANN 型预测器和 ANN 型控制器的 APSS 架构

控制算法的性能取决于发电厂动态行为的预测准确性。ANI 和 ANC 首先进行离线训练，在此之后并网运行，并在每个采样周期内完成 ANI 和 ANC 中权值的更新，这能够让 APSS

跟踪发电厂的变化并提供相应的控制信号。

在 ANI 和 ANC 中采用前馈型多层 ANN，就可以构成一个集成神经网络的 APSS（NN-based APSS，NAPSS）。在每个采样周期内，这两个网络通过反向传播算法的在线版本进行再训练（采用标量型误差），且 ANI 和 ANC 只进行一次训练，将简化训练时间。

如图 8.33 所示，NAPSS 的性能也通过一个五机电力系统进行测试，其中发电机模型采用五阶微分方程构建。假设三相接地故障发生在母线 3 和 6 之间双回输电线路中的一条，具体结果如图 8.34 所示。假设五台发电机中有两台安装了 NAPSS，其余安装 CPSS，从图 8.34 中可以看出，此时电力系统对本地振荡模式和区域振荡模式都产生了有效阻尼。

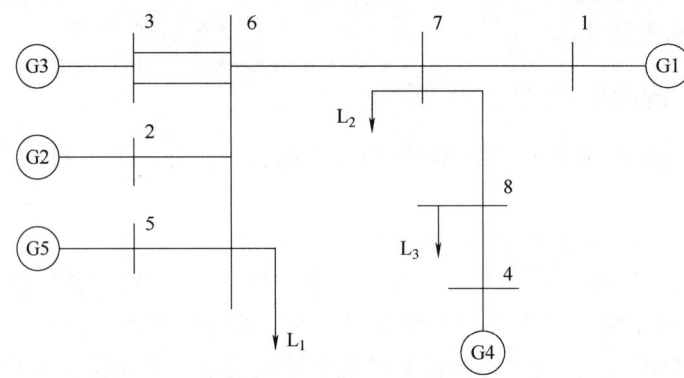

图 8.33 五机电力系统

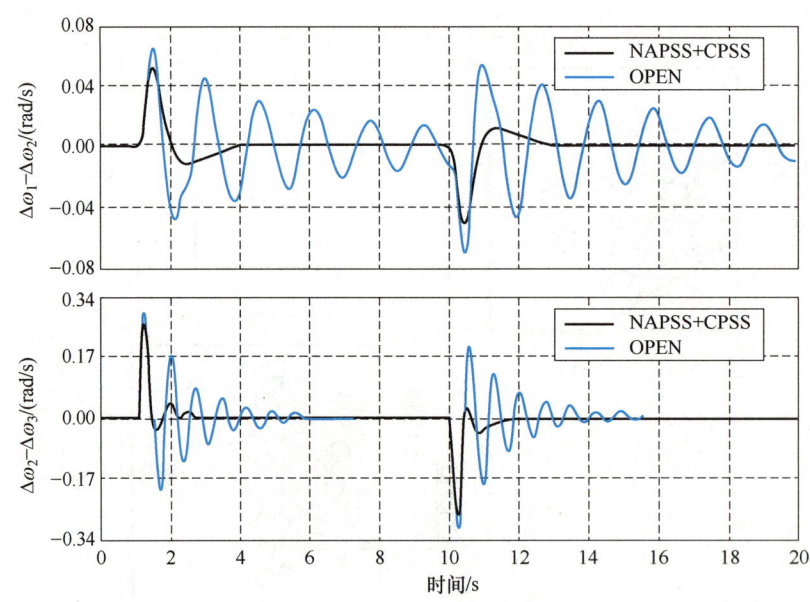

图 8.34 发电机 G1 和 G3 上装有 NAPSS 且 G2、G4 和 G5 上装有 CPSS 的系统响应

8.7.4.2 基于自适应网络的模糊逻辑控制器（Fuzzy Logic Controller，FLC）

模糊逻辑和 ANN 存在互补性。作为一种混合神经模糊方法，基于自适应网络的 FLC 就充分利用了模糊逻辑和 ANN 的各自优点。

考虑到 FLC 的功能（见图 8.35），FLC 可以表示成一个五层前馈网络，其中每层对应于特定功能且每层节点的函数类型相同。通过这种网络表示的模糊逻辑系统，可以应用反向传播算法来调整隶属函数和推理规则中的参数。在这个网络中，从某一层到下一层之间的连接只能表示信号流的方向，且部分或者所有节点包含可调参数。这些参数通过学习算法确定，且应根据给定的训练数据和基于梯度的学习策略进行更新以获取期望的输入-输出映射关系。它可作为非线性动力系统或含可调参数的非线性控制器的辨识器。

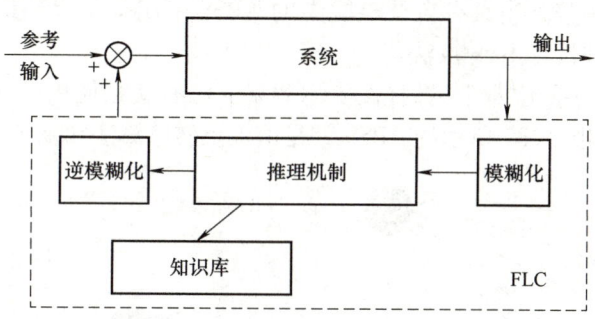

图 8.35　模糊逻辑控制器的基本结构

由于神经-模糊控制器具有学习能力，控制器的模糊规则和隶属函数可以通过学习算法自动调整。通过训练这个控制器，可以得到一个基于自适应神经网络的模糊 PSS（ANFPSS）。有关 ANFPSS 的大量仿真和实验研究表明，它在广泛的运行范围内表现出了良好的性能。与比固定参数的 CPSS 相比，它能够显著提升系统动态性能。

上面提到的 ANFPSS 需要一个期望的控制器得到训练数据。然而，这在一般情况下可能是不可行的。这就需要神经-模糊控制器通过自学习方法来训练。类似于图 8.32，在自学习方法中，一个神经模糊系统作为控制器，另一个作为预测器。自学习的 ANFPSS 最初通过电力系统仿真模型进行离线训练。CPSS 和离线训练得到的 ANFPSS 通过 DSP 和实验室物理模型进行性能测试。实验结果如图 8.36 所示，ANFPSS 在同样的扰动下提供了更好的性能。

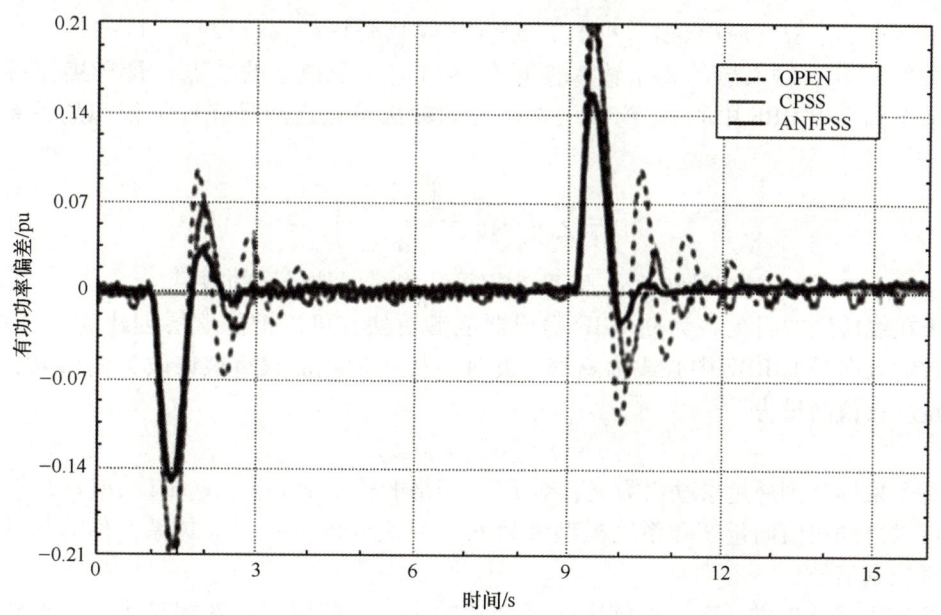

图 8.36　ANFPSS 和 CPSS 的性能对比

此外，需要指出的是，采用遗传算法可以对自适应模糊控制器的结构进行优化，例如优化隶属度函数的数量。

8.7.4.3 融合神经网络辨识和极点转移能力的 APSS

具有自调整能力的 APSS 可以提高同步发电机的动态性能，这是因为 PSS 的参数可以随运行状态变化而进行调整。当具有自调整能力的 APSS 采用基于递归最小二乘法（RLS）的辨识算法时，需要合理设计 RLS 算法。

使用 ANN 辨识电力系统模型参数提高辨识效果。已有文献使用径向基函数（RBF）网络用于模型参数辨识。如图 8.37 所示的 APSS 就是由极点转移算法和基于 RBF 的辨识器组成的。

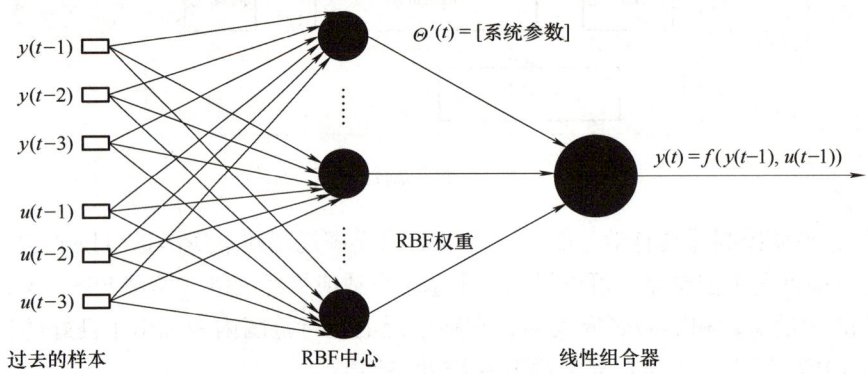

RBF 中心：通过 k-means 聚类调整（离线）
RBF 权重：通过递归最小二乘法调整（在线）

图 8.37　RBF 网络模型

图 8.37 的 RBF 网络用于识别参数，此网络有三层：输入层、隐藏层和输出层。输入向量为

$$V(t)=[\Delta P_e(t-T), \Delta P_e(t-2T), \Delta P_e(t-3T), u(t-T), u(t-2T), u(t-3T)] \quad (8.39)$$

在图 8.37 中，输入层的六个输入变量分别对应一个独立的节点，且直接连接至隐藏层（其节点称之为 RBF 中心）。隐藏层神经元和输出节点之间是线性加权和的关系，如下所示：

$$y = \sum_{i=1}^{nh} \theta^t \exp\left(-\frac{\|p-c_i\|^2}{\sigma^2}\right) \quad (8.40)$$

式中，c_i、σ、θ^t 和 nh 分别是中心、宽度、权重和隐藏层神经元的数目。

出于在线应用的目的，为使 RBF 辨识器能够更快，可以把隐藏层创建为一个竞争层，即最接近输入向量的 RBF 中心成为赢家。此外，标量形式的权重被修改为向量 θ_t，其等于输入向量。权值向量为

$$\theta'(t)=[a_1' a_2' a_3' b_1' b_2' b_3'] \quad (8.41)$$

在每个采样时刻通过泰勒级数展开对 RBF 网络的输出 $y(t)=f[y(t-1), u(t-1)]$ 进行线性化，可以得到权值向量 θ' 和系统模型参数 $\hat{\theta}_m(t)$ 之间的一一对应关系。然后这些参数被用于计算控制信号。

RBF 辨识器首先进行离线训练来选择合适的中心，其使用的数据是来自各种扰动下的多个运行点。在 RBF 模型中，用 k-means 聚类算法训练产生 15 个中心点。离线训练后，权

值会在线更新，并通过极点转移控制器得到合适的控制信号。如图 8.38 所示，融合极点转移功能和基于 RBF 的辨识器的 APSS 展现出了良好的阻尼性能。

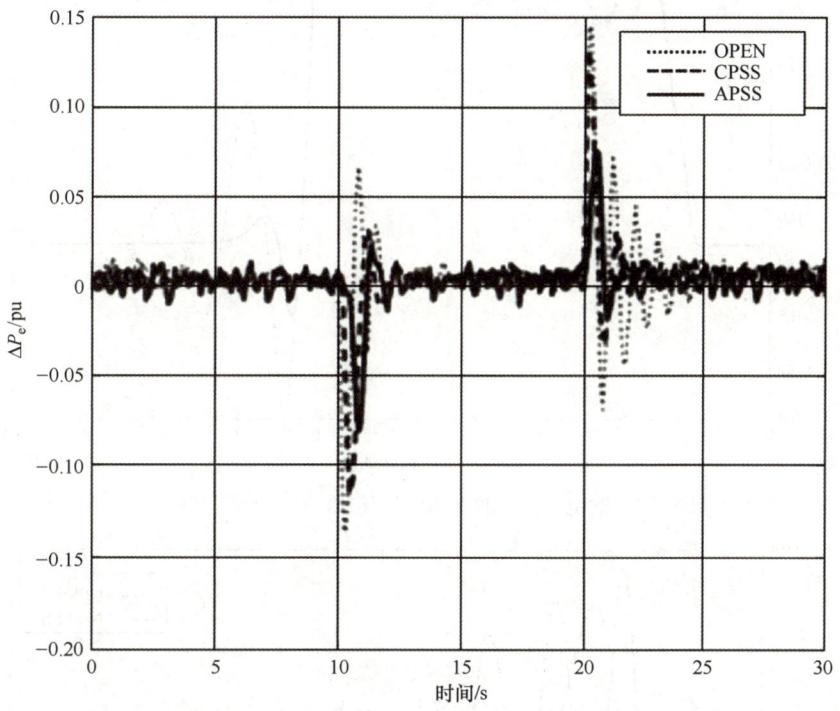

图 8.38　融合极点转移功能和基于 RBF 的辨识器的 APSS 的阻尼性能

8.7.4.4　具有模糊逻辑辨识器和极点转移控制器的 APSS

Takagi-Sugeno(TS) 模糊系统已成功应用于非线性系统稳定控制的设计。一个非线性电厂可以由一组线性模型表征，这组线性模型可以通过对 TS 模糊模型的隶属函数插值来实现。虽然 TS 系统辨识器是 NARMAX 模型，但是可以根据当前起作用的规则，通过平均线性离散自回归移动平均（ARMA）模型来辨识受控电厂，这个 ARMA 模型可以通过极点转移策略确定控制信号。现有文献已通过这种方法开发自调整的自适应控制器，并将其应用作为 PSS。其用于发电机组辨识 TS 系统中的两个输入信号为过去的控制输入 $u(k-1)$ 和过去的发电机速度输出 $y(k-1)$，它们用于识别采用三阶模型的发电厂。采样点 k 的输出即为所估计的发电机速度 $\hat{y}(k)$。TS 系统通过最速下降算法和 RLS 算法进行训练。针对包含上述 APSS（集成了极点转移控制器和基于 TS 模糊系统的辨识器）的电力系统，图 8.39 展示了其在一个三相接地故障后的良好性能。

8.7.4.5　含有 RLS 辨识器与模糊逻辑控制的 APSS

模糊逻辑控制器由于其优点受到了广泛关注，已被应用于自适应控制。例如，已有研究开发了一种自适应模糊 PSS（AFPSS），它是一种自学习自适应的模糊逻辑控制器，并集成了 RLS 辨识器。对于 AFPSS 来说，发电机组被辨识为一个三阶模型。该控制器有两个输入信号：发电机转速偏差及其导数，它们对应于七个隶属度函数。在标准经验讨论中的一组初始的七个等距隶属函数。且在 AVR 求和点处，输出（附加控制信号）也有七个隶属度函数。图 8.40 展示了此 AFPSS 的优良性能。

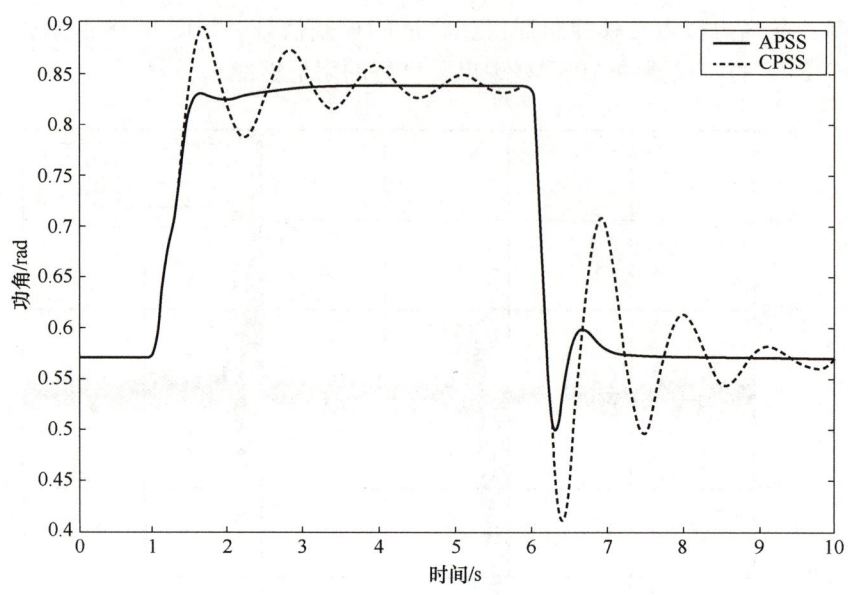

图 8.39 输电线路中间发生三相接地故障且重合闸成功

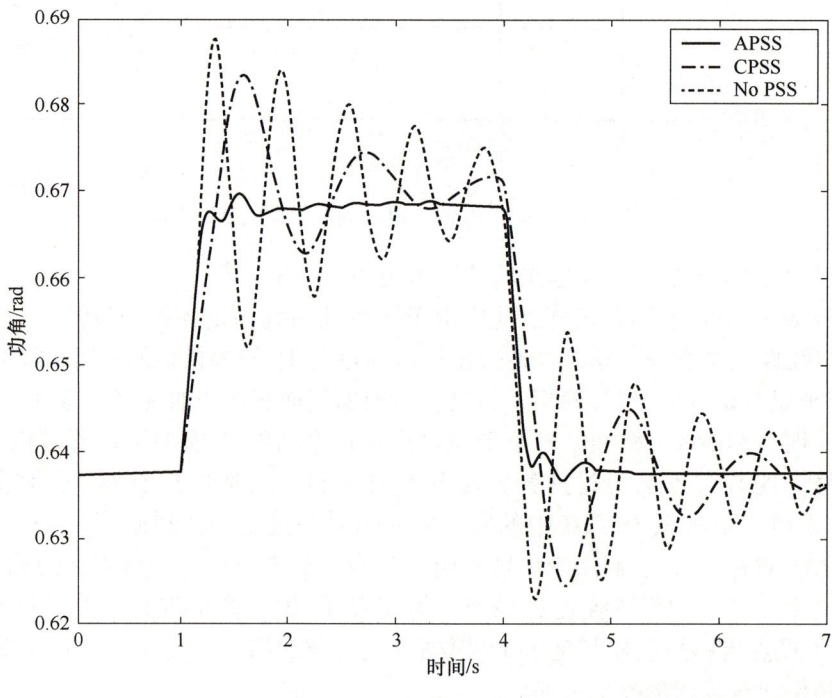

图 8.40 AFPSS 的性能

本 章 小 结

本章以改善电力系统稳定性为主题,首先介绍了提升功角稳定性与电压稳定性的基本原则,然后介绍了储能、FACTS、WAMS 等设备与系统,给出了它们对稳定性提升的作用。本章也介绍了诸如串联电容补偿、同步发电机电气制动等电源侧和线路侧的传统措施,分析了它们的基本原理和特点。并且在最后介绍了可应用于提升电力系统稳定性的人工智能技术。需要注意的是，稳定性提升措施的选择需要注意其经济性以及带来的其他技术问题。

习　题

8-1　从改善元件特性与参数的角度看，本章介绍的电力系统稳定性提升措施有哪些？

8-2　本章介绍的哪些稳定性提升措施仅对改善电力系统大扰动功角稳定性有帮助？

8-3　本章介绍的哪些稳定性提升措施对改善电压稳定性与功角稳定性都有帮助？

8-4　本章介绍的稳定性提升措施中是否存在仅对改善电压稳定性有帮助的措施？

8-5　在例 5-2 所示的单机-无限大系统中，试计算将送端发电机的 d 轴同步电抗标幺值从 1.0 减小到 0.7 时，发电机送出线路的静态稳定储备系数的变化量。

8-6　在习题 6-4 所示的单机-无限大系统中，试计算将送端发电机的惯性时间常数变为 15s 时，送端发电机从脱网到重新并网的极限时间的变化量。

8-7　在习题 6-2 所示的单机-无限大系统中，假设双回输电线路中其中一回装设串联电容补偿装置，其他已知条件不变，试计算：该系统在故障切除时间为 0.3s 的条件下保持大扰动功角稳定时所需的串联电容补偿容量。

8-8　简单系统示于图 8.41 中，已知条件如下。发电机参数：$x'_d = x_2 = 0.2$，$T_J = 10s$。变压器电抗：$x_{T1} = 0.11$，$x_{T2} = 0.10$。线路电抗：双回 $x_L = 0.42$。系统运行初态：$U_0 = 1.0$，$S_0 = 1.0 + j0.2$。线路首端 f 点发生三相短路，故障切除时间为 0.1s，试判断系统的暂态功角稳定性。

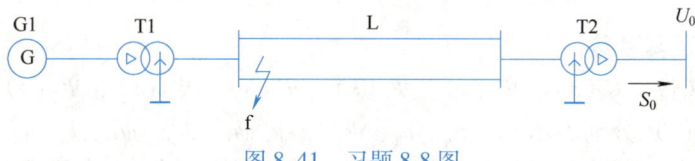

图 8.41　习题 8-8 图

8-9　系统接线、参数和故障条件同上题，为保证系统暂态功角稳定，试确定极限切除时间 $t_{c,lim}$。

8-10　系统接线及参数同习题 8-8，f 点发生两相短路接地，故障切除时间为 0.1s，试判断系统的暂态功角稳定。若不稳定，假定重合闸能够成功，试确定保持暂态功角稳定的重合闸极限允许时间 $t_{c,lim}$（即重合闸必须在此之前实现）。线路的零序电抗为正序电抗的 3 倍。

8-11　电力系统如图 8.42 所示，三台发电机型号相同，参数相同。三台发电机并联后的等值参数为 $x'_d = 0.25$，$T_J = 12s$。变压器电抗 $x_{T1} = 0.12$，$x_{T2} = 0.1$。双回线路电抗为 $x_L = 0.38$。系统运行初态为 $U_0 = 1.0$，$S_0 = 1.0 + j0.2$。线路首端 f 点发生三相短路，故障切除时间为 0.1s，试判断系统的暂态功角稳定性。

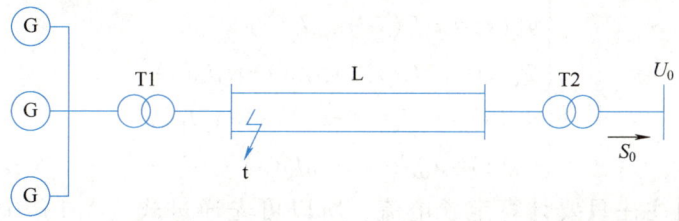

图 8.42　习题 8-11 图

8-12　系统及计算条件同习题 8-11，但在故障发生后 0.2s 切除一台发电机，试计算并判断系统的暂态功角稳定性。

8-13　系统及计算条件同习题 8-11，试确定为保持暂态功角稳定而切除一台发电机组的极限允许时间 $t_{eG,lim}$（从故障发生算起）。

附　　录

附录 A　拉氏运算形式的同步发电机电磁方程及其参数

在同步发电机的基本方程中，原函数的微分方程可以通过拉普拉斯变换得到象函数的代数方程，然后再进行求解。以下在假定同步发电机转子转速恒为额定转速的基础上，对 Park 方程进行拉普拉斯变换。本附录以下内容还同时考虑了如下条件：

1）在标幺制中，当 $\omega_* = 1$ 时，电抗与其相应的电感具有相同的数值，故可采用电抗代替电感。本附录以下内容省略标幺符号。

2）由于零轴分量的计算与 d 轴、q 轴分量没有关系，故另做处理。

A.1　有阻尼绕组同步发电机

A.1.1　运算方程及其参数

令 $U_d(s)$、$U_q(s)$、$U_f(s)$、$\Psi_d(s)$、$\Psi_q(s)$、$\Psi_f(s)$、$\Psi_D(s)$、$\Psi_Q(s)$、$I_d(s)$、$I_q(s)$、$I_f(s)$、$I_D(s)$ 和 $I_Q(s)$ 分别表示 u_d、u_q、u_f、ψ_d、ψ_q、ψ_f、ψ_D、ψ_Q、i_d、i_q、i_f、i_D 和 i_Q 的象函数。根据以上条件，标幺制下拉氏运算形式的有阻尼绕组同步发电机电磁方程具体如下：

$$\begin{cases} U_d(s) = -[s\Psi_d(s) - \psi_{d0}] - \Psi_q(s) - rI_d(s) \\ U_q(s) = -[s\Psi_q(s) - \psi_{q0}] - \Psi_d(s) - rI_q(s) \\ U_f(s) = s\Psi_f(s) - \psi_{f0} + r_f I_f(s) \\ 0 = s\Psi_D(s) - \psi_{D0} + r_D I_D(s) \\ 0 = s\Psi_Q(s) - \psi_{Q0} + r_Q I_Q(s) \end{cases} \quad (A.1)$$

$$\begin{cases} \Psi_d(s) = x_d I_d(s) + x_{af} I_f(s) + x_{aD} I_D(s) \\ \Psi_q(s) = x_q I_q(s) + x_{aQ} I_Q(s) \\ \Psi_f(s) = x_{fa} I_d(s) + x_f I_f(s) + x_{fD} I_D(s) \\ \Psi_D(s) = x_{Da} I_d(s) + x_{Df} I_f(s) + x_D I_D(s) \\ \Psi_Q(s) = x_{Qa} I_q(s) + x_Q I_Q(s) \end{cases} \quad (A.2)$$

由于实际应用往往只要计算定子电流，所以可先通过式（A.1）中的第三个方程和式（A.2）中的第四个方程得到：

$$I_f(s) = \frac{-[s^2(x_{af} x_D - x_{aD} x_{fD}) + s x_{af} r_D] I_d(s)}{s^2(x_f x_D - x_{fD}^2) + s(x_f r_D + x_D r_f) + r_f r_D} + \frac{(s x_D + r_D)[U_f(s) + \psi_{f0}] - s x_{fD} \psi_{D0}}{s^2(x_f x_D - x_{fD}^2) + s(x_f r_D + x_D r_f) + r_f r_D} \quad (A.3)$$

$$I_D(s) = \frac{-[s^2(x_{aD} x_f - x_{af} x_{fD}) + s x_{aD} r_f] I_d(s)}{s^2(x_f x_D - x_{fD}^2) + s(x_f r_D + x_D r_f) + r_f r_D} + \frac{(s x_f + r_f) \psi_{D0} - s x_{fD}[U_f(s) + \psi_{f0}]}{s^2(x_f x_D - x_{fD}^2) + s(x_f r_D + x_D r_f) + r_f r_D} \quad (A.4)$$

将 $I_f(s)$ 和 $I_D(s)$ 代入式 (A.2) 中的第一个方程,然后整理得到:

$$\Psi_d(s) = X_d(s) I_d(s) + G_f(s)[U_f(s) + \psi_{f0}] + G_D(s)\psi_{D0} \tag{A.5}$$

式中,$X_d(s) = x_d - \dfrac{-s^2(x_{af}^2 x_D - x_{aD}^2 x_f - 2 x_{af} x_{aD} x_{Df}) + s(x_{af}^2 r_D + x_{aD}^2 r_f)}{s^2(x_f x_D - x_{fD}^2) + s(x_f r_D + x_D r_f) + r_f r_D}$

$$G_f(s) = \dfrac{s(x_{af} x_D - x_{aD} x_{fD}) + x_{af} r_D}{s^2(x_f x_D - x_{fD}^2) + s(x_f r_D + x_D r_f) + r_f r_D} \tag{A.6}$$

$$G_D(s) = \dfrac{s(x_{aD} x_f - x_{af} x_{Df}) + x_{aD} r_f}{s^2(x_f x_D - x_{fD}^2) + s(x_f r_D + x_D r_f) + r_f r_D} \tag{A.7}$$

由式 (A.1) 和式 (A.2) 的第五个方程可以得到:

$$I_Q(s) = \dfrac{-s x_{aQ} I_q(s) + \psi_{Q0}}{s x_Q + r_Q} \tag{A.8}$$

将 $I_Q(s)$ 代入式 (A.2) 的第二个方程可得:

$$\Psi_q(s) = X_q(s) I_q(s) + G_Q(s) \psi_{Q0} \tag{A.9}$$

式中,$\begin{cases} X_q(s) = x_q - \dfrac{s x_{aQ}^2}{s x_Q + r_Q} \\ G_Q(s) = \dfrac{x_{aQ}}{s x_Q + r_Q} \end{cases}$

式中,$X_d(s)$ 和 $X_q(s)$ 分别为同步发电机的纵轴运算电抗和横轴运算电抗;$G_f(s)$、$G_D(s)$ 和 $G_Q(s)$ 都为运算常数。

将式 (A.5) 和式 (A.9) 代入式 (A.1) 中的第一个方程和第二个方程,便可解出 $I_d(s)$ 和 $I_q(s)$ 如下:

$$I_d(s) = \dfrac{1}{D(s)}\{-[s X_q(s) + r][U_d(s) - \psi_{d0}] - [(s^2+1) X_q(s) + sr] G_f(s)[U_f(s) + \psi_{f0}] -$$
$$[(s^2+1) X_q(s) + sr] G_D(s) \psi_{D0} + X_q(s)[U_q(s) - \psi_{q0}] - r G_Q(s) \psi_{Q0}\} \tag{A.10}$$

$$I_q = \dfrac{1}{D(s)}\{-[s X_d(s) + r][U_q(s) - \psi_{q0}] + r G_f(s)[U_f(s) + \psi_{f0}] +$$
$$r G_D(s) \psi_{D0} - [(s^2+1) X_d(s) + sr] G_Q(s) \psi_{Q0} - X_d(s)[U_d(s) - \psi_{d0}]\} \tag{A.11}$$

其中,$D(s) = (s^2+1) X_d(s) X_q(s) + sr[X_d(s) + X_q(s)] + r^2$。

然后,根据已知的 $U_d(s)$、$U_q(s)$、$U_f(s)$ 和初始条件以及拉氏反变换,可得定子电流的 d 轴分量与 q 轴分量的时间函数。需要注意的是,这种方法计算相当繁琐,故不便于实际应用。

若略去定子电阻 r,则可以得到 $I_d(s)$ 和 $I_q(s)$ 的简化计算公式:

$$I_d(s) = \dfrac{-s[U_d(s) - \psi_{d0}]}{(s^2+1) X_d(s)} + \dfrac{U_q(s) - \psi_{q0}}{(s^2+1) X_d(s)} - \dfrac{G_f(s)[U_f(s) + \psi_{f0}]}{X_d(s)} - \dfrac{G_D(s) \psi_{D0}}{X_d(s)} \tag{A.12}$$

$$I_q(s) = \dfrac{-s[U_q(s) - \psi_{q0}]}{(s^2+1) X_q(s)} + \dfrac{U_d(s) - \psi_{d0}}{(s^2+1) X_q(s)} - \dfrac{G_Q(s) \psi_{Q0}}{X_q(s)} \tag{A.13}$$

A.1.2 运算电抗的简化

对于定子等效绕组 dd、励磁绕组、d 轴阻尼绕组而言,如果假定它们在转子的 d 轴向仅存在一个共同磁通，即不存在仅与两个绕组交链的互感磁通，那么可以采用式（2.68）、式（2.70）、式（2.72）、式（2.75）、式（2.77），且有

$$x_{af} = x_{aD} = x_{fD} = x_{ad}$$

同时，注意到 $x_{aQ} = x_{aq}$，因此纵轴运算电抗 $X_d(s)$ 和横轴运算电抗 $X_q(s)$ 可以简化如下：

$$X_d(s) = x_{\sigma a} + \cfrac{1}{\cfrac{1}{x_{ad}} + \cfrac{1}{x_{\sigma f} + r_f/s} + \cfrac{1}{x_{\sigma D} + r_D/s}}$$

$$X_q(s) = x_{\sigma a} + \cfrac{1}{\cfrac{1}{x_{aq}} + \cfrac{1}{x_{\sigma Q} + r_Q/s}}$$

A.2　无阻尼绕组同步发电机

在式（A.1）和式（A.2）的基础上，进一步针对无阻尼绕组同步发电机或者忽略阻尼绕组这种情况下，可得相应的拉氏运算形式的标幺制电磁方程如下：

$$\begin{cases} U_d(s) = -[s\Psi_d(s) - \psi_{d0}] - \Psi_q(s) - rI_d(s) \\ U_q(s) = -[s\Psi_q(s) - \psi_{q0}] - \Psi_d(s) - rI_q(s) \\ U_f(s) = s\Psi_f(s) - \psi_{f0} + r_f I_f(s) \end{cases} \quad (A.14)$$

$$\begin{cases} \Psi_d(s) = x_d I_d(s) + x_{af} I_f(s) + x_{aD} I_D(s) \\ \Psi_q(s) = x_q I_q(s) + x_{aQ} I_Q(s) \\ \Psi_f(s) = x_{fa} I_d(s) + x_f I_f(s) + x_{fD} I_D(s) \end{cases} \quad (A.15)$$

根据式（A.14）和式（A.15）可以对忽略阻尼绕组这种情况或者无阻尼绕组同步发电机进行定量分析。

附录B　面向暂态功角稳定计算的励磁系统与原动机模型

同步发电机的励磁系统、原动机及其调节系统的特性对电力系统的大扰动功角稳定性都有重要影响。本附录将介绍电力系统大扰动功角稳定分析中励磁系统、原动机及其调节系统的数学模型，这些模型可以用于考虑励磁系统、原动机特性的电力系统大扰动功角稳定定量分析。

B.1　励磁系统的数学模型

B.1.1　励磁系统的分类

励磁系统属于同步发电机的重要组成部分。励磁系统包括励磁电源和励磁调节器两部分。从励磁电源供应方式的角度出发，励磁系统可分为直流机励磁系统、交流机励磁系统、静止励磁系统三种类型，具体如下：

1）直流机励磁系统可以分为自励式和他励式，其中自励式将并激直流发电机作为励磁机；他励式存在副励磁机和主励磁机，其中副励磁机向主励磁机供给励磁，主励磁机和副励

磁机都与主机同轴。

2）交流机励磁系统中存在作为励磁机的小型同步发电机，其定子电流经过整流后向主发电机提供励磁。需要注意的是，交流机励磁系统也存在自励式和他励式。

3）静止励磁系统的励磁电源来源于发电机本身或者外部电网，它包括自并励方式和自复励方式两种类型。其中，自并励方式仅由单一电压源提供励磁功率，而自复励方式通过电压源和电流源构成的复合电源提供励磁功率。在自复励方式中，电压源和电流源的连接方式包括串联和并联，它们既可以在交流侧也可以在直流侧进行连接。

B.1.2 直流机励磁系统的数学模型

下面将详细介绍直流机励磁系统的数学模型。前面提到直流机励磁系统可以分为自励式和他励式，因此为了统一处理自励式和他励式这两种类型，这里假设励磁机同时包含自并励绕组和他励绕组。具体如图 B.1 所示，其中 i_{ef}、R_{ef} 和 L_{ef} 分别为自并励绕组的电流、电阻和不饱和自感电流，L_{ff}、R_{ff} 和 i_{ff} 分别为他励绕组的电流、电阻和不饱和自感和电流，U_f 为励磁机的输出电压，U_{ff} 为他励绕组的输入电压，R_c 为可调节的电阻。

进一步假设自并励绕组和他励绕组的匝数相等、耦合系数为 1 且不饱和自感相等。由此假设可得两绕组的总磁链相等且等于 ψ_e。它是两绕组的总励磁电流 $i_{e\Sigma} = i_{fe} + i_{ff}$ 产生的。根据图 B.1 所示的电路可得：

$$U_f = (R_{ef} + R_c) i_{ef} + \frac{d\psi_e}{dt} \quad (B.1)$$

$$U_{ff} = R_{ff} i_{ff} + \frac{d\psi_e}{dt} \quad (B.2)$$

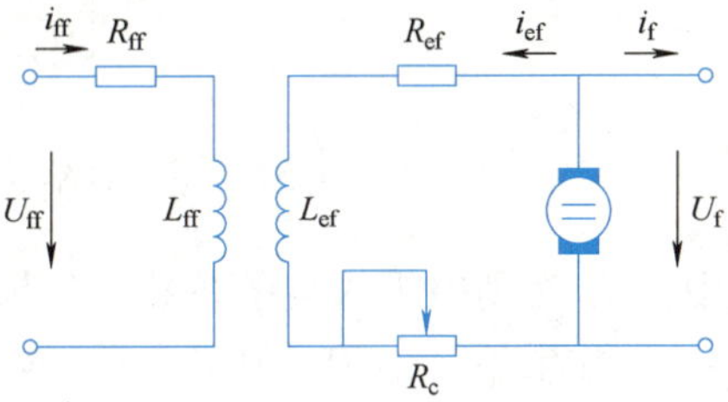

定义饱和系数 S_E 为

$$S_E = \frac{\psi_{e.us}}{\psi_e} - 1 = \frac{i_{e\Sigma}}{i_{e\Sigma.us}} - 1 \quad (B.3)$$

图 B.1 直流机励磁系统原理的电路图

式中，$i_{e\Sigma.us}$ 为不饱和时产生 ψ_e 所需的励磁电流；ψ_e 为考虑饱和的影响实际产生的磁链，它小于 $\psi_{e.us}$；$\psi_{e.us}$ 为不计励磁机饱和时由 $i_{e\Sigma}$ 产生的磁链，即

$$\psi_{e.us} = L_e i_{e\Sigma} \quad (B.4)$$

在转速恒定条件下，励磁机的内电势与磁链 ψ_e 成正比。进一步不计电枢压降时，U_f 与 ψ_e 也成正比，故饱和系数 S_E 也可写成如下形式：

$$S_E = \frac{U_{f.us}}{U_f} - 1 \quad (B.5)$$

实际上也常通过负载特性来确定饱和系数。若将不饱和负载特性的斜率记为 β，则有

$$U_{f.us} = \beta i_{e\Sigma} \quad (B.6)$$

在此基础上根据式（B.3）~式（B.6），可以得到：

$$\psi_e = \frac{L_e}{\beta} U_f \quad (B.7)$$

在式（B.1）两端同时乘以 $\beta/(R_{ef}+R_c)$，在式（B.2）两端同时乘以 β/R_{ff}，并用 $(L_e U_f)/\beta$ 代替 ψ_e，便可以得到：

$$\begin{cases} \dfrac{\beta U_f}{R_{ef}+R_e} = \beta i_{ef} + T_{ef}\dfrac{\mathrm{d}U_f}{\mathrm{d}t} \\ \dfrac{\beta U_{ff}}{R_{ff}} = \beta i_{ff} + T_{ff}\dfrac{\mathrm{d}U_f}{\mathrm{d}t} \\ T_{ef} = \dfrac{L_e}{R_{ef}+R_e} \\ T_{ff} = L_e/R_{ff} \end{cases} \quad (\text{B.8})$$

式中，T_{ef} 和 T_{ff} 分别为自励绕组和他励绕组的时间常数。

将式（B.8）的前两式在等号左右两边分别相加可得：

$$\begin{cases} \dfrac{\beta U_f}{R_{ef}+R_e} + \dfrac{\beta U_{ff}}{R_{ff}} = (1+S_E)U_f + T_e\dfrac{\mathrm{d}U_f}{\mathrm{d}t} \\ T_e = T_{ef} + T_{ff} \end{cases} \quad (\text{B.9})$$

式中，T_e 为励磁机励磁绕组的等值时间常数。

若令 U_f 的基准值为 U_{fB}，那么励磁电流的基准值为 U_{fB}/β，他励绕组输入电压的基准值为 $(U_{fB}/R_{ff})/\beta$。根据前述基准值的选择，标幺制下式（B.9）可写成

$$\begin{cases} U_{ff*} = (K_E + S_E)U_{f*} + T_e\dfrac{\mathrm{d}U_{f*}}{\mathrm{d}t} \\ K_E = 1 - \dfrac{\beta}{R_{ef}+R_e} \end{cases} \quad (\text{B.10})$$

式中，K_E 为励磁机的自励系数。如果是完全自励方式，那么 $K_E = 0$；如果是完全他励，那么 $K_E = 1$。如果不计饱和，则 $S_E = 0$。本节后续内容为了简化起见将略去标幺值符号 *。

根据式（B.10）可以得到直流励磁机的传递函数框图。需要注意的是，考虑励磁调节器作用时，制作直流励磁机的传递函数框图还需考虑励磁调节器的输出信号。励磁调节器是励磁系统的重要组成部分，已有多种励磁调节器得到实际应用。

图 B.2 针对带可控硅调节器的直流机励磁系统，给出了它的简化传递函数框图。图中测量元件和放大环节已被简化为一阶惯性环节。此外，引自发电机励磁电压的软负反馈用于稳定励磁系统、改善调节过程的动态品质。

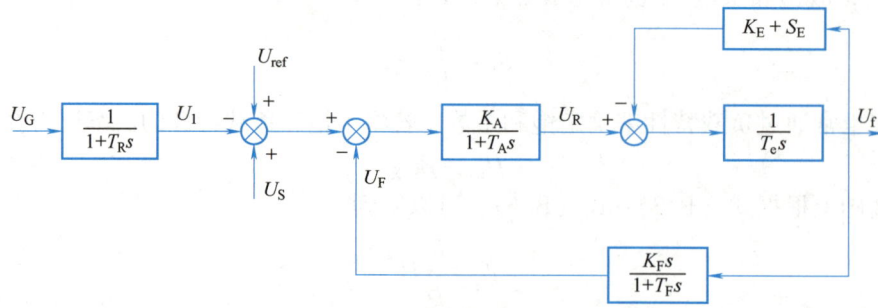

图 B.2 直流机励磁系统的简化传递函数框图

根据图 B.2 中的简化传递函数框图可写出该励磁系统的方程如下：

$$\begin{cases} T_R \dfrac{dU_1}{dt} + U_1 = U_G \\ T_A \dfrac{dU_R}{dt} + U_R = K_A(U_{ref} - U_1 + U_S - U_F) \\ T_e \dfrac{dU_f}{dt} + (K_E + S_E)U_f = U_R \\ T_F \dfrac{dU_F}{dt} + U_F = K_F \dfrac{dU_f}{dt} \end{cases} \qquad (B.11)$$

其中，测量时间常数 T_R 常被忽略不计。

在进行稳定计算时，上述方程中变量的初值可确定如下：初始稳态时，$U_{F0}=0$，$U_{S0}=0$，且所有导数项均等于零。由同步发电机的运行初态可知 U_{G0}，然后再计算出 U_f 的初值 U_{f0} 及相应的 S_E 值。于是可得：

$$\begin{cases} U_{R0} = (K_E + S_E)/U_{f0} \\ U_{10} = U_{G0} \\ U_{ref} = U_{R0}/K_A + U_{G0} \end{cases}$$

其中，U_{ref} 在后续的计算过程中保持不变。

B.2 原动机及其调节系统的数学模型

原动机包括水轮机、汽轮机等类型。下面将对它们自身及其调节系统的数学模型进行详细介绍。

B.2.1 水轮机及其调节系统的数学模型

本节介绍水轮机及其调节系统的数学模型时，采用的是装有离心飞摆式调速器的水轮机，它的原理及静态特性如图 B.3 所示。

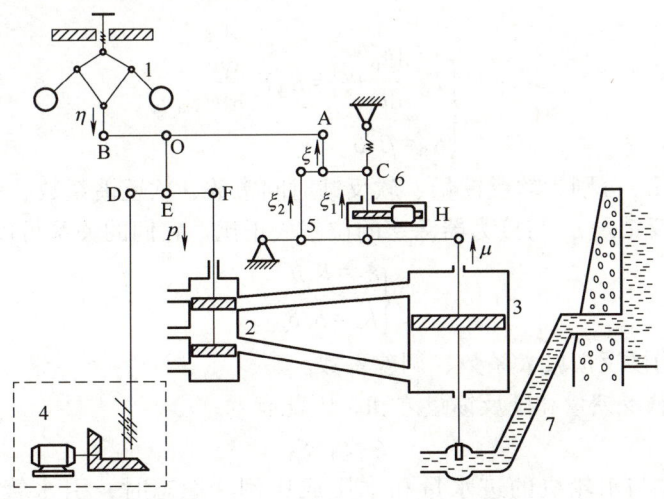

图 B.3 离心飞摆式调节系统的示意图

1—离心飞摆 2—配压阀 3—接力器 4—调频器
5—硬反馈连杆 6—缓冲壶 7—压力水管

当由于发电机电磁功率增大导致其转子旋转速度下降时，水轮机调速器通过向上移动接力器来增加水轮机的导叶开度，从而提升原动机功率，以使得发电机转速能够回升。当接力器活塞上移时，连杆 5 及缓冲壶使得 A 点上移，同时以飞摆套筒 B 为支点使得 O 点上移，从而构成了反馈机构。其中，连杆 5 产生与接力器活塞位移成比例的硬反馈，以确保调节结束时配压阀复位，并关闭接力器的油路，且产生静态调差。当接力器的活塞缓慢向上移动时，缓冲壶通过弹簧使壶内活塞向下移动，壶内活塞下部的油经调节小孔 H 流动到上部而 C 点位置不变。若活塞快速向上移动，壶内活塞下部的油来不及通过小孔 H 流动到上部，导致缓冲壶外套与其活塞同步向上移动，同时 C 点随之向上移动而产生相应的反馈作用。缓冲壶产生了与接力器活塞移动速度有关的软反馈，它旨在减缓调节速度、提高调节品质。接下来，将基于这一调节过程推导出各个环节的动态方程。

如果不考虑离心飞摆的飞摆质量和套筒质量，同时不计摩擦等阻尼，那么套筒的相对位移 η（采用机组从空载到满载时套筒行程为基准值的标幺值表示）与转速偏差成比例，故有

$$\eta = K_\delta(\omega_N - \omega) = -K_\delta \Delta\omega = -\frac{1}{\delta_r}\Delta\omega \tag{B.12}$$

式中，K_δ 和 δ_r 分别为测速部件的放大系数与灵敏度。

对于配压阀，如果不计其惯性时，标幺制下的相对行程为

$$\rho = \eta - \xi + K_\gamma \mu_0 \tag{B.13}$$

式中，μ_0 为导叶开度的稳态值（其通过同步器整定）。

对于接力器，当配压阀打开油路时，压力油进入并推动活塞移动。进油量决定活塞移动的速度，而当压力油的压力一定时，进油量又与进油口大小成正比，即与 ρ 成正比，因此

$$\frac{d\mu}{dt} = \frac{1}{T_s}\rho \tag{B.14}$$

式中，T_s 和 μ 分别为接力器的时间常数、接力器活塞的相对行程。

对于缓冲壶，C 点移动量受接力器活塞移动速度的影响，它们之间的关系常用微分惯性环节近似表示：

$$\begin{cases} T_\beta \dfrac{d\xi_1}{dt} + \xi_1 = K_\beta T_\beta \dfrac{d\mu}{dt} \\ K_\beta = \beta/\delta_r \end{cases} \tag{B.15}$$

式中，ξ_1、T_β、β、K_β 分别为软反馈量、软反馈时间常数、软反馈系数、软反馈放大系数。

硬反馈连杆的反馈量 ξ_2 与接力器活塞的位移成正比，它们的关系可以表达成如下形式：

$$\begin{cases} \xi_2 = K_\gamma \mu \\ K_\gamma = \delta/\delta_r \end{cases} \tag{B.16}$$

式中，K_γ、δ 分别为硬反馈放大系数、调差系数。

总的反馈量为软反馈量和硬反馈量之和，因此有

$$\xi = \xi_1 + \xi_2 \tag{B.17}$$

原动机功率 P_T 与水轮机的进水量和水压成比例。稳态时，引水管中水的流速不变，故沿管道各点水的压力不变。如果水轮机调节器增大导叶开度，那么水流量增加，引水管道下段的水流速度加快，但管道上段的水由于惯性而速度来不及变化，从而导致进入水轮机的水压下降。这会导致水流量增加的作用小于水压下降的作用，故而水轮机功率

P_T 降低。水轮机功率增大要等到整个引水管道中的水流都加快、水流量增加和压力恢复之后，具体如图 B.4 所示。相反，当导叶开度减小时，水流量减少，此时引水管上段的水流量来不及发生变化，而引水管下段的水压升高，从而导致进入水轮机的水压升高。这会导致水流量减少的作用小于水压升高的作用，故而水轮机的功率反而增大（见图 B.4 中的虚线）。这种现象被称为水锤效应，其大小与导叶开度 μ 的变化速度及引水管的长度等因素有关。

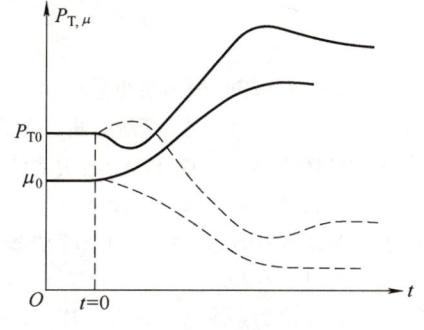

图 B.4　水锤效应的示意图

水轮机和它的引水系统动态特性在计及水锤效应时可用以下方程近似描述：

$$0.5 T_w \frac{dP_T}{dt} + P_T = \mu - T_w \frac{d\mu}{dt} \tag{B.18}$$

式中，T_w 为水流时间常数。

图 B.5 给出了水轮机及其调节系统的传递函数框图。该图中 $K_\gamma \mu_0$ 为同步器整定的稳态运行值。此外，图 B.5 还考虑了调速器的失灵区以及配压阀、接力器的极限行程。

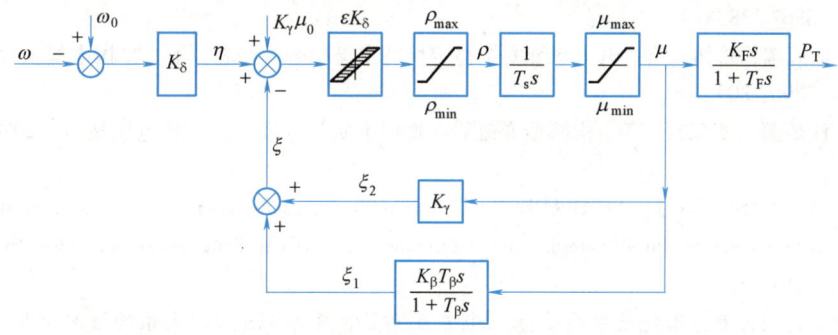

图 B.5　水轮机及其调节系统的传递函数框图

B.2.2　汽轮机及其调节系统的数学模型

汽轮机与水轮机在动态特性方面存在不同之处。在汽轮机中，控制汽门和喷嘴之间存在一定的容积。汽轮机存在蒸汽的容积效应，即当改变汽门的开度时，容积内的蒸汽压力不会马上变化，而是存在一定的时滞性。如图 B.5 所示，传递函数框图中蒸汽的容积效应用一阶惯性环节表示为

$$T_{CH} \frac{dP_T}{dt} + P_T = \mu \tag{B.19}$$

式中，T_{CH} 为蒸汽容积时间常数。

如果将图 B.5 中表示水锤效应的方框换成描述蒸汽容积效应的一阶惯性环节，同时删去软反馈部分，那么就将得到装有机械液压调速器、无中间再热的汽轮机及其调节系统的传递函数框图。需要注意的是，其中的时间常数和放大系数的数值肯定均与水轮机不同。当然还存在其他类型的汽轮机，但是对此本书不再赘述。

参 考 文 献

[1] 何仰赞，温增银. 电力系统分析：上册[M]. 4版. 武汉：华中科技大学出版社，2016.

[2] 何仰赞，温增银. 电力系统分析：下册[M]. 4版. 武汉：华中科技大学出版社，2016.

[3] ABDELHAY A S, OM P M. 电力系统稳定性：建模、分析与控制[M]. 李勇，曹一家，蔡晔，等译. 北京：机械工业出版社，2018.

[4] JAN M, JANUSZ W B. 电力系统动态——稳定性与控制（原书第2版）[M]. 徐政，译. 北京：机械工业出版社，2020.

[5] 李光琦，电力系统暂态分析[M]. 3版. 北京：中国电力出版社，2012.

[6] 国家市场监督管理总局，国家标准化管理委员会. 电力系统安全稳定导则：GB 38755—2019[S]. 北京：中国标准出版社，2019.

[7] PRABHA K. 电力系统稳定与控制[M]. 周孝信，等译. 北京：中国电力出版社，2002.

[8] NIKOS H, JOVICA M, CLAUDIA R, et al. Definition and Classification of Power System Stability-Revisited & Extended[J]. IEEE Transactions on Power Systems，2021，36（04）：3271-3281.

[9] 孙秋野，李大双，王睿，等."双高"电力系统：一种新的稳定判据和稳定性分类探讨[J]. 中国电机工程学报，2024，44（08）：3016-3036.

[10] 耿华，何长军，刘浴霜，等. 新能源电力系统的暂态同步稳定研究综述[J]. 高电压技术，2022，48（09）：3367-3383.

[11] 孙华东，徐式蕴，许涛，等. 电力系统安全稳定性的定义与分类探析[J]. 中国电机工程学报，2022，42（21）：7796-7809.

[12] 迟永宁，江炳蔚，胡家兵，等. 构网型变流器：物理本质与特征[J]. 高电压技术，2024，50（02）：590-604.

[13] KUNDUR P, PASERBA J, AJJARAPU V. Definition and classification of power system stability IEEE/CIGRE joint task force on stability terms and definitions[J]. IEEE Transactions on Power Systems，2004，19（03）：1387-1401.

[14] 全国电网运行与控制标准化技术委员会.《电力系统安全稳定导则》《电力系统技术导则》条文释义与学习辅导[M]. 北京：中国电力出版社，2020.

[15] 辛保安. 新型电力系统与新型能源体系[M]. 北京：中国电力出版社，2023.

[16] 汤涌. 电力系统电压稳定性分析[M]. 北京：科学出版社，2011.

[17] 王锡凡. 现代电力系统分析[M]. 北京：科学出版社，2003.